2025년판

가족법정론
家 族 法 整 論

박수곤 | 이태섭 共著

2025년판 머리말

2025년 가족법 개정판을 출간한다.

이번 개정작업에서는 저자의 민법정론과 마찬가지로 본문의 중요한 내용, 반드시 숙지해야 할 판례 및 조문에 하일라이트를 하였다. 학습분량을 줄이고 반드시 기억해야 할 내용을 강조하기 위해서다.

하일라이트는 목차와 함께 보아야 쉽게 이해하고 기억할 수 있다.

최신판례를 반영하였다.

이 책이 수험을 준비하는 여러 학생들에게 보탬이 되기를 바란다.

2025. 2. 20.
공저자 박수곤, 이태섭

2021년판 머리말

민법 제4편 친족, 제5편 상속에 있는 규정들을 통칭하여 가족법이라고 한다. 합리성을 전제로 규정된 재산법과 달리 가족법은 가족관계의 보수성을 바탕으로 규율되고 있다. 가족법은 재산법과 다른 법리가 적용되므로 재산법과는 다른 또 하나의 사법이라고 생각하여야 한다.

가족관계에 관한 현실 분쟁은 매우 빈번하게 발생하고 또 분쟁 양상은 매우 치열하다. 그 중요도에 비하여 각종 시험에서 가족법 문제가 빈도나 깊이의 면에서 중요하게 다루어지고 있지 않다.

시험을 준비하는 수험생 입장에서 가족법 공부는 여간 까다롭지 않다. 어느 정도로 준비하는 것이 효율적인가 하는 생각을 하지 않을 수 없기 때문이다.

이 책은 학습 분량을 줄이면서도 가족관계의 분쟁 해결 법리를 어느 정도 이해할 수 있도록 만들어진 책이다. 변호사시험, 변호사시험 모의시험, 사법시험, 법무사시험, 법원행정고시, 법원서기보시험 등에서 출제된 기출 쟁점을 최근 5년간 기출 쟁점을 중심으로 표시하였다.

또한 가족관계를 구성하는 각 개념들과 요건 및 효과를 모두 판례의 분석을 기초로 정리하였다. 중요한 가족법 판례들은 거의 모두 이 책에서 다루어지고 있다.

이 책이 수험생들의 가족법 학습에 중요한 동반자가 되기를 바란다.

2021. 5. 12.
저자 박수곤, 이태섭

목 차

제1편 가족법 서론

Ⅰ. 가족법의 의의 ·· 3
Ⅱ. 가족법과 민법총칙 ·· 3
Ⅲ. 가족법의 법원(法源) ··· 5

제2편 친족법

Chapter 01. 총 설 ·· 15
Ⅰ. 친족의 종류 ··· 15
Ⅱ. 친족의 범위와 촌수계산 ·· 16
Ⅲ. 친족관계의 소멸 ·· 16

Chapter 02. 가족의 범위와 자의 성(姓)과 본 ···································· 17
Ⅰ. 가족의 범위 ··· 17
Ⅱ. 자의 성과 본 ··· 17

Chapter 03. 혼 인 ·· 19
제1절 약혼 ·· 19
제2절 혼인의 성립 ··· 23
제3절 혼인의 무효와 취소 ··· 30
제4절 혼인의 효과 ··· 36
  Ⅰ. 혼인의 일반적 효과 ·· 36
  Ⅱ. 혼인의 재산적 효과 ·· 38
제5절 이혼 ·· 43
  Ⅰ. 협의상 이혼 ·· 43
  Ⅱ. 재판상 이혼 ·· 47
  Ⅲ. 이혼의 효과 ·· 52
제6절 사실혼 ·· 68

Chapter 04. 부모와 자 ·· 71

제1절 친생자 ·· 71
Ⅰ. 혼인 중의 자 ·· 71
Ⅱ. 혼인 외의 자 ·· 76

제2절 양자 ·· 86
Ⅰ. 보통입양의 요건과 효력 ·· 86
Ⅱ. 입양의 무효와 취소 ·· 92
Ⅲ. 파양 ·· 96
Ⅳ. 친양자 ·· 99

제3절 친권 ·· 103
Ⅰ. 서설 ·· 103
Ⅱ. 친권자 ·· 103
Ⅲ. 친권의 효력 ··· 107
Ⅳ. 친권의 상실, 일시 정지 및 일부 제한 ·· 111

Chapter 05. 후 견 ·· 116

제1절 미성년후견과 성년후견 ·· 116
Ⅰ. 후견인 ·· 116
Ⅱ. 후견감독인 ·· 119
Ⅲ. 후견인의 임무 ·· 120
Ⅳ. 후견의 종료 ··· 124

제2절 한정후견과 특정후견 ··· 125
Ⅰ. 한정후견 ·· 125
Ⅱ. 특정후견 ·· 126

제3절 후견계약 ·· 127

Chapter 06. 부 양 ·· 131
Ⅰ. 서설 ·· 131
Ⅱ. 부양의 당사자와 부양의 정도 및 방법 ·· 132
Ⅲ. 과거의 부양료 ·· 135

제3편 상속

Chapter 01. 상 속 ······ 139
제1절 총설 ······ 139
제2절 상속인 ······ 146
  Ⅰ. 상속순위 ······ 146
  Ⅱ. 대습상속 ······ 148
  Ⅲ. 상속의 결격 ······ 150
  Ⅳ. 상속권의 상실 선고 ······ 151
제3절 상속의 효력 ······ 152
  Ⅰ. 일반적 효력 ······ 152
  Ⅱ. 상속분 ······ 156
  Ⅲ. 상속재산의 분할 ······ 165
제4절 상속의 승인·포기 ······ 173
  Ⅰ. 총설 ······ 173
  Ⅱ. 단순승인 ······ 178
  Ⅲ. 한정승인 ······ 180
  Ⅳ. 상속의 포기 ······ 185
제5절 상속재산의 분리 ······ 188
제6절 상속인의 부존재 ······ 189

Chapter 02. 유 언 ······ 191
제1절 총칙 ······ 191
제2절 유언의 방식 ······ 193
제3절 유언의 효력 ······ 198
  Ⅰ. 유언의 효력발생시기 ······ 198
  Ⅱ. 유증 ······ 198
제4절 유언의 진행 ······ 204
제5절 유언의 철회 ······ 208

Chapter 03. 유류분 ······ 210
  Ⅰ. 유류분의 의의와 유류분의 산정 ······ 210
  Ⅱ. 유류분의 보전 : 유류분반환청구권 ······ 213

▌판례색인 ······ 221

2025 가족법정론

제1편
가족법 서론

제1편
가족법 서론

I 가족법의 의의

① **개념** 가족법이란 남녀의 성적 결합과 부모·자식의 관계 그리고 유언 및 상속관계를 규율하는 법을 말한다. 가족법에는 친족법과 상속법이 있다.

② **강행규정**
  (ㄱ) **유형강제** : 가족법은 이미 사회적으로 승인된 가족관계를 유지함을 목적으로 한다. 각자는 법정된 인적 결합 형태에 대한 선택의 자유만 인정된다. 따라서 가족법의 대부분의 규정은 강행규정으로 되어 있다.
  (ㄴ) **예외적 임의규정** : 가족관계에 수반하는 재산관계를 규율하는 규정들, 예컨대 부부 사이의 재산귀속에 관한 규정(제829조), 이혼시의 재산분할협의에 관한 규정(제839조의2) 등은 임의규정이다. 한편 당사자들의 자율적 의견을 존중하여야 할 필요가 있는 영역에서도 역시 임의규정이 존재한다.

③ **양성평등** 가족법은 남성우월주의를 기초로 하는 가부장제에 입각하여 규율되었으나, 헌법상의 양성평등의 이념에 따라 여러 차례 양성평등을 실현하는 방향으로 개정이 이루어졌다.

II 가족법과 민법총칙

1. 가족법에서 민법총칙의 지위

① **문제점** 재산적 법률행위를 중심으로 규정된 민법총칙이 가족법에서도 총칙으로서 당연히 적용되는 것인지 문제된다. 재산행위와 가족행위는 그 허용범위 등에서 많은 차이가 있기 때문이다.

② **견해의 대립** 민법총칙은 재산법의 총칙일 뿐이며 가족법의 총칙이라고 할 수 없다는 적용배제설과 원칙적으로 민법총칙은 가족법의 총칙이지만 가족법의 성질에 맞지 않는 부분의 적용이 제한될 뿐이라는 적용제한설의 대립이 있다.

③ **검토(가족법에 적용되는 총칙규정)** 어느 견해에 의하든 민법총칙 규정이 전면적으로 적용되거나 전면적으로 적용되지 않는다고 보지 않는다. 학설과 판례에 따라 가족법에 적용되는 민법총칙 규정들을 파악하는 것이 중요하다. ㉠법원, ㉡신의성실의 원칙, ㉢주소, ㉣부재와 실종, ㉤물건, ㉥사회질서에 반하는 법률행위의 무효, ㉦무효행위의 전환, ㉧기간 등에 관한 민법총칙 규정은 가족법에도 적용된다고 본다.

2. 민법총칙과 다른 가족법의 특별규정

(1) 권리능력에 관한 규정

민법총칙에서는 자연인과 법인이 권리능력자이나, 가족법에서는 자연인만이 권리능력자이며 법인은 재산관계에 관해서만 권리능력을 가진다. 상속·유증·임의인지의 경우에는 태아의 권리능력이 인정된다.

(2) 행위능력에 관한 규정
   ① 각종의 가족행위에 필요한 능력에 관한 특별규정
      ㈀ 유언능력(제1061조 내지 제1063조) : 만 17세 달한 자는 유언을 할 수 있으며, 피성년후견인도 의사능력이 회복된 때에는 유언할 수 있다.
      ㈁ 약혼·혼인능력(제800조·제807조·제808조) : 만 18세에 달한 자는 약혼·혼인 등을 할 수 있다. 다만 미성년자나 피성년후견인은 일정한 자의 동의가 필요하다.
      ㈂ 이혼능력(제835조) : 미성년자는 혼인함으로써 성년자로 의제되기 때문에 이혼에 별도로 부모 등의 동의를 얻을 필요가 없다. 피성년후견인은 일정한 자의 동의를 얻어 이혼할 수 있다.
      ㈃ 인지능력(제856조) : 미성년자나 피한정후견인은 단독으로 인지할 수 있으며, 피성년후견인도 성년후견인의 동의를 얻어 인지할 수 있다.
      ㈄ 입양능력(제870조 내지 제872조) : 만 13세에 이른 자는 입양합의를 할 수 있다. 다만, 미성년자나 피성년후견인은 일정한 자의 동의가 필요하고 가정법원의 입양허가를 받아야 한다.
   ② 가족법상 특별규정이 없는 경우에 요구되는 능력의 정도   가족법상 특별규정이 없는 경우에 가족행위에 요구되는 능력이 의사능력인지 행위능력인지에 관해서는 견해의 대립이 있으나 제한능력제도가 재산상 법률행위를 고려한 것이라는 점에 비추어 의사능력을 갖추면 족하다는 것이 통설이다.

(3) 의사표시에 관한 규정
   ① 원칙   원칙적으로 가족행위에 적용되지 않는다. 따라서 비진의표시, 허위표시, 착오에 관한 규정, 사기·강박에 의한 의사표시규정은 가족행위에 적용되지 않는다. 비록 가장혼인이나 가장입양, 혹은 착오에 기초한 인지 등이 무효로 되거나 취소될 수 있기는 하지만 이는 민법총칙규정에 따라 무효로 되는 것이 아니라 가족법상의 규정에 의하여 무효로 된다.
   ② 예외   상속이나 유증의 승인·포기는 총칙편에 기한 이유로 취소할 수 있으며, 상속재산 분할협의·상속포기에는 제108조가 적용된다(다수설).

(4) 대리에 관한 규정
   ① 원칙   가족행위는 대리에 친하지 아니한 법률행위로서 대리가 허용되지 않는다.
   ② 예외   가족법에서 대리를 허용하는 때에는 대리가 가능하다. 13세 미만자의 입양은 법정대리인의 대리에 의하여야 하므로 그 범위에서 대리가 가능하다.

(5) 부관에 관한 규정
   ① 원칙   가족행위는 조건에 친하지 아니한 법률행위이므로 조건을 부가할 수 없고, 즉시 효력이 발생하여야 하는 행위이므로 기한을 부가할 수도 없다.
   ② 예외   유언에는 조건이나 기한을 부가할 수 있다.

(6) 소멸시효에 관한 규정

소멸시효는 재산권에 관하여 적용되는 제도이므로 가족법상 권리에는 적용되지 않는다. 그러나 가족관계를 기초로 발생한 채권의 경우에는 소멸시효의 대상이 될 수 있다.

III 가족법의 법원(法源)

1. 가족관계등록에 관한 법률

(1) 주요내용

1) 개인별 가족관계등록부 편제와 전산정보처리조직에 의한 관리

> □ 제9조(가족관계등록부의 작성 및 기록사항) ① 가족관계등록부(이하 "등록부"라 한다)는 전산정보처리조직에 의하여 입력·처리된 가족관계 등록사항(이하 "등록사항"이라 한다)에 관한 전산정보자료를 제10조의 등록기준지에 따라 개인별로 구분하여 작성한다.
> ② 등록부에는 다음 사항을 기록하여야 한다.
>   1. 등록기준지
>   2. 성명·본·성별·출생연월일 및 주민등록번호
>   3. 출생·혼인·사망 등 가족관계의 발생 및 변동에 관한 사항
>   4. 가족으로 기록할 자가 대한민국 국민이 아닌 사람(이하 "외국인"이라 한다)인 경우에는 성명·성별·출생연월일·국적 및 외국인등록번호(외국인등록을 하지 아니한 외국인의 경우에는 대법원규칙으로 정하는 바에 따른 국내거소신고번호 등을 말한다. 이하 같다)
>   5. 그 밖에 가족관계에 관한 사항으로서 대법원규칙이 정하는 사항

① **호주제의 폐지**   기존의 호주제도는 호주를 기준으로 가(家) 단위로 국민의 가족관계를 편제하였는데, 이는 개인의 존엄과 양성평등의 헌법이념에 어긋난다는 비판이 있었다. 이에 따라 호주제도가 폐지되었다.

② **개인별 등록부 편제**   호적부를 대신하여 국민 개인별로 등록기준지에 따라 가족관계 등록부를 편제하고, 사무의 전산화에 따라 각종 가족관계의 취득·발생 및 변동사항의 입력과 처리 및 관리를 전산정보처리조직에 의하도록 하였다(제9조). [12 사시]

2) 목적별 다양한 증명서 발급 및 발급신청기준 명확화

> □ 제14조(증명서의 교부 등) ① 본인 또는 배우자, 직계혈족(이하 이 조에서는 "본인 등"이라 한다)은 제15조에 규정된 등록부등의 기록사항에 관하여 발급할 수 있는 증명서의 교부를 청구할 수 있고, 본인 등의 대리인이 청구하는 경우에는 본인 등의 위임을 받아야 한다. 다만, 다음 각 호의 어느 하나에 해당하는 경우에는 본인 등이 아닌 경우에도 교부를 신청할 수 있다.
>   1. 국가 또는 지방자치단체가 직무상 필요에 따라 문서로 신청하는 경우
>   2. 소송·비송·민사집행의 각 절차에서 필요한 경우
>   3. 다른 법령에서 본인 등에 관한 증명서를 제출하도록 요구하는 경우
>   4. 그 밖에 대법원규칙으로 정하는 정당한 이해관계가 있는 사람이 신청하는 경우
> ② 제15조제1항제5호의 친양자입양관계증명서는 다음 각 호의 어느 하나에 해당하는 경우에 한하

여 교부를 청구할 수 있다.
  1. 친양자가 성년이 되어 신청하는 경우
  2. 혼인당사자가 「민법」 제809조의 친족관계를 파악하고자 하는 경우
  3. 법원의 사실조회촉탁이 있거나 수사기관이 수사상 필요에 따라 문서로 신청하는 경우
  4. 그 밖에 대법원규칙으로 정하는 경우
③ 제1항 및 제2항에 따라 증명서의 교부를 청구하는 사람은 수수료를 납부하여야 하며, 증명서의 송부를 신청하는 경우에는 우송료를 따로 납부하여야 한다.
④ 시·읍·면의 장은 제1항 및 제2항의 청구가 등록부에 기록된 사람에 대한 사생활의 비밀을 침해하는 등 부당한 목적에 의한 것이 분명하다고 인정되는 때에는 증명서의 교부를 거부할 수 있다.
⑤ 제15조에 규정된 등록부등의 기록사항에 관하여 발급하는 증명서를 제출할 것을 요구하는 자는 사용목적에 필요한 최소한의 등록사이 기록된 일반증명서 또는 특정증명서를 요구하여야 하며, 상세증명서를 요구하는 경우에는 그 이유를 설명하여야 한다. 제출받은 증명서를 사용목적 외의 용도로 사용하여서는 아니 된다. 〈신설 2009.12.29., 2016.5.29.〉항
⑥ 제1항부터 제5항까지의 규정은 폐쇄등록부에 관한 증명서 교부의 경우에도 준용한다. 〈개정 2009.12.29.〉
⑦ 본인 또는 배우자, 부모, 자녀는 대법원규칙으로 정하는 바에 따라 등록부등의 기록사항의 전부 또는 일부에 대하여 전자적 방법에 의한 열람을 청구할 수 있다. 다만, 친양자입양관계증명서의 기록사항에 대하여는 친양자가 성년이 된 이후에만 청구할 수 있다. 〈신설 2013.7.30.〉
[시행미지정] 제14조제5항 전단 개정규정 중 특정증명서에 관한 부분은 이 법 공포 후 5년의 범위에서 대법원규칙으로 정하는 날부터 시행
[단순위헌, 2015헌마924, 2016. 6. 30. '가족관계의 등록 등에 관한 법률'(2007. 5. 17. 법률 제8435호로 제정된 것) 제14조 제1항 본문 중 '형제자매' 부분은 헌법에 위반된다.]
[헌법불합치, 2018헌마927, 2020. 8. 28. 가족관계의 등록 등에 관한 법률(2017. 10. 31. 법률 제14963호로 개정된 것) 제14조 제1항 본문 중 '직계혈족이 제15조에 규정된 증명서 가운데 가족관계증명서 및 기본증명서의 교부를 청구'하는 부분은 헌법에 합치되지 아니한다. 위 조항은 2021. 12. 31.을 시한으로 입법자가 개정할 때까지 계속 적용된다.]

❐ **제15조(증명서의 종류 및 기록사항)** ① 등록부등의 기록사항은 다음 각 호의 증명서별로 제2항에 따른 일반증명서와 제3항에 따른 상세증명서로 발급한다. 다만, 외국인의 기록사항에 관하여는 성명·성별·출생연월일·국적 및 외국인등록번호를 기재하여 증명서를 발급하여야 한다. 〈개정 2009.12.29., 2010.5.4., 2016.5.29.〉
  1. 가족관계증명서
    가. 삭제 〈2016.5.29.〉
    나. 삭제 〈2016.5.29.〉
    다. 삭제 〈2016.5.29.〉
  2. 기본증명서
    가. 삭제 〈2016.5.29.〉
    나. 삭제 〈2016.5.29.〉
  3. 혼인관계증명서
    가. 삭제 〈2016.5.29.〉
    나. 삭제 〈2016.5.29.〉
    다. 삭제 〈2016.5.29.〉
  4. 입양관계증명서
    가. 삭제 〈2016.5.29.〉

나. 삭제 〈2016.5.29.〉
　　　다. 삭제 〈2016.5.29.〉
　5. 친양자입양관계증명서
　　　가. 삭제 〈2016.5.29.〉
　　　나. 삭제 〈2016.5.29.〉
　　　다. 삭제 〈2016.5.29.〉
② 제1항 각 호의 증명서에 대한 일반증명서의 기재사항은 다음 각 호와 같다. 〈개정 2016.5.29.〉
　1. 가족관계증명서
　　　가. 본인의 등록기준지·성명·성별·본·출생연월일 및 주민등록번호
　　　나. 부모의 성명·성별·본·출생연월일 및 주민등록번호(입양의 경우 양부모를 부모로 기록한다. 다만, 단독입양한 양부가 친생모와 혼인관계에 있을 때에는 양부와 친생모를, 단독입양한 양모가 친생부와 혼인관계에 있을 때에는 양모와 친생부를 각각 부모로 기록한다)
　　　다. 배우자, 생존한 현재의 혼인 중의 자녀의 성명·성별·본·출생연월일 및 주민등록번호
　2. 기본증명서
　　　가. 본인의 등록기준지·성명·성별·본·출생연월일 및 주민등록번호
　　　나. 본인의 출생, 사망, 국적상실에 관한 사항
　3. 혼인관계증명서
　　　가. 본인의 등록기준지·성명·성별·본·출생연월일 및 주민등록번호
　　　나. 배우자의 성명·성별·본·출생연월일 및 주민등록번호
　　　다. 현재의 혼인에 관한 사항
　4. 입양관계증명서
　　　가. 본인의 등록기준지·성명·성별·본·출생연월일 및 주민등록번호
　　　나. 친생부모·양부모 또는 양자의 성명·성별·본·출생연월일 및 주민등록번호
　　　다. 현재의 입양에 관한 사항
　5. 친양자입양관계증명서
　　　가. 본인의 등록기준지·성명·성별·본·출생연월일 및 주민등록번호
　　　나. 친생부모·양부모 또는 친양자의 성명·성별·본·출생연월일 및 주민등록번호
　　　다. 현재의 친양자 입양에 관한 사항
③ 제1항 각 호의 증명서에 대한 상세증명서의 기재사항은 제2항에 따른 일반증명서의 기재사항에 다음 각 호의 사항을 추가한 것으로 한다. 〈신설 2016.5.29.〉
　1. 가족관계증명서: 모든 자녀의 성명·성별·본·출생연월일 및 주민등록번호
　2. 기본증명서: 국적취득 및 회복 등에 관한 사항
　3. 혼인관계증명서: 혼인 및 이혼에 관한 사항
　4. 입양관계증명서: 입양 및 파양에 관한 사항
　5. 친양자입양관계증명서: 친양자 입양 및 파양에 관한 사항
④ 제1항에도 불구하고 같은 항 각 호의 증명서 중 대법원규칙으로 정하는 증명서에 대해서는 해당 증명서의 상세증명서 기재사항 중 신청인이 대법원규칙으로 정하는 바에 따라 선택한 사항을 기재한 특정증명서를 발급한다. 〈신설 2016.5.29.〉
⑤ 제2항부터 제4항까지의 규정에 따른 일반증명서·상세증명서·특정증명서, 가족관계에 관한 그 밖의 증명서 및 가족관계 기록사항에 관하여 필요한 사항은 대법원규칙으로 정한다. 〈개정 2009.12.29., 2016.5.29.〉
[시행미지정] 제15조의 개정규정 중 특정증명서에 관한 부분은 이 법 공포 후 5년의 범위에서 대법원규칙으로 정하는 날부터 시행

① **호적법의 문제점**　호적제도는 호적등본이라는 하나의 증명서에 본인은 물론 가족 전체의 신분에 관한 사항이 모두 기재되어 있고 그 발급신청인도 원칙적으로 제한이 없어 민감한 개인정보가 부당하게 노출되는 등의 문제점이 있었다.

② **증명서의 종류 및 교부신청자의 제한**　가족관계의 등록 등에 관한 법률에서는 증명하려는 목적에 따라 다양한 증명서(가족관계증명, 기본증명, 혼인관계증명, 입양관계증명, 친양자입양관계증명)를 발급받을 수 있도록 하되, 증명서 교부신청은 원칙적으로 본인 또는 본인의 배우자·직계혈족만이 할 수 있도록 하고, 친양자입양관계증명은 친양자가 성년이 되어 신청하는 경우 등 한정적으로만 인정하여 발급요건을 강화하였다(제14조·제15조). 직계혈족이 가족관계증명서 및 기본증명서의 교부를 청구하는 부분은 헌법에 합치되지 아니한다는 헌법불합치 결정이 있었고,[1] 위 조항은 2021. 12. 31.을 시한으로 입법자가 개정할 때까지 계속 적용된다.

3) 등록부의 정정

> **제104조(위법한 가족관계 등록기록의 정정)** ① 등록부의 기록이 법률상 허가될 수 없는 것 또는 그 기재에 착오나 누락이 있다고 인정한 때에는 이해관계인은 사건 본인의 등록기준지를 관할하는 가정법원의 허가를 받아 등록부의 정정을 신청할 수 있다. 〈개정 2013.7.30.〉
> ② 제1항의 경우에 가정법원의 심리에 관하여는 제96조제6항을 준용한다. 〈신설 2013.7.30.〉

> **제105조(무효인 행위의 가족관계등록기록의 정정)** ① 신고로 인하여 효력이 발생하는 행위에 관하여 등록부에 기록하였으나 그 행위가 무효임이 명백한 때에는 신고인 또는 신고사건의 본인은 사건 본인의 등록기준지를 관할하는 가정법원의 허가를 받아 등록부의 정정을 신청할 수 있다. 〈개정 2013.7.30.〉
> ② 제1항의 경우에 가정법원의 심리에 관하여는 제96조제6항을 준용한다. 〈신설 2013.7.30.〉

> **제107조(판결에 의한 등록부의 정정)** 확정판결로 인하여 등록부를 정정하여야 할 때에는 소를 제기한 사람은 판결확정일부터 1개월 이내에 판결의 등본 및 그 확정증명서를 첨부하여 등록부의 정정을 신청하여야 한다.

① **등록부 정정방법**
　(ㄱ) **확정판결에 의한 정정(제107조)**: 친족법상 또는 상속법상 중대한 영향을 미치는 사항에 관한 기재의 정정은 확정판결에 의함이 원칙이다.[2] 친족법상 또는 상속법상 중대한 영향을 미치는 사항이란 기록사항에 관련된 신분관계의 존부에 관하여 직접적인 쟁송방법이 가사소송법 등에 마련되어 있는 사항을 말한다.[3] 친생자추정에 영향을 주는 출생연월일·사망일시 등에 관한 기재의 정정은 가사소송법 등에서 이를 확정하는 직접적인 쟁송방법을 마련하고 있지 아니하므로 확정판결에 의하여 정정되어야 할 것이 아니라 가정법원의 허가에 의한 정정의 대상으로 된다.[4]

---

1) 헌법재판소 2018헌마927
2) 대법원 2009.10.08. 자 2009스64 결정
3) 대법원 2012.04.13. 자 2011스160 결정
4) 대법원 2012.04.13. 자 2011스160 결정

(ㄴ) 가정법원의 허가에 의한 정정(제104조) : 등록부의 기록이 법률상 허가될 수 없는 것 또는 그 기재에 착오나 누락이 있는 때에는 가정법원의 허가를 받아 등록부를 정정할 수 있다. 성전환자에 대한 성별기재도 가정법원의 허가를 받아 정정할 수 있다.[5]

(ㄷ) 신고로 인하여 효력이 발생하는 행위에 관한 등록부 기재의 정정 : 신고로 인하여 효력이 발생하는 가족행위는 친족법상 또는 상속법상 중대한 영향을 미치는 사항으로 그 쟁송방법이 가사소송법 등에 규정이 있으므로 확정판결에 의하여 정정되어야 하나, 그 행위가 무효임이 명백한 때에는 가정법원의 허가를 받아 정정할 수 있다(제105조). 신고로 인하여 효력이 발생하는 행위가 확정된 형사판결에 의하여 무효임이 명백하게 밝혀진 때에도 가정법원의 허가를 받아 등록부를 정정할 수 있다.[6] [12 사시]

② 성전환자에 대한 성별기재의 정정

(ㄱ) 성(性)의 결정방법 : 성은 생물학적 요소와 정신적·사회적 요소를 종합적으로 고려하여 결정하여야 한다.[7]

(ㄴ) 성전환자 : 성전환자란 출생시에 부여된 생물학적인 성과 정신적·사회적 요소를 종합적으로 고려하여 결정된 법률적 성이 서로 다른 사람을 말한다. 성전환자는 출생시와는 달리 전환된 성이 법률적으로 성전환자의 성이라고 평가할 수 있다.[8]

(ㄷ) 성전환자에 대한 성별기재 정정 : 성전환자에 해당함이 명백한 사람에 대하여는 등록부의 성별란 기재의 성을 전환된 성에 부합하도록 수정할 수 있도록 허용함이 상당하다.[9] 그러나 성전환자가 혼인 중에 있는 경우에는 배우자의 법적 지위와 그에 대한 사회적 인식에 곤란을 초래할 수 있으므로 성별정정은 허용되지 않는다.[10] 한편 현재 혼인 중에 있지 아니한 성전환자에게 미성년 자녀가 있는 경우에는 성전환자의 기본권의 보호와 미성년 자녀의 보호 및 복리와의 조화를 이룰 수 있도록 법익의 균형을 위한 여러 사정들을 종합적으로 고려하여 성별정정 허가 여부를 실질적으로 판단하여야 하고 성전환자에게 미성년 자녀가 있다는 사정만을 이유로 성별정정을 불허하여서는 아니 된다.[11] [24 변호새] [23(1), 22(1) 변모] [16, 12 사시] [12 법행] [16 법세]

③ 개명허가의 기준   개명을 허가할 만한 상당한 이유가 있다고 인정되고 범죄를 기도 또는 은폐하거나 법령에 따른 제한을 회피하려는 의도나 목적이 개입되어 있는 등 개명신청권의 남용으로 볼 수 있는 경우가 아니라면 원칙적으로 개명을 허가하여야 하고,[12] 개명신청의 이유가 개인적인 평가 또는 판단에서 나왔더라도 신중한 선택에 기하였다고 판단되는 한 개명의 상당한 이유에 해당하지 않는다고 볼 수 없다.[13]

---

5) 대법원 2006.06.22. 자 2004스42 전원합의체 결정
6) 대법원 2009.10.08. 자 2009스64 결정
7) 대법원 2006.06.22. 자 2004스42 전원합의체 결정
8) 대법원 2006.06.22. 자 2004스42 전원합의체 결정
9) 대법원 2006.06.22. 자 2004스42 전원합의체 결정
10) 대법원 2011.09.02. 자 2009스117 전원합의체 결정
11) 대법원 2022.11.24. 자 2020스616 전원합의체 결정
12) 대법원 2005.11.16. 자 2005스26 결정
13) 대법원 2009.10.16. 자 2009스90 결정

(2) 가족관계등록 신고의 유형 및 기재사항의 효력
  ① 가족관계등록 신고의 유형
    ㈀ **창설적 신고** : 창설적 신고란 신고의 수리에 의하여 비로소 신분관계가 창설되는 신고를 말한다. ㉠혼인신고, [22(1) 변뫼] ㉡협의이혼신고, ㉢임의인지신고, ㉣입양신고, ㉤협의파양신고 등이 이에 해당한다. 사실혼관계 존재확인판결에 의한 신고가 창설적 신고인지에 관해서는 견해의 대립이 있으나 판례는 창설적 신고로 본다. [22(1) 변뫼]
    ㈁ **보고적 신고** : 보고적 신고란 이미 효과가 발생한 사항에 관하여 사후적으로 하는 신고를 말한다. ㉠출생이나 사망의 신고, ㉡실종선고 또는 그 취소의 신고, ㉢개명신고, ㉣재판에 의한 혼인무효 또는 취소신고, ㉤재판에 의한 이혼 또는 그 취소의 신고, ㉥재판에 의한 파양 또는 그 취소의 신고, ㉦친권상실의 선고에 대한 신고, ㉧후견의 개시신고, ㉨강제인지신고 등이 이에 속한다.
  ② **가족관계등록부 기재사실의 추정력**   가족관계등록부는 신분관계를 기록하는 공적 장부이지만, 그 기재는 공신력을 가지지 않는다. 다만 진실한 것으로 추정된다. 가족관계등록부에 기재된 사실은 그 기재의 정정이나 확정판결에 의하지 아니하더라도 그 기재에 반하는 증거로써 그 추정을 번복할 수 있다.[14]

2. 가사소송법

  ① 일반론
    ㈀ **가사소송법의 목적** : 가사소송법은 인격의 존엄과 남녀의 평등을 기본으로 하고 가정평화와 친족상조의 미풍양속을 유지 향상하기 위하여 가사에 관한 소송(訴訟)과 비송(非訟) 및 조정(調停)에 대한 절차와 특례를 규정함을 목적으로 하고 있다(가사소송법 제1조).
    ㈁ **다른 법의 준용** : 가사소송법에 특별한 규정이 있는 경우를 제외하고, 가사소송사건에는 민사소송법을, 가사비송사건에는 비송사건절차법을, 가사조정사건에는 민사조정법을 각 준용한다.
    ㈂ **가사사건의 특칙** : ㉠가사사건은 가정법원의 전속관할로 한다. ㉡소환을 받은 당사자 및 이해관계인은 본인 또는 법정대리인이 출석하여야 한다. 다만 특별한 사정이 있는 때에는 재판장 등의 허가를 받아 대리인을 출석하게 할 수 있고, 보조인을 동반할 수 있다.
    ㈃ **가사사건과 민사사건의 병합** : 가사사건과 통상의 민사사건은 다른 종류의 소송절차에 따르는 것이므로 가사사건에 관한 소송에서 통상의 민사사건에 속하는 청구를 병합할 수는 없다.[15] [12 사시]
  ② 가사소송사건
    ㈀ **가류사건** : 가류사건은 확인소송사건으로 그 확정판결에 대세적 효력이 인정된다. 가류사건에 해당하는 청구는 성질상 당사자가 임의로 처분할 수 없는 사항을 대상으로 하는 것

---

14) 대법원 1978.04.11. 선고 78다71 판결
15) 대법원 2006.01.13. 선고 2004므1378 판결

으로서 이에 관하여 조정이나 재판상 화해가 성립되더라도 효력이 있을 수 없다.16) [12 사시] ㉠혼인의 무효, ㉡이혼의 무효, ㉢인지의 무효, ㉣친생자관계존부확인, ㉤입양의 무효, ㉥파양의 무효 등에 관한 청구가 이에 해당한다.

(ㄴ) **나류사건** : 나류사건은 형성소송사건으로 신분관계의 형성·변경을 목적으로 한다. ㉠사실상혼인관계존부확인, ㉡혼인의 취소, ㉢이혼의 취소, ㉣재판상이혼, ㉤부의 결정, ㉥친생부인, ㉦인지의 취소, ㉧인지에 대한 이의, ㉨인지청구, ㉩입양의 취소, ㉪파양의 취소, ㉫재판상파양 등에 관한 청구가 이에 해당한다. 사실상혼인관계존재확인소송이 형성소송인지에 관해서는 견해의 대립이 있으나, 판례는 확인소송의 일종으로 파악하고 있다. 나류사건은 소송에 앞서 조정이 전치된다.

(ㄷ) **다류사건** : 다류사건은 이행청구소송사건으로 이는 본질상 민사사건에 해당하는 재산상 청구이나 신분관계에 수반하는 점에서 가사사건으로 분류하고 있다. ㉠약혼해제 또는 사실혼관계부당파기로 인한 손해배상청구(제3자에 대한 청구를 포함한다) 및 원상회복의 청구, [15 변호사] ㉡혼인의 무효·취소, 이혼의 무효·취소 또는 이혼을 원인으로 하는 손해배상청구(제3자에 대한 청구를 포함한다) 및 원상회복의 청구, [15 변호사] ㉢입양의 무효·취소, 파양의 무효·취소 또는 파양을 원인으로 하는 손해배상청구(제3자에 대한 청구를 포함한다) 및 원상회복의 청구, ㉣재산분할청구권 보전을 위한 사해행위 취소 및 원상회복청구 [15 변호사] 등이 이에 해당한다. 다류사건에도 조정전치주의가 적용된다.

③ **가사비송사건**

(ㄱ) **라류사건** : 라류사건은 대립하는 권리관계에 관한 다툼이 아니라 국가의 후견적 개입을 내용으로 하는 사건으로 전형적 비송사건이 이에 해당한다. 성년후견·한정후견 개시의 심판과 그 종료의 심판, 실종선고와 그 취소, 부재자재산에 관한 처분, 성과 본의 창설허가, 부부재산약정의 변경허가 등 44개 항목이다.

(ㄴ) **마류사건** : 마류사건은 그 본질에 있어서는 대립하는 권리관계의 다툼에 해당하나 비송사건으로 분류된 사건이다. 당사자의 협의를 존중하고 협의가 되지 아니할 경우에 가정법원이 개입하여 당사자 사이의 분쟁을 해결해야 하는 사건이 이에 해당한다. 마류사건에도 조정전치주의가 적용된다.

---

16) 대법원 1999.10.08. 선고 98므1698 판결

2025 가족법정론

제2편
친족법

Chapter 01 총 설

Ⅰ 친족의 종류

□ 제767조 (친족의 정의) 배우자, 혈족 및 인척을 친족으로 한다.

□ 제768조 (혈족의 정의) 자기의 직계존속과 직계비속을 직계혈족이라 하고 자기의 형제자매와 형제자매의 직계비속, 직계존속의 형제자매 및 그 형제자매의 직계비속을 방계혈족이라 한다.

□ 제769조 (인척의 계원) 혈족의 배우자, 배우자의 혈족, 배우자의 혈족의 배우자를 인척으로 한다.

① **친족의 의의**   친족(親族)이란 배우자, 혈족 및 인척을 말한다. 가족(家族)과는 의미가 다르다. 가족은 배우자, 직계혈족 및 형제자매와 생계를 같이 하는 직계혈족의 배우자, 배우자의 직계혈족 및 배우자의 형제자매를 말한다(제779조). 따라서 친족이 가족보다는 넓은 개념이다. 친족인 배우자란 법률상 배우자를 말한다. 사실혼 배우자는 친족에 포함되지 않지만 법률상 배우자에 준하는 보호가 주어지기도 한다.

② **혈족**
  (ㄱ) **의의와 종류** : 혈족이란 혈연에 의하여 연결된 친족을 말한다. 혈족에는 자연혈족과 법정혈족이 있다. 자연혈족이란 친생자관계를 바탕으로 형성된 혈족을 말하고 법정혈족이란 양친자관계를 바탕으로 형성된 혈족을 말한다.
  (ㄴ) **자연혈족** : 자연혈족은 원칙적으로 출생과 사망이라는 자연적 사실로 발생·소멸한다. 혼인 외의 자와 생모 사이에서는 출생에 의하여 모자관계가 발생하지만, 혼인 외의 자와 생부 사이에는 인지에 의하여 부자관계가 창설된다. [13 사시]
  (ㄷ) **법정혈족** : 입양에 의하여 혈연관계가 없는 자 사이에 자연혈족과 동일한 관계가 있는 것으로 법률상 인정되는 자를 법정혈족이라고 한다. 입양 후에 양친이 혼인한 때에는 양친의 배우자와 양자 사이에 별도로 입양을 하지 않는 한 인척관계로 될 뿐이다. 적모서자관계나 계모적자관계는 법정혈족에 해당하지 않는다.
  (ㄹ) **방계혈족으로서 형제자매** : 형제자매는 부계 및 모계를 모두 포함하기 때문에 동성이복형제자매 뿐만 아니라 이성동복의 형제자매도 모두 형제자매에 포함된다.[1]

---

1) 대법원 2007.11.29. 선고 2007도7062 판결

③ 인척
(ㄱ) 의의 : 인척이란 혼인으로 인하여 연결되는 친족을 말한다.
(ㄴ) 종류 : 혈족의 배우자, 배우자의 혈족, 배우자의 혈족의 배우자는 인척이지만, 혈족의 배우자의 혈족은 인척에 해당하지 않는다.

II 친족의 범위와 촌수계산

☐ 제777조 (친족의 범위) 친족관계로 인한 법률상 효력은 이 법 또는 다른 법률에 특별한 규정이 없는 한 다음 각 호에 해당하는 자에 미친다.
   1. 8촌 이내의 혈족
   2. 4촌 이내의 인척
   3. 배우자

☐ 제770조 (혈족의 촌수의 계산) ① 직계혈족은 자기로부터 직계존속에 이르고 자기로부터 직계비속에 이르러 그 세수를 정한다.
② 방계혈족은 자기로부터 동원의 직계존속에 이르는 세수와 그 동원의 직계존속으로부터 그 직계비속에 이르는 세수를 통산하여 그 촌수를 정한다.

☐ 제771조 (인척의 촌수의 계산) 인척은 배우자의 혈족에 대하여는 배우자의 그 혈족에 대한 촌수에 따르고, 혈족의 배우자에 대하여는 그 혈족에 대한 촌수에 따른다.

☐ 제772조 (양자와의 친계와 촌수) ① 양자와 양부모 및 그 혈족, 인척사이의 친계와 촌수는 입양한 때로부터 혼인중의 출생자와 동일한 것으로 본다.
② 양자의 배우자, 직계비속과 그 배우자는 전항의 양자의 친계를 기준으로 하여 촌수를 정한다.

III 친족관계의 소멸

☐ 제775조 (인척관계 등의 소멸) ① 인척관계는 혼인의 취소 또는 이혼으로 인하여 종료한다.
② 부부의 일방이 사망한 경우 생존배우자가 재혼한 때에도 제1항과 같다. [13 사시]

☐ 제776조 (입양으로 인한 친족관계의 소멸) 입양으로 인한 친족관계는 입양의 취소 또는 파양으로 인하여 종료한다. [16 법세]

Chapter 02 | 가족의 범위와 자의 성(姓)과 본

I 가족의 범위

> □ 제779조 (가족의 범위) ① 다음의 자는 가족으로 한다.
> 1. 배우자, 직계혈족 및 형제자매
> 2. 직계혈족의 배우자, 배우자의 직계혈족 및 배우자의 형제자매
> ② 제1항 제2호의 경우에는 생계를 같이 하는 경우에 한한다.

① **가족의 의의**　가족이란 ==배우자, 직계혈족 및 형제자매와 생계를 같이 하는 직계혈족의 배우자, 배우자의 직계혈족 및 배우자의 형제자매==를 말한다. 가족의 범위는 개인마다 다를 수 있다.

② **가족의 법적 효과**　후견인의 가족은 후견감독인이 될 수 없다(제940조의5)는 점을 제외하면 가족에게 민법상 법적 효과가 발생하지는 않는다.

II 자의 성과 본

> □ 제781조 (자의 성과 본) ① 자는 부의 성과 본을 따른다. 다만, 부모가 혼인신고시 모의 성과 본을 따르기로 협의한 경우에는 모의 성과 본을 따른다.
> ② 부가 외국인인 경우에는 자는 모의 성과 본을 따를 수 있다.
> ③ 부를 알 수 없는 자는 모의 성과 본을 따른다.
> ④ 부모를 알 수 없는 자는 법원의 허가를 받아 성과 본을 창설한다. 다만, 성과 본을 창설한 후 부 또는 모를 알게 된 때에는 부 또는 모의 성과 본을 따를 수 있다.
> ⑤ 혼인외의 출생자가 인지된 경우 자는 부모의 협의에 따라 종전의 성과 본을 계속 사용할 수 있다. 다만, 부모가 협의할 수 없거나 협의가 이루어지지 아니한 경우에는 자는 법원의 허가를 받아 종전의 성과 본을 계속 사용할 수 있다.
> ⑥ 자의 복리를 위하여 자의 성과 본을 변경할 필요가 있을 때에는 부, 모 또는 자의 청구에 의하여 법원의 허가를 받아 이를 변경할 수 있다. 다만, 자가 미성년자이고 법정대리인이 청구할 수 없는 경우에는 제777조의 규정에 따른 친족 또는 검사가 청구할 수 있다.

1. 성(姓)의 결정

① **부자동성(父子同姓)의 원칙**　자는 ==원칙적으로 부의 성과 본을 따른다==. 종전 민법은 성의 선택을 인정하지 아니하여 헌법불합치결정을 받았다. 이에 따라 현행법은 부자동성의 원칙을 인

정하는 한편 자의 성을 선택할 수 있도록 예외를 인정하고 있다.

② **부모의 협의에 의한 모성승계**　부모가 혼인신고시에 모의 성과 본을 따르기로 합의한 경우에는 모의 성과 본을 따른다. 혼인신고시에 혼인당사자의 협의서를 첨부하여야 하고 자녀의 출생신고시에도 부모의 협의가 있었음을 신고서에 기재하여야 한다. 자녀마다 성과 본을 달리하는 합의나 모의 성이 아닌 제3자의 성을 따르도록 하는 합의는 효력이 없다.

③ **부가 외국인인 경우**　부가 외국인인 경우에도 부자동성의 원칙은 적용되지만, 자는 모의 성과 본을 따를 수 있다.

④ **부를 알 수 없는 자**　부를 알 수 없는 자는 모의 성과 본을 따른다.

⑤ **부모를 알 수 없는 자**　부모를 알 수 없는 자는 법원의 허가를 받아 성과 본을 창설하지만, 그 후에 부모를 알게 된 때에는 부 또는 모의 성과 본을 따를 수 있다.

⑥ **혼인 외의 자가 인지된 경우**　혼인 외의 자가 인지된 때에는 자의 출생시에 소급하여 부자관계가 창설되므로 자는 부의 성과 본을 따르게 된다. 이로 인하여 자의 성이 변경되어 혼란이 초래될 수 있다. 이러한 혼란을 방지하기 위하여 부모의 협의에 따라 종전의 성과 본을 계속 사용할 수 있고, 부모가 협의할 수 없거나 협의가 이루어지지 아니한 경우에는 자는 법원의 허가를 받아 종전의 성과 본을 계속 사용할 수 있다.

2. 성(姓)의 변경

① 성과 본의 변경 요건

　(ㄱ) 자의 복리를 위하여 성과 본을 변경할 필요가 있을 것 : 자의 복리를 위하여 성과 본을 변경할 필요가 있는지는 자 또는 친권자·양육자의 의사를 고려하되, 성과 본의 변경이 이루어지지 아니할 경우 자에게 발생할 불이익의 정도와 성과 본의 변경으로 인한 불이익의 정도를 자의 입장에서 비교하여 자의 행복과 이익에 도움이 되는 쪽으로 판단하여야 한다. 자의 주관적·개인적 선호의 정도를 넘어 자의 복리를 위하여 필요한 때에는 원칙적으로 변경을 허가하여야 한다.[1] 성·본 변경을 청구하는 부, 모 중 일방이 단지 이를 희망한다는 사정은 주관적·개인적인 선호의 정도에 불과하며 이에 대하여 타방이 동의를 하였더라도 그 사정만으로는 성·본 변경허가의 요건을 충족하였다고 보기 어렵다.[2]

　(ㄴ) 일정한 자의 청구가 있을 것 : 부, 모 또는 자의 청구가 있어야 한다. 자가 미성년자이고 법정대리인이 청구할 수 없는 경우에는 제777조의 규정에 따른 친족 또는 검사가 청구할 수 있다.

　(ㄷ) 법원의 허가가 있을 것 : 성과 본의 변경에는 법원의 허가가 있어야 한다.

② **성과 본의 변경의 한계**　성과 본의 변경은 친자관계의 한계를 벗어날 수 없다. 계부와 같이 친자관계에 있지 아니한 사람의 성과 본으로 변경하는 것은 허용되지 않는다. 그러나 양친자관계에 있는 사람의 성과 본으로 변경하는 것은 허용된다.

---

[1] 대법원 2010.03.03. 자 2009스133 결정; 대법원 2022.03.31. 자 2021스3 결정
[2] 대법원 2022.03.31. 자 2021스3 결정

Chapter 03 혼 인

제1절 약혼

1. 약혼의 의의
① **개념** 약혼이란 장래 혼인을 성립시키려는 당사자 사이의 합의(혼인예약)를 말한다.
② **구별개념** ㉠혼인의사 없이 동거생활을 하는 동서(同棲), ㉡부부공동생활을 하고 있으나 혼인신고를 하지 아니한 사실혼, ㉢법률상 배우자 있는 남자가 다른 여자와 지속적인 성적 관계를 가지는 부첩관계, ㉣남녀 양가의 주혼자들이 정한 혼인의 예약인 정혼과는 구별된다.
③ **약혼의 자유** 성년에 달한 자는 자유롭게 약혼할 수 있다(제800조).

2. 약혼의 성립요건

□ **제800조 (약혼의 자유)** 성년에 달한 자는 자유로 약혼할 수 있다.

□ **제801조 (약혼연령)** 18세가 된 사람은 부모나 미성년후견인의 동의를 받아 약혼할 수 있다. 이 경우 제808조를 준용한다.

□ **제802조 (성년후견과 약혼)** 피성년후견인은 부모나 성년후견인의 동의를 받아 약혼할 수 있다. 이 경우 제808조를 준용한다.

□ **제808조 (동의가 필요한 혼인)** ① 미성년자가 혼인을 하는 경우에는 부모의 동의를 받아야 하며, 부모 중 한쪽이 동의권을 행사할 수 없을 때에는 다른 한쪽의 동의를 받아야 하고, 부모가 모두 동의권을 행사할 수 없을 때에는 미성년후견인의 동의를 받아야 한다.
② 피성년후견인은 부모나 성년후견인의 동의를 받아 혼인할 수 있다.

① **약혼의사의 합치**
  ㉠ 약혼은 장래 혼인하려는 의사의 합치만으로 성립한다. 약혼에 특별한 방식이 필요한 것은 아니다.
  ㉡ 약혼의사는 대리가 허용되지 않는다. 부모들이 정한 정혼(定婚)은 당사자 본인의 승낙이 없는 한 무효이다.

② 약혼적령, 일정한 자의 동의
　(ㄱ) **약혼연령** : 만 18세가 된 사람은 약혼할 수 있다. 연령미달자의 약혼은 취소할 수 있다(제817조 전단의 유추).
　(ㄴ) **미성년자의 약혼** : 18세가 된 사람은 부모나 미성년후견인의 동의를 받아 약혼할 수 있다. 부모 중 한 쪽이 동의권을 행사할 수 없을 때에는 다른 한 쪽의 동의를 받아야 하고, 부모 모두 동의권을 행사할 수 없을 때에는 미성년후견인의 동의를 받아야 한다.
　(ㄷ) **피한정후견인의 약혼** : 피한정후견인은 누구의 동의도 필요 없이 자유로이 약혼할 수 있다. 피한정후견인은 신분행위에 관해서는 제한능력자가 아니기 때문이다.
　(ㄹ) **피성년후견인의 약혼** : 피성년후견인은 부모나 성년후견인의 동의를 받아 약혼할 수 있다.
③ **배우자 있는 자의 약혼, 2중 약혼**
　(ㄱ) 배우자 있는 자의 약혼은 무효이고 혼인의무 불이행으로 인한 손해배상청구는 허용되지 않는다.[1]
　(ㄴ) 2중 약혼도 원칙적으로 무효라고 본다(통설). 그러나 2중 약혼은 약혼해제사유가 되므로(제804조 제4호) 선의의 당사자편에서는 항상 유효하다고 해석하는 학설도 있다.
④ **근친자 사이의 약혼** 　혼인무효의 결과를 초래하는 근친자 사이의 약혼은 불능을 목적으로 하는 것이므로 무효라고 할 것이다.
⑤ **조건이나 기한이 붙은 약혼** 　신분행위는 그 효과발생이 확정적이어야 하므로 원칙적으로 조건이나 기한을 붙일 수 없는 것과 달리 약혼에는 조건이나 기한을 붙일 수 있다. 다만, 그 조건이 사회질서에 반하지 않아야 한다.

3. 약혼의 효과

> 제803조 (약혼의 강제이행금지) 약혼은 강제이행을 청구하지 못한다.

① **당사자의 의무**
　(ㄱ) **혼인할 의무** : 당사자는 혼인관계를 성립시킬 의무를 부담하며, 이를 위반하는 경우에는 손해배상책임을 진다.
　(ㄴ) **강제이행금지** : 당사자의 진의를 존중할 필요가 있으며, 혼인의사의 철회가 인정되는 점과의 균형상 약혼 당사자의 의무는 강제이행의 대상이 아니다.
② **약혼당사자의 권리** 　혼인을 약속하고 사실상 부부로서 같이 살림을 하고 있는 경우 남자는 민법상 부권(夫權)은 없다 할지라도 약혼상 권리는 보유하고 있으므로 제3자가 약혼 중의 여자를 간음하는 것은 약혼으로 인한 남자의 권리를 침해하는 것이고 이는 불법행위를 구성한다.[2]

---

[1] 대법원 1965.07.06. 선고 65므12 판결
[2] 대법원 1961.10.19. 선고 4293민상531 판결

③ 약혼자의 신분법상 지위
　　(ㄱ) 약혼에 의해서는 친족관계가 발생하지 않는다.
　　(ㄴ) 약혼 중의 출생자는 혼인 외의 출생자로 되지만, 그 후에 약혼 당사자가 혼인하면 혼인 중의 출생자로 된다(제855조 제2항).

3. 약혼의 해제
(1) 약혼해제사유와 방법

> 제804조 (약혼해제의 사유) 당사자 한쪽에 다음 각 호의 어느 하나에 해당하는 사유가 있는 경우에는 상대방은 약혼을 해제할 수 있다.
> 1. 약혼 후 자격정지 이상의 형을 선고받은 경우
> 2. 약혼 후 성년후견개시나 한정후견개시의 심판을 받은 경우
> 3. 성병, 불치의 정신병, 그 밖의 불치의 병질(病疾)이 있는 경우
> 4. 약혼 후 다른 사람과 약혼이나 혼인을 한 경우
> 5. 약혼 후 다른 사람과 간음(姦淫)한 경우
> 6. 약혼 후 1년 이상 생사(生死)가 불명한 경우
> 7. 정당한 이유 없이 혼인을 거절하거나 그 시기를 늦추는 경우
> 8. 그 밖에 중대한 사유가 있는 경우

> 제805조 (약혼해제의 방법) 약혼의 해제는 상대방에 대한 의사표시로 한다. 그러나 상대방에 대하여 의사표시를 할 수 없는 때에는 그 해제의 원인 있음을 안 때에 해제된 것으로 본다.

① **약혼해제사유(제804조)**　　㉠약혼 후 자격정지 이상의 형을 선고받은 경우, ㉡약혼 후 성년후견개시나 한정후견개시의 심판을 받은 경우, ㉢성병, 불치의 정신병, 그 밖의 불치의 병질(病疾)이 있는 경우, ㉣약혼 후 다른 사람과 약혼이나 혼인을 한 경우, ㉤약혼 후 다른 사람과 간음(姦淫)한 경우, ㉥약혼 후 1년 이상 생사(生死)가 불명한 경우, ㉦정당한 이유 없이 혼인을 거절하거나 그 시기를 늦추는 경우, ㉧그 밖에 중대한 사유가 있는 경우.

② **기타 중대한 사유에 해당하는지 문제되는 사례**
　　(ㄱ) 기타 중대한 사유에 해당하는 경우 : ㉠ 약혼과정에서 연령이나 직업·경력·재산 등을 속인 경우[3] ㉡ 가족을 부양할 능력이 없을 정도로 재산상태가 악화된 경우 ㉢ 애정상실 ㉣ 간음 외의 부정행위 ㉤ 자기 또는 부모에 대한 중대한 모욕 ㉥ 심한 불구자가 된 경우 ㉦ 약혼 전에 자격정지 이상의 형의 선고를 받은 경우 등은 중대한 사유에 해당한다.
　　(ㄴ) 기타 중대한 사유에 해당하지 않는 경우 : 임신불능 또는 빈곤한 환경 등은 약혼의 해제사유가 될 수 없다(대법원 1960.08.18. 선고 4292민상995 판결).

③ **약혼해제의 방법**　　약혼의 해제는 상대방에 대한 의사표시로 한다. 그러나 상대방에 대하여 의사표시를 할 수 없는 때에는 그 해제의 원인 있음을 안 때에 해제된 것으로 본다(제805조).

---
[3] 대법원 1995.12.08. 선고 94므1676·1683 판결. 중매를 통해 10일간 교제를 통해 약혼하는 경우, 학력이나 경력, 직업 등이 상대방 평가의 중요한 자료가 되므로 학력이나 직종, 직급을 속이는 것은 중대한 사유에 해당한다고 본 사례.

(2) 약혼해제의 효과

> □ 제806조 (약혼해제와 손해배상청구권) ① 약혼을 해제한 때에는 당사자일방은 과실있는 상대방에 대하여 이로 인한 손해의 배상을 청구할 수 있다.
> ② 전항의 경우에는 재산상 손해 외에 정신상 고통에 대하여도 손해배상의 책임이 있다.
> ③ 정신상 고통에 대한 배상청구권은 양도 또는 승계하지 못한다. 그러나 당사자 간에 이미 그 배상에 관한 계약이 성립되거나 소를 제기한 후에는 그러하지 아니하다.

① **약혼의 소급 소멸**   약혼이 해제되면, 당사자 사이에 처음부터 약혼이 없었던 것과 같이 된다.
② **약혼해제로 인한 손해배상청구권**
　(ㄱ) **손해배상청구권의 법적 성질** : ㉠혼인예약 불이행으로 인한 손해배상청구권이라는 견해와 불법행위로 인한 손해배상청구권이라는 견해로 나뉘어져 있다. ㉡채무불이행으로 인한 손해배상청구권으로 파악하게 되면 소멸시효기간이 10년으로 되는 결과 신분관계에 따른 분쟁을 오랜 시간 동안 유지하게 되어 부당하므로 불법행위로 인한 손해배상청구권으로 파악하는 것이 타당하다.
　(ㄴ) **당사자**
　　㉠ 당사자 일방은 과실 있는 상대방에 대하여 손해의 배상을 청구할 수 있다. 과실여부를 판단함에 있어서는 약혼의 파기에 이르게 된 경위와 책임, 당사자의 연령과 재산상태 등을 종합적으로 고려하여야 한다.
　　㉡ 약혼을 부당히 파기한 약혼당사자 뿐만 아니라 약혼 당사자의 부모된 자가 부당파기에 가담한 경우에는 그들도 포함하여 가사소송법 소정의 절차에 따라 손해배상을 청구할 수 있고, 약혼을 부당히 파기당한 자 뿐만 아니라 당연히 정신적 고통을 받게 되는 동인의 부모 또한 같은 법 소정의 절차에 따라 손해배상을 청구할 수 있다.[4]
　(ㄷ) **손해배상의 내용**
　　㉠ 손해배상의 내용은 재산적·정신적 손해배상이 모두 포함된다.
　　㉡ 약혼해제로 인한 재산적 손해배상의 범위에는 약혼준비 및 약혼식에 소요된 약혼비용, 혼인준비비용, 혼인을 위하여 사직한 경우 등과 같은 약혼으로 인한 일실이익, 중매인에 대한 사례 등이 포함될 수 있다.
　　㉢ 혼인생활의 준비를 위하여 지출한 가구구입비, 전자제품구입비 등 가재도구의 구입비용은 약혼해제로 인한 손해배상에 포함되지 않는다.[5] **[15 법무사]**
　　㉣ 정신적 손해배상청구권은 양도 또는 승계하지 못한다(행사상 일신전속권). 다만 배상에 관한 계약이 성립되거나 소를 제기한 후에는 양도·승계할 수 있다.
　(ㄹ) **조정전치주의** : 약혼해제로 인한 손해배상사건은 다류 가사소송사건으로서 조정전치주의의 대상이다.

---

4) 대법원 1975.01.14. 선고 74므11 판결
5) 대법원 2003.11.14. 선고 2000므1257 판결

③ 약혼예물반환청구권
   (ㄱ) **약혼예물의 법적 성질** : 약혼예물은 약혼의 성립을 증명하는 증거이자 혼인불성립을 해제조건으로 하는 증여의 실질을 가진다.[6] 혼인불성립이라는 해제조건이 성취되면 증여의 효력이 소멸하고, 약혼예물을 받은 자는 그 예물을 반환하여야 한다. [20(3) 변모]
   (ㄴ) **혼인이 성립하여 상당기간 지속된 경우** : 혼인불성립이라는 해제조건이 불성취로 확정된 것이므로 비록 혼인이 일방의 책임 있는 사유로 파탄되었다고 하더라도 약혼예물반환의 문제는 발생하지 않는다.
   (ㄷ) **혼인성립 후 극히 짧은 시일 내에 이혼을 한 경우** : 혼인불성립에 준하여 처리한다.
   (ㄹ) **당사자 일방의 과실로 약혼이 파기된 경우**
      ㉠ 무과실의 당사자는 예물반환청구권을 행사할 수 있다.
      ㉡ 약혼의 해제에 관하여 과실이 있는 유책자로서는 그가 제공한 약혼예물은 이를 적극적으로 반환을 청구할 권리가 없다.[7]

제2절 혼인의 성립

1. 실질적 요건

(1) 혼인의 합의

> ▢ **제815조 (혼인의 무효)** 혼인은 다음 각 호의 어느 하나의 경우에는 무효로 한다.
> 1. 당사자간에 혼인의 합의가 없는 때
> 2. 혼인이 제809조제1항의 규정을 위반한 때
> 3. 당사자간에 직계인척관계(直系姻戚關係)가 있거나 있었던 때
> 4. 당사자간에 양부모계의 직계혈족관계가 있었던 때

① 혼인의사의 의미
   (ㄱ) **문제점** : 혼인의 합의를 구성하는 혼인의사가 사회통념에 따른 부부관계를 형성하고자 하는 의사(실질적 의사)인지 아니면 혼인신고를 통하여 법률혼관계를 형성하고자 하는 의사(신고의사)인지 문제된다. 혼인의사를 어떻게 이해하는지에 따라 가장혼인의 효력, 일방적으로 이루어진 혼인신고에 의한 혼인의 효력이 좌우된다.
   (ㄴ) **판례** : 판례는 당사자 간에 혼인의 합의가 없는 때란 당사자 사이에 사회관념상 부부라고 인정되는 정신적·육체적 결합을 생기게 할 의사의 합치가 없는 경우를 의미한다고 하여 실질적 의사로 파악하지만,[8] [22(3) 변모] [16 사시] 혼인의 합의란 법률혼주의를 채택하고 있는

---

[6] 대법원 1996.05.14. 선고 96다5506 판결
[7] 대법원 1976.12.28. 선고 76므41 판결

우리나라 법제 하에서는 법률상 유효한 혼인을 성립하게 하는 합의를 말하는 것이라고 하여 신고의사로 파악하기도 한다.[9]

(ㄷ) **학설** : ㉠혼인관계 성립에서는 당사자의 의사를 절대적으로 존중하여야 한다는 점, 사실혼관계를 법률혼에 준하여 보호하여야 할 필요가 있다는 점, 혼인과 같은 창설적 신분행위의 경우에는 사회적·관습적 정형성이 강하다는 점을 근거로 실질적 의사로 파악하는 것이 다수설이다. 그러나 ㉡민법이 법률혼주의를 채택하고 있다는 점, 신고에 의하여 혼인이 성립한다는 법리에 부합하여야 한다는 점, 혼인의 성립에 관한 법적 안정성이 확보될 수 있어야 한다는 점을 근거로 신고의사로 파악하는 견해도 있다.

(ㄹ) **검토** : 혼인의사란 실질적 의사와 신고의사를 모두 포함한 의사로 파악하는 것이 타당하다고 본다. 실질적 의사와 신고의사 중 어느 하나가 결여된 때에는 혼인은 무효로 된다고 본다.

② **혼인의사의 존재시기**   혼인의사는 혼인신고의 작성·제출·수리 당시에 모두 존재하여야 한다. 혼인신고서가 수리되기 전에 혼인의사를 철회한 때에는 혼인의 합의는 부정되므로 혼인신고서가 수리되더라도 혼인의 무효이다.[10] [22(3) 변모]

③ **가장혼인의 효력**   다른 목적을 달성하기 위한 수단으로 혼인신고를 하는 경우, 가령 국적을 취득하게 할 목적으로 혼인신고를 한 때에는 부부관계의 설정을 바라는 효과의사가 없으므로 혼인은 무효라고 보아야 한다.[11] [16 사시]

④ **일방적 혼인신고에 의한 혼인의 효력**

(ㄱ) **원칙** : 당사자 일방이 혼인신고를 하여 수리되었더라도 상대방에게 혼인신고를 하려는 의사가 없는 때에는 그 혼인은 무효이다.[12] 다만 일방적 혼인신고 후 상대방이 이를 추인한 때에는 무효인 혼인은 혼인신고 당시로 소급하여 유효가 된다.

(ㄴ) **예외** : ㉠사실혼관계에 있는 당사자 일방이 일방적으로 혼인신고를 한 경우에는 사실혼관계를 형성시킨 상대방의 행위에 기초하여 혼인의사를 추정할 수 있으므로 혼인은 유효이다.[13] [22(3) 변모] [14 사시] ㉡사실혼관계가 선행되었더라도 상대방이 혼인의사를 명백하게 철회하였거나 당사자 사이에 사실혼관계를 해소하기로 합의하였다는 등의 사정이 있는 경우에는 상대방의 혼인의사를 추정할 수 없으므로 혼인은 무효이다.[14]

⑤ **의사능력과 자유의사**

(ㄱ) **의사능력** : 혼인의 합의를 인정하기 위해서는 혼인신고서가 수리될 때까지 당사자의 의사능력이 인정되어야 한다. 사실혼관계 당사자 일방이 뇌졸중으로 혼수상태에 빠져 있는 사이에 다른 일방이 임의로 혼인신고를 한 때에는 혼인은 무효이다.[15]

---

8) 대법원 2010.06.10. 선고 2010므574 판결; 대법원 1996.11.22. 선고 96도2049 판결
9) 대법원 2000.04.11. 선고 99므1329 판결; 대법원 1983.09.27. 선고 83므22 판결
10) 대법원 1983.12.27. 선고 83므28 판결
11) 대법원 1996.11.22. 선고 96도2049 판결
12) 대법원 2000.04.11. 선고 99므1329 판결
13) 대법원 2000.04.11. 선고 99므1329 판결
14) 대법원 2000.04.11. 선고 99므1329 판결
15) 대법원 1996.06.28. 선고 94므1089 판결

(ㄴ) **자유의사** : 혼인의사는 자유롭게 결정되어야 하고, 그 결정과정에 위법한 행위가 개입되어서는 안 된다. 사기나 강박에 의하여 혼인이 성립한 때에는 사기나 강박에 의하여 혼인의사를 표시한 자는 혼인취소청구권을 행사할 수 있다.

⑥ **조건부 혼인의사와 혼인신고를 배제하는 합의**

(ㄱ) 조건부·기한부 혼인은 무효이다. 혼인은 조건에 친하지 아니한 법률행위이다.

(ㄴ) 혼인신고를 배제하는 합의가 있었던 경우에는 혼인의사를 부정하여야 한다(신고의사의 결여).

⑦ **동성(同性) 사이 혼인합의**

(ㄱ) 최근 여러 나라에서 동성(同性)혼인을 이성(異性)혼인에 준하여 보호하거나 이성(異性)혼인과 마찬가지로 다루는 입법례가 늘어나고 있다. 1988년 네덜란드에서는 동성(同性)혼인을 최초로 법률적으로 승인하였고, 이어서 노르웨이, 스웨덴 등의 나라가 뒤를 따랐다. 독일의 경우 동성간의 혼인은 혼인이 아니지만, 동성공동체의 차별종지법이라는 법률의 공포에 의하여 이성혼인의 부부에 준하는 법률효과가 인정되고 있다(윤진수, "혼인성립에 관한 민법의 개정방향", 가족법연구 제15권 제1호).

(ㄴ) 혼인은 사회적으로 정당하다고 시인되는 남녀의 결합임과 동시에 양성의 생활공동을 목적으로 하는 결합으로 이해하여 왔다. 헌법 제36조 제1항은 "혼인과 가족생활은 … 양성의 평등을 기초로 성립되고 유지되어야 하며"라고 규정하고 있다. 현행법 하에서는 동성혼을 인정하기 곤란하다. 그러나 혼인이 제도적인 것이고 가족의 다양화가 만들어지는 상황에서는 소수자의 동성간 혼인도 혼인의 자유와 개인의 행복추구권, 인권보호의 취지에서 간과할 수 없는 일이다. 입법을 통하여 동성간 혼인을 인정하거나 동성간 결합을 혼인에 준하여 보호하여야 할 것이다.

(2) 혼인장애사유의 부존재

1) 동의가 필요한 혼인

> □ **제807조 (혼인적령)** 만 18세가 된 사람은 혼인할 수 있다. [16 법세]

> □ **제808조 (동의가 필요한 혼인)** ① 미성년자가 혼인을 하는 경우에는 부모의 동의를 받아야 하며, 부모 중 한쪽이 동의권을 행사할 수 없을 때에는 다른 한쪽의 동의를 받아야 하고, 부모가 모두 동의권을 행사할 수 없을 때에는 미성년후견인의 동의를 받아야 한다.
> ② 피성년후견인은 부모나 성년후견인의 동의를 받아 혼인할 수 있다.

① **혼인적령**   2007년 민법 개정에 의하여 혼인적령은 남녀 모두 만 18세가 되었다. 개정 전에는 남자는 만 18세, 여자는 만 16세에 달하면 혼인할 수 있다고 규정되어 있었다. 혼인적령을 위반한 혼인은 취소청구의 대상이 된다.

② **미성년자의 혼인**

(ㄱ) **동의권자** : 미성년자는 부모의 동의를 받아 혼인할 수 있다. 혼인동의권은 부모의 권리로서 규정되어 있다. 그러나 부모의 동의는 미성년자녀에 대한 부모의 친권이 혼인에 나타난 것으로 친권을 상실한 부모에게는 동의권이 없다는 견해가 다수설이다. 이혼한 부모도

미성년자녀에 대한 혼인동의권이 있다. 부모 모두가 혼인동의권을 행사할 수 없는 때에는 미성년후견인의 동의가 있어야 한다.
- (ㄴ) **동의의 철회나 거절** : 동의 후에는 동의를 취소하거나 철회할 수 없다. 정당한 이유 없는 동의의 거절은 권리남용에 해당한다.
- (ㄷ) **동의 없는 혼인의 효력** : 동의 없는 혼인은 취소청구의 대상이 된다.

③ **피성년후견인의 혼인** 피성년후견인은 부모나 성년후견인의 동의를 받아 혼인할 수 있다. 그러나 피한정후견인은 누구의 동의도 필요 없이 혼인할 수 있다. 특별한 규정이 없는 한 피한정후견인은 신분행위 영역에서 완전한 능력자로 취급되기 때문이다.

2) 근친혼의 금지

> □ **제809조 (근친혼 등의 금지)** ① 8촌 이내의 혈족(친양자의 입양 전의 혈족을 포함한다) 사이에서는 혼인하지 못한다.
> ② 6촌 이내의 혈족의 배우자, 배우자의 6촌 이내의 혈족, 배우자의 4촌 이내의 혈족의 배우자인 인척이거나 이러한 인척이었던 자 사이에서는 혼인하지 못한다.
> ③ 6촌 이내의 양부모계(養父母系)의 혈족이었던 자와 4촌 이내의 양부모계의 인척이었던 자 사이에서는 혼인하지 못한다.

① **근친혼 금지의 의의** 근친혼은 가족 내에서의 성적(性的) 경쟁을 완화한다는 윤리적 이유와 우생학적 이유에서 금지된다. 다만, 종래 민법의 금혼범위가 지나치게 넓다는 문제가 있었으며, 이에 따라 2005년 개정 민법에서는 그 범위를 합리적으로 조정하였다.

② **8촌 이내의 혈족(제809조 제1항)**
- (ㄱ) **금혼의 범위** : 8촌 이내의 혈족 사이에서는 혼인하지 못한다. 이는 친양자의 입양 전의 혈족을 포함한다. 이러한 자들의 혼인신고는 수리될 수 없다. 인지되지 아니한 혼인 외의 출생자(딸)와 생부 사이, 혼인 중 출생자녀와 혼인 외 출생자녀 사이의 혼인도 금지된다고 해석할 것이다. 즉, 혈족에는 사실상의 혈족도 포함된다.
- (ㄴ) **위반의 효과** : 8촌 이내의 혈족 사이에 혼인신고가 수리된 경우에도 그 혼인은 무효이다(제815조 제2호).

③ **6촌 이내의 인척 등(제809조 제2항)**
- (ㄱ) **금혼의 범위** : 6촌 이내의 혈족의 배우자, 배우자의 6촌 이내의 혈족, 배우자의 4촌 이내의 혈족의 배우자이거나 이러한 인척이었던 자 사이에서는 혼인하지 못한다.[16]
- (ㄴ) **위반의 효과** : 이러한 자들의 혼인은 원칙적으로 취소사유가 된다. 그러나 당사자 사이에 직계인척관계가 있거나 있었던 경우라면 그 혼인은 무효이다.

④ **양부모계 친족 등(제809조 제3항)**
- (ㄱ) **금혼의 범위** : 6촌 이내의 양부모계의 혈족이었던 자와 4촌 이내의 양부모계의 인척이었던

---

16) 하나의 혼인관계를 매개로 한 인척인 경우에는 금혼의 범위가 6촌까지이고, 두 개의 혼인관계를 매개로 한 인척인 경우에는 금혼의 범위가 4촌까지이다. 한편 혈족의 배우자의 혈족의 관계에 있는 자 사이에는 인척관계가 인정되지 아니하므로 혼인할 수 있다.

자 사이에서는 혼인하지 못한다. 입양이 취소되거나 파양으로 양친족관계가 소멸한 후에도 일정한 범위의 양부모계의 친족과 혼인을 금지하고 있다.

(ㄴ) **위반의 효과** : 이러한 자들의 혼인은 원칙적으로 취소사유가 된다. 그러나 당사자 사이에 양부모계와 직계혈족관계가 있었던 때에는 그 혼인은 무효이다.

3) 중혼의 금지

> 제810조 (중혼의 금지) 배우자 있는 자는 다시 혼인하지 못한다.

① 중혼의 의의
  (ㄱ) 중혼이란 혼인신고가 이중으로 접수되어 법률상 혼인이 중복하여 성립된 경우를 말한다. 배우자 있는 자가 부첩관계를 유지하는 것은 중혼이 아니다. 한편 혼인은 혼인신고가 수리됨으로써 성립하므로 혼인신고가 수리된 이상 배우자 있는 자가 위법하게 편제된 가족관계등록부에 터 잡아 혼인신고를 하였다고 하더라도 이는 중혼에 해당한다.
  (ㄴ) 중혼을 금하는 취지는 일부일처제의 유지를 위함이다.

② 중혼이 발생하는 경우
  (ㄱ) 협의이혼이 취소되기 전에 맺어진 새로운 혼인은 협의이혼취소로 중혼이 된다.[17]
  (ㄴ) 이혼판결 확정 후 재심에 의하여 이혼판결이 취소되기 전에 새롭게 이루어진 혼인은 중혼에 해당한다.[18]
  (ㄷ) 배우자 있는 자가 이중으로 가족관계등록부를 만들어 타인과 다시 혼인한 경우에는 중혼에 해당한다.[19]
  (ㄹ) 일본법에 따라 일본에서 혼인한 우리나라 국민이 혼인신고를 하지 아니하고 있던 중 우리나라에서 타인과 다시 혼인한 경우에는 중혼에 해당한다.[20]

③ 중혼의 효과
  (ㄱ) **취소청구권자** : ㉠당사자 및 그 배우자, 직계혈족, 4촌 이내의 방계혈족 또는 검사는 중혼당사자의 선의·악의 불문하고 그 취소를 청구할 수 있다. [16 사시] 중혼취소청구권자로 검사가 포함된 것은 공익의 대표자로서 사회질서를 유지하기 위함이다. ㉡연령위반혼인 등의 취소청구권자에는 직계존속만 포함되지만, 중혼취소청구권자에는 직계존속뿐만 아니라 직계비속도 포함된다.[21]

---

[17] 대법원 1984.03.27. 선고 84므9 판결
[18] 대법원 1985.09.10. 선고 85므35 판결
[19] 대법원 1986.06.24. 선고 86므9 판결
[20] 대법원 1991.12.10. 선고 91므935 판결
[21] 개정 전 민법 제818조는 중혼당사자의 직계비속을 취소청구권자로 규정하고 있지 않았다. 중혼당사자의 직계비속은 상속과 관련하여 혼인취소를 구할 이익이 있음에도 취소청구권자로 규정하고 있지 않은 것은 직계비속의 평등권을 침해하는 것으로 문제가 있다는 지적이 있었다. 최근 헌법재판소는 이 점을 지적하면서 직계비속의 중혼취소청구권을 규정하고 있지 아니한 민법 제818조에 대하여 헌법불합치결정을 내렸다. 다만, 2011년 12월 31일을 시한으로 입법자가 개선입법을 할 때까지 계속 적용된다고 결정하였다(헌법재판소 2010.07.29. 선고 2009헌가8 결정). 헌법재판소의 결정에 따라 국회는 2012년 2월 10일 제818조를 개정하여 직계비속도 중혼취소청구권자가 되도록 하였다.

(ㄴ) **취소 전 중혼의 효력** : 중혼으로 취소되기 전에는 전혼은 물론이고, 후혼인 중혼도 유효하다. 중혼도 유효한 혼인이므로 협의상 이혼에 의하여 중혼이 해소될 수도 있고(가족관계등록예규 제169호), 중혼에 재판상 이혼원인이 있는 경우에는 중혼의 일방당사자는 다른 일방을 상대로 하여 이혼청구를 할 수도 있다.[22] [20(3), 16(3) 변모]

(ㄷ) **중혼자의 사망으로 전혼과 후혼이 모두 해소된 경우** ㉠중혼자가 사망한 후에라도 그 사망에 의하여 중혼으로 형성된 신분관계가 소멸하는 것은 아니므로 전혼의 배우자는 생존한 중혼의 당사자를 상대로 중혼의 취소를 구할 이익이 있다.[23] [13 사시] ㉡중혼자 사망 후에 중혼이 취소되더라도 혼인취소에는 소급효가 없으므로 중혼배우자의 배우자 상속인의 지위는 여전히 유지된다.[24] [14, 12 변호사] [21(2), 20(3), 17(1) 변모] [16, 13 사시]

2. 혼인의 형식적 요건 : 혼인신고

> □ **제812조 (혼인의 성립)** ① 혼인은 「가족관계의 등록 등에 관한 법률」에 정한 바에 의하여 신고함으로써 그 효력이 생긴다.
> ② 전항의 신고는 당사자쌍방과 성년자인 증인2인의 연서한 서면으로 하여야 한다.

> □ **제813조 (혼인신고의 심사)** 혼인의 신고는 그 혼인이 제807조 내지 제810조 및 제812조제2항의 규정 기타 법령에 위반함이 없는 때에는 이를 수리하여야 한다. [22(3) 변모]

> □ **제814조 (외국에서의 혼인신고)** ① 외국에 있는 본국민사이의 혼인은 그 외국에 주재하는 대사, 공사 또는 영사에게 신고할 수 있다.
> ② 제1항의 신고를 수리한 대사, 공사 또는 영사는 지체 없이 그 신고서류를 본국의 등록기준지를 관할하는 가족관계등록관서에 송부하여야 한다.

① **혼인의 성립요건으로서 혼인신고** 혼인신고가 수리됨으로써 혼인이 성립한다. 혼인신고는 창설적 신고에 해당한다. 혼인신고를 수리하면 그것만으로 혼인이 성립하는 것이므로 가족관계등록부에의 기재가 누락되었더라도 성립된 혼인의 효력에는 영향이 없다.[25] [22(1) 변모]

② **혼인신고 및 수리 절차**

(ㄱ) **혼인신고서의 제출** : ㉠혼인신고서는 우편으로 우송 가능하고, 신고서의 제출을 제3자에게 위임할 수 있다(사자에 의한 혼인신고서의 제출). 신고인 생존 중에 우송한 신고서는 신고인 사망 후라도 수리하여야 한다. 이 경우 신고인의 사망시에 신고한 것으로 의제된다(가족관계의 등록 등에 관한 법률 제41조). ㉡사망자 사이 또는 생존하는 자와 사망한 자 사이에는 혼인이 인정될 수 없고, 혼인신고특례법과 같이 예외적으로 혼인신고의 효력의 소급을 인정하는 특별한 규정이 없는 한 그러한 혼인신고가 받아들여질 수도 없다.[26] [22(1) 변모] ㉢혼

---

22) 대법원 1991.12.10. 선고 91므344 판결.
23) 대법원 1991.12.10. 선고 91므535 판결. 중혼당사자가 사망하면 중혼은 해소되므로 전혼의 배우자가 해소된 중혼을 취소할 이익이 있는지 문제된다.
24) 대법원 1996.12.23. 선고 95다48308 판결
25) 대법원 1988.05.31. 자 88스6 결정

인신고특례법상에서는 전쟁 또는 사변에 있어서 전투에 참가하거나 전투수행을 위한 공무에 종사함으로 인하여 혼인신고를 당사자쌍방이 하지 못하고 그 일방이 사망한 경우에는 배우자 일방은 가정법원의 확인을 받아 단독으로 혼인신고를 할 수 있고 이 경우 배우자 일방이 사망한 때에 혼인신고가 된 것으로 의제된다고 규정하고 있다(혼인신고특례법 제1조, 제2조, 제4조, 제5조).

(ㄴ) **외국에서의 혼인신고** : ㉠외국에 있는 본국민 사이의 혼인은 그 외국에 주재하는 대사, 공사 또는 영사에게 신고할 수 있다. 이 경우 외교공관장은 1개월 이내에 외교통상부장관을 경유하여 본국의 가족관계 등록부 담당 공무원에게 송부하여야 하고, 신고서의 수리시에 혼인의 효력이 발생한다(창설적 신고). ㉡당사자가 직접 등록기준지를 관할하는 가족관계 등록관서에 혼인신고서를 직접 송부하여 신고할 수도 있다. ㉢자신이 거주하는 외국의 법률이 정하는 방식으로 혼인을 성립시킬 수도 있다(국제사법 제36조). 이 경우 당사자는 그 나라의 방식에 따라 작성된 혼인증서의 등본을 1개월 이내에 해당 재외공관장에게 제출하여야 하고, 그 공관장은 1개월 이내에 외교통상부장관을 경유하여 당사자 등록기준지를 관할하는 가족관계 등록관서에 발송하여야 한다. 이러한 가족관계의 등록 등에 관한 법률상의 절차를 흠결하였다고 하더라도 혼인의 성립에는 영향이 없다.

(ㄷ) **혼인신고의 수리** : 가족관계 등록부 담당 공무원은 혼인의 실질적 요건, 형식적 요건 기타 법령위반여부를 조사하여 흠이 없으면 혼인신고를 수리하여야 한다. [22(3) 변모] 가족관계 등록부 담당 공무원은 형식적 심사권만을 가지고 있기 때문에 가족관계 등록부나 신고서 및 법정 첨부서류에 기재된 것만으로 법령의 위반 여부를 심사하여야 하는 것이지 기재사항의 진위 여부를 다른 사실증거에 의하여 심사할 권한은 없다.[27] 혼인당사자의 생존 여부를 조사하는 것은 형식적 심사권의 범위에 포함된다.[28]

③ **혼인신고의 효과** 신고가 수리되면 혼인이 성립한다. 비록 혼인신고가 법령에 위반된 것이라도 일단 수리되면 혼인의 효력이 발생하고, 혼인무효나 취소의 문제가 생길 뿐이다.

---

26) 대법원 1995.11.14. 선고 95므694 판결; 대법원 1991.08.13. 자 91스6 결정
27) 대법원 1987.09.22. 선고 87다카1164 판결
28) 대법원 1991.08.13. 자 91스6 결정

제3절 혼인의 무효와 취소

1. 혼인의 무효

> ☐ **제815조 (혼인의 무효)** 혼인은 다음 각 호의 어느 하나의 경우에는 무효로 한다.
> 1. 당사자간에 혼인의 합의가 없는 때
> 2. 혼인이 제809조제1항의 규정을 위반한 때
> 3. 당사자간에 직계인척관계(直系姻戚關係)가 있거나 있었던 때
> 4. 당사자간에 양부모계의 직계혈족관계가 있었던 때

(1) 혼인무효의 의의와 무효사유

① **혼인무효의 의의** 혼인의 무효란 혼인신고를 하여 혼인이 성립하였으나, 일정한 하자로 인하여 혼인의 효력이 처음부터 발생하지 못하는 경우를 말한다. 혼인의 무효는 혼인신고를 하지 않은 경우인 혼인의 불성립과 구별되어야 한다.

② **혼인무효사유** ㉠ 당사자간에 혼인의 합의가 없는 경우, ㉡ 당사자간에 8촌 이내의 혈족관계가 있는 경우, ㉢ 당사자간에 직계인척관계가 있거나 있었던 때, ㉣ 당사자간에 양부모계의 직계혈족관계가 있었던 때에는 혼인은 무효이다.

(2) 혼인무효확인의 소

① **조정전치주의(소극)** 혼인무효확인소송은 가사소송 가류사건으로 당사자의 임의처분이 허용되지 않는다. 조정이나 화해의 대상이 아니다. 조정전치주의가 적용되지 아니한다. 다만 혼인무효로 인한 손해배상청구사건은 가사소송 다류사건으로 조정의 대상이다.

② **청구권자** 당사자, 법정대리인, 4촌 이내의 친족만이 혼인무효의 소를 제기할 수 있다(가사소송법 제23조).

③ **상대방**
 ㈀ 배우자 일방이 소를 제기하는 경우 : 상대방 배우자
 ㈁ 제3자가 소를 제기하는 경우 : 배우자 쌍방을 피고로 하고, 배우자 일방이 사망한 경우 생존자를 피고로 하나, 상대방이 될 자가 모두 사망한 경우에는 검사를 피고로 한다.

④ **관할법원 및 제소기간**
 ㈀ 관할법원 : 혼인무효 확인소송은 가정법원의 전속관할이다. 다음의 순서에 따라 가정법원의 전속관할이 정해진다. ㉠ 부부가 같은 가정법원의 관할 구역 내에 보통재판적이 있을 때에는 그 가정법원, ㉡ 부부가 마지막으로 같은 주소지를 가졌던 가정법원의 관할 구역 내에 부부 중 어느 한 쪽의 보통재판적이 있을 때에는 그 가정법원, ㉢ 부부 중 어느 한 쪽이 다른 한 쪽을 상대로 하는 경우에는 상대방의 보통재판적이 있는 곳의 가정법원, 부부 모두를 상대로 하는 경우에는 부부 중 어느 한 쪽의 보통재판적이 있는 곳의 가정법원, ㉣ 부부 중 어느 한 쪽이 사망한 경우에는 생존한 다른 한 쪽의 보통재판적이 있는 곳의 가정

법원, ㉢ 부부가 모두 사망한 경우에는 부부 중 어느 한 쪽의 마지막 주소지의 가정법원.
(ㄴ) **제소기간** : 제소기간의 제한은 없다. 피고적격자가 모두 사망하여 검사를 상대로 소를 제기하는 때에도 제소기간의 제한은 없다.

④ **이혼으로 혼인이 해소된 이후 혼인무효확인의 소**   이혼으로 혼인관계가 이미 해소되었다면 기왕의 혼인관계는 과거의 법률관계가 된다. 그러나 신분관계인 혼인관계는 그것을 전제로 수많은 법률관계가 형성되고 그에 관하여 일일이 효력의 확인을 구하는 절차를 반복하는 것보다 과거의 법률관계인 혼인관계 자체의 무효 확인을 구하는 편이 관련된 분쟁을 한꺼번에 해결하는 유효·적절한 수단일 수 있으므로 특별한 사정이 없는 한 혼인관계가 이미 해소된 이후라고 하더라도 혼인무효의 확인을 구할 이익이 인정된다.29)

(3) 혼인무효의 효과

① **당사자 사이의 효과**
   (ㄱ) **등록부의 정정** : 혼인무효확인의 소를 제기한 자는 판결확정일로부터 1개월 내에 판결의 등본 및 확정증명서를 첨부하여 등록부의 정정을 신청하여야 한다. 다만, 혼인신고가 확정된 형사판결에 의하여 무효임이 명백하게 밝혀진 때에는 가정법원의 허가를 받아 등록부를 정정할 수 있다.30)
   (ㄴ) **손해배상청구** : 혼인이 무효가 되면 당사자는 과실 있는 상대방에 대하여 손해배상을 청구할 수 있다. 이 경우 조정전치주의가 적용된다.
   (ㄷ) **재산분할청구** : 무효인 사실혼 종료, 해소의 경우 재산분할청구를 인정하지 않는 판례의 취지상 무효혼인의 경우에도 재산분할청구·일상가사연대책임은 부정된다고 본다.

② **자녀에 대한 효과**   무효혼인 중의 출생자는 혼인 외의 출생자로 된다. 무효인 혼인 중의 출생자를 생부가 친생자로 출생신고를 한 때에는 친생자출생신고로서는 효력이 없으나 인지신고로서의 효력은 인정된다.31) [17(1), 20(2) 변모]

③ **무효혼인의 추인**
   (ㄱ) **의의** : 무효혼인의 추인이란 혼인의 합의가 없어 무효인 혼인이 사후에 혼인의 실체를 갖추고 당사자 사이에 혼인의 합의를 하여 유효한 혼인으로 취급하는 것을 말한다. 혼인의 합의가 없어 무효인 경우에만 무효혼인의 추인이 가능하고 다른 혼인무효사유가 있는 때에는 무효혼인의 추인은 허용되지 않는다.
   (ㄴ) **요건** : 무효인 재산행위의 추인에 관한 제139조 단서는 적용되지 않는다. 무효인 신분행위의 추인이 인정되기 위해서는 신고행위에 상응하는 신분관계가 실질적으로 형성되어 있고, 당사자의 추인의 의사표시가 있어야 한다.32) [22(3) 변모] 일방적 혼인신고 후 혼인의 실체

---

29) 대법원 2024.05.23. 선고 2020므15896 전원합의체 판결. 이 판결로 '단순히 여자인 청구인이 혼인하였다가 이혼한 것처럼 호적상 기재되어 있어 불명예스럽다는 사유는 청구인의 현재 법률관계에 영향을 미치는 것이 아니고 이혼신고로써 해소된 혼인관계의 무효확인은 과거의 법률관계에 대한 확인이어서 확인의 이익이 없다.'고 본 대법원 1984.02.28. 선고 82므67 판결은 폐기되었다.
30) 대법원 2009.10.08. 자 2009스64 결정
31) 대법원 1971.11.15. 선고 71다1983 판결

없이 몇 차례의 육체관계로 자를 출산하였다 하더라도 무효인 혼인을 추인하였다고 보기 어려우나,[33] 일방적으로 혼인신고를 하였다는 사실을 알고 혼인생활을 계속한 경우에는 무효인 혼인을 추인하였다고 볼 수 있다.[34] [13 사시]

2. 혼인의 취소

(1) 혼인취소의 의의

① **개념** 혼인의 취소란 당사자 사이에 혼인신고가 되어 있으나, 그 혼인에 위법사유가 있어서 일정한 자의 청구에 의하여 그 혼인의 효력을 소멸시키는 것을 말한다.

② **취소의 방법** 혼인취소는 가정법원에 취소소송을 제기하여 승소판결을 받아야만 한다. [21(2) 변모] 따라서 혼인의 취소는 다른 소의 전제나 선결문제로 주장할 수 없다. 결국 혼인취소소송은 형성의 소이다.

(2) 혼인취소의 원인, 취소청구권자 및 취소청구권의 소멸

> □ **제816조 (혼인취소의 사유)** 혼인은 다음 각 호의 어느 하나의 경우에는 법원에 그 취소를 청구할 수 있다. [21(2) 변모]
> 1. 혼인이 제807조 내지 제809조(제815조의 규정에 의하여 혼인의 무효사유에 해당하는 경우를 제외한다. 이하 제817조 및 제820조에서 같다) 또는 제810조의 규정에 위반한 때 [16 법세]
> 2. 혼인당시 당사자일방에 부부생활을 계속할 수 없는 악질 기타 중대 사유있음을 알지 못한 때
> 3. 사기 또는 강박으로 인하여 혼인의 의사표시를 한 때

> □ **제817조 (연령위반혼인등의 취소청구권자)** 혼인이 제807조, 제808조의 규정에 위반한 때에는 당사자 또는 그 법정대리인이 그 취소를 청구할 수 있고 제809조의 규정에 위반한 때에는 당사자, 그 직계존속 또는 4촌 이내의 방계혈족이 그 취소를 청구할 수 있다.

> □ **제818조 (중혼의 취소청구권자)** 당사자 및 그 배우자, 직계혈족, 4촌 이내의 방계혈족 또는 검사는 제810조를 위반한 혼인의 취소를 청구할 수 있다. [21(2) 변모]

> □ **제819조 (동의 없는 혼인의 취소청구권의 소멸)** 제808조를 위반한 혼인은 그 당사자가 19세가 된 후 또는 성년후견종료의 심판이 있은 후 3개월이 지나거나 혼인 중에 임신한 경우에는 그 취소를 청구하지 못한다.

> □ **제820조 (근친혼등의 취소청구권의 소멸)** 제809조의 규정에 위반한 혼인은 그 당사자간에 혼인중 포태(胞胎)한 때에는 그 취소를 청구하지 못한다.

> □ **제822조 (악질등 사유에 의한 혼인취소청구권의 소멸)** 제816조제2호의 규정에 해당하는 사유있는 혼인은 상대방이 그 사유 있음을 안 날로부터 6월을 경과한 때에는 그 취소를 청구하지 못한다.

---
[32] 대법원 1991.12.27. 선고 91므30 판결
[33] 대법원 1993.04.19. 선고 93므430 판결
[34] 대법원 1995.11.21. 선고 95므731 판결

> □ **제823조 (사기, 강박으로 인한 혼인취소청구권의 소멸)** 사기 또는 강박으로 인한 혼인은 사기를 안 날 또는 강박을 면한 날로부터 3월을 경과한 때에는 그 취소를 청구하지 못한다.

① 혼인적령 위반
  (ㄱ) **취소원인** : 만 18세에 달하지 아니한 자가 혼인한 경우
  (ㄴ) **취소청구권자** : 당사자, 그 법정대리인
  (ㄷ) **취소청구권의 소멸** : 당사자가 혼인적령에 달하거나 혼인 중 포태한 경우에는 취소청구권이 소멸한다(제819조의 유추적용).

② 동의 없는 혼인
  (ㄱ) **취소원인** : ㉠미성년자가 부모나 미성년후견인의 동의 없이 혼인한 경우 ㉡피성년후견인이 부모나 성년후견인의 동의 없이 혼인한 경우
  (ㄴ) **취소청구권자** : 당사자, 그 법정대리인
  (ㄷ) **취소청구권의 소멸** : ㉠미성년자가 19세가 된 후 또는 성년후견종료심판이 있은 후 3개월을 지나거나 ㉡혼인 중 임신한 경우에는 취소를 청구하지 못한다.

③ 근친혼
  (ㄱ) **취소원인** : ㉠6촌 이내의 혈족의 배우자, 배우자의 6촌 이내의 혈족, 배우자의 4촌 이내의 혈족의 배우자인 인척이거나 인척이었던 자 사이의 혼인 ㉡6촌 이내의 양부모계의 혈족이었던 자와 4촌 이내의 양부모계의 인척이었던 자 사이의 혼인
  (ㄴ) **취소청구권자** : 당사자, 직계존속 또는 4촌 이내의 방계혈족
  (ㄷ) **취소청구권의 소멸** : 혼인 중 자를 포태한 때에는 취소를 청구하지 못한다.

④ 중혼
  (ㄱ) **취소원인** : 배우자 있는 자가 혼인한 경우
  (ㄴ) **취소청구권자** : 당사자, 그 배우자, 직계혈족, 4촌 이내의 방계혈족 또는 검사
  (ㄷ) **취소청구기간** : 다른 혼인취소사유와 달리 제소기간의 제한이 없다.

⑤ 악질 기타 중대한 사유 있는 혼인
  (ㄱ) **취소원인** : ㉠혼인 당시 당사자 일방에 부부생활을 계속할 수 없는 악질 기타 중대한 사유 있음을 알지 못하고 혼인한 경우 ㉡임신가능 여부는 악질 기타 중대한 사유에 해당한다고 볼 수 없다.[35]
  (ㄴ) **취소청구권자** : 선의의 상대방
  (ㄷ) **취소청구권의 소멸** : 상대방이 그 사유 있음을 안 날로부터 6월을 경과한 때에는 취소를 청구하지 못한다.

⑥ 사기·강박에 의한 혼인
  (ㄱ) **취소원인** : ㉠사기·강박으로 인하여 혼인의 의사표시를 한 때 ㉡혼인취소사유로서 사기에는 적극적으로 허위의 사실을 고지한 경우뿐만 아니라 소극적으로 고지를 하지 아니하거

---
[35] 대법원 2015.02.26. 선고 2014므4734 판결

나 침묵한 경우도 포함되나 불고지 또는 침묵의 경우에는 법령, 계약, 관습 또는 조리상 사전에 사정을 고지할 의무가 인정되어야 위법한 기망행위로 볼 수 있다.[36] ㉢아동성폭력 범죄 등의 피해를 당해 임신을 하고 출산을 하였으나 자녀와의 관계가 단절되고 상당한 기간 양육이나 교류 등이 이루어지지 않은 경우 출산경력을 고지하지 않은 것은 혼인취소 사유에 해당하지 않고, 이는 국제결혼의 경우에도 마찬가지이다.[37] [21(2) 변모]

(ㄴ) **취소청구권자** : 사기 또는 강박으로 혼인의사표시를 한 당사자

(ㄷ) **취소청구권의 소멸** : 사기 또는 강박으로 인한 혼인은 사기를 안 날 또는 강박을 면한 날로부터 3월을 경과한 때에는 그 취소를 청구하지 못한다.

(3) 혼인취소의 효력

> **제824조 (혼인취소의 효력)** 혼인의 취소의 효력은 기왕에 소급하지 아니한다.

> **제824조의2 (혼인의 취소와 자의 양육 등)** 제837조 및 제837조의2의 규정은 혼인의 취소의 경우에 자의 양육책임과 면접교섭권에 관하여 이를 준용한다.

> **제837조 (이혼과 자의 양육책임)** ① 당사자는 그 자의 양육에 관한 사항을 협의에 의하여 정한다.
> ② 제1항의 협의는 다음의 사항을 포함하여야 한다.
>   1. 양육자의 결정
>   2. 양육비용의 부담
>   3. 면접교섭권의 행사 여부 및 그 방법
> ③ 제1항에 따른 협의가 자(子)의 복리에 반하는 경우에는 가정법원은 보정을 명하거나 직권으로 그 자(子)의 의사(意思)·연령과 부모의 재산상황, 그 밖의 사정을 참작하여 양육에 필요한 사항을 정한다.
> ④ 양육에 관한 사항의 협의가 이루어지지 아니하거나 협의할 수 없는 때에는 가정법원은 직권으로 또는 당사자의 청구에 따라 이에 관하여 결정한다. 이 경우 가정법원은 제3항의 사정을 참작하여야 한다.
> ⑤ 가정법원은 자(子)의 복리를 위하여 필요하다고 인정하는 경우에는 부·모·자(子) 및 검사의 청구 또는 직권으로 자(子)의 양육에 관한 사항을 변경하거나 다른 적당한 처분을 할 수 있다.
> ⑥ 제3항부터 제5항까지의 규정은 양육에 관한 사항 외에는 부모의 권리의무에 변경을 가져오지 아니한다.

> **제837조의2(면접교섭권)** ① 자(子)를 직접 양육하지 아니하는 부모의 일방과 자(子)는 상호 면접교섭할 수 있는 권리를 가진다. 〈개정 2007.12.21.〉 [19(2) 변모]
> ② 자(子)를 직접 양육하지 아니하는 부모 일방의 직계존속은 그 부모 일방이 사망하였거나 질병, 외국거주, 그 밖에 불가피한 사정으로 자(子)를 면접교섭할 수 없는 경우 가정법원에 자(子)와의 면접교섭을 청구할 수 있다. 이 경우 가정법원은 자(子)의 의사(意思), 면접교섭을 청구한 사람과 자(子)의 관계, 청구의 동기, 그 밖의 사정을 참작하여야 한다. 〈신설 2016.12.2.〉
> ③ 가정법원은 자의 복리를 위하여 필요한 때에는 당사자의 청구 또는 직권에 의하여 면접교섭을 제한·배제·변경할 수 있다.

---

36) 대법원 2016.02.18. 선고 2015므654 판결
37) 대법원 2016.02.18. 선고 2015므654 판결

> 제825조 (혼인취소와 손해배상청구권) 제806조의 규정은 혼인의 무효 또는 취소의 경우에 준용한다.

> 제806조 (약혼해제와 손해배상청구권) ① 약혼을 해제한 때에는 당사자일방은 과실있는 상대방에 대하여 이로 인한 손해의 배상을 청구할 수 있다.
> ② 전항의 경우에는 재산상 손해외에 정신상 고통에 대하여도 손해배상의 책임이 있다.
> ③ 정신상 고통에 대한 배상청구권은 양도 또는 승계하지 못한다. 그러나 당사자간에 이미 그 배상에 관한 계약이 성립되거나 소를 제기한 후에는 그러하지 아니하다.

① **비소급효** 혼인취소의 효력은 기왕에 소급하지 않는다. 취소혼인 중의 출생자는 혼인취소에도 불구하고 혼인 중의 자의 신분을 유지하고, 미성년자의 혼인이 취소되더라도 혼인에 의한 성년의제의 효과는 유지되며, 상속이 개시되고 난 후에 사망자와의 혼인이 취소되더라도 배우자 상속인의 지위가 유지된다.[38] [14(2), 21(2) 변모] [16 사시] [13 법무사]

② **인척관계의 종료** 혼인취소에 의하여 혼인을 매개로 한 인척관계는 종료된다.

③ **당사자 사이의 효과**
  (ㄱ) **손해배상** : ㉠혼인이 취소된 경우 당사자 일방은 취소원인에 과실이 있는 상대방 및 제3자에 대하여 손해배상을 청구할 수 있다. ㉡사기·강박에 의한 혼인의 경우에는 그 혼인이 혼인취소 또는 이혼판결에 의하지 아니하고 협의이혼에 의하여 해소된 때에도 사기 또는 강박으로 혼인을 하게 된 자는 손해배상을 청구할 수 있다.
  (ㄴ) **재산분할** : 이혼으로 인한 재산분할에 관한 제839조의2를 혼인취소에 준용하고 있지는 않지만, 이혼과 마찬가지로 장래를 향하여 혼인관계가 종료되는 것이므로 이혼으로 인한 재산분할청구에 관한 제839조의2를 유추하여야 한다. 가사소송법에서는 혼인취소의 경우에 이혼으로 인한 재산분할청구가 가능하다는 것을 전제로 혼인취소를 원인으로 한 재산분할 심판사건이 가사비송 마류에 속한다고 규정하고 있다(가사소송법 제2조 제1항 나. 4호).

④ **자녀에 대한 효과** 이혼과 자의 양육책임에 관한 제837조와 면접교섭권에 관한 제837조의2는 혼인취소의 경우에 준용된다.

---

38) 대법원 1996.12.23. 선고 95다48380 판결

제4절 혼인의 효과

I 혼인의 일반적 효과

1. 부부간의 의무

> 제826조 (부부간의 의무) ① 부부는 동거하며 서로 부양하고 협조하여야 한다. 그러나 정당한 이유로 일시적으로 동거하지 아니하는 경우에는 서로 인용하여야 한다.
> ② 부부의 동거장소는 부부의 협의에 따라 정한다. 그러나 협의가 이루어지지 아니하는 경우에는 당사자의 청구에 의하여 가정법원이 이를 정한다.

(1) 의의

① **혼인의 본질적 의무** 부부간의 동거·부양·협조의무는 애정과 신뢰를 바탕으로 일생에 걸친 공동생활을 목적으로 하는 혼인의 본질이 요청하는 바로서, 부부 사이에 출생한 자식이 없거나 재혼한 부부간이라 하여 달라질 수 없는 것이다.[39]

② **재판상 이혼사유 판단의 지도원리** 부부간의 동거·부양·협조의무는 재판상 이혼사유에 관한 평가 및 판단의 지도원리로 작용한다고 할 것이며, 배우자가 정당한 이유 없이 서로 동거·부양·협조하여야 할 부부로서의 의무를 포기하고 다른 일방을 버린 경우에는 재판상 이혼사유인 악의의 유기에 해당한다.[40]

(2) 동거의무

① **개념** 동거의무란 거소를 같이 하는 의무를 말한다. 여기서의 동거란 단지 장소적인 것만을 의미하는 것이 아니라 정신적·육체적·경제적 협동체로서의 동거를 의미한다.

② **동거의 장소** 동거의 장소는 부부의 협의로 결정하고, 협의를 할 수 없는 경우 부부의 청구로 법원이 결정한다.

③ **동거의무 불이행의 효과**

　(ㄱ) **강제이행의 금지** : 인격존중의 이념이나 부부관계의 본질 등에 비추어 일반적으로 동거의무는 그 실현에 관하여 간접강제를 포함하여 강제집행을 할 수 없다.[41]

　(ㄴ) **재판상 이혼사유** : 정당한 이유 없는 동거의 거부는 악의의 유기로서 재판상 이혼사유에 해당한다.[42]

　(ㄷ) **손해배상청구** : 동거의무의 이행을 위한 구체적인 조치에 관하여 조정이 성립한 경우에 그 조치의 실현을 위하여 서로 협력할 법적 의무의 본질적 부분을 상대방이 유책하게 위반하였다면 부부의 일방은 그 의무의 불이행을 들어 비재산적 손해의 배상을 청구할 수 있다.

---

[39] 대법원 1999.02.12. 선고 97므612 판결
[40] 대법원 1999.02.12. 선고 97므612 판결
[41] 대법원 2009.07.23. 선고 2009다32454 판결
[42] 대법원 1999.02.12. 선고 97므612 판결

손해배상은 동거 자체를 강제하는 것과는 목적 및 내용을 달리하는 것이고 동거의무도 법적 의무로서 그 위반에 법적 제재가 따라야 하기 때문이다.[43] [17 변호사] [17(2), 18(3), 22(2) 변모] [13 사시] [15, 20 법행] [18 법세]

(ㄹ) **동거거부자의 부양청구** : 민법 제826조 제1항이 규정하고 있는 부부간의 동거·부양·협조의무는 정상적이고 원만한 부부관계의 유지를 위한 광범위한 협력의무를 구체적으로 표현한 것으로서 서로 독립된 별개의 의무가 아니라고 할 것이므로 <mark>정당한 이유 없이 동거를 거부하는 부부 일방은 상대방의 동거청구가 권리남용에 해당하는 등의 특별한 사정이 없는 한 상대방에게 부양료의 지급을 청구할 수는 없다.</mark>[44] [21 변호사] [17(1) 변모] [15 사시] [18 법무사] [18 법세]

(3) 부양의무

① **의의 및 성질**

(ㄱ) **의의** : 부부간 부양의무란 부부공동생활의 유지에 필요한 것을 서로 제공하는 의무로서 금전지급과 같은 경제적 부양뿐만 아니라 신체적·정신적 부양을 모두 포함하는 것이다.

(ㄴ) **법적 성질(생활유지의 부양·제1차적 부양)** : 부부 사이의 부양은 <mark>부부의 사회적 지위나 재산상태를 고려하여 자기 생활과 같은 수준의 생활을 보장하는 것이어야</mark> 한다. 자신의 생활수준을 유지하면서 여유가 있을 때 비로소 상대방을 부양하는 친족간의 부양과는 성질을 달리한다. [19(1) 변모]

② **부양의무 불이행의 효과**

(ㄱ) **강제이행청구** : 부양의무는 재산적 성질을 가진다. 부부의 어느 한 쪽이 부양의무를 이행하지 아니한 경우, 다른 한 쪽은 부양심판을 청구할 수 있다. 부양의무가 조정이나 심판에 의하여 금전의 지급을 내용으로 하는 것으로 확정된 경우에 의무자가 정당한 이유 없이 이를 이행하지 않은 때에는 가정법원은 당사자의 신청에 의하여 일정한 기간 내에 그 의무를 이행할 것을 명할 수 있다(가사소송법 제64조). 이 명령에 위반하면 가정법원은 직권으로 또는 권리자의 신청에 의하여 결정으로 1천만 원 이하의 과태료를 부과할 수 있다(가사소송법 제67조). 부양료를 정기적으로 지급하라는 명령을 받은 자가 정당한 이유 없이 3기 이상 그 의무를 이행하지 않은 경우에는 가정법원은 권리자의 신청에 의하여 결정으로 30일의 범위에서 그 의무를 이행할 때까지 의무자에 대한 감치를 명할 수 있다(가사소송법 제68조).

(ㄴ) **손해배상·재판상 이혼사유** : 부양의무의 불이행은 불법행위가 되어 손해배상청구권의 발생원인이 될 수 있으며, 악의의 유기에 해당하므로 재판상 이혼사유가 될 수 있다.

③ **과거 부양료청구**

(ㄱ) **문제점** : 부양의무를 부담하는 부부의 어느 한 쪽이 상대방에 대하여 부양의무를 이행하지 않아 상대방이 빈곤한 생활을 감수하였거나, 빚을 얻어 생활한 경우, 부양권리자인 부부의

---

43) 대법원 2009.07.23. 선고 2009다32454 판결
44) 대법원 1991.12.10. 선고 91므245 판결

일방이 부양의무자인 상대방에 대하여 "과거의 부양료"를 청구하거나 제3자가 부양에 필요한 비용을 부담하였을 경우 부양의무자에 대하여 구상할 수 있는지 문제된다.

(ㄴ) 판례 : 부양권리자가 부양의무자에게 부양의무의 이행을 청구하였음에도 부양의무자가 부양의무를 이행하지 아니함으로써 이행지체에 빠진 이후의 것에 대해서만 부양료의 지급을 청구할 수 있을 뿐, 특별한 사정이 없는 한 부양의무의 이행을 청구받기 전의 부양료의 지급을 청구할 수 없다.[45] [13, 19 변호사] [14(1), 16(2), 17(2), 20(3), 22(2) 변모] [15 사시] [16 사시 사례] [18 법무사] [20 법행]

2. 성년의제

> 제826조의2 (성년의제) 미성년자가 혼인을 한 때에는 성년자로 본다.

① **의의**   혼인에 의한 성년의제란 미성년자가 혼인을 한 때에 성년자로 간주하는 것을 말한다. 혼인한 미성년자를 성년자로 간주하는 취지는 부부공동생활의 자주성과 독립성을 보장하기 위한 것이다.

② **적용범위 및 효과**

(ㄱ) 법률혼 : 성년의제의 효과를 가져오는 혼인은 법률혼에 한정되고, 사실혼은 포함되지 않는다. 또한 혼인에 취소사유가 있더라도 성년의제의 효과가 생기지만 혼인이 무효인 때에는 성년의제의 효과가 생기지 않는다.

(ㄴ) 효과 : 혼인한 미성년자는 성년자로 의제되어 민법상 행위능력자가 된다. 미성년자를 위한 친권이나 후견이 소멸한다. 그러나 혼인한 미성년자라도 사법(私法) 이외의 영역에서까지 성년자로 의제되는 것은 아니다.

③ **미성년으로 있는 동안 혼인의 종료·해소된 경우**   혼인이 이혼·혼인취소·사망 등으로 종료·해소된 경우에도 성년의제의 효과는 유지된다는 것이 통설의 입장이다. 일단 취득한 행위능력을 잃게 됨에 따라 거래의 안전, 혼인 중에 출생한 자의 친권문제 등 복잡한 문제가 생기기 때문이다. 통설에 따르면 미성년자가 초혼을 하고자 하는 경우에는 부모 등의 동의가 필요하지만, 미성년자가 재혼을 하고자 하는 경우에는 부모 등의 동의가 불필요하다.

III 혼인의 재산적 효과

1. 부부재산계약

> 제829조 (부부재산의 약정과 그 변경) ① 부부가 혼인성립전에 그 재산에 관하여 따로 약정을 하지 아니한 때에는 그 재산관계는 본관중 다음 각조에 정하는 바에 의한다.
> ② 부부가 혼인성립전에 그 재산에 관하여 약정한 때에는 혼인중 이를 변경하지 못한다. 그러나 정당한 사유가 있는 때에는 법원의 허가를 얻어 변경할 수 있다.

---

[45] 대법원 2008.06.12. 자 2005스50 결정; 대법원 2017.08.25. 자 2014스26 결정

> ③ 전항의 약정에 의하여 부부의 일방이 다른 일방의 재산을 관리하는 경우에 부적당한 관리로 인하여 그 재산을 위태하게 한 때에는 다른 일방은 자기가 관리할 것을 법원에 청구할 수 있고 그 재산이 부부의 공유인 때에는 그 분할을 청구할 수 있다.
> ④ 부부가 그 재산에 관하여 따로 약정을 한 때에는 혼인성립까지에 그 등기를 하지 아니하면 이로써 부부의 승계인 또는 제3자에게 대항하지 못한다. [10 사시]
> ⑤ 제2항, 제3항의 규정이나 약정에 의하여 관리자를 변경하거나 공유재산을 분할하였을 때에는 그 등기를 하지 아니하면 이로써 부부의 승계인 또는 제3자에게 대항하지 못한다. [10 사시]

① 의의   부부재산계약이란 장차 혼인하려는 당사자가 혼인 후의 재산적 법률관계를 미리 약정하는 계약을 말한다. 혼인당사자들의 재산관계에 대한 자유로운 의사를 존중하고, 이를 혼인 후에도 보호하기 위한 제도이며 혼인에 따른 부수적인 계약이다.

② 요건
  (ㄱ) 당사자 : 장차 혼인하려는 당사자가 부부재산계약을 체결할 수 있다. 당사자는 재산상의 행위능력이 필요하다는 견해가 있으나, 의사능력만으로 족하다는 견해가 다수설이다.
  (ㄴ) 시기 : 혼인성립 전에만 체결될 수 있고, 혼인이 성립하여야 비로소 효력이 발생한다.
  (ㄷ) 내용 : ㉠부부재산계약의 내용은 혼인 성립 후 혼인 해소 전의 재산적 법률관계를 대상으로 하여야 한다. 혼인 성립 전이나 혼인 종료 이후의 재산관계를 그 내용으로 정할 수는 없다. ㉡부부재산계약의 내용은 부부가 자유로이 정할 수 있다. 재산관리자의 선임, 변경, 등기명의 등을 정할 수 있다. 다만 혼인의 본질적 요소인 양성평등, 사회질서에 위반되는 것을 내용으로 삼을 수는 없다.
  (ㄹ) 등기 : 혼인신고시까지 등기하여야 부부의 승계인 등 제3자에게 대항할 수 있다. 부부재산계약은 부동산등기나 회사등기와는 달리 부부재산계약등기라는 특별한 등기부에 기록한다. 등기는 대항요건일 뿐이며, 부부재산계약의 성립과는 무관하다.
  (ㅁ) 존속기간 : 부부재산계약은 혼인 성립시부터 혼인 종료시까지 효력을 가진다. 혼인이 해소되면 그때부터 효력이 상실된다.

③ 부부재산계약의 변경
  (ㄱ) 원칙 : 부부재산계약은 혼인 중 원칙적으로 변경할 수 없다.
  (ㄴ) 예외 : 정당한 사유가 있는 경우 법원의 허가를 얻어 변경 가능하고, 부부재산계약에 의하여 부부의 일방이 다른 일방의 재산을 관리하는 경우에 부적당한 관리로 인하여 그 재산을 위태하게 한 때에는 다른 일방은 자기가 관리할 것을 법원에 청구할 수 있고 그 재산이 부부의 공유인 때에는 그 분할을 청구할 수 있다. 그러나 이를 가지고 부부의 승계인 또는 제3자에게 대항하기 위해서는 그 등기를 하여야 한다.

④ 부부재산계약의 효과 및 종료
  (ㄱ) 효과 : 부부재산계약은 부부간의 법정재산제의 적용을 배제한다. 그러나 일상가사로 인한 채무의 연대책임에 관한 제832조는 배제되지 않는다.
  (ㄴ) 종료 : ㉠혼인 중 부부재산계약의 효력이 소멸되는 경우가 있다. 부부재산계약이 사기·강박에 의하여 체결된 때에는 제816조 제3호를 유추하여 취소를 청구할 수 있고, 부부재산계

약이 사해행위로 되는 경우에는 채권자취소의 대상이 될 수 있다. ⓒ혼인관계가 종료하면 부부재산계약은 당연히 종료한다.

2. 법정재산제
(1) 특유재산과 공유재산

> ☐ 제830조 (특유재산과 귀속불명재산) ① 부부의 일방이 혼인 전부터 가진 고유재산과 혼인 중 자기의 명의로 취득한 재산은 그 특유재산으로 한다. [17 법세]
> ② 부부의 누구에게 속한 것인지 분명하지 아니한 재산은 부부의 공유로 추정한다. [17 법세]

> ☐ 제831조 (특유재산의 관리 등) 부부는 그 특유재산을 각자 관리, 사용, 수익한다.

① **특유재산의 추정** 부부의 일방이 혼인 전부터 가진 고유재산과 혼인 중 자기의 명의로 취득한 재산은 특유재산으로 추정한다.

② **특유재산 추정의 번복**
   (ㄱ) **번복사유** : 혼인 중 부부의 일방 명의로 취득한 재산이라고 하더라도 그 재산을 취득하는 과정에서 다른 일방이 대가를 부담한 경우와 같이 구체적인 기여가 있는 때에는 특유재산의 추정이 번복되고 부부 쌍방의 공유나 다른 일방의 소유로 된다.[46] 그러나 다른 일방이 가사노동을 분담하였다거나 내조의 공이 있었다고 하더라도 이는 재산취득과정에서의 구체적인 기여가 아니므로 특유재산의 추정을 번복할 사유에 해당하지는 않는다.[47] [13 변호사] [17(1) 변모] [13 사시]

   (ㄴ) **특유재산 추정의 번복이 문제되는 사례**
      ㉠ 부부 각자가 대금의 절반 정도씩을 분담하여 매수하였다는 실질적 사유가 입증된 경우에는 특유재산 추정을 번복하고 그 부동산을 부부의 공유로 인정할 수 있다.[48]
      ㉡ 부동산매입자금의 원천이 남편의 수입에 있다고 하더라도 처가 남편과 18년간의 결혼생활을 하면서 여러 차례 부동산을 매입하였다가 이익을 남기고 처분하는 등의 방법으로 증식한 재산으로써 그 부동산을 매입하게 된 것이라면 위 부동산의 취득은 부부쌍방의 자금과 증식노력으로 이루어진 것으로서 부부의 공유재산이라고 볼 여지가 있다.[49]
      ㉢ 부동산 매수자금의 출처가 다른 일방 배우자라는 사정만으로 특유재산의 추정을 번복하고 당해 부동산에 관하여 명의신탁이 있었다고 볼 것은 아니다.[50]

   (ㄷ) **특유재산 추정 번복의 효과** : 특유재산의 추정이 번복되어 부부의 공동재산으로 인정되는 경우에, 소유권의 귀속에 관하여 명의신탁의 법리가 적용된다. 공동재산임을 주장하는 자

---

46) 대법원 1995.10.12. 선고 95다25695 판결
47) 대법원 1992.12.11. 선고 92다21982 판결
48) 대법원 1995.02.03. 선고 94다42778 판결
49) 대법원 1990.10.23. 선고 90다카5624 판결
50) 대법원 2013.10.31. 선고 2013다49572 판결

가 자신에게 소유권이나 공유지분권이 있음을 증명하여야 한다.
③ **특유재산의 관리 등** 특유재산은 각자가 관리·사용·수익한다.
④ **공유재산의 추정** 부부의 누구에게 속한 것인지 분명하지 아니한 귀속불명의 재산은 부부의 공유재산으로 추정된다. 이 경우 지분도 균등한 것으로 추정된다. 부부공유재산의 추정과 부부공유의 유체동산에 대한 압류는 혼인관계가 유지되고 있는 부부를 전제로 한다.51) [22 법행]
⑤ **사실혼에의 유추 여부** 특유재산 추정에 관한 제830조는 사실혼 부부에게도 유추된다. 사실혼관계에 있는 부부의 일방이 사실혼 중에 자기 명의로 취득한 재산은 그 명의자의 특유재산으로 추정되나 실질적으로 다른 일방 또는 쌍방이 그 재산의 대가를 부담하여 취득한 것이 증명된 때에는 특유재산의 추정은 번복되어 그 다른 일방의 소유이거나 쌍방의 공유라고 보아야 할 것이다.52) [12 법행] [21 법세]

(2) **일상가사대리권과 일상가사로 인한 채무의 연대책임**

> ☐ **제827조 (부부간의 가사대리권)** ① 부부는 일상의 가사에 관하여 서로 대리권이 있다.
> ② 전항의 대리권에 가한 제한은 선의의 제3자에게 대항하지 못한다.

> ☐ **제832조 (가사로 인한 채무의 연대책임)** 부부의 일방이 일상의 가사에 관하여 제3자와 법률행위를 한 때에는 다른 일방은 이로 인한 채무에 대하여 연대책임이 있다. 그러나 이미 제3자에 대하여 다른 일방의 책임없음을 명시한 때에는 그러하지 아니하다.

① **일상가사의 의미** 일상가사란 부부의 혼인공동생활에 필요한 보통의 사무, 즉 가정생활상 상시 행하여지는 행위로서 동거생활유지에 필요한 범위 내의 법률행위를 말한다. 일상가사에 속하는 법률행위에 대하여 부부 쌍방은 연대책임을 부담하며, 일상가사에 관하여는 부부는 서로간에 대리권이 있다.
② **일상가사의 범위**
(ㄱ) **판단기준** : 일상가사에 속하는 행위인지는 부부공동체의 생활정도와 생활장소의 지역적 관습, 사회통념에 따라 결정된다. ㉠법률행위의 객관적인 종류나 성질과 함께 ㉡법률행위를 한 사람의 의사와 목적, ㉢부부의 현실적 생활상태 등을 종합적으로 고려하여 판단하여야 한다.53) [13 사시]
(ㄴ) **일상가사에 속하는 행위인지가 문제되는 사례**
  ㉠ 처가 부담한 4천만 원의 계금채무는 일상가사로 인한 채무라기보다 처 자신의 사업상 필요에 의한 채무이다.54)
  ㉡ 부인이 남편 명의로 분양받은 45평형 아파트의 분양금을 납입하기 위한 명목으로 금전을 차용하여 분양금을 납입하였고 그 아파트가 남편의 유일한 부동산으로 가족들이 거

---
51) 대법원 2013.07.11. 선고 2013다201233 판결
52) 대법원 1994.12.22. 선고 93다52068·52075 판결
53) 대법원 2016.06.09. 선고 2014다58139 판결
54) 대법원 2000.04.25. 선고 2000다8267 판결

주하고 있는 경우에는 그 금전차용행위는 일상가사에 해당한다.55) [15 법행] [18 법세]
ⓒ 부인이 교회에의 건축 헌금, 가게의 인수대금, 장남의 교회 및 주택임대차보증금의 보조금, 거액의 대출금에 대한 이자 지급 등의 명목으로 금원을 차용한 행위는 일상 가사에 속한다고 볼 수는 없다.56)
ⓔ 아내가 남편 소유의 부동산을 매각하는 것과 같은 처분행위는 일상가사의 대리권에 속하지 아니한다.57) [17 법무사]

③ **일상가사대리권**
(ㄱ) **의의** : 일상가사대리권이란 일상의 가사에 속하는 행위에 관하여 부부의 일방이 다른 일방을 대리할 수 있는 대리권을 말한다. 부부라는 신분에 기하여 발생하는 일종의 법정대리권이다.
(ㄴ) **이른바 비상가사대리권 인정 여부**
㉠ 부부 일방의 장기 부재 등으로 사회관념상 다른 일방에게 대리권을 인정하여야 할 필요가 있는 경우에 일상가사의 범위를 넘어선 법률행위에 관해서도 대리권을 인정할 것인지 문제된다.
㉡ 판례는 일상의 가사가 아닌 법률행위를 대리하여 행함에 있어서는 별도로 대리권을 수여하는 수권행위가 필요하고 부부의 일방이 의식불명의 상태에 있어 사회통념상 대리관계를 인정할 필요가 있다는 사정만으로 그 배우자가 모든 법률행위에 관하여 대리권을 갖는다고 볼 것은 아니라고58) 하여 비상가사대리권을 부정하고 있다. [22(1) 변모] [10, 13 사세] 판례는 일상가사대리권을 기본대리권으로 하는 권한을 넘은 표현대리를 인정하여 거래안전을 보호하고 있다.59) [16 사세]
(ㄷ) **사실혼에의 유추** : 사실혼 부부 사이에도 일상가사대리권에 관한 제827조가 유추된다.60)
[17(2) 변모] [12 법무사] [21, 16 법세]

④ **일상가사로 인한 연대책임**
(ㄱ) **보통의 연대채무와의 차이** : 제3자와의 관계에서 부담부분에 관한 규정이 적용되지 않는다는 점에서 보통의 연대채무와 다르다. ㉠부부 일방은 타방의 채권으로 제한 없이 상계할 수 있다. ㉡부부일방이 채권자로부터 면제를 받으면 그 면제 효과도 전면적이다. ㉢일방 채무가 시효로 소멸하면 타방 채무도 소멸한다.
(ㄴ) **혼인 종료와 부부의 연대책임** : 부부의 연대책임은 혼인의 종료로 소멸하지 않고, 보통의 연대채무로 변경되어 존속한다.
(ㄷ) **일상가사연대책임의 면제** : 개별적·구체적으로 채무의 종류와 액수를 명시하여 책임 없음

---

55) 대법원 1999.03.09. 선고 98다46877 판결
56) 대법원 1997.11.28. 선고 97다31229 판결
57) 대법원 1966.07.19. 선고 66다863 판결
58) 대법원 2000.12.08. 선고 99다37865 판결
59) 대법원 1995.12.22. 선고 94다45098 판결; 대법원 1981.06.23. 선고 80다609 판결; 대법원 1970.10.30. 선고 70다1812 판결
60) 대법원 1980.12.23. 선고 80다2077 판결

을 명시하여야 일상가사의 연대책임이 면제된다. 따라서 연대책임면제는 불특정 다수인을 상대로 할 수 없다.

(ㄹ) **일상가사연대책임 배제약정** : 부부재산계약으로 부부의 일상가사대리권과 가사채무의 연대책임을 면제하는 약정을 할 수 있는가? 원만한 부부공동생활을 유지하기 위한 것이 이 제도의 취지이므로 허용되지 않는다는 것이 학설의 태도이다.

(3) 생활비용의 공동부담

> 제833조 (생활비용) 부부의 공동생활에 필요한 비용은 당사자간에 특별한 약정이 없으면 부부가 공동으로 부담한다.

① **의의** ㉠부양·협조의무를 이행하여 자녀의 양육을 포함하는 공동생활로서의 혼인생활을 유지하기 위해서는 부부간에 생활비용의 분담이 필요한데, 제833조는 그 기준을 정하고 있다.61) ㉡제826조 제1항은 부부간의 부양·협조의무의 근거를, 제833조는 위 부양·협조의무 이행의 구체적인 기준을 제시한 조항이다.62)

② **제833조에 의한 생활비용청구와 제826조에 의한 부양청구의 관계** 제833조에 의한 생활비용청구가 제826조와는 무관한 별개의 청구원인에 기한 청구라고 볼 수는 없다.63)

제5절 이혼

I 협의상 이혼

1. 협의이혼의 요건

(1) 실질적 요건

> 제834조 (협의상 이혼) 부부는 협의에 의하여 이혼할 수 있다.

> 제835조 (성년후견과 협의상 이혼) 피성년후견인의 협의상 이혼에 관하여는 제808조 제2항을 준용한다.

① 이혼의사의 합치
   (ㄱ) **이혼의사의 의미** : 이혼의사가 실질적 의사를 의미하는지 이혼신고의사를 의미하는지에 관해서는 견해의 대립이 있으나 판례는 혼인의사와 달리 이혼의사에 관해서는 이혼신고의사

---
61) 대법원 2017.08.25. 자 2014스26 결정
62) 대법원 2017.08.25. 자 2014스26 결정
63) 대법원 2017.08.25. 자 2014스26 결정

를 의미한다고 파악하고 있다. 즉, 일시적으로나마 법률상 부부관계를 해소하려는 당사자 간의 합의하에 협의이혼신고가 된 이상 협의이혼에 다른 목적이 있더라도 양자간에 이혼의사가 없다고 할 수 없다고 판단하였다.[64] [15(3), 19(3) 변모] [20 법서]

(ㄴ) **이혼의사의 존재시기** : 이혼의사는 이혼신고가 수리될 때까지 존재하여야 한다. 협의이혼신고서가 수리되기 전에 협의이혼의사의 철회신고서가 제출되면 협의이혼신고서는 수리할 수 없는 것이므로 공무원이 착오로 협의이혼신고서를 수리하였더라도 협의상 이혼의 효력이 생길 수 없다.[65] [22(2) 변모] [12 사시] [20 법무사]

② **부모의 동의 등**   이혼의사에는 의사능력이 필요하다. 피성년후견인의 경우 부모나 성년후견인의 동의가 있으면 이혼합의를 할 수 있다. 미성년자나 피한정후견인은 단독으로 이혼합의를 할 수 있다. 미성년자는 혼인에 의하여 성년자로 의제되기 때문이다.

(2) 절차적 요건 : 이혼의사 확인과 이혼신고

> □ 제836조 (이혼의 성립과 신고방식) ① 협의상 이혼은 가정법원의 확인을 받아 「가족관계의 등록 등에 관한 법률」의 정한 바에 의하여 신고함으로써 그 효력이 생긴다. [12 사시]
> ② 전항의 신고는 당사자쌍방과 성년자인 증인 2인의 연서한 서면으로 하여야 한다.

> □ 제836조의2 (이혼의 절차) ① 협의상 이혼을 하려는 자는 가정법원이 제공하는 이혼에 관한 안내를 받아야 하고, 가정법원은 필요한 경우 당사자에게 상담에 관하여 전문적인 지식과 경험을 갖춘 전문상담인의 상담을 받을 것을 권고할 수 있다. [21 법무사]
> ② 가정법원에 이혼의사의 확인을 신청한 당사자는 제1항의 안내를 받은 날부터 다음 각 호의 기간이 지난 후에 이혼의사의 확인을 받을 수 있다. [12 사시] [21 법무사]
>   1. 양육하여야 할 자(포태 중인 자를 포함한다. 이하 이 조에서 같다)가 있는 경우에는 3개월
>   2. 제1호에 해당하지 아니하는 경우에는 1개월
> ③ 가정법원은 폭력으로 인하여 당사자 일방에게 참을 수 없는 고통이 예상되는 등 이혼을 하여야 할 급박한 사정이 있는 경우에는 제2항의 기간을 단축 또는 면제할 수 있다. [21 법무사]
> ④ 양육하여야 할 자가 있는 경우 당사자는 제837조에 따른 자(子)의 양육과 제909조제4항에 따른 자(子)의 친권자결정에 관한 협의서 또는 제837조 및 제909조제4항에 따른 가정법원의 심판정본을 제출하여야 한다. [10, 11 사시]
> ⑤ 가정법원은 당사자가 협의한 양육비부담에 관한 내용을 확인하는 양육비부담조서를 작성하여야 한다. 이 경우 양육비부담조서의 효력에 대하여는 「가사소송법」 제41조를 준용한다. [11 사시] [21 법무사]

① **협의이혼 절차 개관**   협의이혼을 하려는 당사자 쌍방은 이혼하고자 하는 부부의 등록기준지 또는 주소지를 관할하는 가정법원에 부부가 함께 출석하여 이혼의사확인을 신청하고(변호사 또는 대리인에 의한 신청은 허용되지 않음), 관할법원에서 협의이혼의사를 확인받은 후, 그 중 1인이라도 확인서 등본을 첨부하여 관할 가족관계등록관서에 이혼신고를 하면 이혼의 효력이 발생한다.

② **이혼에 관한 안내와 상담의 권고**   협의상 이혼을 하려는 자는 가정법원이 제공하는 이혼에

---

64) 대법원 1993.06.11. 선고 93므171 판결
65) 대법원 1994.02.08. 선고 93도2869 판결

관한 안내를 받아야 하고, 가정법원은 필요한 경우 당사자에게 상담에 관하여 전문상담인의 상담을 받을 것을 권고할 수 있다(제836조의 2 제1항). 이혼에 관한 안내는 반드시 받아야 하는 필요적 사항이나, 상담위원의 상담은 임의적이다. [10, 12, 15 사시]

③ 이혼숙려기간의 경과
   (ㄱ) 원칙 : 가정법원에 이혼의사확인을 신청한 당사자는 이혼에 관한 가정법원의 안내를 받은 날부터 일정한 이혼숙려기간이 경과하여야 이혼의사의 확인을 받을 수 있다. ㉠포태 중인 태아를 포함하여 미성년인 자녀가 있는 경우에는 3개월, ㉡성년 도달 전 1개월 후 3개월 이내 사이의 자녀가 있는 경우에는 성년이 된 날, ㉢성년 도달 1개월 이내의 미성년 자녀가 있는 경우에는 1개월, 자녀가 없거나 성년인 자녀만 있는 경우에는 1개월이 지나야 이혼의사확인을 받을 수 있다.
   (ㄴ) 예외 : 폭력으로 인하여 당사자 일방에게 참을 수 없는 고통이 예상되는 등 이혼을 하여야 할 급박한 사정이 있는 경우에는 가정법원은 그 기간을 단축 또는 면제할 수 있다(제836조의 2 제2항). 가정폭력 등 급박한 사정이 있어 위 기간의 단축 또는 면제가 필요한 사유가 있는 경우에는 이를 소명하여 사유서를 제출할 수 있고, 이 경우 특히 상담위원의 상담을 통하여 사유서를 제출할 수 있다. 사유서 제출 후 7일 이내에 이혼의사확인기일의 재지정이 없으면 최초에 지정한 확인기일이 유지되며, 이에 대하여는 이의를 할 수 없다.

④ 가정법원의 이혼의사 확인
   (ㄱ) 양육 및 친권자결정에 관한 협의서 또는 심판정본의 제출 : 양육하여야 할 자가 있는 경우 당사자는 자의 양육 및 친권자결정에 관한 협의서나 가정법원의 심판정본을 제출하여야 하며, 자의 양육에 관한 협의서에는 양육자의 결정, 양육비용의 부담, 면접교섭권의 행사 여부 및 그 방법이 포함되어야 하고, 그 내용이 자의 복리에 반하는 경우에는 가정법원은 보정을 명하거나 직권으로 그 자의 의사·연령과 부모의 재산상황, 그 밖의 사정을 참작하여 양육에 필요한 사항을 정한다. 양육에 관한 협의서나 가정법원의 심판정본, 친권자의 결정에 관한 협의서나 가정법원의 심판정본을 제출하지 아니하면 가정법원은 이혼의사확인을 거부할 수 있다. [13 사시]
   (ㄴ) 양육비부담조서의 작성 : 가정법원은 협의이혼절차에서 당사자가 협의한 미성년 자녀의 양육비 부담에 관한 내용을 확인하는 양육비부담조서를 작성한다. 양육비부담조서는 확정된 심판에 준하여 집행력이 인정되며, 양육비부담조서상의 양육비지급의무가 이행되지 않는 경우에는 가사소송법상 이행명령도 할 수 있다. [11, 15 사시]
   (ㄷ) 이혼의사 확인의 효과 : 가정법원의 이혼의사 확인이 있다는 사실만으로는 협의이혼의 효력이 발생하지 않는다. 협의이혼의사 확인절차는 확인 당시에 당사자들이 이혼할 의사를 가지고 있었는가를 밝히는 데 그치는 것이므로 협의이혼의사 확인이 있었다는 것만으로는 재판상 이혼사유가 될 수 없으며 그 의사확인 당시에 더 이상 혼인을 계속할 수 없는 중대한 사유가 있었다고 추정될 수도 없다.[66] [12, 13 사시] 이혼의사 확인절차에서는 그들이 의사결정의 정확한 능력을 가졌는지 또는 어떠한 협의과정을 거쳐 협의이혼의사를 결정하였

---

66) 대법원 1988.04.25. 선고 87므28 판결

는지는 심리하지 아니하므로 사기·강박에 의하여 이혼의사표시가 이루어졌다면 협의이혼을 취소할 수 있다.[67] [20(2) 변모] [14 법무사]

⑤ **이혼신고에 의한 이혼의 성립**   이혼의사확인서 등본을 첨부하여 이혼신고를 함으로써 이혼이 성립한다. 이혼신고에는 종래 당사자 쌍방과 성년자인 증인 2인이 연서한 서면으로 하도록 하였으나, 이혼의사확인에 더하여 성년자인 증인 2인의 연서를 요구하는 것은 무의미한 절차에 반복에 불과하다는 비판이 있었다. 이에 가족관계의 등록 등에 관한 법률에서는 가정법원의 이혼의사확인서등본을 첨부한 경우에는 증인 2인의 연서가 있는 것으로 보아 이혼신고를 할 수 있도록 하였다(가족관계의 등록 등에 관한 법률 제76조).

2. 협의이혼의 무효와 취소

> 제838조 (사기, 강박으로 인한 이혼의 취소청구권) 사기 또는 강박으로 인하여 이혼의 의사표시를 한 자는 그 취소를 가정법원에 청구할 수 있다. [19(3) 변모]

> 제839조 (준용규정) 제823조의 규정은 협의상 이혼에 준용한다. [10 사시]

> 제823조 (사기, 강박으로 인한 혼인취소청구권의 소멸) 사기 또는 강박으로 인한 혼인은 사기를 안 날 또는 강박을 면한 날로부터 3월을 경과한 때에는 그 취소를 청구하지 못한다.

① **이혼무효**   이혼무효란 이혼신고서가 수리되었으나 이혼의 합의가 없는 경우를 말한다. 이혼무효는 당연무효로서 다른 소송에서 선결문제로 주장할 수 있다. [19(3) 변모]

② **이혼취소**
  (ㄱ) 개념 : 이혼취소란 사기나 강박에 의하여 이혼한 경우에 재판에 의하여 이혼을 취소하는 것을 말한다.
  (ㄴ) 이혼취소의 효력 : 협의이혼취소의 효과는 신고시로 소급한다. [19(3) 변모] 따라서 협의이혼신고 후 재혼하였는데, 이혼이 취소되면 재혼은 중혼으로 취소사유가 된다.

3. 사실상 협의이혼

① **의의**   사실상 이혼이란 형식적으로 법률혼 상태가 유지되고 있으나, 부부가 이혼에 합의하고 별거하여 부부공동생활의 실체가 존재하지 않는 상태를 말한다. 사실상 이혼은 이혼에 당사자가 합의하고 있다는 점에서 유기에 의한 부부관계의 단절이나 부부간의 분쟁을 냉각시키기 위한 별거와 구별된다.

② **요건**   사실상 이혼이 성립하기 위해서는 ㉠법률상 부부간에 이혼에 관한 명시적 또는 묵시적 합의가 있어야 하고, ㉡부부공동생활의 실체가 없어야 한다. 이혼에 관한 합의가 있었다거나 사실상 이혼상태가 계속된다고 하여 당연히 재판상 이혼사유가 되는 것은 아니지만,[68] 사

---

[67] 대법원 1987.01.20. 선고 86므86 판결
[68] 대법원 1996.04.26. 선고 96므226 판결

실상 이혼으로 인하여 부부관계가 돌이킬 수 없을 정도로 파탄에 이르렀다면 재판상 이혼원인이 될 수 있으며, 그 파탄의 주된 책임이 없는 당사자는 재판상 이혼을 청구할 수 있다.

③ 효과

(ㄱ) 일반적 효과 : 부부 사이의 동거·부양·협조·정조의무는 소멸하고, 부부재산제도 소멸한다. 혼인생활비용의 부담문제도 없어지고, 일상가사대리권과 연대책임도 없어진다.

(ㄴ) 신분상 효과

㉠ 가족관계등록부에 기초한 신분관계에는 변동이 없다. 즉 친족관계는 그대로 존속한다. 따라서 사실상의 이혼상태에 있었다고 하더라도 재혼을 할 수 없고, 재혼을 하면 중혼이 된다. 사실상 이혼 중에 당사자 일방이 사망한 경우에는 다른 일방은 배우자로서의 상속권이 있다는 것이 판례의 태도이다.[69]

㉡ 사실상 배우자 외에 법률상 배우자가 따로 있는 경우 법률상 배우자 사이에 이혼의사가 합치되어 법률혼은 형식적으로만 존재하고 사실상 혼인관계가 해소되어 법률상 이혼이 있었던 것과 마찬가지로 볼 수 있는 등의 특별한 사정이 없는 한 법률상 배우자가 유족으로서 연금수급권을 가지고 사실상 배우자는 공무원연금법에 의한 유족으로 보호받을 수 없다.[70]

(ㄷ) 자녀에 대한 효과 : 자녀에 대한 친권에는 변화가 없다. 사실상 이혼 후에 낳은 자도 일단 夫의 혼인 중의 출생자로 취급된다. 다만, 사실상 이혼 후에 포태된 자는 가족관계 등록부상 夫의 자로 추정되지 않는다. 사실상 이혼 후 300일 이후에 출생한 자는 사실상 이혼 후에 포태된 것으로 추정되어야 한다.

Ⅲ 재판상 이혼

1. 이혼원인

□ 제840조 (재판상 이혼원인) 부부의 일방은 다음 각호의 사유가 있는 경우에는 가정법원에 이혼을 청구할 수 있다. 〈개정 1990.1.13〉
 1. 배우자에 부정한 행위가 있었을 때
 2. 배우자가 악의로 다른 일방을 유기한 때
 3. 배우자 또는 그 직계존속으로부터 심히 부당한 대우를 받았을 때
 4. 자기의 직계존속이 배우자로부터 심히 부당한 대우를 받았을 때
 5. 배우자의 생사가 3년이상 분명하지 아니한 때
 6. 기타 혼인을 계속하기 어려운 중대한 사유가 있을 때

□ 제841조 (부정으로 인한 이혼청구권의 소멸) 전조 제1호의 사유는 다른 일방이 사전동의나 사후용서를 한 때 또는 이를 안 날로부터 6월, 그 사유있은 날로부터 2년을 경과한 때에는 이혼을 청구하지 못한다.

---

[69] 대법원 1969.07.08. 선고 69다427 판결
[70] 대법원 1993.07.27. 선고 93누1497 판결

> 제842조 (기타 원인으로 인한 이혼청구권의 소멸) 제840조제6호의 사유는 다른 일방이 이를 안 날로부터 6월, 그 사유있은 날로부터 2년을 경과하면 이혼을 청구하지 못한다.

(1) 재판상 이혼사유 일반

① **재판상 이혼사유에 관한 입법주의**   재판상 이혼원인을 어떻게 구성할 것인지에 관해서는 파탄주의와 유책주의의 입법주의가 있다. 유책주의란 몇 개의 구체적인 이혼사유를 제한적으로 인정하며, 재판상 이혼에 청구인의 무책성과 피청구인의 유책성을 요구하는 입법주의를 말한다. 파탄주의란 혼인의 파탄이라는 객관적인 사실의 존부에 의하여 이혼여부를 결정하는 입법주의를 말한다. 현행법 제840조 제6호가 유책주의인지 파탄주의인지에 관해서는 견해의 대립이 있으나 유책배우자의 이혼청구를 원칙적으로 인정하지 않는 판례는 유책주의로 파악하고 있다.

② **재판상 이혼원인 상호간 관계**

    (ㄱ) **문제점** : 민법은 개별적·구체적 이혼원인(제840조 제1호 내지 제5호)과 일반적·추상적 이혼원인(제840조 제6호)을 규정하고 있다. 절대적 이혼원인과 상대적 이혼원인의 관계를 어떻게 이해할 것인가에 관하여 견해가 대립하고 있다.

    (ㄴ) **판례** : 제840조 각 호가 규정하고 있는 사유마다 각 별개의 독립된 이혼사유를 구성하고, 수개의 이혼사유를 주장하는 경우 법원은 그 중 어느 하나를 받아들여 청구를 인용할 수 있다.[71] [17 변호사] [15(3) 변모] [13 법사] 법원은 원고가 주장한 이혼사유에 관하여서만 심판하여야 한다.[72] [22 변호사] [14(3) 변모]

    (ㄷ) **학설** : ㉠제1호 내지 제5호는 제6호의 단순한 예시로서 제1호 내지 제5호에 해당하는 사유가 있어도 이혼의 허용 여부는 제6호에 의하여 판단하여야 한다는 견해(단순예시설), ㉡제1호 내지 제5호는 제6호의 전형적 예시로서 제1호 내지 제5호에 해당하는 사유가 있으면 제6호에 해당하는지를 불문하고 이혼사유에 해당하지만, 제1호 내지 제5호에 해당하지 않은 사실도 제6호에 의하여 이혼사유가 될 수 있다는 견해(독립예시설), ㉢제1호 내지 제5호는 독립된 이혼원인이며 제6호도 보충적 이혼원인이기는 하지만 독립된 이혼원인으로 파악하는 견해(절대독립설) 등으로 나뉜다.

(2) 구체적인 이혼사유

① **배우자의 부정한 행위**

    (ㄱ) **의미** : 부정한 행위란 배우자로서의 정조의무에 위반되는 일체의 행위를 말한다. 이는 간통보다 넓은 개념이며, 구체적인 사안에 따라 평가하여야 한다.

    (ㄴ) **성립요건** : 부정한 행위에 해당하기 위해서는 ㉠객관적·외형적으로 혼인의 순결성을 더럽히는 행위여야 하고, ㉡주관적·내심적으로 자유의사에 의하여 행하여진 행위여야 하며, ㉢혼인 중의 행위여야 한다. 약혼 중의 부정한 행위는 재판상 이혼사유인 부정한 행위에

---

71) 대법원 2000.09.05. 선고 99므1886 판결
72) 대법원 1963.01.31. 선고 62다812 판결

해당하지 않는다.[73] [13 사시]
- ㈐ 부정행위를 이유로 한 이혼청구권의 소멸
  - ㉠ 부정행위를 안 날로부터 6월 혹은 그 사유가 있은 날로부터 2년을 경과하면 이혼을 청구하지 못한다.
  - ㉡ 부정한 행위를 부부의 일방이 사전에 동의하였거나 사후에 용서한 경우에도 이혼을 청구하지 못한다. 사실상 이혼상태에 있는 배우자들은 서로 부정행위에 대한 사전 동의가 있었던 것으로 해석된다.[74] 그러나 부정행위사실을 알면서 부부생활을 계속한 것만으로는 용서한 것으로 볼 수 없다. 부정행위에 대한 용서로 인정되기 위해서는 배우자의 부정행위를 확실하게 알면서 자발적으로 한 것이어야 하고, 부정행위에도 불구하고 혼인관계를 지속시키려는 진실한 의사가 명백하고 믿을 수 있는 방법으로 표현되어야 한다.
  - ㈃ 부정행위로 인한 이혼청구권의 제척기간과 위자료청구권 : 부정행위로 인한 이혼청구권의 제척기간에 관한 제841조는 이혼청구권의 소멸에 관한 규정이므로 부정행위의 상대방에게 그 정신상 고통에 대한 위자료를 청구하는 경우에는 적용이 없다.[75] [17 변호사]
- ② 악의의 유기
  - ㉠ 의미 : 악의의 유기란 정당한 이유 없이 동거·부양·협조의무를 이행하지 않는 것을 말한다. 즉, 상대방의 의사에 반하여 부부공동생활을 폐지하는 것을 말한다. 따라서 합의에 따른 별거나 단순한 별거, 유책배우자에 대한 동거거부는 악의의 유기라고 할 수 없다.
  - ㉡ 악의의 유기로 인한 이혼청구권의 소멸 : 이혼청구권의 제척기간에 관한 규정이 없다. 그러나 이혼청구권도 형성권으로 10년의 제척기간에 걸린다고 할 것이다. 다만, 악의의 유기가 계속되고 있는 한 제척기간 경과로 인한 이혼청구권이 소멸할 여지는 없다.[76]
- ③ 심히 부당한 대우
  - ㉠ 의미 : 심히 부당한 대우를 받았을 때란 혼인관계의 지속을 강요하는 것이 가혹하다고 여겨질 정도의 폭행이나 학대 또는 중대한 모욕을 받았을 경우를 말한다.[77]
  - ㉡ 심히 부당한 대우로 인한 이혼청구권의 소멸 : 제척기간에 관한 규정은 없다. 혼인을 계속할 수 없는 중대한 사유로 인한 이혼청구권의 소멸에 관한 제842조는 심히 부당한 대우로 인한 이혼청구권에 유추될 수는 없다는 것이 판례이다.[78] [14(2) 변모]
- ④ 3년 이상의 생사불명 배우자의 생사불명상태가 3년간 계속된 경우를 말한다. 생사불명의 원인, 과실유무, 책임소재 등은 불문한다. 이혼판결의 선고·확정 후에는 행방불명자가 생환

---

73) 대법원 1991.09.13. 선고 91므85·92 판결. 약혼기간 중 다른 남자와 정교하여 임신하고는 그 혼인 후 남편의 자인양 속여 출생신고를 한 것이 그 혼인생활의 경과 등에 비추어 혼인을 계속할 수 없는 중대한 사유가 된다고 하기 어렵다고 한 사례
74) 대법원 1997.02.25. 선고 95도2819 판결
75) 대법원 1985.06.25. 선고 83므18 판결
76) 대법원 1998.04.10. 선고 96므1434 판결
77) 대법원 2004.02.27. 선고 2003므1890 판결; 대법원 2021.03.25. 선고 2020므14763 판결
78) 대법원 1993.06.11. 선고 92므1054 판결

하더라도 전 혼인은 부활하지 않는다는 점에서 실종선고와 다르다.

⑤ 기타 혼인을 계속하기 어려운 중대한 사유

- (ㄱ) 의미 : 혼인의 본질에 상응하는 부부공동생활체가 회복할 수 없을 정도로 파탄되고, 혼인생활의 계속을 강제하는 것이 일방배우자에게 참을 수 없는 고통이 되는 경우를 말한다.[79] 혼인계속불능은 주관적 불능만으로는 부족하고, 누구나 혼인계속의사를 상실하였을 것으로 판단될 단계에 이르러야 한다.
- (ㄴ) 판단자료 : ㉠혼인파탄의 정도, 혼인계속의사의 유무, 파탄원인에 관한 당사자의 책임 유무, 혼인생활의 기간, 자녀의 유무, 당사자의 연령, 이혼 후의 생활보장, 기타 혼인관계의 제반사정 등을 종합적으로 고려하여 판단하여야 한다. ㉡부부의 혼인관계가 돌이킬 수 없을 정도로 파탄되었다고 인정된다면 그 파탄의 원인에 대한 원고의 책임이 피고의 책임보다 더 무겁다고 인정되지 않는 한 이혼청구는 인용되어야 한다.[80] [22(2) 변모] [20 법무사] [13 법세]
- (ㄷ) 제척기간 : 다른 일방이 이를 안 날로부터 6월, 그 사유 있는 날로부터 2년을 경과하면 이혼을 청구하지 못한다. 그러나 혼인을 계속하기 어려운 중대한 사유가 계속되는 한 언제든지 이혼청구가 가능하다.[81]

2. 유책배우자의 이혼청구

① 의의 및 문제점

- (ㄱ) 유책배우자의 의미 및 판단 : 유책배우자란 혼인파탄에 전적으로 혹은 주로 책임이 있는 일방 배우자를 말한다. 유책배우자인지 여부는 혼인파탄의 원인이 된 사실에 기초하여 평가하여야 하고 혼인관계가 파탄이 된 뒤에 있은 일을 가지고 따질 것은 아니다.[82] [13 법세]
- (ㄴ) 유책배우자의 이혼청구의 쟁점 : 재판상 이혼사유에 관한 제840조 제6호의 기타 혼인을 계속하기 어려운 중대한 사유를 파탄주의적 관점에서 파악할 수 있는지가 쟁점이다.

② 판례

- (ㄱ) 원칙 : 유책배우자의 이혼청구는 원칙적으로 허용되지 아니한다. 그 근거로 ㉠유책배우자는 상대방과의 협의를 통하여 이혼을 할 수 있으므로 재판상 이혼원인에 파탄주의를 반드시 도입해야만 하는 것은 아니고, ㉡파탄주의의 한계나 기준, 이혼 후 상대방에 대한 부양적 책임 등에 관한 법률조항이 없으며, ㉢축출이혼을 방지할 필요가 있다는 점을 제시하고 있다.[83] [20(2), 21(3) 변모] [12 법무사]
- (ㄴ) 예외 : 유책배우자의 책임이 반드시 이혼청구를 배척해야 할 정도로 남아 있지 아니한 경우에는 유책배우자의 이혼청구도 허용될 수 있다. ㉠ 상대방 배우자도 혼인을 계속할 의사가 없어 일방의 의사에 따른 이혼 내지 축출이혼의 염려가 없는 경우, [14(2) 변모] [14, 20 법무

---

79) 대법원 2002.03.29. 선고 2002므74 판결
80) 대법원 2007.12.14. 선고 2007므1690 판결; 대법원 2021.03.25. 선고 2020므14763 판결; 대법원 2022.04.14. 선고 2021므15398 판결
81) 대법원 1996.11.08. 선고 96므1243 판결
82) 대법원 2004.02.27. 선고 2003므1890 판결
83) 대법원 2015.09.15. 선고 2013므568 전원합의체 판결

새 ⓒ 이혼을 청구하는 배우자의 유책성을 상쇄할 정도로 상대방 배우자 및 자녀에 대한 보호와 배려가 이루어진 경우, ⓒ 세월의 경과에 따라 혼인파탄 당시 현저하였던 유책배우자의 유책성과 상대방 배우자가 받은 정신적 고통이 점차 약화되어 쌍방의 책임의 경중을 엄밀히 따지는 것이 더 이상 무의할 정도가 된 경우 등과 같이 혼인생활의 파탄에 대한 유책성이 이혼청구를 배척해야 할 정도로 남아 있지 아니한 특별한 사정이 있는 경우, ㉣ 상대방이 혼인관계를 회복하기 위한 노력을 기울이지 않으며, 혼인관계 지속이 미성년 자녀의 복지를 해한다고 볼 만한 사정이 있는 경우[84] 등을 제시하고 있다.[85] [22 변호사]

③ **학설** 학설은 ㉠유책배우자의 이혼청구를 적극적으로 인용해야 한다는 적극설, ㉡유책배우자의 이혼청구는 허용되지 않는다는 소극설, ㉢유책배우자의 이혼청구를 원칙적으로 허용하지 않지만, 특수한 사정이 있는 경우에 한하여 제한적으로 허용해야 한다는 제한설(多) 등으로 나뉘어져 있다.

3. 재판상 이혼의 절차

① **조정이혼**
  (ㄱ) **조정전치주의** : 재판상 이혼하려는 사람은 우선 가정법원에 조정을 신청하여야 하고, 만약 조정신청을 하지 아니하고 이혼의 소를 제기한 때에는 가정법원은 그 사건을 조정에 회부하여야 한다.
  (ㄴ) **조정의 성립과 신고** : 조정은 조정조서에 기재함으로써 성립한다. 조정이 성립되면 그 조정은 재판상 화해와 동일한 효력을 가진다. 조정신청자는 조정성립의 날로부터 1월 안에 이혼신고를 하여야 한다(보고적 신고).
  (ㄷ) **조정에 갈음하는 결정** : 조정이 성립되지 아니하는 경우 조정에 갈음하는 결정(강제조정)을 할 수 있다. 이 경우 2주일 내에 이의신청이 없으면 재판상 화해와 동일한 효력이 발생한다.

② **재판이혼**
  (ㄱ) **소제기 간주** : 조정불성립, 강제조정에 이의신청이 있는 경우에는 조정신청시에 소가 제기된 것으로 의제한다.
  (ㄴ) **일방이 피성년후견인인 경우** : ㉠ 피성년후견인이 재판상 이혼을 청구하기 위해서는 성년후견인이 대리하여 그 배우자를 상대로 재판상 이혼을 청구할 수 있고, 성년후견인이 배우자인 때에는 후견인은 특별대리인의 선임을 신청하여 그 특별대리인이 배우자를 상대로 재판상 이혼을 청구할 수 있다.[86] ㉡ 의사무능력 상태에 있는 피성년후견인을 대리하여 후견인이 재판상 이혼을 청구하는 경우에는 이혼사유가 존재하고 피성년후견인의 이혼의사를 객관적으로 추정할 수 있어야 한다.[87] [17 변호사] [13 법세]

---

84) 대법원 2020.11.12. 선고 2020므11818 판결
85) 대법원 2015.09.15. 선고 2013므568 전원합의체 판결; 대법원 2022.06.01. 선고 2022므10109 판결
86) 대법원 2010.04.08. 선고 2009므3652 판결
87) 대법원 2010.04.29. 선고 2009므639 판결

ⓒ 이혼판결의 효력 : 확정된 이혼판결은 제3자에 대하여도 효력이 있다. 이혼청구를 배척하는 판결이 확정된 경우 다른 제소권자는 정당한 사유가 없는 한 재소가 금지된다.

③ 당사자 일방이 사망한 경우
㈀ 이혼소송 중 당사자 일방이 사망한 경우 : 이혼소송 계속 중 당사자 일방이 사망한 경우, 법원에서는 소송절차를 중단하고, 변론을 종결하여 소송종료선언을 하여야 한다. 이혼청구권은 부부의 일신전속권이므로 상속인이나 검사가 그 소송절차를 수계할 수는 없고, 이때 이혼소송과 함께 제기된 재산분할청구도 종료된다.[88] [12, 16 변호사] [17(3), 21(3) 변모] [13, 20 법무사] [20 법행]

㈁ 이혼판결에 관한 재심소송 중 일방이 사망한 경우 : 이혼판결에 대한 재심소송 중에 부부의 일방이 사망한 경우에는 검사가 사망자의 지위를 수계하여 재심법원은 당초의 이혼판결의 당부를 심사하여야 하고, 재심사유가 있어 당초의 이혼판결을 취소하여야 한다면, 이를 취소하고, 소송이 종료되었음을 선언하여야 한다.[89] [12 변호사] [15(3) 변모]

Ⅲ 이혼의 효과

1. 친자에 대한 효과

(1) 친권자의 결정

> □ 제909조 (친권자) ① 부모는 미성년자인 자의 친권자가 된다. 양자의 경우에는 양부모가 친권자가 된다.
> ② 친권은 부모가 혼인 중인 때에는 부모가 공동으로 이를 행사한다. 그러나 부모의 의견이 일치하지 아니하는 경우에는 당사자의 청구에 의하여 가정법원이 이를 정한다. [11 사시]
> ③ 부모의 일방이 친권을 행사할 수 없을 때에는 다른 일방이 이를 행사한다.
> ④ 혼인 외의 자가 인지된 경우와 부모가 이혼하는 경우에는 부모의 협의로 친권자를 정하여야 하고, 협의할 수 없거나 협의가 이루어지지 아니한 경우에는 가정법원은 직권으로 또는 당사자의 청구에 따라 친권자를 지정하여야 한다. 다만 부모의 협의가 자의 복리에 반하는 경우에는 가정법원은 보정을 명하거나 직권으로 친권자를 정한다.
> ⑤ 가정법원은 혼인의 취소, 재판상 이혼 또는 인지청구의 소의 경우에는 직권으로 친권자를 정한다.
> ⑥ 가정법원은 자의 복리를 위하여 필요하다고 인정되는 경우에는 자의 4촌 이내의 친족의 청구에 의하여 정하여진 친권자를 다른 일방으로 변경할 수 있다. [11 사시]

① 친권자의 결정방법
㈀ 협의상 이혼의 경우
㉠ 부모가 협의상 이혼을 하는 때에는 부모의 협의로 친권자를 정하여야 하고 협의할 수 없거나 협의가 이루어지지 아니한 경우에는 가정법원은 직권으로 또는 당사자의 청구에 따라 친권자를 지정하여야 한다.
㉡ 친권자는 자녀마다 결정하여야 한다. [13 사시] 이혼 후에 출생한 자녀라고 하더라도 전

---

[88] 대법원 1994.10.28. 선고 94므246·253 판결
[89] 대법원 1992.05.26. 선고 90므1135 판결

남편과의 사이에서 출생한 자(子)라면 전 남편의 친생자로 추정되므로 이혼에 따라 친권자를 결정하여야 한다. 이미 출생한 자녀에 대한 친권자가 모(母)로 결정되었다고 하여 그 후 출생한 자의 친권자가 당연히 모(母)가 된다고 할 수는 없다. 친권자의 지정 또는 변경에 관한 가족관계등록사무 처리지침 제2조에서는 '하나의 신고서로 여러 명에 대한 친권자 지정신고를 하는 경우에는 미성년자별로 건수를 계산한다.'고 규정하고 있는데, 이는 미성년자마다 친권자 지정신고가 있어야 한다는 의미이다.

(ㄴ) **재판상 이혼의 경우** : 재판상 이혼의 경우에는 가정법원이 직권으로 친권자를 정한다. 재판상 이혼의 경우에 당사자의 청구가 없다 하더라도 법원은 직권으로 미성년자인 자녀에 대한 친권자 및 양육자를 정하여야 하며, 따라서 법원이 이혼 판결을 선고하면서 미성년자인 자녀에 대한 친권자 및 양육자를 정하지 아니하였다면 재판의 누락이 있다.[90] [20(1) 변모]

② **양육자와 친권자가 동일하여야 하는지 여부**　　이혼 후 부모와 자녀의 관계에 있어서 친권과 양육권이 항상 같은 사람에게 돌아가야 하는 것은 아니며, 이혼 후 자에 대한 양육권이 부모 중 어느 일방에, 친권이 다른 일방에 또는 부모에 공동으로 귀속되는 것으로 정하는 것은, 비록 신중한 판단이 필요하다고 하더라도, 일정한 기준을 충족하는 한 허용된다.[91] [13, 22 변호사] [17(1), 18(3), 19(1) 변모] [10, 15 사시] [13, 14 법무사] [20 법세]

(2) 양육에 관한 사항의 결정

> □ **제837조 (이혼과 자의 양육책임)** ① 당사자는 그 자의 양육에 관한 사항을 협의에 의하여 정한다.
> ② 제1항의 협의는 다음의 사항을 포함하여야 한다. [21 법무사]
> 　1. 양육자의 결정
> 　2. 양육비용의 부담
> 　3. 면접교섭권의 행사 여부 및 그 방법
> ③ 제1항에 따른 협의가 자(子)의 복리에 반하는 경우에는 가정법원은 보정을 명하거나 직권으로 그 자(子)의 의사(意思)·연령과 부모의 재산상황, 그 밖의 사정을 참작하여 양육에 필요한 사항을 정한다. [10 사시]
> ④ 양육에 관한 사항의 협의가 이루어지지 아니하거나 협의할 수 없는 때에는 가정법원은 직권으로 또는 당사자의 청구에 따라 이에 관하여 결정한다. 이 경우 가정법원은 제3항의 사정을 참작하여야 한다. [11 사시]
> ⑤ 가정법원은 자(子)의 복리를 위하여 필요하다고 인정하는 경우에는 부·모·자(子) 및 검사의 청구 또는 직권으로 자(子)의 양육에 관한 사항을 변경하거나 다른 적당한 처분을 할 수 있다. [15 사시]
> ⑥ 제3항부터 제5항까지의 규정은 양육에 관한 사항 외에는 부모의 권리의무에 변경을 가져오지 아니한다.

---

90) 대법원 2015.06.23. 선고 2013므2397 판결
91) 대법원 2012.04.13. 선고 2011므4719 판결

☐ **제843조 (준용규정)** 재판상 이혼에 따른 손해배상책임에 관하여는 제806조를 준용하고, 재판상 이혼에 따른 자녀의 양육책임 등에 관하여는 제837조를 준용하며, 재판상 이혼에 따른 면접교섭권에 관하여는 제837조의2를 준용하고, 재판상 이혼에 따른 재산분할청구권에 관하여는 제839조의2를 준용하며, 재판상 이혼에 따른 재산분할청구권 보전을 위한 사해행위취소권에 관하여는 제839조의3을 준용한다.

① **양육에 관한 사항의 결정방법**
  (ㄱ) 자의 양육에 관한 사항은 부모의 협의에 의하여 결정하고, 협의가 이루어지지 아니하거나 협의할 수 없는 때에는 가정법원은 직권으로 또는 당사자의 청구에 따라 이에 관하여 결정한다. 양육에 관한 사항의 결정은 조정이 전치된다.
  (ㄴ) 협의상 이혼은 물론이고 재판상 이혼의 경우에도 양육에 관한 사항의 결정에 관한 제837조가 적용된다.

② **양육에 관한 사항**
  (ㄱ) 의미 : 결정되어야 할 양육에 관한 사항이란 양육자의 지정, 양육과 교육에 관한 거소의 지정, 징계, 자녀의 인도청구 등 양육을 둘러싼 모든 사항이 포함될 수 있다. 민법은 양육에 관한 사항에 ㉠양육자의 결정, ㉡양육비용의 부담, ㉢면접교섭권의 행사 여부 및 그 방법이 반드시 포함되도록 하고 있다(제837조 제2항).
  (ㄴ) 양육에 관한 사항을 결정함에 있어 고려할 요소
    ㉠ 양육자를 정할 때에는, 미성년인 자의 성별과 연령, 그에 대한 부모의 애정과 양육의사의 유무는 물론, 양육에 필요한 경제적 능력의 유무, 부와 모가 제공하려는 양육방식의 내용과 합리성·적합성 및 상호간의 조화 가능성, 부 또는 모와 미성년인 자 사이의 친밀도, 미성년인 자의 의사 등의 모든 요소를 종합적으로 고려하여, 미성년인 자의 성장과 복지에 가장 도움이 되고 적합한 방향으로 판단하여야 한다.92)
    ㉡ 부모 모두를 자녀의 공동양육자로 지정하는 것은 부모가 공동양육을 받아들일 준비가 되어 있고 양육에 대한 가치관에서 현저한 차이가 없는지, 부모가 서로 가까운 곳에 살고 있고 양육환경이 비슷하여 자녀에게 경제적·시간적 손실이 적고 환경 적응에 문제가 없는지, 자녀가 공동양육의 상황을 받아들일 이성적·정서적 대응능력을 갖추었는지 등을 종합적으로 고려하여 공동양육을 위한 여건이 갖추어졌다고 볼 수 있는 경우에만 가능하다.93)
    ㉢ 별거 이후 재판상 이혼에 이르기까지 상당 기간 부모의 일방이 미성년 자녀, 특히 유아를 평온하게 양육하여 온 경우, 이러한 현재의 양육 상태에 변경을 가하여 상대방을 친권자 및 양육자로 지정하는 것이 정당화되기 위해서는 현재의 양육 상태가 미성년 자녀의 건전한 성장과 복지에 도움이 되지 아니하고 오히려 방해가 되고, 상대방을 친권자 및 양육자로 지정하는 것이 현재의 양육 상태를 유지하는 경우보다 미성년 자녀

---

92) 대법원 2013.12.26. 선고 2013므3383 판결
93) 대법원 2020.05.14. 선고 2018므15534 판결

의 건전한 성장과 복지에 더 도움이 된다는 점이 명백하여야 한다.[94]
ⓔ 미성년 자녀의 양육에 있어 한국어 소통능력이 부족한 외국인보다는 대한민국 국민인 상대방에게 양육되는 것이 더 적합할 것이라는 추상적이고 막연한 판단으로 해당 외국인 배우자가 미성년 자녀의 양육자로 지정되기에 부적합하다고 평가하는 것은 옳지 않다.[95]
ⓜ 양육자로 지정된 양육친이 비양육친을 상대로 제기한 양육비 청구 사건에서 제1심 가정법원이 자녀가 성년에 이르기 전날을 종기로 삼아 장래 양육비의 분담을 정한 경우, 항고심 법원이 양육에 관한 사항을 심리한 결과 일정 시점 이후에는 양육자로 지정된 자가 자녀를 양육하지 않고 있는 사실이 확인된다면 이를 반영하여 장래 양육비의 지급을 명하는 기간을 다시 정하여야 한다.[96]

(ㄷ) 과거에 이미 지출한 양육비의 분담
㉠ 어떠한 사정으로 부모 중 일방만이 자녀를 양육한 경우 양육에 관한 사항에는 현재 및 장래에 있어서의 양육비의 분담뿐만 아니라 과거의 양육비에 대하여도 상대방이 분담함이 상당하다고 인정되는 경우 그 분담도 양육에 관한 사항에 포함될 수 있다.[97] [13, 22 변호사] [15(3), 16(2), 17(1), 19(1) 변모] [10 사시] [16 사시 사례] [20 법무사] [12 법행] 따라서 과거에 이미 지출한 양육비에 대한 상환청구가 허용될 수 있다. 다만 분담비율을 현재 및 장래의 양육에 관한 것과 동일한 기준에서 정할 필요는 없다.
㉡ 가정법원이 민법 제924조의2에 따라 부모의 친권 중 양육권만을 제한하여 미성년후견인으로 하여금 자녀에 대한 양육권을 행사하도록 결정한 경우에 민법 제837조를 유추적용하여 미성년후견인은 비양육친을 상대로 가사소송법 제2조 제1항 제2호 (나)목 3)에 따른 양육비심판을 청구할 수 있다.[98] [23 변호사]
㉢ 당사자의 협의 또는 가정법원의 심판에 의하여 구체적인 지급청구권으로서 성립하기 전에는 과거의 양육비에 관한 권리는 양육자가 그 권리를 행사할 수 있는 재산권에 해당한다고 할 수 없고, 따라서 이에 대하여는 소멸시효가 진행할 여지가 없다.[99] [16(2) 변모] [16 사시 사례] [12 법무사] [19, 18 법세]

(ㄹ) 양육사항 중 일부 항목에 관한 청구만 있는 경우 : 가사비송사건에서는 가정법원이 후견적 입장에서 폭넓은 재량으로 당사자의 법률관계를 형성하고 그 이행을 명하는 것이 허용되고 당사자의 청구취지에 엄격하게 구속되지 아니하므로 가정법원은 청구되지 아니한 다른 항목에 대해서도 직권으로 심판할 수 있다.[100]

---

94) 대법원 2021.09.30. 선고 2021므12320·12337 판결
95) 대법원 2021.09.30. 선고 2021므12320·12337 판결
96) 대법원 2022.11.10. 자 2021스766 결정
97) 대법원 1994.05.13. 자 92스21 전원합의체 결정
98) 대법원 2021.05.27. 자 2019스621 결정
99) 대법원 2011.07.29. 자 2008스67 결정
100) 대법원 2010.02.25. 자 2009스113 결정. 가사소송규칙 제93조 제2항은 "금전의 지급이나 물건의 인도, 기타 재산상의 의무이행을 구하는 청구에 대하여는 그 청구취지를 초과하여 의무이행을 명할 수 없다."고 정하고 있다. 그러나 위 가사소송규칙 조항은 마류 가사비송사건에 있어서 당사자가 재산상의 의무이행을 청구하면서 특히 금액 등

(ㅁ) 양육비청구에 대한 법원의 결정내용
　㉠ 재판상 이혼 시 친권자와 양육자로 지정된 부모의 일방은 상대방에게 양육비를 청구할 수 있고, 이 경우 가정법원으로서는 자녀의 양육비 중 양육자가 부담해야 할 양육비를 제외하고 상대방이 분담해야 할 적정 금액의 양육비만을 결정하는 것이 타당하다.[101]
　　[21 변호사]
　㉡ 가사소송법 제42조 제1항은 "재산상의 청구 또는 유아의 인도에 관한 심판으로서 즉시항고의 대상이 되는 심판에는 담보를 제공하게 하지 아니하고 가집행할 수 있음을 명하여야 한다."라고 규정하고, 가사소송규칙 제94조 제1항은 마류 가사비송사건의 심판에 대하여는 청구인과 상대방이 즉시항고를 할 수 있다고 규정하고 있는바, 민법 제837조에 따른 이혼 당사자 사이의 양육비 청구사건은 마류 가사비송사건으로서 즉시항고의 대상에 해당하고, 가집행선고의 대상이 된다.[102] [15(3), 18(3) 변모]

③ 양육에 관한 사항의 변경
　(ㄱ) 가정법원에 의한 변경 : 가정법원은 자(子)의 복리를 위하여 필요하다고 인정하는 경우에는 부·모·자(子) 및 검사의 청구 또는 직권으로 자(子)의 양육에 관한 사항을 변경하거나 다른 적당한 처분을 할 수 있다. 자가 13세 이상인 경우 가정법원은 심판에 앞서 자의 의견을 들어야 한다(가사소송규칙 제100조).
　(ㄴ) 재판상 화해로 정해진 양육에 관한 사항의 변경 : 재판상 화해나 법원의 재판에 의하여 정해진 양육사항이라고 하더라도 가정법원은 언제든지 그 사항을 변경할 수 있고,[103] 양육사항의 결정 후 사정변경이 있는 경우뿐만 아니라 당초의 결정이 부당하게 되었다고 인정되는 경우에는 가능하다.[104] [18(3) 변모] [16 법무사] [18 법원사무관] 종전 양육비의 부담이 부당한지는 자녀의 복리를 위하여 필요한지를 기준으로 판단하여야 하고, 특히 양육비의 감액은 자녀의 복리를 위하여 일반적으로 필요한 조치라고 보기 어려우므로 양육비 감액이 불가피하고 그러한 조치가 궁극적으로 자녀의 복리에 필요한 것인지에 따라 판단하여야 한다.[105]

④ 양육에 관한 사항의 결정의 효력
　(ㄱ) 양육비채권의 처분성 : 당사자의 협의나 가정법원의 심판에 의하여 구체적인 청구권의 내용과 범위가 확정된 후의 양육비채권 중 이미 이행기에 도달한 후의 양육비채권은 완전한 재산권으로서 독립하여 처분이 가능하고 권리자의 의사에 따라 포기, 양도 또는 상계의 자동채권으로 하는 것도 가능하다.[106] [13, 16 변호사] [20 법무사]
　(ㄴ) 임의적 양육자의 양육비청구 : 양육자로 정해지지 아니한 일방이 양육사항을 임시로 변경하

청구취지를 특정한 경우에 한하여 적용되고, 당사자가 금액 등 청구취지를 특정하지 아니한 채 재산상의 의무이행을 구하거나 가정법원이 직권으로 재산상의 의무이행에 관한 항목을 심판하는 경우에는 적용되지 아니한다.
101) 대법원 2020.05.14. 선고 2019므15302 판결
102) 대법원 2014.09.04. 선고 2012므1656 판결
103) 대법원 1992.12.30. 자 92스17·18 결정
104) 대법원 1991.06.25. 선고 90므699 판결
105) 대법원 2023.08.18. 자 2023스574 결정
106) 대법원 2006.07.04. 선고 2006므751 판결

는 가사소송법 제62조 소정의 사전처분 등을 받지 아니한 채 <mark>임의로 자녀를 양육하였다면 상대방에 대한 관계에서는 위법한 양육이므로 양육비를 청구하는 것은 허용되지 않는다</mark>.107) [13 변호사] [15(3), 18(3), 20(1) 변모]

(3) 면접교섭권

> ☐ **제837조의2(면접교섭권)** ① 자(子)를 직접 양육하지 아니하는 부모의 일방과 자(子)는 상호 면접교섭할 수 있는 권리를 가진다. [11, 15 사시]
> ② 자(子)를 직접 양육하지 아니하는 부모 일방의 직계존속은 그 부모 일방이 사망하였거나 질병, 외국거주, 그 밖에 불가피한 사정으로 자(子)를 면접교섭할 수 없는 경우 가정법원에 자(子)와의 면접교섭을 청구할 수 있다. 이 경우 가정법원은 자(子)의 의사(意思), 면접교섭을 청구한 사람과 자(子)의 관계, 청구의 동기, 그 밖의 사정을 참작하여야 한다. 〈신설 2016.12.2.〉
> ③ 가정법원은 자의 복리를 위하여 필요한 때에는 당사자의 청구 또는 직권에 의하여 면접교섭을 제한·배제·변경할 수 있다.

> ☐ **제843조 (준용규정)** 재판상 이혼에 따른 손해배상책임에 관하여는 제806조를 준용하고, 재판상 이혼에 따른 자녀의 양육책임 등에 관하여는 제837조를 준용하며, 재판상 이혼에 따른 면접교섭권에 관하여는 제837조의2를 준용하고, 재판상 이혼에 따른 재산분할청구권에 관하여는 제839조의2를 준용하며, 재판상 이혼에 따른 재산분할청구권 보전을 위한 사해행위취소권에 관하여는 제839조의3을 준용한다.

① **의의**
- (ㄱ) **개념** : 면접교섭권이란 <mark>양육자가 아닌 부모가 그 자와 직접 면접, 서신교환 또는 접촉할 수 있는 권리</mark>를 말한다. 면접교섭권은 궁극적으로 자녀의 정서안정과 원만한 인격발달을 통한 복리실현을 목적으로 한다.
- (ㄴ) **법적 성질** : 면접교섭권은 자를 직접 양육하지 않는 부모의 권리임과 동시에 자의 권리이다. 또한 양육권의 일종 혹은 <mark>양육권의 구체적 실현을 위하여 인정되는 권리</mark>이다.

② **면접교섭권의 당사자**
- (ㄱ) **면접교섭권자** : ㉠ <mark>자를 직접 양육하지 아니하는 부모 중 일방</mark>, ㉡ <mark>자</mark>, ㉢ 자를 직접 양육하지 아니하는 부모 일방이 사망하였거나 질병, 외국거주, 그 밖에 <mark>불가피한 사정으로 자를 면접교섭할 수 없는 경우에는 그 직계존속</mark>이 면접교섭권자이다.
- (ㄴ) **상대방** : 면접교섭권의 처분 또는 제한·배제·변경에 관한 심판은 <mark>부모 중 일방이 다른 일방을 상대방으로 청구</mark>하거나 자를 직접 양육하지 아니하는 <mark>부모 중 일방의 직계존속이 자를 직접 양육하는 부모 중 다른 일방을 상대로 하여야</mark> 한다(가사소송규칙 제99조 제2항).

③ **면접교섭권의 행사 및 범위의 결정**
- (ㄱ) **결정방법** : 면접교섭권은 양육권의 특별규정으로 볼 수 있으므로 양육에 관한 사항의 결정과 동일한 방법으로 면접교섭의 행사 및 범위를 결정한다. 부모의 협의에 의하여 정해지며, 부모의 협의가 되지 않거나 협의할 수 없는 경우에는 가정법원은 직권으로 또는 당사

---
107) 대법원 2006.04.17. 자 2005스18·19 결정

자의 청구에 따라 결정한다.
- (ㄴ) **결정의 기준** : 면접교섭권을 인정함에 있어서는 자의 복리가 우선적으로 고려되어야 한다. 자녀가 13세 이상인 경우에는 법원이 심판에 앞서 그 자녀의 의견을 들어야 한다(가사소송규칙 제100조).

④ **면접교섭권의 제한·배제** 자녀의 복리를 위하여 필요한 경우에는 당사자의 청구 또는 직권에 의하여 면접교섭권을 제한하거나 배제할 수 있다. 가정법원은 원칙적으로 부모와 자녀의 면접교섭을 허용하되, 면접교섭이 자녀의 복리를 침해하는 특별한 사정이 있는 경우에 한하여 당사자의 청구 또는 직권에 의하여 면접교섭을 배제할 수 있다.[108]

⑤ **면접교섭권 침해에 대한 구제**
- (ㄱ) **가사소송법상 구제** : 양육자가 면접교섭권을 방해하거나 부인하는 경우 가사소송법이 규정하고 있는 이행명령제도의 유추적용을 통하여 가사소송법상 의무이행권고, 과태료부과결정, 감치명령신청을 할 수 있다.
- (ㄴ) **양육자 변경·친권상실 등의 원인** : 면접교섭권의 침해가 자녀의 복리를 현저히 침해하는 경우에는 양육자 변경이나 친권상실사유가 될 수 있다.

2. 재산적 효과 : 재산분할청구권

> ☐ **제839조의2 (재산분할청구권)** ① 협의상 이혼한 자의 일방은 다른 일방에 대하여 재산분할을 청구할 수 있다.
> ② 제1항의 재산분할에 관하여 협의가 되지 아니하거나 협의할 수 없는 때에는 가정법원은 당사자의 청구에 의하여 당사자 쌍방의 협력으로 이룩한 재산의 액수 기타 사정을 참작하여 분할의 액수와 방법을 정한다.
> ③ 제1항의 재산분할청구권은 이혼한 날부터 2년을 경과한 때에는 소멸한다. [16 법세]

> ☐ **제839조의3 (재산분할청구권 보전을 위한 사해행위취소권)** ① 부부의 일방이 다른 일방의 재산분할청구권 행사를 해함을 알면서 재산권을 목적으로 하는 법률행위를 한 때에는 다른 일방은 제406조제1항을 준용하여 그 취소 및 원상회복을 가정법원에 청구할 수 있다. [12 사시]
> ② 제1항의 소는 제406조제2항의 기간 내에 제기하여야 한다.

> ☐ **제843조 (준용규정)** 재판상 이혼에 따른 손해배상책임에 관하여는 제806조를 준용하고, 재판상 이혼에 따른 자녀의 양육책임 등에 관하여는 제837조를 준용하며, 재판상 이혼에 따른 면접교섭권에 관하여는 제837조의2를 준용하고, 재판상 이혼에 따른 재산분할청구권에 관하여는 제839조의2를 준용하며, 재판상 이혼에 따른 재산분할청구권 보전을 위한 사해행위취소권에 관하여는 제839조의3을 준용한다.

(1) 의의

① **개념** 재산분할청구권이란 이혼한 부부 일방이 타방배우자에 대하여 혼인 중 취득한 공동재산의 분할을 청구하는 권리를 말한다. 가족관계에 기초한 법정채권이다.

---

[108] 대법원 2012.12.16. 자 2017스628 결정

② **취지** 처의 가사노동이나 협력을 정당하게 평가함으로써 양성평등의 이념을 관철하고, 이혼 후 경제적 자립능력 없는 배우자를 부양함으로써 이혼의 자유를 실질적으로 보장하려는 취지에서 인정된 제도이다.

③ **법적 성질** 판례는, 이혼에 있어서 재산분할은 부부가 혼인 중에 가지고 있었던 실질상의 공동재산을 청산하여 분배함과 동시에 이혼 후에 상대방의 생활유지에 이바지하는 데에 있는 것으로 파악하여 청산 및 부양이 본질임을 밝히고 있다.[109] [12 사시] 다만, 분할자의 유책행위에 의하여 이혼함으로 인하여 입게 되는 정신적 손해(위자료)를 배상하기 위한 급부로서의 성질까지 포함하여 분할할 수도 있다.[110] [13 법무사] [14, 15 법행]

(2) 재산분할 대상재산의 일반적 요건

① **서설** 청산적 분할과 부양적 분할은 그 대상을 달리하여야 한다. 청산적 분할은 혼인 중 공동으로 형성한 재산만이 그 대상이 되지만, 부양적 분할은 모든 재산이 대상이 되어야 한다. 판례는 청산적 분할의 대상인 재산에 관해서만 심리·판단하고 재산분할의 부양적 요소는 분할비율 등을 정할 때 참작한다. 이하에서는 청산적 분할의 대상이 되는 재산의 요건을 검토한다.

② **이혼 당시 현존하는 재산**
  (ㄱ) 이혼 당시 현존하는 재산만이 분할대상이 될 수 있다. 재판상 이혼의 경우에는 이혼소송의 사실심 변론종결 당시에, 협의이혼의 경우에는 이혼신고 당시에 현존하는 재산이 분할대상이 된다.[111] [14, 15 사시]
  (ㄴ) 혼인관계가 파탄될 당시에는 존재하고 있었으나 이혼소송의 사실심 변론종결 당시에는 소비되어 현존하지 아니한 재산은 분할의 대상이 될 수 없다.

③ **혼인 중 형성한 재산**
  (ㄱ) 혼인 중의 의미 : 혼인 중에 형성한 재산만이 분할대상이 될 수 있다. 혼인 중이란 혼인공동생활이 계속되는 동안을 의미한다.
  (ㄴ) 혼인신고 전에 형성된 재산 : 사실혼관계는 성립하였으나 혼인신고를 하기 전에 형성한 재산도 혼인 중에 형성한 재산에 해당한다. 사실혼관계가 해소되는 때에도 재산분할이 인정되기 때문이다.
  (ㄷ) 혼인관계 파탄 후에 형성된 재산 : ㉠ 부부의 일방이 혼인관계 파탄 이후에 취득한 재산이라도 그것이 혼인관계 파탄 이전에 쌍방의 협력에 의하여 형성된 유형·무형의 자원에 기한 것이라면 재산분할의 대상이 된다.[112] ㉡ 혼인관계가 파탄된 이후 변론종결일 사이에 생긴 재산관계의 변동이 혼인 중 공동으로 형성한 재산관계와 무관한 경우에는 변동된 재산은 재산분할의 대상에 포함되지 않는다.[113] [20(3) 변모]

---

109) 대법원 2005.01.28. 선고 2004다58963 판결
110) 대법원 2005.01.28. 선고 2004다58963 판결
111) 대법원 2006.09.14. 선고 2005다74900 판결
112) 대법원 2019.10.31. 선고 2019므12549·12556 판결
113) 대법원 2013.11.28. 선고 2013므1455 판결

④ **공동으로 형성한 재산** 부부 쌍방의 노력에 의하여 형성된 재산만이 분할의 대상이 된다. 당사자 일방의 노력으로 형성된 부분과 공동의 노력으로 형성된 부분이 공존하는 경우 그 부분을 법률적으로 분할할 수 없는 때에는 전체를 분할대상으로 삼고 그 분할비율을 정함에 이러한 사정을 참작하여야 한다.

(3) 재산분할의 대상인 구체적 재산

① **특유재산** 부부 일방의 특유재산은 원칙적으로 분할의 대상이 되지 않지만 특유재산일지라도 다른 일방이 적극적으로 그 특유재산의 유지에 협력하여 감소를 방지하였거나 그 증식에 협력하였다고 인정되는 경우에는 분할의 대상이 될 수 있다.[114] [18 변호사] [12, 13, 15 사시] [12 법무사] [17 법서] 처가 가사노동을 분담하는 등으로 내조를 함으로써 남편의 재산의 유지 또는 증가에 기여하였다면 그 재산은 재산분할의 대상이 된다.[115] [13 변호사]

② **장래 취득할 퇴직급여채권**
 (ㄱ) **문제점**: 부부 일방이 이혼 당시 아직 퇴직하지 아니한 채 직장에 근무하고 있는 경우에 퇴직급여채권이 재산분할의 대상에 포함되는지 문제된다. 일방의 근무에 상대방 배우자의 협력이 기여하였더라도 이혼 당시에 현존하는 재산으로 재산분할의 대상인지가 문제된다.
 (ㄴ) **판례**: 이혼소송의 사실심 변론종결 당시에 이미 잠재적으로 존재하여 경제적 가치의 현실적 평가가 가능한 재산인 퇴직급여채권은 재산분할의 대상에 포함시킬 수 있으며, 구체적으로는 이혼소송의 사실심 변론종결 시를 기준으로 그 시점에서 퇴직할 경우 수령할 수 있을 것으로 예상되는 퇴직급여 상당액의 채권이 그 대상이 된다.[116] [15, 18 변호사] [15(2), 17(1), 18(3), 20(2), 21(2) 변리] [15 사시] [11, 15, 20 법행] [20, 16, 14 법서]

③ **부부 일방이 이혼 당시 공무원 퇴직연금을 수령하는 경우 퇴직연금수급권**[117]
 (ㄱ) **재산분할의 대상성**: 혼인기간 중의 근무에 대하여 상대방 배우자의 협력이 인정되는 이상 공무원 퇴직연금수급권 중 적어도 그 기간에 해당하는 부분은 부부 쌍방의 협력으로 이룩한 재산으로 볼 수 있으므로 재산분할의 대상에 포함된다.
 (ㄴ) **분할방법**: ㉠ 연금수급권자인 배우자가 매월 수령할 퇴직연금액 중 일정 비율에 해당하는 금액을 상대방 배우자에게 정기적으로 지급하는 방식의 재산분할이 가능하다. ㉡ 분할권리자의 정기금채권은 연금수급권과 마찬가지로 제3자에게 양도되거나 분할권리자의 상속인에게 상속될 수 없다. [15(2), 18(2) 변리] [16 법무사] [15, 20 법행] [18 법원사무관]
 (ㄷ) **일반재산과 연금수급권의 분할비율 결정방법**: 공무원 퇴직연금수급권에 대하여 정기금방식으로 재산분할을 할 경우 공무원퇴직연금수급권과 다른 일반재산을 구분하여 개별적으로 분할비율을 정하더라도 이는 허용된다. [15, 20 법행]

④ **명예퇴직금** 명예퇴직금이 정년까지 계속 근로로 받을 수 있는 수입의 상실이나 새로운 직업을 얻기 위한 비용지출 등에 대한 보상의 성격이 강하다고 하더라도 일정기간 근속을 요건

---

114) 대법원 2002.08.28. 자 2002스36 결정
115) 대법원 1993.05.11. 자 93스6 결정; 대법원 1993.06.11. 선고 92므1054·1061 판결
116) 대법원 2014.07.16. 선고 2013므2250 전원합의체 판결; 대법원 2019.09.25. 선고 2017므11917 판결
117) 대법원 2014.07.16. 선고 2012므2888 전원합의체 판결

으로 하고 상대방 배우자의 협력이 근속 요건에 기여하였다면, 명예퇴직금 전부를 재산분할의 대상으로 삼을 수 있다.[118] [12, 14 법무사]

⑤ 혼인 중 부부 일방이 제3자에 대하여 부담하는 채무

(ㄱ) 재산분할의 대상 여부

㉠ 혼인 중 부부 일방이 제3자에 대하여 부담한 채무 중에서 공동재산의 형성에 수반하여 부담하게 된 채무는 재산분할의 대상이 된다.[119]

㉡ 부동산에 대한 임대차보증금반환채무는 특별한 사정이 없는 한 혼인 중 재산의 형성에 수반한 채무로서 청산의 대상이 된다.[120] [14(3) 변모] [14 사시] [16 법무사] [13 법세]

㉢ 분양권 양도에 따른 양도세 및 주민세는 분양권 매도대금의 형성에 있어 필수적으로 지출될 것이 예정되어 있는 비용으로 소극재산으로 평가되어야 한다.[121] [18 변호사]

㉣ 혼인 중 공동재산의 형성에 수반하여 채무를 부담하였다가 사실혼이 종료된 후 채무를 변제한 경우 변제된 채무는 특별한 사정이 없는 한 청산대상이 된다.[122]

(ㄴ) 분할대상인 소극재산 총액이 적극재산 총액을 초과하는 경우 : 적극재산을 분배하거나 소극재산을 분담하도록 하는 재산분할은 어느 것이나 가능하다. 소극재산의 총액이 적극재산의 총액을 초과하여 재산분할을 한 결과가 결국 채무의 분담을 정하는 것이 되는 경우에도 법원은 채무의 성질, 채권자와의 관계, 물적 담보의 존부 등 일체의 사정을 참작하여 이를 분담하게 하는 것이 적합하다고 인정되면 구체적인 분담의 방법 등을 정하여 재산분할 청구를 받아들일 수 있다.[123] [16, 18 변호사] [14(3), 15(2), 17(1), 18(2), 18(3), 20(1), 21(2) 변모] [14, 15 사시] [14, 20 법무사] [11, 13, 14, 15, 17 법행] [17, 16 법세]

(ㄷ) 채무분담을 정하는 재산분할의 효과 : 채무의 분담을 정하는 재산분할이 있다고 하더라도 채무가 면책적으로 인수되는 것은 아니다. 재산분할의 방법으로 부동산 소유권을 이전한 경우 그 부동산에 대한 임대차보증금반환채무가 당연히 새로운 채무자에게 면책적으로 인수되는 것은 아니다.[124] [15 사시] 다만, 새로운 소유자가 주택임대차보호법 등에 의하여 임대인의 지위를 승계하는 때에는 면책적으로 인수될 수 있다. [17(1) 변모]

⑥ 제3자 명의의 재산 제3자 명의의 재산이더라도 부부 중 일방에 의하여 명의신탁된 재산이거나 또는 부부의 일방이 실질적으로 지배하고 있는 재산으로서 부부 쌍방의 협력에 의하여 형성되었거나 부부 쌍방의 협력에 의하여 형성된 유형·무형의 자원에 기한 것이라면 재산분할의 대상이 된다.[125] [20(3) 변모] [12 사시] [12 법무사] 그러나 법원은 이를 참작하여 분할액수를 정할 뿐이며, 제3자는 재산분할청구심판의 당사자가 되지 못한다.

---

118) 대법원 2011.07.14. 선고 2009므2628,2635 판결
119) 대법원 1999.06.11. 선고 96므1397 판결
120) 대법원 1999.06.11. 선고 96므1397 판결
121) 대법원 2010.04.15. 선고 2009므4297 판결
122) 대법원 2021.05.27. 선고 2020므15841 판결
123) 대법원 2013.06.20. 선고 2010므4071,4088 전원합의체 판결
124) 대법원 1997.08.22. 선고 96므912 판결
125) 대법원 1998.04.10. 선고 96므1434 판결

⑦ **부부의 일방이 제3자와 합유하고 있는 재산** 부부의 일방이 제3자와 합유하고 있는 재산이라고 해서 재산분할의 대상에서 제외할 수는 없다. 다만 합유자도 합유물을 임의로 처분할 수 없기 때문에 합유재산 자체를 분할의 대상으로 삼을 수는 없고 합유지분의 가액을 산정하여 이를 분할의 대상으로 삼거나 다른 재산의 분할에 참작하는 방법으로 재산분할의 대상에 포함하여야 한다.126) [15(2) 변모] [12 사시]

⑧ **청구인 명의의 재산** 상대방 명의의 재산과 마찬가지로 청구인 명의의 재산도 재산분할의 대상으로 된다. 따라서 이를 고려하여 분할의 방법 및 액수를 정하여야 한다. 청구인 명의의 재산이 법원의 심리결과 적정한 액수를 초과할 경우, 상대방이 반소로 재산분할을 청구하면 오히려 역으로 지급하여야 할 것이고, 반소의 재산분할청구가 없다면 본소의 재산분할청구를 기각하여야 할 것이다.

⑨ **부부의 일방이 1인 주주인 경우, 회사 소유의 적극재산** 부부의 일방이 실질적으로 혼자서 지배하고 있는 주식회사(이른바 '1인 회사')라고 하더라도 그 회사 소유의 재산을 바로 그 개인의 재산으로 평가하여 재산분할의 대상에 포함시킬 수는 없다.127) [16(2) 변모] [13 법세]

(4) 재산분할심판의 절차

① **가사비송 마류사건**

(ㄱ) **협의를 대신하는 절차** : 재산분할에 관하여 협의가 되지 아니하거나 협의할 수 없는 때에는 가정법원은 당사자의 청구에 의하여 분할의 액수와 방법을 정한다. 재산분할심판사건은 가사비송 마류사건으로 조정이 전치된다.

(ㄴ) **협의이혼을 전제로 한 재산분할약정의 효력** : 협의이혼을 전제로 재산분할약정을 하였으나 협의상 이혼이 이루어지지 아니하고 혼인관계가 존속하게 되거나 당사자 일방이 제기한 이혼청구의 소에 의하여 재판상 이혼이 이루어진 경우에는 재산분할약정의 효력이 발생하지 않는다.128) [16 변호사] [17(1), 17(3) 변모] [10 사시] 협의이혼을 전제로 한 재산분할약정은 정지조건부 약정이기 때문이다. [12, 16 법무사] [14, 17 법행] [18 법원사무관] [17, 16 법세]

② **재산분할청구권자** 이혼이나 혼인취소의 경우 일방배우자가 청구권자로 된다. 유책배우자이더라도 재산분할청구권은 인정된다.129) [13, 15 변호사] [19(1), 20(2), 21(2), 21(3) 변모] [12, 13 사시] [12 법무사] [14, 13 법세] 한편 사실혼의 배우자도 재산분할청구권을 행사할 수 있으나,130) [12 법무사] [21 법세] 그 사실혼이 중혼적 사실혼이라면 재산분할청구권을 인정하지 않는다.131) [10, 16 사시]

③ **재산분할의 기준과 방법**

(ㄱ) **법원의 권한**

㉠ 직권탐지주의가 적용되므로 법원으로서는 당사자의 주장에 구애되지 아니하고 재산분

---

126) 대법원 2009.11.12. 선고 2009므2840·2857 판결
127) 대법원 2011.03.10. 선고 2010므4699,4705,4712 판결
128) 대법원 2003.08.19. 선고 2001다14061 판결
129) 대법원 1993.05.11. 자 93스6 결정
130) 대법원 1995.03.10. 선고 94므1379 판결; 대법원 2021.05.27. 선고 2020므15841 판결
131) 대법원 1996.09.20. 선고 96므530 판결

할의 대상이 무엇인지 직권으로 사실조사를 하여 포함시키거나 제외시킬 수 있다.132) [14(3) 변모] [14 사시]
    ㉡ 본소 이혼청구를 기각하고 반소이혼청구를 인용하는 경우에도 본소 이혼청구에 병합된 재산분할청구에 대하여는 심리·판단하여야 한다.133)
    ㉢ 쌍방 당사자가 일부 재산에 관하여 분할방법에 관한 합의를 하였고, 그것이 그 일부 재산과 나머지 재산을 적정하게 분할하는 데 지장을 가져오는 것이 아니라면 법원으로서는 이를 최대한 존중하여 재산분할을 명하는 것이 타당하다. 그 경우 법원이 아무런 합리적인 이유를 제시하지 아니한 채 그 합의에 반하는 방법으로 재산분할을 하는 것은 재산분할사건이 가사비송사건이고, 그에 관하여 법원의 후견적 입장이 강조된다는 측면을 고려하더라도 정당화되기 어렵다.134) [22(2) 변모]
(ㄴ) 재산분할대상 재산평가의 기준시기 : 재판상 이혼시의 재산분할에 있어 분할의 대상이 되는 재산과 그 액수는 이혼소송의 사실심 변론종결일 기준으로 정하여야 한다.135) [16, 20 변호새] [12 법무새] 사실혼 해소를 원인으로 한 재산분할에서 분할의 대상이 되는 재산과 액수는 사실혼이 해소된 날을 기준으로 하여 정하여야 한다.136) 사실혼 해소 이후 재산분할 청구사건의 사실심 변론종결 시까지 사이에 혼인 중 공동의 노력으로 형성·유지한 부동산 등에 발생한 외부적, 후발적 사정으로서 그로 인한 이익이나 손해를 일방에게 귀속시키는 것이 재산분할 제도의 목적에 현저히 부합하지 않는 결과를 가져오는 등의 특별한 사정이 있는 경우에는 이를 분할대상 재산의 가액 산정에 참작할 수 있다.137)

(ㄷ) 분할비율의 결정
    ㉠ 재산분할비율은 전체재산으로부터 분할을 받을 수 있는 비율을 말하므로 합리적인 근거 없이 적극재산과 소극재산을 구별하여 분담비율을 달리 정하는 것은 허용되지 않는다.138) [20 변호새] [18(2) 변모] [11 법행] [14 법세]
    ㉡ 이혼하는 부부의 자녀들이 이미 모두 성년에 달한 경우, 父가 자녀들에게 부양의무를 진다하더라도 이는 어디까지나 父와 자녀들 사이의 법률관계일 뿐, 이를 부부의 이혼으로 인하여 이혼 배우자에게 지급할 위자료나 재산분할의 액수를 정하는 데 참작할 사정으로 볼 수는 없다.139) [16(2), 18(3), 20(3) 변모] [13 법무새] [11, 14 법행]

(ㄹ) 재산분할로서 금전지급을 명하는 경우
    ㉠ 이혼과 동시에 재산분할로서 금전의 지급을 명하는 판결을 하는 경우 그 금전채무에 관하여는 판결이 확정된 다음 날부터 이행지체책임을 지게 된다.140) [17 법행] [17 법세] 당

---

132) 대법원 1996.12.23. 선고 95므1192 판결; 대법원 2024.05.30. 선고 2024므10370 판결
133) 대법원 2001.06.15. 선고 2001므626·633 판결
134) 대법원 2021.06.10. 선고 2021므10898 판결
135) 대법원 2000.09.22. 선고 99므906 판결
136) 대법원 2023.07.13. 선고 2017므11856 판결; 대법원 2024.01.04. 선고 2022므1102 판결
137) 대법원 2023.07.13. 선고 2017므11856 판결
138) 대법원 2002.09.04. 선고 2001므718 판결
139) 대법원 2003.08.19. 선고 2003므941 판결
140) 대법원 2001.09.25. 선고 2001므725·732 판결

사자가 이혼 성립 후 재산분할 등을 청구하고 법원이 재산분할로서 금전의 지급을 명하는 판결이나 심판을 하는 경우 분할의무자는 판결이나 심판이 확정된 다음 날부터 이행지체책임을 지고, 그 지연손해금의 이율에 관하여는 소송촉진 등에 관한 특례법 제3조 제1항 본문이 정한 이율도 적용되지 아니한다.141) [20 변호사] [16(2) 변모] [17, 20 법서]

ⓛ 재산분할로 금전의 지급을 명하는 경우에도 판결 또는 심판이 확정되기 전에는 금전지급의무의 이행기가 도래하지 아니할 뿐만 아니라 금전채권의 발생조차 확정되지 아니한 상태에 있다고 할 것이어서, 재산분할의 방법으로 금전의 지급을 명한 부분은 가집행선고의 대상이 될 수 없다. 그리고 이는 이혼이 먼저 성립한 후에 재산분할로 금전의 지급을 명하는 경우라고 하더라도 마찬가지이다.142) [20 변호사] [15(2), 18(1), 18(2), 18(3) 변모]

(5) 다른 제도와의 관계

① 채권자취소권과의 관계

(ㄱ) **재산분할청구권 보전을 위한 채권자취소권** : 부부의 일방이 다른 일방의 재산분할청구권 행사를 해함을 알면서도 재산권을 목적으로 하는 법률행위를 한 때에는 다른 일방은 채권자취소권에 관한 제406조 제1항을 준용하여 그 취소 및 원상회복을 가정법원에 청구할 수 있다. [13 사시] 사해행위취소권을 인정함에 따라 재산명의자가 아닌 배우자의 부부재산에 대한 잠재적 권리가 보호될 수 있다.

(ㄴ) **재산분할협의에 관한 채권자취소권** : ㉠ 채무초과 상태의 채무자가 재산분할을 통하여 상대방 배우자에게 재산을 이전한 경우 채권자가 재산분할협의를 사해행위로 보아 채권자취소권을 행사할 수 있는지 문제된다. ㉡ 판례는 제839조의2 제2항의 규정취지에 따른 상당한 정도를 벗어나는 과대한 것이라는 특별한 사정이 없는 한 사해행위라고 할 수 없고, 상당한 정도를 벗어나는 초과부분에 한하여 채권자취소의 대상이 될 수 있으며, 이 경우 상당성 정도 초과에 대한 입증책임은 채권자에게 있다고 한다.143) [15 변호사] [16(3) 변모] [20 법무사] [14 법행]

(ㄷ) **협의 또는 심판에 의하여 구체화되지 않은 이혼에 따른 재산분할청구권을 포기하는 행위의 사해성** : 협의 또는 심판에 의하여 구체적 내용이 형성되기까지는 그 범위 및 내용이 불명확·불확정하기 때문에 구체적으로 권리가 발생하였다고 할 수 없으므로 협의 또는 심판에 의하여 구체화되지 않은 재산분할청구권은 채무자의 책임재산에 해당하지 아니하고, 이를 포기하는 행위 또한 채권자취소권의 대상이 될 수 없다.144) [15, 22 변호사] [18(1), 18(2) 변모] [16 법행] [20, 19, 16 법서]

② 채권자대위권과의 관계

(ㄱ) **재산분할청구권 보전을 위한 채권자대위권** : 협의 또는 심판에 의하여 구체적 내용이 형성되기까지는 구체적으로 권리가 발생하였다고 볼 수 없기 때문에 재산분할청구권을 보전하기 위한 채권자대위권의 행사는 허용되지 않는다. [16 변호사]

---

141) 대법원 2014.09.04. 선고 2012므1656 판결
142) 대법원 2014.09.04. 선고 2012므1656 판결
143) 대법원 2001.02.09. 선고 2000다63516 판결
144) 대법원 2013.10.11. 선고 2013다7936 판결

(ㄴ) **재산분할청구권의 대위행사** : 재산분할청구권은 그 행사 여부가 청구인의 인격적 이익을 위하여 그의 자유로운 의사결정에 전적으로 맡겨진 권리로서 행사상 일신전속적 권리이기 때문에 채권자대위권의 목적이 될 수 없고 파산재단에도 속하지 않는다.[145]

(6) 재산분할청구권의 소멸

① **제척기간 경과로 인한 소멸** 재산분할청구권은 이혼한 날로부터 2년 내에 행사하여야 한다. 그 기간이 경과되면 소멸되는데, 이때 2년이라는 기간은 제척기간이고, 그 기간 내에 재산분할심판 청구를 하여야 하는 출소기간이며,[146] 그 기간이 도과하였는지는 당사자의 주장에 관계없이 법원이 당연히 조사하여 고려할 사항이다.[147] [13 변호사] [16(3), 17(1), 17(3) 변모] [13 사시] [16 법무사] [18 법원사무관] 이혼한 날로부터 2년이 되는 시점에 재산분할심판청구를 하였으나, 심판청구 당시 분할대상 재산을 특정하지 않았더라도 재산분할사건은 가사비송사건으로 직권탐지주의에 의하고, 재산분할청구권의 행사기간은 출소기간이므로 제척기간 준수의 효력이 인정된다.[148] 재산분할심판청구 사건에서 특정한 증거신청을 하였는지에 따라 제척기간 준수 여부를 판단할 것이 아니다.[149]

② **재산분할재판 확정 후 분할대상 재산이 발견된 경우** 재산분할재판에서 분할대상인지 여부가 전혀 심리된 바 없는 재산이 재판확정 후 추가로 발견된 경우에는 이에 대하여 추가로 재산분할청구를 할 수 있다.[150] 다만 추가 재산분할청구 역시 이혼한 날부터 2년 이내라는 제척기간을 준수하여야 한다.[151] [22 변호사] [20(3), 22(2) 변모] [20, 16 법세] 그러나 청구인 지위에서 대상재산에 대해 적극적으로 재산분할을 청구하는 것이 아니라 이미 제기된 재산분할청구 사건의 상대방 지위에서 분할대상 재산을 주장하는 경우에는 제척기간이 적용되지 않는다.[152]

③ **재산분할청구권의 양도** 당사자가 이혼이 성립하기 전에 이혼소송과 병합하여 재산분할의 청구를 한 경우에, 아직 발생하지 아니하였고 구체적 내용이 형성되지 아니한 재산분할청구권을 미리 양도하는 것은 성질상 허용되지 아니하며, 법원이 이혼과 동시에 재산분할로서 금전의 지급을 명하는 판결이 확정된 이후부터 채권 양도의 대상이 될 수 있다.[153] [19(1), 20(1), 20(3) 변모] [20 법무사] [20 법행] [22 법세]

④ **재산분할청구권의 포기**
(ㄱ) 재산분할청구권은 이혼의 법적 효과로서 발생하는 권리이므로 협의 또는 심판에 따라 구체화되지 않은 재산분할청구권을 혼인 해소 전에 미리 포기하는 것은 성질상 허용되지 않는다.[154]
(ㄴ) 재산분할협의 과정에서 재산분할의 대상이 되는 재산액, 이에 대한 쌍방의 기여도와 재산분할

---
145) 대법원 2022.07.28. 자 2022스623 결정; 대법원 2023.09.21. 선고 2023므10861 판결
146) 대법원 2022.11.10. 자 2021스766 결정
147) 대법원 1994.09.09. 선고 94다17536 판결
148) 대법원 2023.12.21. 선고 2023므11819 판결
149) 대법원 2023.12.21. 선고 2023므11819 판결
150) 대법원 2003.02.28. 선고 2000므582 판결
151) 대법원 2018.06.22. 자 2018스18 결정
152) 대법원 2022.11.10. 자 2021스766 결정
153) 대법원 2017.09.21. 선고 2015다61286 판결
154) 대법원 2016.01.25. 자 2015스451 결정

방법 등에 관하여 협의한 결과 부부 일방이 재산분할청구권으로 포기하는 것은 허용된다.[155]

(ㄷ) 이혼 협의과정에서 재산분할청구권을 포기하는 서면을 작성한 경우, 다른 특별한 사정이 없는 한 성질상 허용되지 아니하는 '재산분할청구권의 사전포기'에 불과할 뿐이므로 쉽사리 '재산분할에 관한 협의'로서의 '포기약정'이라고 보아서는 아니 된다.[156] [18, 20 변호사] [14(3), 16(2), 20(1) 변모] [17 법행]

(7) 재산분할청구권의 상속

① 문제점　부부의 일방이 사망한 경우 재산분할청구권 혹은 재산분할의무가 상속의 대상이 되는지 문제된다. 이혼이 성립하기 전에 당사자 일방이 사망한 경우와 이혼이 성립하고 재산분할청구권의 제척기간이 경과하기 전에 당사자 일방이 사망한 경우를 나누어 검토한다.

② 이혼 성립 전에 당사자 일방이 사망한 경우　재산분할청구권은 이혼을 전제로 인정되는 권리이다. 당사자 일방의 사망으로 혼인이 해소된 때에는 재산분할청구권이 발생할 여지가 없다. 판례도, 이혼소송과 재산분할청구가 병합된 경우, 배우자 일방이 사망하면 이혼의 성립을 전제로 하여 이혼소송에 부대한 재산분할청구 역시 이를 유지할 이익이 상실되어 이혼소송의 종료와 동시에 종료된다고 한다.[157] [12, 16 변호사] [17(3), 21(3) 변모] [13, 20 법무사] [20 법행]

③ 이혼 성립 후 당사자 일방이 사망한 경우　이혼이 성립한 후 재산분할청구를 하기 전에 당사자 일방이 사망한 경우 재산분할청구권이나 그 의무가 상속되는지를 직접 판단한 판결은 없다. 그러나 사실혼이 일방적으로 해소된 후 재산분할심판 중에 재산분할의무자가 사망한 경우에 그 상속인들에 의하여 재산분할심판 사건이 수계될 수 있다고 판단한 판결이 있다.[158] [12 변호사] [17(1), 21(2) 변모] [14 사시] [12 법행] 결국, 이혼이 성립한 후에 당사자 일방이 사망한 때에는 재산분할청구권관계가 상속될 수 있다는 것이 판례의 입장이다.

3. 재산적 효과 : 손해배상청구권

> □ 제843조 (준용규정) 재판상 이혼에 따른 손해배상책임에 관하여는 제806조를 준용하고, 재판상 이혼에 따른 자녀의 양육책임 등에 관하여는 제837조를 준용하며, 재판상 이혼에 따른 면접교섭권에 관하여는 제837조의2를 준용하고, 재판상 이혼에 따른 재산분할청구권에 관하여는 제839조의2를 준용하며, 재판상 이혼에 따른 재산분할청구권 보전을 위한 사해행위취소권에 관하여는 제839조의3을 준용한다.

> □ 제806조 (약혼해제와 손해배상청구권) ① 약혼을 해제한 때에는 당사자일방은 과실있는 상대방에 대하여 이로 인한 손해의 배상을 청구할 수 있다.
> ② 전항의 경우에는 재산상 손해외에 정신상 고통에 대하여도 손해배상의 책임이 있다.
> ③ 정신상 고통에 대한 배상청구권은 양도 또는 승계하지 못한다. 그러나 당사자간에 이미 그 배상에 관한 계약이 성립되거나 소를 제기한 후에는 그러하지 아니하다.

---

155) 대법원 2016.01.25. 자 2015스451 결정
156) 대법원 2016.01.25. 자 2015스451 결정
157) 대법원 1994.10.28. 선고 94므246·253 판결
158) 대법원 2009.02.09. 자 2008스105 결정

① 민법규정
　(ㄱ) **협의상 이혼의 경우** : 민법은 재판상 이혼의 경우에만 손해배상청구권을 규정하고 있고, 협의이혼의 경우에는 준용규정을 두고 있지 않다. 그러나 협의이혼의 경우에도 손해배상청구권이 인정된다는 것이 통설이다. 이혼시의 위자료청구권은 그 법적 성질이 불법행위로 인한 손해배상청구권이기 때문에 혼인이 어떠한 방식으로 해소되었는가는 문제되지 않고, 따라서 약혼해제의 경우 손해배상청구권을 인정하는 제806조가 유추된다.
　(ㄴ) **협의이혼 약정시 위자료조로 약정한 금원을 지급받은 경우** : 위 금원 등 수수에 관한 당사자 쌍방의 의사는 어디까지나 협의 이혼이건 재판상 이혼이건 간에 그 부부관계를 완전히 청산하는 것을 전제로 그 위자료조로 지급한 취지라고 볼 것이므로 이혼위자료 청구권은 소멸하였다고 보아야 한다.[159]

② 제3자에 대한 청구
　(ㄱ) **제3자에 대한 손해배상청구 허용 여부** : 부부의 혼인파탄에 책임이 있는 제3자도 이혼당사자에게 손해배상을 하여야 한다. 그러나 간통으로 혼인이 파탄된 경우에도 간통행위를 한 부녀 자체가 그 자녀에 대하여 불법행위책임을 부담한다고 할 수는 없고, 간통행위를 한 제3자 역시 그 부녀의 자녀에 대한 양육이나 보호 내지 교양을 적극적으로 저지하는 등의 특별한 사정이 없는 한 그 자녀에 대한 관계에서 불법행위책임을 부담한다고 할 수 없다.[160] [22(2) 변모] [15 법세] 배우자를 강간한 자, 배우자와 간통한 상간자, 배우자의 부모 등이 배우자의 일방에 가담하여 혼인파탄을 초래한 경우에는 제3자에 대한 위자료청구도 허용되고, 위 손해배상청구는 가정법원의 전속관할에 속한다.[161] [19(1) 변모]
　(ㄴ) **혼인파탄 후 제3자가 부부의 일방과 성적인 행위를 한 경우** : ㉠부부가 아직 이혼하지 아니하였지만 실질적으로 부부공동생활이 파탄되어 회복할 수 없을 정도의 상태에 이른 경우, 제3자가 부부의 일방과 한 성적인 행위를 하더라도 부부공동생활을 침해하거나 유지를 방해하는 행위라고 할 수 없고 그로 인하여 부부공동생활에 관한 권리가 침해되는 손해가 생긴다고 할 수 없으므로 불법행위가 성립한다고 보기 어렵다. 그리고 이러한 법률관계는 재판상 이혼청구가 계속 중에 있다거나 재판상 이혼이 청구되지 않은 상태라고 하여 달리 볼 것은 아니다.[162] [17, 21 변호사] [20(3), 18(3) 변모] [15, 20 법행] [17 법세] ㉡부부의 일방과 부정행위를 한 제3자가 실질적으로 부부공동생활이 파탄되어 회복할 수 없을 정도의 상태에 이르게 된 원인을 제공한 경우라 하더라도, 배우자 아닌 자와의 성적인 행위가 부부공동생활이 실질적으로 파탄되어 실체가 더 이상 존재하지 아니하거나 객관적으로 회복할 수 없는 정도에 이른 상태에서 이루어졌다면 이를 달리 볼 수 없다.[163] ㉢부부 일방과 부정행위를 할 당시 그 부부의 공동생활이 실질적으로 파탄되어 회복할 수 없는 정도의 상태에 있었다는 사정은 이를 주장하는 제3자가 증명하여야 한다.[164]

---

159) 대법원 1983.09.27. 선고 83므20·21 판결
160) 대법원 2005.05.13. 선고 2004다1899 판결
161) 대법원 2008.07.10. 선고 2008다17762 판결
162) 대법원 2014.11.20. 선고 2011므2997 전원합의체 판결; 대법원 2015.05.29. 선고 2013므2441 판결
163) 대법원 2023.12.21. 선고 2023다265731 판결

ⓒ 가정법원의 전속관할 : 이혼을 원인으로 하는 손해배상청구는 제3자에 대한 청구를 포함하여 가사소송법 제2조 제1항 (가)목 (3) 다류 2호의 가사소송사건으로서 가정법원의 전속관할에 속한다.[165] [19(1) 변모] 이혼을 원인으로 하는 손해배상청구는 이혼의 원인이 되는 개별적 유책행위의 발생으로부터 최종적 이혼에 이르기까지 일련의 경과를 전체로서 불법행위로 파악하여 손해배상을 청구하는 경우를 의미하고, 이와 달리 ==개별적 특정 유책행위를 불법행위로 파악하여 민사상 손해배상을 청구하는 것이 명백한 경우에는 가사사건에 해당한다고 볼 수 없다.==[166]

ⓔ 부부의 일방이 부정행위를 한 경우 : 부부의 일방과 제3자가 부담하는 불법행위로 인한 손해배상채무는 ==부진정연대채무== 관계에 있다.[167] [18(3) 변모] [17 법세]

③ 위자료청구권의 상속 여부

㉠ 문제점 : 혼인파탄에 책임 있는 자에 대한 일방의 위자료청구권이 상속의 대상이 되는지 문제된다.

㉡ 판례 : 이혼위자료청구권은 원칙적으로 일신전속적 권리로서 양도나 상속 등 승계가 되지 아니하나 이는 행사상 일신전속권이고 귀속상 일신전속권은 아니라 할 것인 바, 그 ==청구권자가 위자료의 지급을 구하는 소송을 제기함으로써 청구권을 행사할 의사가 외부적 객관적으로 명백하게 된 이상 양도나 상속 등 승계가 가능하다.==[168] [12, 15 변호사] [17(3), 20(1), 21(3) 변모] [13, 20 법무사]

제6절 사실혼

1. 의의

사실혼이란 사회생활상 부부공동생활을 영위하고 있으나 혼인신고를 하지 않은 남녀의 관계를 말한다. 사실혼은 혼인의 실체가 있으므로 혼인에 준하는 보호를 필요로 하는 준혼관계를 말한다.

2. 성립요건

① 정당한 사실혼

㉠ 일반론 : 혼인으로 보호받을 가치가 있는 남녀의 결합만이 사실혼이 될 수 있다. 사실혼관계가 사회질서에 반하는 관계일 때에는 사실혼으로 성립할 수 없다. 그러나 혼인취소사유

---

164) 대법원 2024.06.27. 선고 2022므13504 판결
165) 대법원 2008.07.10. 선고 2008다17762 판결
166) 대법원 2021.11.25. 선고 2021다253154·253161 판결
167) 대법원 2015.05.29. 선고 2013므2441 판결
168) 대법원 1993.05.27. 선고 92므143 판결

가 있다고 하여 사실혼으로 보호될 수 없다고 단정할 수는 없다.

(ㄴ) **중혼적 사실혼**
㉠ 법률상의 혼인을 한 부부의 어느 한 쪽이 집을 나가 장기간 돌아오지 아니하고 있는 상태에서 부부의 다른 한 쪽이 제3자와 혼인의 의사로 실질적인 혼인생활을 하고 있다고 하더라도, 특별한 사정이 없는 한 이를 사실혼으로 인정하여 법률혼에 준하는 보호를 허여할 수는 없다.[169] [12, 15 법무사] [21, 14 법세]
㉡ 중혼적 사실혼관계일지라도 법률혼인 전 혼인이 사실상 이혼상태에 있다는 등의 특별한 사정이 있다면 법률혼에 준하는 보호를 할 필요가 있을 수 있다.[170] [19(2) 변모]

② **주관적 요건** 사실상 혼인의사의 합치가 있어야 한다.[171] 사실상 혼인의사란 실질적 의사에 따른 혼인의사를 말한다.

③ **객관적 요건** 사회관념상 부부공동생활이라고 인정할만한 사회적 실체가 있어야 한다.[172] [14 법세] 따라서 간헐적 정교만으로는 사실혼이라고 할 수 없다. [19(2) 변모] [12 법무사] [21 법세]

3. 사실혼의 효과

① **신분적 효과**
  (ㄱ) **혼인신고를 전제로 한 효과**: 혼인신고를 전제로 한 법적 효과는 발생하지 않는다. 친족관계가 발생하지 않으며, 혼인에 의한 성년의제의 효과도 생기지 않는다. 사실혼 배우자에게는 배우자 상속권이 인정되지 않는다. 사실혼 배우자 일방이 타인과 혼인을 하는 경우에도 중혼으로 되지 않고 손해배상책임만이 문제될 뿐이다.
  (ㄴ) **부부간의 의무**: 사실혼 부부 사이에서도 동거·부양·협조·정조의무가 인정된다. 따라서 정당한 이유 없이 동거·부양·협조의무를 위반하여 사실혼이 파기되면, 위반자는 이로 인한 손해배상책임을 면할 수 없다.

② **재산적 효과**
  (ㄱ) **법정재산제 규정의 유추**: 부부간 법정재산제에 관한 규정은 사실혼에도 적용된다. 사실혼 부부 상호간에도 일상가사대리권이 인정되고, 일상가사로 인한 연대책임이 인정되며, 특유재산 추정 및 공유재산 추정에 관한 규정도 적용된다. [21 법세]
  (ㄴ) **부부재산계약**: 부부재산계약에 관한 규정도 유추된다. 그러나 등기할 수 없기 때문에 부부재산계약 등기에 관한 규정은 유추되지 않는다.

③ **사실혼 중 출생한 자녀의 법적 지위** 사실혼 중에 출생한 자녀는 혼인 외의 자녀로서 생부의 인지가 없는 한 부자관계가 인정되지 않는다. 따라서 모의 성과 본을 따른다.

---

169) 대법원 1996.09.20. 선고 96므530 판결
170) 대법원 2009.12.24. 선고 2009다64161 판결
171) 대법원 1998.12.08. 선고 98므961 판결
172) 대법원 1998.12.08. 선고 98므961 판결

4. 사실혼의 해소

① 해소원인   사실혼은 혼인신고, 당사자 일방의 사망, 당사자 사이의 합의, 당사자 일방의 일방적 해소 등으로 해소된다.173) [19(2) 변모] [15 법무사] [14 법세] 법률혼과 달리 당사자의 일방적 해소가 가능하다.

② 사실혼 해소의 효과

(ㄱ) 재산분할 : 사실혼이 해소된 경우, 사실혼 부부의 일방은 상대방에 대하여 재산분할을 청구할 수 있다. 다만, 사실혼 해소 원인이 사망으로 인한 해소인 경우에는 이혼으로 인한 재산분할청구권을 인정할 수 없다.174) [15 변호사] [17(1), 18(1), 19(2) 변모] [14 사시] [15 법무사] [14, 17 법행] [14, 13 법세]

(ㄴ) 자녀의 양육문제 : 사실혼 중에 출생한 자녀의 양육문제에 관해서 제837조를 유추하여야 한다는 것이 통설이지만, 판례는 인지가 없는 한 부자관계가 형성되지 아니하므로 제837조를 유추할 수 없다는 입장이다.175)

5. 사실상혼인관계존재확인청구

① 의의

(ㄱ) 개념 : 사실상혼인관계존부확인청구소송이란 현재의 법적 불안을 유효·적절하게 해소하기 위하여 사실상 혼인관계가 존재하는지 여부를 청구하는 소송을 말한다.

(ㄴ) 법적 성질 : 사실상혼인관계존재확인청구소송이 확인소송인지 형성소송인지에 관해서는 견해의 대립이 있다. 사실혼관계를 법률혼으로 고양시키는 수단으로 파악하여 형성소송이라고 보는 견해가 있으나, 판례는 사실혼관계가 일방적으로 파기된 경우 사실혼관계존재확인청구를 기각함으로서 확인소송으로 파악하고 있다.176)

② 사실상혼인관계존재확인판결에 의한 혼인신고   판례는 창설적 신고로 파악하고 있다.

③ 일방의 사망 후 사실상혼인관계존재확인청구가 제기된 경우

(ㄱ) 확인의 이익 : 일방이 사망한 후에 제기된 사실상혼인관계존재확인청구가 혼인신고를 목적으로 한 때에는 소의 이익이 없다.177) [19(2) 변모] [14 사시] [15 법무사] 사망자와의 혼인신고가 불가능하기 때문이다. 그러나 현재의 법적 불안을 해소하기 위한 수단으로 제기하는 경우에는 확인의 이익을 인정할 수 있다.178)

(ㄴ) 제소기간의 준수 : 친생자관계존부확인청구에 관한 민법 제865조와 인지청구에 관한 민법 제863조의 규정을 유추적용하여, 생존 당사자는 그 사망을 안 날로부터 1년 내에(필자 註 : 개정법에 따르면 2년) 검사를 상대로 과거의 사실혼관계에 대한 존부확인청구를 할 수 있다고 보아야 한다.179) [12 법행]

---

173) 대법원 1977.03.22. 선고 75므28 판결
174) 대법원 2006.03.24. 선고 2005두15595 판결
175) 대법원 1979.05.08. 선고 79므3 판결
176) 대법원 1977.03.22. 선고 75므28 판결
177) 대법원 1995.11.14. 선고 95므694 판결
178) 대법원 1995.03.28. 선고 94므1447 판결
179) 대법원 1995.03.28. 선고 94므1447 판결

Chapter 04 부모와 자

제1절 친생자

I 혼인 중의 자

1. 의의

① **개념** 혼인 중의 출생자 혹은 혼생자란 일반적으로 혼인관계에 있는 남녀 사이에서 출생한 자를 말한다. 제855조는 인지의 대상을 "혼인 외의 출생자"로 규정하고 있으므로 혼인 중의 출생자는 별도로 인지가 없더라도 친자관계가 인정될 수 있다. 혼인 중에 포태되었으나 생부의 사망 후에 출생한 유복자도 혼인 중의 자에 포함되므로 별도로 부에 의한 인지절차가 필요한 것은 아니다.[1]

② **혼인 중의 자의 요건** 혼인 중의 출생자로 되기 위해서는 모성·혼생성·부성 등의 3요건을 충족해야 한다. 즉, 모가 법률상 처이어야 하고(모성), 처가 부(夫)와의 성적 교섭을 함으로써 포태한 자이어야 하고(부성), 혼인 중에 출생한 자이어야 한다(혼생성).

③ **유형** 혼인 중의 자에는 ㉠ 친생추정을 받는 혼인 중의 출생자, ㉡ 친생추정을 받지 않는 혼인 중의 출생자 및 ㉢ 준정에 의한 혼생자가 있다.

2. 친생자의 추정

> ☐ **제844조 (부의 친생자의 추정)** ① 아내가 혼인 중에 임신한 자녀는 남편의 자녀로 추정한다.
> ② 혼인이 성립한 날부터 200일 후에 출생한 자녀는 혼인 중에 임신한 것으로 추정한다.
> ③ 혼인관계가 종료된 날부터 300일 이내에 출생한 자녀는 혼인 중에 임신한 것으로 추정한다.
> [전문개정 2017.10.31.]

> ☐ **제854조의2(친생부인의 허가 청구)** ① 어머니 또는 어머니의 전(前) 남편은 제844조제3항의 경우에 가정법원에 친생부인의 허가를 청구할 수 있다. 다만, 혼인 중의 자녀로 출생신고가 된 경우에는 그러하지 아니하다. [21(2), 22(3) 변모]
> ② 제1항의 청구가 있는 경우에 가정법원은 혈액채취에 의한 혈액형 검사, 유전인자의 검사 등 과학적 방법에 따른 검사결과 또는 장기간의 별거 등 그 밖의 사정을 고려하여 허가 여부를 정한다.
> ③ 제1항 및 제2항에 따른 허가를 받은 경우에는 제844조제1항 및 제3항의 추정이 미치지 아니한다.
> [본조신설 2017.10.31.]

---

[1] 대법원 1987.10.13. 선고 86므129 판결

> 제855조의2(인지의 허가 청구) ① 생부(生父)는 제844조제3항의 경우에 가정법원에 인지의 허가를 청구할 수 있다. 다만, 혼인 중의 자녀로 출생신고가 된 경우에는 그러하지 아니하다.
> ② 제1항의 청구가 있는 경우에 가정법원은 혈액채취에 의한 혈액형 검사, 유전인자의 검사 등 과학적 방법에 따른 검사결과 또는 장기간의 별거 등 그 밖의 사정을 고려하여 허가 여부를 정한다.
> ③ 제1항 및 제2항에 따라 허가를 받은 생부가 「가족관계의 등록 등에 관한 법률」 제57조제1항에 따른 신고를 하는 경우에는 제844조제1항 및 제3항의 추정이 미치지 아니한다.
> [본조신설 2017.10.31.]

(1) 친생추정의 요건 : 혼인 중에 포태된 자녀일 것

① 포태시점의 추정

(ㄱ) 민법규정 : 혼인 중에 임신하였는지에 관한 증명의 어려움을 회피하기 위하여 민법은 혼인관계 성립의 날로부터 2백일 후 또는 혼인관계 종료의 날로부터 3백일 내에 출생한 자는 혼인 중에 임신한 것으로 추정한다. [22(3) 변외]

(ㄴ) 혼인관계 종료의 날로부터 3백 내에 출생한 자

㉠ 헌법재판소는 혼인 종료 후 300일 이내에 출생한 자를 어느 때나 혼인 중 임신한 자녀로 보아 전남편의 친생자로 추정하는 것은 모(母)가 가정생활과 신분관계에서 누려야 할 인격권, 혼인과 가족생활에 관한 기본권을 침해한다고 판단하였다. 다만, 위헌선언으로 친생추정의 효력이 즉시 상실되어 혼인 종료 후 300일 이내에 출생한 자의 법적 지위에 공백이 발생할 우려가 있고, 심판대상조항의 위헌상태를 어떤 기준과 요건에 따라 개선할 것인지는 원칙적으로 입법자의 형성재량에 속하므로, 헌법불합치결정을 선고하되 입법자의 개선입법이 있을 때까지 계속적용을 명한다고 하였다.[2]

㉡ 헌법재판소 결정취지에 따라 민법이 개정되었다. 친생부인의 허가청구제도나 인지의 허가청구제도를 신설하여 종전 친생자추정이 가지는 위헌성을 제거하였다. 전남편의 친생자로 추정되는 자에 대해서는 이미 출생신고를 하였다면 친생부인소송을 통하여 친생성을 다툴 수 있고, 아직 출생신고를 하지 아니한 경우에는 친생자로 추정되는 자녀 어머니나 어머니의 전남편은 가정법원에 친생부인의 허가를 청구하여, 생부는 인지허가를 청구하여 허가를 받은 때에는 친생추정이 미치지 않도록 하여 생부를 아버지로 한 출생신고가 가능하도록 하였다.

② 혼인성립의 날 혼인성립의 날이란 원칙적으로 혼인신고일을 의미한다. 그러나 사실혼이 선행되고 법률혼이 성립한 때에는 법률혼 성립일로부터 200일을 경과하지 아니하였지만 사실혼 성립일로부터 200일 후에 출생한 자에게도 친생추정이 미친다.[3]

(2) 효과

① **친생자추정의 내용** 친생추정을 받는 자는 모의 법률상 부(夫)의 자로 추정된다. 친생추정

---

[2] 헌재 2015.04.30. 2013헌마623
[3] 대법원 1963.06.13. 선고 63다228 판결. 구법시대의 판결이기는 하지만 그 논리는 현행법의 해석에도 적용될 수 있다고 본다.

을 받는 자의 친자관계를 부정하기 위해서는 친생부인판결을 받아야 하고, 친생부인소송 이외의 다른 소송을 통하여 친자관계를 부정하는 것은 허용되지 않는다. 가령, 친생추정을 번복하기 위하여 친생자관계부존재확인의 소를 제기하는 것은 부적법하다.[4] [20 변호사] [16(2), 21(3) 변모] [13 사시] [13 법세]

② 생부(生父)의 인지 등   친생추정을 받는 자의 생부(生父)가 그 생부임을 증명하더라도 친생부인판결이 없다면 인지할 수 없고,[5] [20(3) 변모] [11 법행] [13 법세] 친생추정을 받는 자가 그의 생부(生父)를 상대로 인지청구소송을 제기할 수 없다.[6] [21(2), 22(3) 변모]

(3) 친생자추정의 한계
  ① 친생자추정 제한의 기준
    (ㄱ) 문제점 : 친생자추정에 관한 제844조의 적용이 제한되는 경우를 인정할 수 있는지? 있다면 어떤 경우에 인정할 수 있는지 문제된다.
    (ㄴ) 판례
      ㉠ 제844조는 처가 남편의 자를 포태할 수 있는 경우에 적용되고 그 부부의 한쪽이 장기간에 걸쳐 해외에 나가 있거나, 사실상의 이혼으로 부부가 별거하고 있는 경우 등 동거의 결여로 남편의 자를 포태할 수 없음이 외관상 명백한 경우에는 친생자추정이 미치지 않는다.[7] [13(3), 21(3) 변모] [13 사시] [11 법행] [20, 13 법세]
      ㉡ 혼인 중 아내가 임신하여 출산한 자녀가 남편과 혈연관계가 없다는 점이 밝혀진 경우에도 친생추정은 미친다. 혈연관계의 유무를 기준으로 친생추정 규정이 미치는 범위를 정하는 것은 민법 규정의 문언에 배치될 뿐만 아니라 혈연관계의 유무는 친생추정을 번복할 수 있는 사유에는 해당할 수 있지만 친생추정이 미치지 않는 범위를 정하는 사유가 될 수 없기 때문이다.[8] [21(2), 22(3) 변모] [20 법세]
      ㉢ 아내가 혼인 중 남편이 아닌 제3자의 정자를 제공받아 인공수정으로 임신한 자녀를 출산한 경우 출생한 자녀는 남편의 자녀로 추정된다. 한편 인공수정에 동의한 남편이 나중에 이를 번복하고 친생부인의 소를 제기하는 것은 허용되지 않으며, 사회적으로 보아 친자관계를 공시·용인해 왔다고 볼 수 있는 경우에는 동의가 있는 경우와 마찬가지로 취급하여야 한다.[9] [22, 23 변호사] [21(2), 21(3), 22(1), 22(2) 변모] [22 법행] [20 법세]

  ② 기타 사유로 인한 친생추정의 배제
    (ㄱ) 자의 생부모가 가족관계등록부상 부모와 다른 사실이 객관적으로 명백한 경우 : 가족관계등록부상 부모의 혼인 중의 자로 등재되어 있는 자라 하더라도 그의 생부모가 가족관계등록부상 부모와 다른 사실이 객관적으로 명백한 경우에는 친생추정이 미치지 아니한다.[10] [16 변

---

4) 대법원 2000.08.22. 선고 2000므292 판결
5) 대법원 1978.10.10. 선고 78므29 판결
6) 대법원 2000.01.28. 선고 99므1817 판결
7) 대법원 1983.07.12. 선고 82므59 전원합의체 판결; 대법원 2021.09.09. 선고 2021므13293 판결
8) 대법원 2019.10.23. 선고 2016므2510 전원합의체 판결; 대법원 2021.09.09. 선고 2021므13293 판결
9) 대법원 2019.10.23. 선고 2016므2510 전원합의체 판결

호새 [21(2), 22(2) 변모] [10, 12 사시] [20 법세] 그 자는 처가 혼인 중 포태한 자가 아니기 때문이다.
  (ㄴ) 친생추정을 받는 자에 대한 친생자관계부존재확인심판이 확정된 경우 : 친생자추정을 받는 자에 대하여 친생부인의 소가 아닌 친생자관계부존재확인의 소를 제기하는 것은 부적법하지만 그 ==심판이 확정된 이상 그 심판이 당연무효라고 할 수 없으므로 위 확정심판의 기판력과 충돌되는 친생자 추정의 효력은 사라진다.==[11] [12 사시] [16 법행] [20 법세]

2. 부(父)를 정하는 소

> 제845조 (법원에 의한 부의 결정) 재혼한 여자가 해산한 경우에 제844조의 규정에 의하여 그 자의 부를 정할 수 없는 때에는 법원이 당사자의 청구에 의하여 이를 정한다.

3. 친생부인의 소

> 제846조 (자의 친생부인) 부부의 일방은 제844조의 경우에 그 자가 친생자임을 부인하는 소를 제기할 수 있다. [21(2) 변모]

> 제847조 (친생부인의 소) ① 친생부인(親生否認)의 소(訴)는 부(夫) 또는 처(妻)가 다른 일방 또는 자(子)를 상대로 하여 그 사유가 있음을 안 날부터 2년내에 이를 제기하여야 한다. [22(1) 변모] [13 사시] [21 법무새]
> ② 제1항의 경우에 상대방이 될 자가 모두 사망한 때에는 그 사망을 안 날부터 2년내에 검사를 상대로 하여 친생부인의 소를 제기할 수 있다.

> 제848조 (성년후견과 친생부인의 소) ① 남편이나 아내가 피성년후견인인 경우에는 그의 성년후견인이 성년후견감독인의 동의를 받아 친생부인의 소를 제기할 수 있다. 성년후견감독인이 없거나 동의할 수 없을 때에는 가정법원에 그 동의를 갈음하는 허가를 청구할 수 있다. [21 법무새]
> ② 제1항의 경우 성년후견인이 친생부인의 소를 제기하지 아니하는 경우에는 피성년후견인은 성년후견종료의 심판이 있은 날부터 2년 내에 친생부인의 소를 제기할 수 있다.

> 제849조 (자사망후의 친생부인) 자가 사망한 후에도 그 직계비속이 있는 때에는 그 모를 상대로, 모가 없으면 검사를 상대로 하여 부인의 소를 제기할 수 있다. [21(2), 22(1) 변모] [13 사시]

> 제850조 (유언에 의한 친생부인) 부(夫) 또는 처(妻)가 유언으로 부인의 의사를 표시한 때에는 유언집행자는 친생부인의 소를 제기하여야 한다.

> 제851조 (부의 자 출생 전 사망 등과 친생부인) 부(夫)가 자(子)의 출생 전에 사망하거나 부(夫) 또는 처(妻)가 제847조제1항의 기간내에 사망한 때에는 부(夫) 또는 처(妻)의 직계존속이나 직계비속에 한하여 그 사망을 안 날부터 2년내에 친생부인의 소를 제기할 수 있다. [21 법무새]

---

10) 대법원 2000.01.28. 선고 99므1817 판결
11) 대법원 1992.07.24. 선고 91므566 판결

□ **제852조 (친생부인권의 소멸)** 자의 출생 후에 친생자(親生子)임을 승인한 자는 다시 친생부인의 소를 제기하지 못한다. [13 사시]

(1) 의의
① **개념**　친생부인의 소란 친생추정을 받는 자에 대하여 부자관계를 부정하는 소를 말한다.
② **형성소송**　친생부인의 소는 가사소송 나류사건으로 조정이 전치된다. 부(夫)가 친생을 승인하는 조정이 성립하여 조정조서에 기재되면 친생승인의 효력이 발생하지만 친생을 부인하는 조정이 성립하여 조정조서에 기재되더라도 친생부인의 효력이 생기지는 않는다.[12] [13 사시] [21 법무사] 부자관계는 당사자가 임의로 처분할 수 없는 사항이고, 이러한 사항에 대한 조정이 성립하더라도 재판상 화해와 동일한 효력이 생기지 않기 때문이다.
③ **부(夫)에 의한 출생신고와 친생승인**　부(夫)가 친생자 출생신고를 한 경우에도 친생승인으로 되지는 않는다. 친생부인의 소를 제기하기 위해서는 자의 출생신고가 있어야 하기 때문이다.

(2) 소의 당사자
① **원고 : 부(夫) 또는 처**
　(ㄱ) 의의 : ㉠ 종래 친생부인의 소는 夫만이 제기할 수 있도록 하였으나, 이는 혈연진실주의와 양성평등의 이념에 반하고, 夫의 부인이 없는 이상 누구도 친자관계를 부정할 수 없을 뿐만 아니라 자의 생부도 부인판결확정 이전에는 인지할 수 없게 되는 문제가 있었다. 이에 2005년 3월 31일 개정에 의하여 妻도 친생부인권자로서 추가하였다. 그러나 현행법에 의하더라도 자의 친생부인권은 인정되지 않는다. [21(2) 변모] [13 법세] ㉡ 친생부인의 소의 원고 적격자로서 처는 자의 생모에 한정되고 친생부인이 주장되는 대상자의 법률상 부와 재혼한 처는 포함되지 않는다.[13] [20 변호사] [16(2), 17(3), 19(2), 20(3), 22(2) 변모] [16 법행] [21 법무사]
　(ㄴ) **부(夫) 또는 처가 피성년후견인인 경우** : 남편이나 아내가 피성년후견인인 경우에는 그의 성년후견인이 성년후견감독인의 동의를 받아 친생부인의 소를 제기할 수 있다. 성년후견감독인이 없거나 동의할 수 없을 때에는 가정법원에 그 동의를 갈음하는 허가를 청구할 수 있고, 성년후견인이 친생부인의 소를 제기하지 아니하는 경우에는 피성년후견인은 성년후견종료의 심판이 있은 날부터 2년 내에 친생부인의 소를 제기할 수 있다.
　(ㄷ) **유언에 의한 친생부인** : 부(夫) 또는 처(妻)가 유언으로 부인의 의사를 표시한 때에는 유언집행자는 친생부인의 소를 제기하여야 한다.
　(ㄹ) **부(夫) 또는 처가 사망한 경우** : 부(夫)가 자의 출생 전에 사망하거나 부(夫) 또는 처가 친생부인의 소의 제소기간 내에 사망한 때에는 부(夫) 또는 처의 직계존속이나 직계비속에 한하여 그 사망을 안 날로부터 2년 내에 친생부인의 소를 제기할 수 있다.
② **피고 : 자 또는 부부의 일방**　친생부인의 소는 부부의 일방 또는 자를 상대방으로 하여야 한

---
12) 대법원 1968.02.27. 선고 67므34 판결
13) 대법원 2014.12.11. 선고 2013므4591 판결

다(제847조). 자가 사망한 경우에도 그 직계비속이 있으면 그 모를 상대로, 모가 없으면 검사를 상대로 소를 제기할 수 있다(제849조).

(3) 친생부인권의 소멸

① **제소기간 도과에 의한 소멸** 친생부인의 소는 그 사유가 있음을 안 날로부터 2년 내에 제기하여야 한다. 상대방이 될 자가 모두 사망한 때에는 그 사망을 안 날로부터 2년 내에 제기하여야 한다. 제소기간이 경과하면 친생부인권은 소멸한다.

② **승인에 의한 소멸** 자의 출생 후에 친생자(親生子)임을 승인한 자는 다시 친생부인의 소를 제기하지 못한다. 승인이 사기 또는 강박으로 인한 때에는 승인을 취소할 수 있다.

Ⅱ 혼인 외의 자

1. 인지의 의의

① **개념** 인지란 혼인 외의 출생자를 자신의 친자로 인정하는 것을 말한다. 인지에는 임의인지와 강제인지가 있다. 임의인지는 혼인 외의 출생자에 대하여 생부나 생모가 자신의 자로 인정하는 의사표시를 하고 인지신고에 의하여 인지의 효력이 생기는 것을 말하고, 강제인지는 재판에 의하여 부 또는 모를 확인함으로써 법률상 친자관계를 형성하는 행위를 말한다.

② **인지와 친자관계**
　(ㄱ) **모자관계** : 모자관계는 출생이라는 자연적 사실에 의하여 발생하는 것이며, 인지가 반드시 필요한 것은 아니다. 생모의 인지는 모자관계를 확인하는 의미에 불과하다.
　(ㄴ) **부자관계** : 혼인 외 출생자와 생부 사이의 법률상 부자관계는 오로지 인지로만 발생한다.

2. 임의인지

(1) 인지권자

> ▢ 제855조 (인지) ① 혼인외의 출생자는 그 생부나 생모가 이를 인지할 수 있다. 부모의 혼인이 무효인 때에는 출생자는 혼인외의 출생자로 본다.
> ② 혼인외의 출생자는 그 부모가 혼인한 때에는 그때로부터 혼인중의 출생자로 본다. [14 사시]

> ▢ 제856조 (피성년후견인의 인지) 아버지가 피성년후견인인 경우에는 성년후견인의 동의를 받아 인지할 수 있다.

① **생부 또는 생모** 생부 또는 생모는 혼인 외의 자를 인지할 수 있다. 생부나 생모가 아닌 자는 인지권자가 아니므로 혼인 외 출생자의 조부가 혼인 외의 출생자에 대한 출생신고를 한 경우에는 인지의 효력이 없고,[14] 혼인 외의 출생자에 대하여 부 사망 후에 그의 처가 그들 간

---

14) 대법원 1976.04.13. 선고 75다948 판결

==에 출생한 친생자인양 출생신고를 하였다 하더라도 인지로서의 효력이 있다고 할 수 없다.==[15]

② **행위능력 여부** 행위능력은 불필요하나 의사능력은 필요하다. 의사능력 있는 미성년자는 단독으로 인지할 수 있다. 다만 피성년후견인이 인지하고자 하는 때에는 성년후견인의 동의를 받아야 한다.

(2) 피인지자

> 제857조 (사망자의 인지) 자가 사망한 후에도 그 직계비속이 있는 때에는 이를 인지할 수 있다.

> 제858조 (포태중인 자의 인지) 부는 포태중에 있는 자에 대하여도 이를 인지할 수 있다.

① **혼인 외의 자** 인지의 상대방은 혼인 외의 자이다. 혼인 중에 출생하였거나 혼인 중에 포태된 자는 인지의 상대방이 될 수 없다.[16] 임의인지는 인지와 관련된 다른 자의 승낙 없이 인지권자가 일방적으로 할 수 있다.

② **무효인 혼인 중에 출생한 자** 부모의 혼인이 무효인 때에는 출생자는 혼인 외의 출생자로 보므로 인지가 있어야 부자관계가 인정될 수 있다. 만약 부(父)가 혼인 외의 자녀에 대하여 친생자출생의 신고를 한 때에는 그 신고는 인지의 효력이 있다(가족관계의 등록 등에 관한 법률 제57조).

③ **사망자의 인지** 피인지자는 원칙적으로 생존자여야 한다. 혼인 외의 자가 사망한 후에 그 직계비속이 있는 때에는 사망자에 대해서도 인지할 수 있다. 인지를 이용하여 상속의 이익을 꾀하는 것을 막기 위한 것이다.

④ **태아** 생부는 포태 중인 태아에 대하여도 인지할 수 있고, 이 경우 임신부의 승낙을 얻어야 하는 것은 아니다. [11 州씨]

⑤ **가족관계등록부상 타인의 자로 기재된 자**
   (ㄱ) **문제점** : 가족관계등록부상 타인의 자로 기재된 자에 대하여 그의 생부가 임의인지를 할 수 있는지 문제된다. 가족관계등록부상 부자관계를 임의인지에 의하여 부인하는 결과가 되기 때문에 문제된다.
   (ㄴ) **가족관계등록부상 부의 친생자로 추정되는 자의 경우** : 타인의 친생자로 추정되는 자는 친생부인의 소에 의하여 그의 가족관계 등록부상 부와의 친생이 부인된 때에만 인지가 가능하다.[17]
   (ㄷ) **가족관계등록부상 부의 친생자로 추정되지 않는 경우** : 타인의 친생자로 추정되지는 않지만, 타인의 가족관계 등록부상 자로 기재된 자에 대하여는 친생자관계부존재확인의 소에 의하여 타인의 친생자가 아니라는 사실이 확정된 후가 아니면 생부가 인지하더라도 인지신고가 수리되지 않는다. 또한 이미 다른 사람이 인지하고 있는 경우에는 인지에 대한 이의의 소를 제기하여 그 확정판결이 있거나 인지의 무효나 취소사유가 있어 인지무효 혹은

---

15) 대법원 1985.10.22. 선고 84다카1165 판결
16) 대법원 1987.10.13. 선고 86므129 판결
17) 대법원 1987.10.13. 선고 86므129 판결

취소판결이 확정된 때에만 인지가 가능하다. [22(3) 변모]

(3) 인지의 방법

> □ **제859조 (인지의 효력발생)** ① 인지는 「가족관계의 등록 등에 관한 법률」의 정하는 바에 의하여 신고함으로써 그 효력이 생긴다.
> ② 인지는 유언으로도 이를 할 수 있다. 이 경우에는 유언집행자가 이를 신고하여야 한다.

① **인지신고**   인지는 인지권자가 인지신고를 하고 수리함으로써 효력이 생긴다(창설적 신고). 가족관계등록부에의 기재여부는 인지의 효력에 영향을 주지 않는다.

② **유언인지**   인지권자는 유언으로 인지를 할 수 있다. 유언으로 인지한 경우에는 유언집행자가 인지신고를 하여야 한다. 유언집행자의 인지신고는 보고적 신고에 불과하다. 유언자가 사망함으로써 인지의 효력이 생기기 때문이다.

③ **친생자출생신고에 의한 인지**   혼인 전에 출생한 자를 친생자로 출생신고를 한 경우에는 인지신고로서 효력이 발생한다. 그러나 생모가 친생자로 출생신고를 한 경우에는 생부와의 사이에 부자관계가 발생하지 않는다. 무효혼인의 생부가 자를 친생자로 출생신고를 한 경우에 인지신고로서의 효력이 발생한다.[18] [12 변호사]

(4) 인지의 무효

① **개념**   인지의 무효란 인지권자에 의한 인지가 아니거나 피인지자와의 사이에 혈연관계가 없는 경우 등 인지로서 효력이 생기지 않는 경우를 말한다. 인지에 무효사유가 존재하는 때에는 인지무효확인의 소를 제기할 수 있다.

② **인지무효사유**
  ㉠ 인지자와 피인지자 사이에 사실상 혈연관계가 없을 때
  ㉡ 다른 사람의 혼인 중의 자녀에 대하여 인지가 이루어진 때
  ㉢ 인지자 자신의 의사에 반하여 인지신고가 이루어진 때
  ㉣ 인지유언이 무효인 때
  ㉤ 인지신고당시에 인지자에게 의사능력이 없는 때
  ㉥ 생부 사망 후의 인지신고가 있는 때

③ **인지무효확인의 소의 당사자와 제소기간**
  (ㄱ) **당사자** : 인지자와 피인지자, 법정대리인, 4촌 이내의 친족이 원고가 될 수 있다. 당사자가 인지무효확인소송을 제기하는 때에는 상대방을 피고로 하여야 하고, 제3자가 제기하는 경우에는 인지자와 피인지자 모두를 피고로 하여야 하며 상대방이 될 자가 모두 사망한 경우에는 검사를 피고로 하여야 한다.
  (ㄴ) **제소기간** : 제소기간에는 제한이 없다.

④ **인지무효확인소송의 절차**   인지무효사건은 가사소송 가류사건으로 조정이 전치되지 않는

---

[18] 대법원 1979.10.26. 선고 76다2189 판결

다. 인지무효확인판결이 확정되면 인지는 소급하여 효력을 상실한다. 인지무효확인판결의 기판력이 인지청구의 소에 미치는 것은 아니다.[19] [10, 16 사시]

(5) 인지의 취소

> 제861조 (인지의 취소) 사기, 강박 또는 중대한 착오로 인하여 인지를 한 때에는 사기나 착오를 안 날 또는 강박을 면한 날로부터 6월내에 가정법원에 그 취소를 청구할 수 있다.

① **개념**   인지의 취소란 인지자가 사기·강박 또는 중대한 착오로 인하여 인지한 경우 가정법원의 판결에 의하여 인지의 효력을 소급하여 소멸하게 하는 것을 말한다. 인지취소소송은 법률상의 부자관계를 소급적으로 소멸시킬 것을 목적으로 하는 형성의 소이다. 그러나 인지취소를 인정하더라도 강제인지가 인정된다는 점에서 실익이 없다(폐지론).

② **당사자와 제소기간**
  (ㄱ) **당사자** : 사기 등에 의하여 인지를 한 사람이 원고가 된다. 제3자는 인지취소소송의 원고가 될 수 없다. 피인지자가 피고적격자이며 피인지자가 사망한 때에는 검사가 피고로 된다.
  (ㄴ) **제소기간** : 사기나 착오를 안 날 또는 강박을 면한 날로부터 6월내에 가정법원에 취소를 청구하여야 한다.

③ **인지취소의 효과**   인지가 취소되면 인지의 효력은 소급하여 소멸한다. 인지취소판결이 확정되면 가족관계등록부를 정정하여야 한다. 비록 인지취소청구사건이 가사소송 나류 사건으로 조정전치주의가 적용되나 당사자의 임의처분이 허용되지 아니하기 때문에 조정의 성립만으로는 그 효력이 인정될 수 없다.

(6) 인지에 대한 이의의 소

> 제862조 (인지에 대한 이의의 소) 자 기타 이해관계인은 인지의 신고 있음을 안 날로부터 1년 내에 인지에 대한 이의의 소를 제기할 수 있다.

> 제864조 (부모의 사망과 인지청구의 소) 제862조 및 제863조의 경우에 부 또는 모가 사망한 때에는 그 사망을 안 날로부터 2년내에 검사를 상대로 하여 인지에 대한 이의 또는 인지청구의 소를 제기할 수 있다.

① **의의**   인지에 대한 이의의 소란 인지된 자녀 기타 이해관계인이 인지의 효력을 다투는 소송을 말한다. 인지신고가 있음을 안 날로부터 1년 내에 청구가 가능하며, 강제인지에 대하여는 인지에 대한 이의의 소로 그 효력을 다툴 수 없다.

② **당사자와 제소기간**   자녀 기타 이해관계인이 원고가 된다. 인지자는 원고적격이 없다. 자녀가 제기하는 경우에는 인지자가 피고로 되고 제3자가 제기하는 경우에는 인지자와 피인지자 쌍방이 피고로 된다. 상대방이 될 자가 모두 사망한 경우에는 사망을 안 날로부터 2년 내에 검사를 피고로 하여 인지에 대한 이의의 소를 제기하여야 한다.

---

[19] 대법원 1999.10.08. 선고 98므1698 판결

3. 강제인지(인지청구의 소)

> 제863조 (인지청구의 소) 자와 그 직계비속 또는 그 법정대리인은 부 또는 모를 상대로 하여 인지청구의 소를 제기할 수 있다. [22(1) 변모 사례]

> 제864조 (부모의 사망과 인지청구의 소) 제862조 및 제863조의 경우에 부 또는 모가 사망한 때에는 그 사망을 안 날로부터 2년 내에 검사를 상대로 하여 인지에 대한 이의 또는 인지청구의 소를 제기할 수 있다. [22(1) 변모 사례] [10 사시]

① 의의   인지청구의 소란 혼인 외의 자가 그의 생부나 생모를 상대로 친자관계를 인정할 것을 청구하는 소송을 말한다. 인지청구소송에서 승소판결을 받아서 신고하는 인지가 강제인지이다. 생부와 혼인 외의 자 사이의 부자관계는 오로지 인지에 의하여 창설되는 바, 생부의 임의인지가 없는 경우 혼인 외의 자가 인지를 강제할 필요가 있다. 이러한 필요에 따라 인정되는 제도가 인지청구의 소이다.

② 인지청구소송의 성질
  (ㄱ) 나류 가사소송사건
   ㉠ 생부에 대한 청구는 형성의 소이나, 생모에 대한 청구는 확인의 소로서의 성질을 가지지만 가사소송법상 나류 가사소송사건으로 조정전치주의가 적용된다. 인지청구를 인용하는 판결은 제3자에 대해서도 효력이 있다.
   ㉡ 인지판결에 의하여 부자관계가 창설된 경우 확정판결에 반하여 친생자관계부존재확인의 소로써 당사자 사이에 친자관계가 존재하지 않는다고 다툴 수 없다.20) [20 변호사] [19(2) 변모]
  (ㄴ) 인지청구권의 포기 : 인지청구권의 포기는 허용되지 않는다. 재판상 화해로 법정에서 인지청구권을 포기하여도 그 포기는 무효이다. 또한 인지청구권의 자유처분이 허용되지 않는 점에 비추어 실효의 법리도 적용되지 않는다.21) [16 변호사] [22(1) 변모] [10 사시]

③ 인지청구소송의 원고 : 혼인 외의 출생자, 그 직계비속 또는 법정대리인
  (ㄱ) 가족관계등록부상 타인의 친생자로 등재된 자 : 친생자추정을 받는 자는 진정한 생부에 대하여 인지청구를 할 수 없다. 다만, 친생자추정을 받지 못하고 있는 자는 가족관계 등록부상 父에 대하여 사전에 친생자관계부존재확인의 소를 제기할 필요 없이 생부를 상대로 인지청구의 소를 제기할 수 있다.
  (ㄴ) 미성년자 : 구 인사소송법에서는 무능력자는 법정대리인이나 친족회의 동의를 얻어 인지청구를 할 수 있다는 취지로 규정되어 있었으나, 가사소송법은 이 조항을 폐지하였다. 따라서 미성년자는 법정대리인의 동의를 얻더라도 단독으로 가사소송을 할 수 없다고 해석하여야 한다. 즉 미성년자는 법정대리인 또는 특별대리인의 대리로만 인지청구를 할 수 있다.

---

20) 대법원 2015.06.11. 선고 2014므8217 판결
21) 대법원 2001.11.07. 선고 2001므1353 판결

(ㄷ) 태아 : 태아에게는 인지청구권이 인정되지 않는다.

④ **인지청구소송의 피고 : 생부나 생모, 생부모가 사망한 경우에는 검사**   인지청구의 소의 피고는 생부나 생모이다. 생부나 생모가 사망한 경우, 사망사실을 안 날로부터 2년 내에 검사를 상대로 인지청구를 하여야 한다. 인지청구의 소와 친생자관계부존재확인의 소에서 제소기간의 기산점이 되는 사망을 안 날이란 사망이라는 객관적 사실을 안 날을 의미하고 사망자와 친생자관계에 있다는 사실까지 알아야 하는 것은 아니다.[22] [20(2), 17(3), 22(2) 변모] [19 법서]

4. 인지의 효과

> 제860조 (인지의 소급효) 인지는 그 자의 출생시에 소급하여 효력이 생긴다. 그러나 제3자의 취득한 권리를 해하지 못한다.

> 제864조의2 (인지와 자의 양육책임 등) 제837조 및 제837조의2의 규정은 자가 인지된 경우에 자의 양육책임과 면접교섭권에 관하여 이를 준용한다.

(1) 인지의 소급효

① **소급효 인정취지 및 제3자의 권리보호**

(ㄱ) **소급효 인정취지** : 민법 제860조는 "인지는 그 자의 출생시에 소급하여 효력이 생긴다."고 규정하여 인지의 소급효를 부여하고 있다. 인지에 소급효를 부여하는 까닭은 부모와 자녀 사이의 관계는 자녀의 일생동안 동일해야 한다는 고려 때문이다.

(ㄴ) **제3자 권리의 보호** : ㉠ 인지에 소급효를 부여하면 인지 관련 당사자들의 기존 법률관계를 동요하게 만들어 법적 불안을 야기할 수 있다. 민법은 제860조 단서를 마련하여 인지의 소급효로 인하여 제3자가 이미 취득한 권리를 침해당하지 않도록 규정하고 있다. ㉡ 인지를 요하지 아니하는 모자관계에는 인지의 소급효 제한에 관한 민법 제860조 단서가 적용 또는 유추적용되지 아니하며, 상속개시 후의 인지 또는 재판의 확정에 의하여 공동상속인이 된 자의 가액지급청구권을 규정한 민법 제1014조를 근거로 자가 모의 다른 공동상속인이 한 상속재산에 대한 분할 또는 처분의 효력을 부인하지 못한다고 볼 수도 없다.[23]

② **부양받을 권리**   인지의 효과는 자의 출생시로 소급하여 발생하므로 인지자인 부가 인지할 때까지 모가 이미 지출한 양육비 중 부가 분담함이 상당하다고 인정되는 경우에 그 비용의 상환을 청구할 수 있다.[24] [13, 22 변호사] [15(3), 16(2), 17(1), 19(1) 변모] [10 사시] [16 사시 사례] [20 법무사] [12 법행] 또한 혼인 외의 자가 인지판결을 받은 경우 양육자가 인지판결 확정 전에 발생한 과거의 양육비에 대하여 상대방이 부담함이 상당한 범위 내에서 그 비용의 상환을 청구할 수 있다.[25]

---

22) 대법원 2015.02.12. 선고 2014므4871 판결
23) 대법원 2018.06.19. 선고 2018다1049 판결
24) 대법원 1994.05.13. 자 92스21 전원합의체 결정
25) 대법원 2023.10.31. 자 2023스643 결정

③ 피인지자보다 후순위상속인의 상속권
  (ㄱ) 문제점 : 부(父)가 사망하여 상속이 개시되고 난 후 사후인지판결이 있었고, 인지의 소급효로 인하여 피인지자가 상속인으로 된 경우, 피인지자보다 후순위상속인의 상속권은 제860조 단서에 의하여 보호되는가?
  (ㄴ) 후순위상속인의 상속권이 제860조 단서의 제3자 권리에 포함되는지 여부 : 민법이 사후인지청구제도를 인정하는 가장 중요한 이유가 피인지자에게 상속권을 보장하려는 데에 있다는 점을 고려한다면 후순위상속인의 상속권은 제860조 단서의 기득권에 포함되지 않는다고 보아야 할 것이다.26) [10 사시] [20(3) 변모]
  (ㄷ) 피인지자의 후순위상속인에 대한 상속재산반환청구 : 사후인지에 의하여 상속인이 된 피인지자는 후순위상속인에게 상속재산의 반환을 청구할 수 있다(제999조). 이때 후순위상속인은 자신의 상속권이 제860조 단서의 제3자의 기득권에 해당한다는 점을 이유로 피인지자의 청구를 거절할 수는 없다. 다만, 피인지자의 후순위상속인에 대한 상속재산반환청구는 상속회복청구이므로 제999조 제2항 소정의 제척기간의 적용(침해사실을 안 날로부터 3년, 침해행위가 있은 날로부터 10년)을 받는다.
  (ㄹ) 후순위상속인이 상속재산을 처분한 경우 : 후순위상속인이 상속재산을 제3자에게 이미 처분한 경우, 사후인지에 의하여 상속인이 된 피인지자가 제3자에 대하여 상속재산의 반환을 청구할 수 있는가에 관하여 학설은 부정한다. 제3자는 제860조 단서의 제3자에 해당하기 때문이다. 이 경우, 피인지자인 상속인은 후순위상속인에 대하여 가액반환을 청구하게 될 것이다.
④ 피인지자가 공동상속인이 된 경우 다른 공동상속인
  (ㄱ) 문제점 : 상속이 개시되고 사후인지에 의하여 공동상속인이 된 경우 다른 공동상속인의 상속권이 제860조 단서의 제3자 권리에 해당하는지 문제된다.
  (ㄴ) 판례 : 다른 공동상속인들이 이미 상속재산을 분할하였거나 처분한 때에는 제860조 단서의 제3자에 해당한다.27) [22 변호사 사례] 피인지자는 제1014조에 따라 다른 공동상속인들에게 상속분상당의 가액지급청구권을 취득하게 된다. 피인지자의 상속분상당의 가액을 산정하는 경우 상속재산을 분할한 다른 공동상속인들이 그 분할한 재산으로부터 취득한 과실 등은 가액산정의 기초재산에 포함되지 않고 피인지자에 대한 관계에서 부당이득을 구성하지도 않는다.28) [15 변호사] [22 변호사 사례] [14 사시] [10 사시 사례] [20 법무사]
⑤ 상속채권의 채무자가 변제한 경우   상속채권의 채무자가 사후인지 이전에 표현상속인에 대하여 변제한 경우에는 채권의 준점유자에 대한 변제로서 그 효력이 인정될 수 있다.29) [20(2) 변모] [10 사시]

---

26) 대법원 1993.03.12. 선고 92다48512 판결
27) 대법원 2007.07.26. 선고 2006다83796 판결
28) 대법원 2007.07.26. 선고 2006다83796 판결
29) 대법원 1995.01.24. 선고 93다32200 판결

(2) 그 밖의 효과
① **혼인 외 자의 성(姓)** 혼인 외의 자가 인지된 경우에는 부성승계의 원칙에 따라 부의 성과 본을 따라야 한다. 그러나 부모의 협의에 따라 종전의 성과 본을 계속 사용할 수 있고, 부모가 협의할 수 없거나 협의가 이루어지지 아니한 경우에는 자는 법원의 허가를 받아 종전의 성과 본을 계속 사용할 수 있다.
② **친권자의 결정 및 양육사항의 결정**
(ㄱ) **친권자의 결정** : 혼인 외의 자가 임의인지된 경우에는 부모의 협의에 의하여 친권자를 결정하고, 협의를 할 수 없거나 협의가 이루어지지 않는 경우 가정법원은 직권으로 또는 당사자의 청구에 따라 친권자를 지정하여야 한다(제909조 제4항). 다만 강제인지의 경우에는 법원이 직권으로 정한다(제909조 제5항).
(ㄴ) **양육사항의 결정** : 이혼시의 양육책임 및 면접교섭권에 관한 제837조 및 제837조의2를 준용하고 있다.

5. 준정

① **의의** 준정이란 혼인 외의 출생자가 그 생부·생모의 혼인으로 인하여 혼인 중 출생자의 신분을 취득하는 것을 말한다. 후혼인지라고도 한다.
② **준정의 효력** 부모의 혼인신고시부터 혼인 중 출생자의 신분을 취득한다. 인지와 달리 준정에는 소급효가 인정되지 않는다. [11 써씨] 준정에 의한 혼생자에 대하여 친자관계를 다투기 위해서는 친생자관계부존재확인의 소에 의하여야 한다.

6. 친생자관계존부확인의 소

> 제865조 (다른 사유를 원인으로 하는 친생자관계존부확인의 소) ① 제845조, 제846조, 제848조, 제850조, 제851조, 제862조와 제863조의 규정에 의하여 소를 제기할 수 있는 자는 다른 사유를 원인으로 하여 친생자관계존부의 확인의 소를 제기할 수 있다.
> ② 제1항의 경우에 당사자일방이 사망한 때에는 그 사망을 안 날로부터 2년내에 검사를 상대로 하여 소를 제기할 수 있다. 〈개정 2005.3.31〉

(1) 의의
① **개념** 친생자관계존부확인의 소란 특정인 사이의 법률상 친자관계의 존부확인을 구하는 소를 말한다. 친자관계에 관한 사실과 다르게 가족관계 등록부에 기재된 경우 가족관계 등록부의 기재를 바로잡는 방법으로서 친생자관계존부확인의 소가 필요하다.
② **확인의 소** 친생자관계존부확인의 소는 기존의 또는 현재의 법률관계의 존부를 확정하는 확인의 소로서 가사소송 가류사건에 해당한다. 부를 정하는 소, 친생부인의 소, 인지에 대한 이의의 소, 인지청구의 소 등과 다른 사유를 내세워 가족관계 등록부상의 친자관계를 바로잡는 소이다.

③ **제소방법을 그르친 경우**   친생자관계존부확인의 소는 다른 형성의 소의 대용이 될 수 없다. 따라서 인지청구의 소로 하여야 할 것을 친생자관계존재확인의 소로써 한다든지, 친생부인의 소로 할 것을 친자관계부존재확인의 소로 대용하는 것은 허용되지 않는다. 따라서 생모나 친족 등 이해관계인이 혼인 외의 자를 상대로 사망한 부와의 사이에 친생자관계존재확인을 구하는 것은 인지청구소송의 대용으로 허용될 수 없다.[30] [16, 23 변호사] [20(2) 변모] [11 사시] [11 법행] 제소방법을 그르친 경우 이는 부적법하나, 이를 간과하여 친생자관계부존재확인 판결이 선고되어 확정된 경우 판결은 유효하다.

(2) 친생자관계부존재확인의 소의 제소사유

① **혼인 외의 자를 친생자로 출생신고를 한 경우**   허위의 친생자출생신고가 인지신고로서 그 효력을 발생하는 경우에도 인지관련소송에 의하지 아니하고 친생자관계부존재확인의 소를 제기하여야 한다.[31] [16(2) 변모] [12, 14, 16 사시] [16 법행] [22 법서] 인지신고가 아니라 출생신고를 하였기 때문이다.

② **사실혼 중의 출생자**   사실혼 중 출생자는 그의 부모가 혼인을 하여 혼인 중의 출생자로서의 신분을 가지더라도 친생자추정이 미치지 아니하므로 그 친생관계를 다투고자 할 때에는 친생자관계부존재확인의 소를 제기하여야 한다.

③ **친생자출생신고로 입양의 효력이 생긴 경우**

  (ㄱ) 문제점 : 친생자출생신고가 입양신고로 전환되어 입양의 효력이 발생한 경우, 양친자관계의 부인방법이 무엇인가가 문제된다. 파양청구에 갈음하는 친생자관계부존재확인의 소를 제기할 수 있는가가 문제된다.

  (ㄴ) 판례 : 파양으로 양친자관계를 해소할 특별한 사정이 없는 경우 친생자관계부존재확인의 소는 소의 이익이 없다.[32] [16(2), 18(2), 19(3), 20(1), 22(2) 변모] [12, 16 사시] [16 법행] 한편 양친자관계존재확인의 소를 통하여 양친자관계를 확정하고, 협의파양, 파양청구 등을 할 수도 있다.

(3) 친생자관계부존재 확인의 소의 절차

① **당사자**

  (ㄱ) 원고 : 자녀, 자녀의 직계비속·법정대리인, 생모, 남편, 남편의 직계존·비속, 후견인, 유언집행자 기타 이해관계인이 원고적격을 가진다. 제777조 소정의 친족은 당연히 이해관계인에 포함된다는 것이 종래 판례였으나,[33] [12 사시] 최근 그 입장을 변경하여 제777조의 친족이라는 사실만으로 당연히 이해관계인이라고 할 수 없다고 한다.[34] [20, 21 법행] 이해관계인

---

30) 대법원 1997.02.14. 선고 96므738 판결; 대판 2022. 1. 27. 선고 22018므11273 판결; 대법원 2021.12.30. 선고 2017므14817 판결. 혼인외 출생자 등이 법률상 부자관계의 성립을 목적으로 친생자관계존재확인의 소를 제기한 경우에 법원은 친생자관계존재확인의 소의 보충성을 이유로 그대로 소를 각하할 것이 아니라 원고의 진정한 의사를 확인하여 그에 알맞은 청구취지와 청구원인으로 정리하도록 석명하여야 한다.
31) 대법원 1993.07.27. 선고 91므306 판결
32) 대법원 2001.05.24. 선고 2000므1493 전원합의체 판결
33) 대법원 1991.05.28. 선고 90므347 판결
34) 대법원 2020.06.18. 선고 2015므8351 전원합의체 판결

은 다른 사람들 사이의 친생자관계가 존재하거나 존재하지 않는다는 내용의 판결이 확정됨으로써 일정한 권리를 얻거나 의무를 면하는 등 법률상 이해관계가 있는 제3자를 뜻한다.[35] [23 변호사]

(ㄴ) 피고 : 피고적격자는 가족관계 등록부상 자녀, 부나 모, 친자공동이다. 친자 중 일방이 사망한 경우 생존자를 피고로 삼고, 친자 쌍방이 모두 사망한 경우 검사를 피고로 삼아야 한다. 한편 제3자가 소를 제기하는 경우 부모와 자를 모두 피고로 하여야 한다. 제3자가 친자 쌍방을 상대로 제기한 친생자관계 부존재확인소송 계속 중 친자 중 어느 한편이 사망한 경우에는 사망한 사람에 대한 소송은 종료되고 상속인이나 검사가 절차를 수계할 수 없다.[36] [20 법행]

② 제소기간

(ㄱ) 당사자가 생존하고 있는 동안에는 언제라도 소를 제기할 수 있다. 피고적격자가 모두 사망한 경우에는 그 사망사실을 안 날로부터 2년 내에 검사를 상대로 제기하여야 한다. [20 변호사] 사망을 안 날은 사망이라는 객관적 사실을 아는 것을 의미하고, 사망자와 친생자관계에 있다는 사실까지 알아야 하는 것은 아니라고 해석함이 타당하다.[37] [17(3), 20(2) 변모] [19 법세]

(ㄴ) 미성년자인 자녀의 법정대리인이 인지 청구의 소를 제기한 경우에는 그 법정대리인이 부 또는 모의 사망사실을 안 날이 민법 제864조에서 정한 제척기간의 기산일이 된다. 그러나 자녀가 미성년자인 동안 법정대리인이 인지청구의 소를 제기하지 않은 때에는 자녀가 성년이 된 뒤로 부 또는 모의 사망을 안 날로부터 2년 이내에 인지청구의 소를 제기할 수 있다.[38]

(ㄷ) 소송 계속 중 피고가 사망한 경우 원고의 수계신청이 있으면 검사로 하여금 사망한 피고의 지위를 수계하게 하여야 한다. 그러나 그 경우에도 가사소송법 제16조 제2항을 유추적용하여 원고는 피고가 사망한 때로부터 6개월 이내에 수계신청을 하여야 하고, 그 기간 내에 수계신청을 하지 않으면 그 소송절차는 종료된다고 보아야 한다.[39] [20 법행]

(ㄹ) 소송 계속 중 피고에 대하여 실종선고가 확정된 경우 원고는 실종선고가 확정된 때로부터 6개월 이내에 수계신청을 하여야 한다.[40]

---

35) 대법원 2020.06.18. 선고 2015므8351 전원합의체 판결
36) 대법원 2018.05.15. 선고 2014므4963 판결
37) 대법원 2015.02.12. 선고 2014므4871 판결
38) 대법원 2024.02.08. 선고 2021므13279 판결
39) 대법원 2014.09.04. 선고 2013므4201 판결
40) 대법원 2014.09.04. 선고 2013므4201 판결

제2절 양자

I 보통입양의 요건과 효력

1. 입양의 합의

> □ 제883조 (입양 무효의 원인) 다음 각 호의 어느 하나에 해당하는 입양은 무효이다.
> 1. 당사자 사이에 입양의 합의가 없는 경우 [13 법서]
> 2. 제867조제1항(제873조제2항에 따라 준용되는 경우를 포함한다), 제869조제2항, 제877조를 위반한 경우

① **개념** 입양의 합의란 실질적인 부모·자식관계를 창설하려는 의사(입양의사)의 합치를 말한다(실질적 의사설). 단순히 어떤 방편으로 입양을 하였다면 그 입양은 무효이다.[41]

② **입양의사에 필요한 능력** 행위능력은 불필요하나, 의사능력은 있어야 한다. 다만, 피성년후견인이 입양의 당사자인 때에는 성년후견인의 동의가 있어야 하고, 나아가 가정법원의 허가를 받아야 한다(제873조). 한편 입양의사는 독립하여 자유롭게 결정되어야 하므로 사기나 강박으로 인한 입양은 취소될 수 있다.

③ **조건부·기한부 입양의사** 입양은 즉시 그 효력이 발생하여야 하므로 입양은 조건과 기한에 친하지 아니한 행위이다. 조건부·기한부 입양의사는 효력이 없다.

④ **입양의사의 존재시기** 입양합의 당시뿐만 아니라 입양신고가 수리될 때까지 입양의사가 존속되어야 한다.

2. 양친에 관한 요건

> □ 제866조 (입양을 할 능력) 성년이 된 사람은 입양(入養)을 할 수 있다.

> □ 제873조 (피성년후견인의 입양) ① 피성년후견인은 성년후견인의 동의를 받아 입양을 할 수 있고 양자가 될 수 있다.
> ② 피성년후견인이 입양을 하거나 양자가 되는 경우에는 제867조를 준용한다.
> ③ 가정법원은 성년후견인이 정당한 이유 없이 제1항에 따른 동의를 거부하거나 피성년후견인의 부모가 정당한 이유 없이 제871조제1항에 따른 동의를 거부하는 경우에 그 동의가 없어도 입양을 허가할 수 있다. 이 경우 가정법원은 성년후견인 또는 부모를 심문하여야 한다.

> □ 제874조 (부부의 공동 입양 등) ① 배우자가 있는 사람은 배우자와 공동으로 입양하여야 한다.
> ② 배우자가 있는 사람은 그 배우자의 동의를 받아야만 양자가 될 수 있다.

① **양친은 성년자일 것** 양친이 되는 자는 성년자이어야 한다. 성년자이면 남·여, 기혼·미혼 등 불문한다. 위반의 경우 취소사유가 된다.

---

[41] 대법원 1995.09.29. 선고 94므1553·1560 판결. 고소사건으로 인한 처벌을 모면하기 위한 방편으로 한 입양신고는 무효이다.

② **양친이 피성년후견인인 경우**   피성년후견인은 성년후견인의 동의를 받아 입양할 수 있다. 피성년후견인이 입양을 하는 때에는 가정법원의 허가를 받아야 한다. 이를 위반한 경우에는 입양은 무효가 된다.
③ **배우자 있는 사람의 입양**   배우자 있는 사람은 배우자와 공동으로 입양하여야 한다. 그러나 부부 일방의 혼인 외의 자를 양자로 입양하는 경우에는 단독입양이 가능하다.
④ **조부모의 손자녀 입양**   민법은 입양의 요건으로 동의와 허가 등에 관하여 규정하고 있을 뿐이고 존속을 제외하고는 혈족의 입양을 금지하고 있지 않다. 조부모가 손자녀를 입양하여 부모·자녀 관계를 맺는 것이 입양의 의미와 본질에 부합하지 않거나 불가능하다고 볼 이유가 없다.[42]

3. 양자에 관한 요건

(1) 입양허가제

> ▫ **제867조 (미성년자의 입양에 대한 가정법원의 허가)** ① 미성년자를 입양하려는 사람은 가정법원의 허가를 받아야 한다. [19(3) 변모] [14 사시]
> ② 가정법원은 양자가 될 미성년자의 복리를 위하여 그 양육 상황, 입양의 동기, 양부모(養父母)의 양육능력, 그 밖의 사정을 고려하여 제1항에 따른 입양의 허가를 하지 아니할 수 있다. [14 사시]

① **의의**   미성년자가 양자가 되거나 피성년후견인이 입양의 당사자로 되는 경우 국가의 후견적 보호를 강화하기 위하여 가정법원의 허가를 받도록 하는 입양허가제를 도입하였다. 보통입양의 경우 입양허가를 받았더라도 입양신고에 의하여 입양이 성립한다는 점에서 친양자입양과 다르다.
② **입양허가가 필요한 경우**   미성년자를 입양하려는 사람은 가정법원의 허가를 받아야 하고(제867조 제1항), 피성년후견인이 입양을 하거나 양자가 되는 경우에도 가정법원의 허가를 받아야 한다(제873조 제2항에 의하여 제867조가 준용). 가정법원은 양자가 될 미성년자의 복리를 위하여, 혹은 입양을 하거나 양자가 될 피성년후견인의 복리를 위하여 그 양육상황, 입양의 동기, 양부모의 양육능력, 그 밖의 사정을 고려하여 입양의 허가를 하지 아니할 수 있다(제867조 제2항).
③ **입양허가 없이 입양신고가 된 경우**   가정법원의 허가 없이 입양신고를 한 경우에는 비록 입양신고가 수리되더라도 입양의 효력이 생기지 않는다. 즉, 입양은 무효로 된다(제888조 제2호).

(2) 미성년자 입양에 대한 법정대리인의 동의나 승낙

> ▫ **제869조 (입양의 의사표시)** ① 양자가 될 사람이 13세 이상의 미성년자인 경우에는 법정대리인의 동의를 받아 입양을 승낙한다.
> ② 양자가 될 사람이 13세 미만인 경우에는 법정대리인이 그를 갈음하여 입양을 승낙한다. [19(3) 변모] [13 법세]
> ③ 가정법원은 다음 각 호의 어느 하나에 해당하는 경우에는 제1항에 따른 동의 또는 제2항에 따른

---

[42] 대법원 2021.12.23. 자 2018스5 전원합의체 결정

승낙이 없더라도 제867조제1항에 따른 입양의 허가를 할 수 있다.
1. 법정대리인이 정당한 이유 없이 동의 또는 승낙을 거부하는 경우. 다만, 법정대리인이 친권자인 경우에는 제870조제2항의 사유가 있어야 한다.
2. 법정대리인의 소재를 알 수 없는 등의 사유로 동의 또는 승낙을 받을 수 없는 경우
④ 제3항제1호의 경우 가정법원은 법정대리인을 심문하여야 한다.
⑤ 제1항에 따른 동의 또는 제2항에 따른 승낙은 제867조제1항에 따른 입양의 허가가 있기 전까지 철회할 수 있다. [14 사시]

① **양자가 될 자가 13세 미만인 경우** 양자가 될 사람이 13세 미만인 경우에는 법정대리인이 그를 갈음하여 입양을 승낙한다(제869조 제2항). 법정대리인의 승낙 없이 13세 미만의 미성년자를 입양한 때에는 그 입양은 무효로 된다(제883조 제2호).

② **양자가 될 자가 13세 이상인 경우** 양자가 될 사람이 13세 이상의 미성년자인 경우에는 법정대리인의 동의를 받아 입양을 승낙한다(제869조 제1항). 법정대리인의 동의 없이 입양신고가 이루어진 때에는 그 입양은 취소사유가 된다(제884조 제1항 제1호). [14 사시]

③ **법정대리인의 동의나 승낙 없이 입양이 가능한 경우**
(ㄱ) 자녀의 법정대리인이 자신의 의무는 이행하지 않으면서 정당한 이유 없이 입양의 승낙을 거부하여 입양이 불가능하게 되는 경우는 자녀의 복리에 적절하지 않다. 이러한 경우를 대비하여 민법은 가정법원이 ㉠ 법정대리인이 정당한 이유 없이 동의 또는 승낙을 거부하는 경우, ㉡ 법정대리인의 소재를 알 수 없는 등의 사유로 동의 또는 승낙을 받을 수 없는 경우에는 동의 또는 승낙이 없더라도 입양의 허가를 할 수 있도록 규정하였다(제869조 제3항). 이 경우 가정법원은 법정대리인을 심문하여야 한다(제869조 제4항).
(ㄴ) 정당한 이유 없이 동의 또는 승낙을 거부하는 경우란 법정대리인이 자신의 의무를 이행하지 않아서 자녀의 복리를 위태롭게 하고, 입양이 자녀의 복리를 증진하는 데 기여하리라고 객관적으로 예상됨에도 동의나 승낙을 거부하는 경우를 말한다. 법정대리인이 친권자인 경우에는 ㉠ 3년 이상 자녀에 대한 부양의무를 이행하지 아니한 경우이거나 ㉡ 자녀를 학대 또는 유기하거나 그 밖에 자녀의 복리를 현저히 해친 경우에 해당하여야 한다(제869조 제3항 제1호 단서).

④ **법정대리인의 동의나 승낙의 철회** 법정대리인의 동의나 승낙은 가정법원의 입양허가가 있기 전까지 철회할 수 있다(제869조 제5항). 동의 또는 승낙을 철회할 수 있는 기간은 일종의 입양숙려기간의 의미를 가진다. 이는 미혼모와 같은 친생부모의 자기결정권을 최대한 존중하겠다는 취지에서 도입된 것이다.

(3) 미성년자 입양에 대한 부모의 동의

제870조 (미성년자 입양에 대한 부모의 동의) ① 양자가 될 미성년자는 부모의 동의를 받아야 한다. 다만, 다음 각 호의 어느 하나에 해당하는 경우에는 그러하지 아니하다.
1. 부모가 제869조제1항에 따른 동의를 하거나 같은 조 제2항에 따른 승낙을 한 경우
2. 부모가 친권상실의 선고를 받은 경우
3. 부모의 소재를 알 수 없는 등의 사유로 동의를 받을 수 없는 경우

> ② 가정법원은 다음 각 호의 어느 하나에 해당하는 사유가 있는 경우에는 부모가 동의를 거부하더라도 제867조제1항에 따른 입양의 허가를 할 수 있다. 이 경우 가정법원은 부모를 심문하여야 한다.
> 　1. 부모가 3년 이상 자녀에 대한 부양의무를 이행하지 아니한 경우
> 　2. 부모가 자녀를 학대 또는 유기(遺棄)하거나 그 밖에 자녀의 복리를 현저히 해친 경우
> ③제1항에 따른 동의는 제867조제1항에 따른 입양의 허가가 있기 전까지 철회할 수 있다.

① 의의
　(ㄱ) ==미성년자가 양자가 될 때에는 연령에 관계없이 부모의 동의를 받아야== 한다. 13세 이상의 미성년자가 양자가 되고자 하는 경우에는 법정대리인의 동의와 부모의 동의를 얻어야 하고, 가정법원의 허가가 있어야 한다. 반면 13세 미만의 미성년자가 양자가 되고 하는 경우에는 법정대리인이 대리하여 입양의 의사표시를 하여야 하고, 별도로 부모의 동의를 얻어야 하며, 가정법원의 허가가 있어야 한다.
　(ㄴ) 부모가 동시에 법정대리인으로서 동의를 하거나 승낙을 한 경우라면 별도로 동의를 얻을 필요가 없다(제870조 제1항 제1호). 한편 부모라고 하더라도 ㉠ 친권상실의 선고를 받은 경우나 ㉡ 부모의 소재를 알 수 없는 등의 사유로 동의를 받을 수 없는 경우에는 부모의 동의가 불필요하다(제870조 제1항 제2호, 제3호).

② 부모가 동의를 거부하더라도 입양의 허가가 가능한 경우
　(ㄱ) 부모의 지위에서 입양동의권이 인정된다고 하더라도 입양동의권은 미성년자녀의 복리를 위한 것이므로 부모로서의 의무를 다하지 아니하고 동의를 거부하는 것은 입양동의권의 남용이라고 보아야 한다.
　(ㄴ) ㉠ 부모가 3년 이상 자녀에 대한 부양의무를 이행하지 아니한 경우, ㉡ 부모가 자녀를 학대 또는 유기하거나 그 밖에 자녀의 복리를 현저히 해친 경우에는 가정법원은 부모가 동의를 거부하더라도 입양의 허가를 할 수 있다. 이 경우 가정법원은 부모를 심문하여야 한다(제870조 제2항).

③ 동의의 철회　부모가 입양에 동의한 후에도 가정법원의 입양허가가 있기 전까지 언제든지 동의를 철회하여 입양을 저지할 수 있다(제870조 제3항).

④ 위반의 효과　부모의 동의를 받지 아니하고 입양신고가 된 경우에는 입양취소사유가 된다(제884조 제1항 제1호).

(4) 성년자입양에 대한 부모의 동의

> □ 제871조 (성년자 입양에 대한 부모의 동의) ① ==양자가 될 사람이 성년인 경우에는 부모의 동의를 받아야 한다.== [23 변호사] [19(3) 변모] [14 사시] [22 법세] 다만, 부모의 소재를 알 수 없는 등의 사유로 동의를 받을 수 없는 경우에는 그러하지 아니하다.
> ② 가정법원은 부모가 정당한 이유 없이 동의를 거부하는 경우에 양부모가 될 사람이나 양자가 될 사람의 청구에 따라 부모의 동의를 갈음하는 심판을 할 수 있다. 이 경우 가정법원은 부모를 심문하여야 한다. [23 변호사]

(5) 피성년후견인의 입양

> ☐ 제873조 (피성년후견인의 입양) ① 피성년후견인은 성년후견인의 동의를 받아 입양을 할 수 있고 양자가 될 수 있다. [14 사시] [13 법세]
> ② 피성년후견인이 입양을 하거나 양자가 되는 경우에는 제867조를 준용한다.
> ③ 가정법원은 성년후견인이 정당한 이유 없이 제1항에 따른 동의를 거부하거나 피성년후견인의 부모가 정당한 이유 없이 제871조제1항에 따른 동의를 거부하는 경우에 그 동의가 없어도 입양을 허가할 수 있다. 이 경우 가정법원은 성년후견인 또는 부모를 심문하여야 한다.

① **가정법원의 허가** 피성년후견인을 입양하는 경우에는 가정법원의 허가를 받아야 한다. 개정 전 민법에 후견인의 동의만 있으면 가정법원의 관여 없이 입양을 하거나 양자가 될 수 있었으나, 국가의 후견적 감독을 강화하기 위하여 가정법원의 허가를 받도록 개정하였다.

② **성년후견인의 동의 및 부모의 동의** 피성년후견인이 양자가 되기 위해서는 성년후견인의 동의를 받아야 하고, 나아가 제871조에 따라 부모의 동의를 받아야 한다. 성년후견인이나 피성년후견인의 부모가 정당한 이유 없이 동의를 거부하는 경우에는 가정법원은 그 동의가 없어도 입양을 허가할 수 있다. 이 경우 가정법원은 성년후견인 또는 부모를 심문하여야 한다(제873조 제3항).

③ **위반의 효과** 가정법원의 허가 없이 피성년후견인을 입양하는 경우에는 입양은 무효이나, 성년후견인 혹은 부모의 동의가 없는 경우에는 입양취소사유에 해당한다.

(6) 배우자 있는 자가 양자가 되기 위한 요건

> ☐ 제874조 (부부의 공동 입양 등) ① 배우자가 있는 사람은 배우자와 공동으로 입양하여야 한다.
> ② 배우자가 있는 사람은 그 배우자의 동의를 받아야만 양자가 될 수 있다.

(7) 양자가 양친의 존속 또는 연장자가 아닐 것

> ☐ 제877조 (입양의 금지) 존속이나 연장자를 입양할 수 없다.

① **존속이나 연장자의 입양금지** 존속이나 연장자를 입양할 수 없다(제877조). ==양자가 양친의 존속이 아닌 이상 양친의 손자항렬이든 아들항렬이든 상관이 없고,==[43] [23 변호사] [22 법세] ==양친과 양자가 같은 날 태어난 동갑이라도 무방==하다. [22 법세] 또한 양자가 양부와 동성동본일 필요도 없다. 부부공동입양의 경우, 부부 쌍방에 대하여 이 요건이 충족되어야 한다.

② **위반의 효과** 양자가 양친의 존속이거나 연장자인 때에는 입양은 무효가 된다(제883조 제2호).

---

43) 대법원 2021.12.23. 자 2018스5 전원합의체 결정

4. 입양의 형식적 요건

> ☐ **제878조 (입양의 성립)** 입양은 「가족관계의 등록 등에 관한 법률」에서 정한 바에 따라 신고함으로써 그 효력이 생긴다.

> ☐ **제881조 (입양 신고의 심사)** 제866조, 제867조, 제869조부터 제871조까지, 제873조, 제874조, 제877조, 그 밖의 법령을 위반하지 아니한 입양 신고는 수리하여야 한다.

> ☐ **제882조 (외국에서의 입양 신고)** 외국에서 입양 신고를 하는 경우에는 제814조를 준용한다.

> ☐ **제814조 (외국에서의 혼인신고)** ① 외국에 있는 본국민사이의 혼인은 그 외국에 주재하는 대사, 공사 또는 영사에게 신고할 수 있다.
> ② 제1항의 신고를 수리한 대사, 공사 또는 영사는 지체없이 그 신고서류를 본국의 등록기준지를 관할하는 가족관계등록관서에 송부하여야 한다.

① **입양신고**   입양은 가족관계의 등록 등에 관한 법률에서 정한 바에 따라 신고함으로써 성립하고, 그 효력이 생긴다. 입양신고는 창설적 신고이다. 당사자 쌍방의 신고에 의하여 입양을 성립시킬 수 있다. 다만, 양자가 13세 미만으로 법정대리인이 입양을 승낙한 때에는 법정대리인이 신고하여야 한다(가족관계의 등록 등에 관한 법률 제62조 제1항). 한편, 재외국민간의 입양에 대해서는 제814조가 준용된다. 제866조, 제867조, 제869조부터 제871조까지, 제873조, 제874조, 제877조, 그 밖의 법령을 위반하지 아니한 입양 신고는 수리하여야 한다.

② **허위의 친생자 출생신고와 입양의 효력**
(ㄱ) **문제의 소재** : 양친이 입양을 하면서 입양신고를 하지 않고, 양친의 친생자로 출생신고를 하거나 인지신고를 하는 경우가 있다. 이 경우 입양으로서의 효력이 인정되는가가 문제된다.
(ㄴ) **판례**
  ㉠ 당사자 사이에 양친자관계를 성립시키려는 의사가 있고, 기타 입양의 실질적 요건이 구비된 경우에는 입양의 효력을 인정한다.[44] [12 변호사] [20(1) 변모] [22, 16, 13 법세]
  ㉡ 입양의 실질적 요건이 구비되었다고 하기 위해서는 입양의 합의가 있어야 하고, 입양무효사유가 없어야 하며, 양친자로서의 신분적 생활사실이 수반되어야 한다.[45] [12, 20 법행]
  ㉢ 친생자 아닌 자를 자신과 내연관계에 있는 남자의 호적에 자신을 생모로 하는 혼인 외의 자로 출생신고를 한 경우에는 호적상 모로 기재된 자와 호적상 자 사이에 양친자관계가 성립된 것이라고 볼 수 없다고 한다.[46] 법률상 부부가 아닌 사람들이 공동으로 양부모가 되는 것은 허용될 수 없기 때문이다.
(ㄷ) **검토** : 기존의 판례들은 모두 양자법 개정 전의 판례들이다. 가정법원의 입양허가제가 도입되

---

44) 대법원 1977.07.26. 선고 77다492 전원합의체 판결; 대법원 2000.06.09. 선고 99므1633·1640 판결; 대법원 2018.05.15. 선고 2014므4963 판결
45) 대법원 2000.06.09. 선고 99므1633·1640 판결
46) 대법원 1995.01.24. 선고 93므1242 판결

고 입양허가제를 위반한 입양은 무효이므로 친생자 출생신고에 의한 입양의 효력은 개정법 하에서는 인정되기 어렵다. 다만, 양자가 성년자가 된 경우에는 입양의 효력이 인정될 수 있다.

5. 입양의 효력

> 제882조의2 (입양의 효력) ① 양자는 입양된 때부터 양부모의 친생자와 같은 지위를 가진다. [14 사시] [22 법세]
> ② 양자의 입양 전의 친족관계는 존속한다.

① **양자의 성과 본** 양자와 친생부모와의 친족관계가 유지되기 때문에 양자의 성과 본은 변경되지 않는다. 양자가 양부모의 성과 본을 따르기 위해서는 제781조 제6항에 의하여 가정법원의 허가를 받아 성과 본을 변경하여야 한다.

② **양친족관계의 발생** 양자는 입양된 때부터 양부모의 친생자와 같은 지위를 가진다(제882조의2 제1항). 따라서 입양된 때부터 양자와 양부모의 혈족·인척과 친족관계가 발생한다. 또한 양자와 양부모 및 그 혈족 사이에 부양·상속관계가 발생한다.

③ **양부모가 입양 후 이혼한 경우** 양부와 양모는 모두 입양의 당사자이므로 양부모가 이혼하더라도 법정혈족관계는 유지된다.[47] [18(1), 18(2), 19(3) 변모]

④ **친생부모의 친권소멸** 양부모가 양자의 친권자가 되므로 입양이 된 때부터 친생부모의 친권은 소멸한다.

⑤ **생가친족관계의 존속** 양자의 입양 전의 친족관계는 존속한다(제882조의2 제2항). 따라서 입양에 의하여 종래의 친족관계가 영향을 받는 것은 아니다. 그러나 친양자 입양의 경우에는 입양 전의 친족관계는 친양자 입양이 확정된 때에 종료한다(제908조의3 제2항).

Ⅲ 입양의 무효와 취소

1. 입양의 무효

> 제883조 (입양 무효의 원인) 다음 각 호의 어느 하나에 해당하는 입양은 무효이다.
> 1. 당사자 사이에 입양의 합의가 없는 경우
> 2. 제867조제1항(제873조제2항에 따라 준용되는 경우를 포함한다), 제869조제2항, 제877조를 위반한 경우

① **입양무효원인** ㉠당사자 사이에 입양의 합의가 없는 경우, ㉡가정법원의 입양허가제를 위반한 경우, ㉢13세 미만의 미성년자를 입양함에 있어 법정대리인의 승낙이 없는 경우, ㉣양자가 존속이거나 연장자인 경우에는 입양은 무효이다.

② **무효행위의 추인** 친생자출생신고 당시 입양의 실질적 요건을 갖추지 못하여 입양신고로서의 효력이 생기지 않더라도 그 후 입양의 실질적 요건이 갖추어지면 친생자출생신고는 소급

---

[47] 대법원 2001.05.24. 선고 2000므1493 전원합의체 판결

적으로 입양신고로서의 효력을 가지게 된다. 즉 무효인 입양이라고 하더라도 이를 알면서 실질적인 양친자관계를 유지하고 있다면 소급적 추인을 인정한다.

2. 입양의 취소

> 제884조 (입양 취소의 원인) ① 입양이 다음 각 호의 어느 하나에 해당하는 경우에는 가정법원에 그 취소를 청구할 수 있다.
> 1. 제866조, 제869조제1항, 같은 조 제3항제2호, 제870조제1항, 제871조제1항, 제873조제1항, 제874조를 위반한 경우
> 2. 입양 당시 양부모와 양자 중 어느 한쪽에게 악질(惡疾)이나 그 밖에 중대한 사유가 있음을 알지 못한 경우
> 3. 사기 또는 강박으로 인하여 입양의 의사표시를 한 경우
> ② 입양 취소에 관하여는 제867조제2항을 준용한다.

> 제885조 (입양 취소 청구권자) 양부모, 양자와 그 법정대리인 또는 직계혈족은 제866조를 위반한 입양의 취소를 청구할 수 있다.

> 제886조 (입양 취소 청구권자) 양자나 동의권자는 제869조제1항, 같은 조 제3항제2호, 제870조제1항을 위반한 입양의 취소를 청구할 수 있고, 동의권자는 제871조제1항을 위반한 입양의 취소를 청구할 수 있다.

> 제887조 (입양 취소 청구권자) 피성년후견인이나 성년후견인은 제873조제1항을 위반한 입양의 취소를 청구할 수 있다.

> 제888조 (입양 취소 청구권자) 배우자는 제874조를 위반한 입양의 취소를 청구할 수 있다.

> 제889조 (입양 취소 청구권의 소멸) 양부모가 성년이 되면 제866조를 위반한 입양의 취소를 청구하지 못한다.

> 제891조 (입양 취소 청구권의 소멸) ① 양자가 성년이 된 후 3개월이 지나거나 사망하면 제869조제1항, 같은 조 제3항제2호, 제870조제1항을 위반한 입양의 취소를 청구하지 못한다.
> ② 양자가 사망하면 제871조제1항을 위반한 입양의 취소를 청구하지 못한다.

> 제893조 (입양 취소 청구권의 소멸) 성년후견개시의 심판이 취소된 후 3개월이 지나면 제873조제1항을 위반한 입양의 취소를 청구하지 못한다.

> 제894조 (입양 취소 청구권의 소멸) 제869조제1항, 같은 조 제3항제2호, 제870조제1항, 제871조제1항, 제873조제1항, 제874조를 위반한 입양은 그 사유가 있음을 안 날부터 6개월, 그 사유가 있었던 날부터 1년이 지나면 그 취소를 청구하지 못한다.

> 제896조 (입양 취소 청구권의 소멸) 제884조제1항제2호에 해당하는 사유가 있는 입양은 양부모와 양자 중 어느 한 쪽이 그 사유가 있음을 안 날부터 6개월이 지나면 그 취소를 청구하지 못한다.

> □ 제897조 (준용규정) 입양의 무효 또는 취소에 따른 손해배상책임에 관하여는 제806조를 준용하고, 사기 또는 강박으로 인한 입양 취소 청구권의 소멸에 관하여는 제823조를 준용하며, 입양 취소의 효력에 관하여는 제824조를 준용한다.

> □ 제823조 (사기, 강박으로 인한 혼인취소청구권의 소멸) 사기 또는 강박으로 인한 혼인은 사기를 안 날 또는 강박을 면한 날로부터 3월을 경과한 때에는 그 취소를 청구하지 못한다.

(1) 의의 및 성질
① **의의** 입양취소란 입양신고에 의하여 입양이 성립하였으나, 입양에 법이 정한 취소사유가 있는 경우, 법이 정한 취소권자의 청구에 의한 가정법원의 판결에 따라 장래를 향하여 입양의 효력을 소멸시키는 것을 말한다.
② **입양취소청구소송의 성질** 입양취소청구사건은 가사소송 나류사건으로 조정이 전치된다.

(2) 취소원인, 취소청구권자 및 취소청구권의 행사기간
① **미성년자가 입양을 한 경우**
  (ㄱ) **취소청구권자**: 양부모, 양자와 그 법정대리인 또는 직계혈족은 취소를 청구할 수 있다.
  (ㄴ) **취소청구권의 행사기간**: 양부모가 성년이 되면 입양의 취소를 청구하지 못한다.
② **13세 이상의 미성년자가 법정대리인의 동의 없이 입양을 승낙한 경우**
  (ㄱ) **취소원인**: 13세 이상의 미성년자가 법정대리인의 동의를 받지 않고 가정법원의 입양허가를 받아 입양신고를 한 경우에 입양취소사유가 된다. 다만, 가정법원은 예외적으로 ㉠법정대리인이 정당한 이유 없이 동의를 거부하거나, ㉡법정대리인의 소재를 알 수 없는 등의 사유로 동의를 받을 수 없는 경우에는 법정대리인의 동의가 없더라도 입양허가를 할 수 있고, 이 경우에는 입양취소사유에 해당하지 않는다. 한편, 법정대리인이 부모인 경우, 법정대리인이 정당한 이유 없이 동의를 거부한다고 하기 위해서는 부모가 3년 이상 자녀에 대한 부양의무를 이행하지 아니한 경우이거나 부모가 자녀를 학대 또는 유기하거나 그 밖에 자녀의 복리를 현저히 해친 경우여야 한다.
  (ㄴ) **취소청구권자**: 양자 또는 동의권자인 법정대리인은 입양의 취소를 청구할 수 있다.
  (ㄷ) **취소청구권의 행사기간**: 양자가 성년이 된 후 3개월이 지나거나 양자가 사망한 경우에는 취소청구권이 소멸한다. 또한 취소청구권자가 그 사유가 있음을 안 날부터 6개월, 그 사유가 있었던 날부터 1년이 지나면 취소청구권은 소멸한다.
③ **양자가 될 미성년자가 그 부모의 동의를 받지 않은 경우**
  (ㄱ) **취소원인**: 양자가 될 미성년자가 부모의 동의를 받지 않은 경우에는 입양취소사유가 된다. 다만, 부모의 동의 없더라도 ㉠부모가 법정대리인으로서 동의나 승낙을 한 경우, ㉡부모가 친권상실의 선고를 받은 경우, ㉢부모의 소재를 알 수 없는 등의 사유로 동의를 받을 수 없는 경우에 해당하면 입양취소사유가 되지 않는다. 가정법원은 부모가 동의를 거부하더라도 ㉠부모가 3년 이상 자녀에 대한 부양의무를 이행하지 아니한 경우이거나 ㉡부모가 자녀를

학대 또는 유기하거나 그 밖에 자녀의 복리를 현저히 해친 경우에는 입양을 허가할 수 있고, 이 경우에는 입양취소사유가 되지 않는다.
- (ㄴ) **취소청구권자** : 양자 또는 동의권자인 부모가 취소를 청구할 수 있다.
- (ㄷ) **취소청구권의 행사기간** : 양자가 성년이 된 후 3개월이 지나거나 양자가 사망한 경우에는 취소청구권이 소멸한다. 또한 취소청구권자가 그 사유가 있음을 안 날부터 6개월, 그 사유가 있었던 날부터 1년이 지나면 취소청구권은 소멸한다.

④ **양자가 될 성년자가 그 부모의 동의를 받지 않은 경우**
- (ㄱ) **취소원인** : 양자가 될 성년자가 그 부모의 동의를 받지 아니한 경우에는 입양취소사유가 된다. 다만, 부모의 소재를 알 수 없는 등의 사유로 동의를 받을 수 없는 경우에는 비록 동의를 받지 아니하더라도 입양취소사유가 되지 않는다. 가정법원은 부모가 정당한 이유 없이 동의를 거부하는 경우에 양부모가 될 사람이나 양자가 될 사람의 청구에 따라 부모의 동의를 갈음하는 심판을 할 수 있다. 이 경우 가정법원은 부모를 심문하여야 한다.
- (ㄴ) **취소청구권자** : 동의권자인 부모는 입양의 취소를 청구할 수 있다.
- (ㄷ) **취소청구권의 행사기간** : 양자가 사망하면 취소청구권은 소멸한다. 또한 취소청구권자가 그 사유가 있음을 안 날부터 6개월, 그 사유가 있었던 날부터 1년이 지나면 취소청구권은 소멸한다.

⑤ **피성년후견인이 성년후견인의 동의 없이 입양을 하거나 양자가 된 경우**
- (ㄱ) **취소원인** : 피성년후견인이 성년후견인의 동의를 받지 아니하고 입양을 한 경우이거나 피성년후견인이 성년후견인의 동의를 받지 아니하고 양자가 된 경우에는 입양취소사유가 된다. 다만, 성년후견인이 정당한 이유 없이 동의를 거부하는 경우 가정법원은 그 동의가 없어도 입양을 허가할 수 있다. 이 경우 가정법원은 성년후견인을 심문하여야 한다.
- (ㄴ) **취소청구권자** : 피성년후견인이나 성년후견인은 입양의 취소를 청구할 수 있다.
- (ㄷ) **취소청구권의 행사기간** : 성년후견개시심판이 취소된 후 3개월이 지나면 취소청구권은 소멸한다. 또한 취소청구권자가 그 사유가 있음을 안 날부터 6개월, 그 사유가 있었던 날부터 1년이 지나면 취소청구권은 소멸한다.

⑥ **부부공동입양을 위반하거나 배우자의 동의 없이 양자가 된 경우**
- (ㄱ) **취소청구권자** : 배우자는 입양의 취소를 청구할 수 있다.
- (ㄴ) **취소청구권의 행사기간** : 취소청구권자가 그 사유가 있음을 안 날부터 6개월, 그 사유가 있었던 날부터 1년이 지나면 취소청구권은 소멸한다.

⑦ **악질이나 그 밖에 중대한 사유가 있음을 알지 못한 경우**
- (ㄱ) **취소원인** : 입양 당시 양부모와 양자 중 어느 한 쪽에게 악질이나 그 밖에 중대한 사유가 있음을 알지 못한 경우 입양취소사유가 된다.
- (ㄴ) **취소청구권자** : 선의의 상대방은 입양의 취소를 청구할 수 있다.
- (ㄷ) **취소청구권의 행사기간** : 그 사유가 있음을 안 날부터 6개월이 지나면 취소청구권은 소멸한다.

⑧ **사기·강박으로 입양의 의사표시를 한 경우**   사기·강박으로 입양의 의사표시를 한 당사자

는 입양의 취소를 청구할 수 있지만, 사기를 안 날 또는 강박을 면한 날로부터 3월을 경과하면 취소청구권은 소멸한다.

3. 입양의 무효·취소의 효과

☐ **제897조 (준용규정)** 입양의 무효 또는 취소에 따른 손해배상책임에 관하여는 제806조를 준용하고, 사기 또는 강박으로 인한 입양 취소 청구권의 소멸에 관하여는 제823조를 준용하며, 입양 취소의 효력에 관하여는 제824조를 준용한다.

☐ **제824조 (혼인취소의 효력)** 혼인의 취소의 효력은 기왕에 소급하지 아니한다.

☐ **제806조 (약혼해제와 손해배상청구권)** ① 약혼을 해제한 때에는 당사자일방은 과실있는 상대방에 대하여 이로 인한 손해의 배상을 청구할 수 있다.
② 전항의 경우에는 재산상 손해외에 정신상 고통에 대하여도 손해배상의 책임이 있다.
③ 정신상 고통에 대한 배상청구권은 양도 또는 승계하지 못한다. 그러나 당사자간에 이미 그 배상에 관한 계약이 성립되거나 소를 제기한 후에는 그러하지 아니하다.

III 파양

1. 협의상 파양

☐ **제898조 (협의상 파양)** 양부모와 양자는 협의하여 파양(罷養)할 수 있다. 다만, 양자가 미성년자 또는 피성년후견인인 경우에는 그러하지 아니하다. [19(3) 변모] [14 사시]

☐ **제902조 (피성년후견인의 협의상 파양)** 피성년후견인인 양부모는 성년후견인의 동의를 받아 파양을 협의할 수 있다. [23 변호사]

☐ **제903조 (파양 신고의 심사)** 제898조, 제902조, 그 밖의 법령을 위반하지 아니한 파양 신고는 수리하여야 한다.

☐ **제904조 (준용규정)** 사기 또는 강박으로 인한 파양 취소 청구권의 소멸에 관하여는 제823조를 준용하고, 협의상 파양의 성립에 관하여는 제878조를 준용한다.

☐ **제823조 (사기, 강박으로 인한 혼인취소청구권의 소멸)** 사기 또는 강박으로 인한 혼인은 사기를 안 날 또는 강박을 면한 날로부터 3월을 경과한 때에는 그 취소를 청구하지 못한다.

☐ **제878조 (입양의 성립)** 입양은 「가족관계의 등록 등에 관한 법률」에서 정한 바에 따라 신고함으로써 그 효력이 생긴다.

(1) 요건

① **파양의사의 합치** 당사자 사이에 파양에 관한 합의가 있어야 한다. 파양의사란 양친자관계를 실질적으로 해소하고자 하는 의사를 말한다. 가장파양은 무효이다. 또한 파양합의에는 조건이나 기한을 붙일 수 없다.

② **양자가 미성년자이거나 피성년후견인인 경우** 개정 전 민법에 따르면, 미성년자나 금치산자라고 하더라도 일정한 자의 동의를 얻어 협의파양으로 양친자관계를 해소할 수 있었다. 이는 파양 후 제한능력자를 제대로 보호하지 못하는 문제를 남길 수 있었다. 현행법은 양자가 미성년자이거나 피성년후견인인 경우에는 협의상 파양에 의하여 양친자관계를 해소하지 못하도록 제한하였고, 오로지 재판상 파양만을 인정하고 있다. [19(3) 변모]

③ **양부모가 피성년후견인인 경우** 피성년후견인인 양부모는 성년후견인의 동의를 받아 파양을 협의할 수 있다(제902조).

④ **부부공동입양의 경우 파양합의** 부부공동입양의 경우에는 파양도 양부모가 공동으로 하여야 하나, 부부의 일방이 사망하거나 이혼 등으로 공동파양이 불가능한 때에는 부부의 일방이 단독으로 파양할 수 있다. 판례는 양부가 사망하고 난 후에는 부부공동파양이 적용될 수 없다는 점을 전제로 양모가 양부를 대신하여 파양청구에 갈음하는 친생자관계부존재확인의 소를 제기한 사안에서 확인의 이익이 없다고 하였다.[48] [23 변호사] [20(1), 19(3), 18(2) 변모] [16 법세]

⑤ **파양신고** 가족관계의 등록 등에 관한 법률이 정한 바에 따라 신고함으로써 협의상 파양의 효력이 생긴다.

(2) 협의파양의 무효와 취소

① **협의파양 무효** 민법에 규정은 없으나, 혼인무효 등에서와 마찬가지로 파양의 합의가 없는 때에는 협의파양은 무효이다.

② **협의파양 취소** 사기나 강박으로 인한 파양의 경우, 가정법원에 그 취소를 청구할 수 있다. 취소청구권은 사기를 안 날 또는 강박을 면한 날부터 3월내에 행사되어야 한다. 협의이혼 취소와 마찬가지로 협의파양의 취소에는 소급효가 인정된다. [13 사시]

2. 재판상 파양

(1) 재판상 파양원인

> □ **제905조 (재판상 파양의 원인)** 양부모, 양자 또는 제906조에 따른 청구권자는 다음 각 호의 어느 하나에 해당하는 경우에는 가정법원에 파양을 청구할 수 있다.
> 1. 양부모가 양자를 학대 또는 유기하거나 그 밖에 양자의 복리를 현저히 해친 경우
> 2. 양부모가 양자로부터 심히 부당한 대우를 받은 경우
> 3. 양부모나 양자의 생사가 3년 이상 분명하지 아니한 경우
> 4. 그 밖에 양친자관계를 계속하기 어려운 중대한 사유가 있는 경우

---

[48] 대법원 2001.08.21. 선고 99므2230 판결

① 재판상 파양원인의 개정
  (ㄱ) 개정 전 민법이 규정하고 있는 재판상 파양원인 중에서 ㉠ 가족의 명예를 오독하거나 재산을 경도한 중대한 과실이 있는 때, ㉡ 직계존속이 혹은 직계존속으로부터 심히 부당한 대우를 받았을 때는 시대에 뒤떨어진 것으로 삭제하였다.
  (ㄴ) 한편 양부모의 이익에 치우친 양자의 생사가 3년 이상 분명하지 아니한 경우를 양부모나 양자의 생사가 3년 이상 분명하지 아니한 경우로 균형 있게 바로잡았다.

② 구체적인 파양원인
  (ㄱ) **양자를 위한 파양사유** : 양부모가 양자를 학대 또는 유기하거나 그 밖에 양자의 복리를 현저히 해친 경우
  (ㄴ) **양부모를 위한 파양사유** : 양부모가 양자로부터 심히 부당한 대우를 받은 경우
  (ㄷ) **생사불명의 경우** : 양부모나 양자의 생사가 3년 이상 분명하지 아니한 경우
  (ㄹ) **추상적 파양원인** : 그 밖에 양친자관계를 계속하기 어려운 중대한 사유가 있는 경우

(2) 재판상 파양절차

> □ **제906조 (파양 청구권자)** ① 양자가 13세 미만인 경우에는 제869조제2항에 따른 승낙을 한 사람이 양자를 갈음하여 파양을 청구할 수 있다. 다만, 파양을 청구할 수 있는 사람이 없는 경우에는 제777조에 따른 양자의 친족이나 이해관계인이 가정법원의 허가를 받아 파양을 청구할 수 있다.
> ② 양자가 13세 이상의 미성년자인 경우에는 제870조제1항에 따른 동의를 한 부모의 동의를 받아 파양을 청구할 수 있다. 다만, 부모가 사망하거나 그 밖의 사유로 동의할 수 없는 경우에는 동의 없이 파양을 청구할 수 있다. [23 변호사]
> ③ 양부모나 양자가 피성년후견인인 경우에는 성년후견인의 동의를 받아 파양을 청구할 수 있다. [23 변호사]
> ④ 검사는 미성년자나 피성년후견인인 양자를 위하여 파양을 청구할 수 있다. [23 변호사]

> □ **제907조(파양 청구권의 소멸)** 파양 청구권자는 제905조제1호·제2호·제4호의 사유가 있음을 안 날부터 6개월, 그 사유가 있었던 날부터 3년이 지나면 파양을 청구할 수 없다.

① 파양청구권자
  (ㄱ) **원칙** : 파양청구권자는 원칙적으로 ==양부모와 양자에 한정==된다. 양조부는 재판상 파양청구권이 없다.[49]
  (ㄴ) **양자가 13세 미만인 경우** : ==입양승낙을 한 법정대리인==이 양자에 갈음하여 파양청구권자가 된다. 다만, 입양승낙을 한 법정대리인이 없는 때에는 ==양자의 친족이나 이해관계인==이 가정법원의 허가를 받아 파양청구를 할 수 있다. 또한 ==검사==도 양자를 위하여 파양청구를 할 수 있다.
  (ㄷ) **양자가 13세 이상의 미성년자인 경우** : 입양동의를 한 부모의 동의를 받아 ==양자==가 파양을 청구할 수 있다. 다만, 부모가 사망하거나 그 밖의 사유로 동의할 수 없는 경우에는 동의

---

[49] 대법원 1983.09.13. 선고 83므16 판결

없이 파양을 청구할 수 있다. 또한 검사도 양자를 위하여 파양청구를 할 수 있다.
(ㄹ) **양부모나 양자가 피성년후견인인 경우** : 양부모나 양자는 성년후견인의 동의를 받아 파양을 청구할 수 있다. 또한 검사는 피성년후견인인 양자를 위하여 파양을 청구할 수 있다.

② **파양청구권의 소멸**   양부모나 양자의 생사가 3년 이상 분명하지 아니한 경우를 이유로 하는 파양청구는 언제든지 제기할 수 있다. 그러나 기타 사유로 인한 파양청구는 그 사유가 있음을 안 날부터 6개월, 그 사유가 있었던 날부터 3년이 지나면 파양을 청구할 수 없다.

(3) 파양의 효과

> ☐ **제908조 (준용규정)** 재판상 파양에 따른 손해배상책임에 관하여는 제806조를 준용한다.

> ☐ **제806조 (약혼해제와 손해배상청구권)** ① 약혼을 해제한 때에는 당사자일방은 과실있는 상대방에 대하여 이로 인한 손해의 배상을 청구할 수 있다.
> ② 전항의 경우에는 재산상 손해외에 정신상 고통에 대하여도 손해배상의 책임이 있다.
> ③ 정신상 고통에 대한 배상청구권은 양도 또는 승계하지 못한다. 그러나 당사자간에 이미 그 배상에 관한 계약이 성립되거나 소를 제기한 후에는 그러하지 아니하다.

Ⅳ 친양자

1. 친양자제도의 의의

① **개념**   친양자란 가정법원의 재판에 의하여 양친의 혼인 중의 출생자로 의제되어 생가의 친족관계가 단절되는 양자를 말한다.
② **법적 성질**   양자는 입양의 효과면에서 볼 때 불완전양자와 완전양자로 나누어 볼 수 있다. 불완전양자제도는 양자와 생부모의 관계가 단절되지 않는 반면에 완전양자제도는 생가부모와의 친족관계가 단절되고 파양도 불가능하다. 개정민법에 의하여 도입된 친양자는 완전양자제도에 유사한 성질을 가지고 있다.

2. 친양자입양의 요건

> ☐ **제908조의2 (친양자 입양의 요건 등)** ① 친양자(親養子)를 입양하려는 사람은 다음 각 호의 요건을 갖추어 가정법원에 친양자 입양을 청구하여야 한다.
> 1. 3년 이상 혼인 중인 부부로서 공동으로 입양할 것. 다만, 1년 이상 혼인 중인 부부의 한쪽이 그 배우자의 친생자를 친양자로 하는 경우에는 그러하지 아니하다.
> 2. 친양자가 될 사람이 미성년자일 것 [14 변호사]
> 3. 친양자가 될 사람의 친생부모가 친양자 입양에 동의할 것. 다만, 부모가 친권상실의 선고를 받거나 소재를 알 수 없거나 그 밖의 사유로 동의할 수 없는 경우에는 그러하지 아니하다. [14 변호사]
> 4. 친양자가 될 사람이 13세 이상인 경우에는 법정대리인의 동의를 받아 입양을 승낙할 것 [14 변호사]

> 5. 친양자가 될 사람이 13세 미만인 경우에는 법정대리인이 그를 갈음하여 입양을 승낙할 것 [14 변호사]
> ② 가정법원은 다음 각 호의 어느 하나에 해당하는 경우에는 제1항제3호·제4호에 따른 동의 또는 같은 항 제5호에 따른 승낙이 없어도 제1항의 청구를 인용할 수 있다. 이 경우 가정법원은 동의권자 또는 승낙권자를 심문하여야 한다.
>   1. 법정대리인이 정당한 이유 없이 동의 또는 승낙을 거부하는 경우. 다만, 법정대리인이 친권자인 경우에는 제2호 또는 제3호의 사유가 있어야 한다.
>   2. 친생부모가 자신에게 책임이 있는 사유로 3년 이상 자녀에 대한 부양의무를 이행하지 아니하고 면접교섭을 하지 아니한 경우 [14 변호사] [15 사시]
>   3. 친생부모가 자녀를 학대 또는 유기하거나 그 밖에 자녀의 복리를 현저히 해친 경우
> ③ 가정법원은 친양자가 될 사람의 복리를 위하여 그 양육상황, 친양자 입양의 동기, 양부모의 양육능력, 그 밖의 사정을 고려하여 친양자 입양이 적당하지 아니하다고 인정하는 경우에는 제1항의 청구를 기각할 수 있다.

① **양친에 관한 요건** 친양자를 입양하려는 사람은 ==3년 이상 혼인 중인 부부로서 공동으로 입양하여야== 한다. 다만, ==1년 이상 혼인 중인 부부의 한쪽이 그 배우자의 친생자를 친양자로 하는 경우에는 단독으로 입양할 수== 있다.

② **친양자에 관한 요건** 친양자가 될 사람은 미성년자여야 한다. 개정 전에는 친양자로 될 사람은 15세 미만이어야 하는데, 재혼가정의 경우 연령제한으로 친양자 입양을 하지 못하는 사례가 있어 문제였다. 현행법은 친양자 입양의 연령 제한을 완화하여 ==친양자가 될 사람이 미성년자이면 친양자 입양을 할 수== 있도록 하였다.

③ **친생부모의 동의** 친양자가 될 사람의 친생부모가 입양에 동의하여야 한다. 다만, 부모가 친권상실의 선고를 받거나 소재를 알 수 없거나 그 밖의 사유로 동의할 수 없는 경우에는 그러하지 아니하다. 이를 위반하면 친양자 입양의 취소사유에 해당한다.

④ **법정대리인의 동의 또는 승낙이 있을 것** 친양자가 될 사람이 13세 이상인 경우에는 법정대리인의 동의를 받아 입양을 승낙하여야 하고, 친양자가 될 사람이 13세 미만인 경우에는 법정대리인이 그를 갈음하여 입양을 승낙하여야 한다.

⑤ **친생부모 혹은 법정대리인의 동의나 승낙 없이 친양자 입양이 가능한 경우** ㉠ 법정대리인이 정당한 이유 없이 동의 또는 승낙을 거부하는 경우, ㉡ 친생부모가 자신에게 책임이 있는 사유로 3년 이상 자녀에 대한 부양의무를 이행하지 아니하고 면접교섭을 하지 아니한 경우, ㉢ 친생부모가 자녀를 학대 또는 유기하거나 그 밖에 자녀의 복리를 현저히 해친 경우 중 하나에 해당하여야 한다. 법정대리인이 친권자인 경우에는 ㉡이나 ㉢의 사유가 있어야 한다. 가정법원이 동의 또는 승낙 없이 친양자 입양청구를 인용하는 때에는 가정법원은 동의권자 또는 승낙권자를 심문하여야 한다.

⑥ **절차적 요건** 친양자를 입양하려는 사람은 가정법원에 친양자의 입양을 청구하여야 한다. 가정법원은 친양자가 될 사람의 복리를 위하여 그 양육상황, 친양자 입양의 동기, 양친의 양육능력 그 밖의 사정을 고려하여 친양자 입양이 적당하지 아니하다고 인정되는 경우에는 친양자 입양 청구를 기각할 수 있다.

3. 친양자입양의 효력

> ☐ 제908조의3 (친양자 입양의 효력) ① 친양자는 부부의 혼인중 출생자로 본다. [15 사세]
> ② 친양자의 입양 전의 친족관계는 제908조의2제1항의 청구에 의한 친양자 입양이 확정된 때에 종료한다. [12 법세] 다만, 부부의 일방이 그 배우자의 친생자를 단독으로 입양한 경우에 있어서의 배우자 및 그 친족과 친생자간의 친족관계는 그러하지 아니하다.

> ☐ 제908조의8 (준용규정) 친양자에 관하여 이 관에 특별한 규정이 있는 경우를 제외하고는 그 성질에 반하지 아니하는 범위 안에서 양자에 관한 규정을 준용한다.

① **혼인 중의 자의 지위취득** 가정법원에 의한 친양자 입양이 확정된 때에 친양자는 혼인 중 출생자로 의제된다. 반드시 입양신고가 있어야 하는 것은 아니다. 친양자 입양에 소급효가 인정되는지는 문제이나 친양자 입양 전의 친족관계는 친양자 입양의 확정에 의하여 비로소 종료되므로 친양자 입양에 소급효가 인정되지 않는다고 해석하여야 한다.

② **생가와의 친족관계 단절** 친양자의 입양 전의 친족관계는 친양자 입양이 확정된 때에 종료한다. [13 사세] 친양자는 양부의 성과 본을 따른다. [15 사세] 다만, 부부의 일방이 그 배우자의 친생자를 단독으로 입양한 경우에 있어서의 배우자 및 그 친족과 친생자간의 친족관계는 그러하지 아니하다.

4. 친양자 입양의 취소

> ☐ 제908조의4 (친양자 입양의 취소 등) ① 친양자로 될 사람의 친생(親生)의 아버지 또는 어머니는 자신에게 책임이 없는 사유로 인하여 제908조의2제1항제3호 단서에 따른 동의를 할 수 없었던 경우에 친양자 입양의 사실을 안 날부터 6개월 안에 가정법원에 친양자 입양의 취소를 청구할 수 있다.
> ② 친양자 입양에 관하여는 제883조, 제884조를 적용하지 아니한다.

> ☐ 제908조의6 (준용규정) 제908조의2제3항은 친양자 입양의 취소 또는 제908조의5제1항제2호에 따른 파양의 청구에 관하여 이를 준용한다.

> ☐ 908조의7 (친양자 입양의 취소·파양의 효력) ① 친양자 입양이 취소되거나 파양된 때에는 친양자관계는 소멸하고 입양 전의 친족관계는 부활한다.
> ② 제1항의 경우에 친양자 입양의 취소의 효력은 소급하지 아니한다.

① **취소원인** 친양자로 될 사람의 친생의 아버지 또는 어머니는 자신에게 책임이 없는 사유로 인하여 동의를 할 수 없었던 경우 가정법원에 친양자 입양의 취소를 청구할 수 있다. 보통양자의 입양무효 또는 취소원인은 친양자의 입양무효 또는 취소원인이 되지 아니한다. [15 사세]

② **취소권자 및 취소청구권의 행사기간** 친양자 입양에 동의할 수 없었던 부 또는 모가 그 사실을 안 날로부터 6월 내에 가정법원에 친양자 입양의 취소를 청구할 수 있다.

③ **친양자 입양취소의 효력** 친양자 입양취소의 재판이 확정된 때에는 친양자관계는 소멸하고,

입양 전의 친족관계가 부활한다. 그러나 친양자 입양취소의 효력은 소급하지 않는다. [14 변호사] [22 법세] 가정법원은 친양자로 될 자의 복리를 위하여 그 양육상황, 친양자 입양의 동기, 양친의 양육능력 그 밖의 사정을 고려하여 친양자 입양취소가 적당하지 아니하다고 인정되는 경우에는 친양자 입양취소의 청구를 기각할 수 있다.

5. 친양자 입양의 파양

> 제908조의5 (친양자의 파양) ① 양친, 친양자, 친생의 부 또는 모나 검사는 다음 각호의 어느 하나의 사유가 있는 경우에는 가정법원에 친양자의 파양(罷養)을 청구할 수 있다.
> 1. 양친이 친양자를 학대 또는 유기(遺棄)하거나 그 밖에 친양자의 복리를 현저히 해하는 때 [15 사시]
> 2. 친양자의 양친에 대한 패륜(悖倫)행위로 인하여 친양자관계를 유지시킬 수 없게된 때
> ② 제898조 및 제905조의 규정은 친양자의 파양에 관하여 이를 적용하지 아니한다.

> 제908조의6 (준용규정) 제908조의2제2항의 규정은 친양자 입양의 취소 또는 제908조의5제1항제2호의 규정에 의한 파양의 청구에 관하여 이를 준용한다.

> 제908조의7 (친양자 입양의 취소·파양의 효력) ① 친양자 입양이 취소되거나 파양된 때에는 친양자관계는 소멸하고 입양 전의 친족관계는 부활한다.
> ② 제1항의 경우에 친양자 입양의 취소의 효력은 소급하지 아니한다.

① **파양청구권자** 양친, 친양자, 친생의 부 또는 모나 검사가 친양자 파양의 청구권자가 된다.
② **파양원인** ㉠ 양친이 친양자를 학대 또는 유기하거나 그 밖에 친양자의 복리를 현저히 해하는 때, ㉡ 친양자의 양친에 대한 패륜행위로 인하여 친양자관계를 유지시킬 수 없게 된 때에 친양자 입양의 파양을 청구할 수 있다. 보통양자의 파양사유가 되는 협의 및 재판상 파양원인은 친양자 파양의 원인이 되지 아니한다. [13 사시]
③ **파양의 효력** 친양자의 입양이 파양되면 친양자관계는 소멸하고, 친양자 입양 전의 친족관계는 부활한다. 가정법원은 친양자로 될 자의 복리를 위하여 그 양육상황, 친양자 입양의 동기, 양친의 양육능력 그 밖의 사정을 고려하여 친양자 파양이 적당하지 아니하다고 인정되는 경우에는 파양청구를 기각할 수 있다.

제3절 친권

I 서설

① **친권의 의의** 친권은 미성년인 자(子)를 보호하고 교양하기 위하여 부모에게 인정된 권리의무의 총칭이고, 미성년인 자(子)의 양육과 감호 및 재산관리를 적절히 함으로써 자(子)의 복리를 확보하도록 하기 위한 부모의 권리이자 의무의 성격을 갖는 것으로서,[50] 친권의 목적은 자(子)의 복리보호에 있다.

② **법적 성질** 과거에는 친권을 자녀에 대한 어버이의 권리로 이해하였다. 그러나 친권의 목적이 자녀의 복리보호에 있다는 점이 일반적으로 받아들여지고 있는 현재에는 친권을 권리로 이해하더라도 물건에 대한 권리처럼 자녀를 지배하는 권리로 보거나, 부모의 개인적 이익을 위한 권리로 보지는 않는다. 대법원은 친권은 부모의 권리이자 의무의 성격을 갖는 것이라고 판단하고 있다. 참고로 영국에서는 부모로서의 지위는 권리라기보다는 책임의 문제라고 하여 친권을 parental rights라는 말을 parental responsibility라는 말로 바꾸었다.

II 친권자

1. 친권자의 결정과 변경

> ☐ **제909조 (친권자)** ① 부모는 미성년자인 자의 친권자가 된다. 양자의 경우에는 양부모(養父母)가 친권자가 된다.
> ② 친권은 부모가 혼인중인 때에는 부모가 공동으로 이를 행사한다. 그러나 부모의 의견이 일치하지 아니하는 경우에는 당사자의 청구에 의하여 가정법원이 이를 정한다.
> ③ 부모의 일방이 친권을 행사할 수 없을 때에는 다른 일방이 이를 행사한다.
> ④ 혼인외의 자가 인지된 경우와 부모가 이혼하는 경우에는 부모의 협의로 친권자를 정하여야 하고, 협의할 수 없거나 협의가 이루어지지 아니하는 경우에는 가정법원은 직권으로 또는 당사자의 청구에 따라 친권자를 지정하여야 한다. 다만, 부모의 협의가 자(子)의 복리에 반하는 경우에는 가정법원은 보정을 명하거나 직권으로 친권자를 정한다.
> ⑤ 가정법원은 혼인의 취소, 재판상 이혼 또는 인지청구의 소의 경우에는 직권으로 친권자를 정한다.
> ⑥ 가정법원은 자의 복리를 위하여 필요하다고 인정되는 경우에는 자의 4촌 이내의 친족의 청구에 의하여 정하여진 친권자를 다른 일방으로 변경할 수 있다.

(1) 부모가 혼인 중인 경우

① 친생자의 경우

(ㄱ) **친권자가 되는 자** : 부모 쌍방이 자의 친권자가 된다.

---

[50] 대법원 1993.03.04. 자 93스3 결정

(ㄴ) 친권의 공동행사
  ㉠ 부모가 혼인 중인 때에는 부모가 공동으로 친권을 행사한다. 부모의 의견이 일치하지 아니하는 경우에는 당사자의 청구에 의하여 가정법원이 이를 정한다.
  ㉡ 친권을 공동으로 행사한다는 의미는 부모의 의견이 일치하여 친권을 행사하는 것을 말하고, 친권을 행사하는 행위 자체를 공동으로 하여야 한다는 의미는 아니다. 따라서 부모 중 일방이 단독명의로 행위를 하였지만, 다른 일방의 동의를 얻었다면 그러한 친권의 행사는 정당한 것으로 그 행위의 효과는 자(子)에게 발생한다.
  ㉢ 부모의 일방이 사실상·법률상 사유로 친권을 행사할 수 없는 경우에는 단독으로 친권을 행사할 수 있다. [22(2) 변모 사례]
② 양자의 경우 양부모가 양자의 친권자가 된다. 입양이 무효인 경우에는 친생부모가 친권자이나, 입양이 취소되거나 파양된 경우 또는 양부모가 모두 사망한 경우에는 친생부모 일방 또는 쌍방, 미성년자, 미성년자의 친족은 그 사실을 안 날부터 1개월, 입양이 취소되거나 파양된 날 또는 양부모가 모두 사망한 날부터 6개월 내에 가정법원에 친생부모 일방 또는 쌍방을 친권자로 지정할 것을 청구할 수 있다. 다만 친양자의 양부모가 모두 사망한 경우에는 친생부모의 친권이 부활할 여지가 없고 후견이 개시된다.

(2) 부모가 혼인 중이 아닌 경우
  ① 혼인 외의 출생자의 경우
    (ㄱ) 생부에 의하여 인지되지 아니한 경우 : 생모가 친권자가 된다.
    (ㄴ) 생부에 의하여 인지된 경우 : 혼인 외의 출생자가 인지된 경우 생부와 생모가 협의로 친권자를 정하여야 한다. 협의할 수 없거나 협의가 이루어지지 아니하는 경우에는 가정법원은 직권으로 또는 당사자의 청구에 따라 친권자를 지정하여야 한다(제909조 제4항). 다만 부모의 협의가 자의 복리에 반하는 경우에 가정법원은 보정을 명하거나 직권으로 친권자를 정한다.
    (ㄷ) 강제인지의 경우 : 혼인 외의 출생자가 인지청구에 의하여 인지된 경우에는 가정법원이 직권으로 친권자를 결정한다.
  ② 부모가 이혼하거나 혼인이 취소된 경우
    (ㄱ) 협의이혼의 경우 : 부모의 협의로 친권자를 결정하고 협의할 수 없거나 협의가 이루어지지 아니하는 경우에는 가정법원은 직권으로 또는 당사자의 청구에 따라 친권자를 지정하여야 한다. 다만, 부모의 협의가 자(子)의 복리에 반하는 경우에는 가정법원은 보정을 명하거나 직권으로 친권자를 정한다.
    (ㄴ) 부모의 혼인이 취소되거나 재판상 이혼한 경우 : 가정법원이 직권으로 친권자를 정한다.

(3) 친권자의 변경
  가정법원은 자의 복리를 위하여 필요하다고 인정되는 경우에는 자의 4촌 이내의 친족의 청구에 의하여 정하여진 친권자를 다른 일방으로 변경할 수 있다.

2. 친권자 지정청구

> ☐ **제909조의2 (친권자의 지정 등)** ① 제909조제4항부터 제6항까지의 규정에 따라 단독 친권자로 정하여진 부모의 일방이 사망한 경우 생존하는 부 또는 모, 미성년자, 미성년자의 친족은 그 사실을 안 날부터 1개월, 사망한 날부터 6개월 내에 가정법원에 생존하는 부 또는 모를 친권자로 지정할 것을 청구할 수 있다.
> ② 입양이 취소되거나 파양된 경우 또는 양부모가 모두 사망한 경우 친생부모 일방 또는 쌍방, 미성년자, 미성년자의 친족은 그 사실을 안 날부터 1개월, 입양이 취소되거나 파양된 날 또는 양부모가 모두 사망한 날부터 6개월 내에 가정법원에 친생부모 일방 또는 쌍방을 친권자로 지정할 것을 청구할 수 있다. 다만, 친양자의 양부모가 사망한 경우에는 그러하지 아니하다. [16 사시]
> ③ 제1항 또는 제2항의 기간 내에 친권자 지정의 청구가 없을 때에는 가정법원은 직권으로 또는 미성년자, 미성년자의 친족, 이해관계인, 검사, 지방자치단체의 장의 청구에 의하여 미성년후견인을 선임할 수 있다. 이 경우 생존하는 부 또는 모, 친생부모 일방 또는 쌍방의 소재를 모르거나 그가 정당한 사유 없이 소환에 응하지 아니하는 경우를 제외하고 그에게 의견을 진술할 기회를 주어야 한다.
> ④ 가정법원은 제1항 또는 제2항에 따른 친권자 지정 청구나 제3항에 따른 후견인 선임 청구가 생존하는 부 또는 모, 친생부모 일방 또는 쌍방의 양육의사 및 양육능력, 청구 동기, 미성년자의 의사, 그 밖의 사정을 고려하여 미성년자의 복리를 위하여 적절하지 아니하다고 인정하면 청구를 기각할 수 있다. 이 경우 가정법원은 직권으로 미성년후견인을 선임하거나 생존하는 부 또는 모, 친생부모 일방 또는 쌍방을 친권자로 지정하여야 한다.
> ⑤ 가정법원은 다음 각 호의 어느 하나에 해당하는 경우에 직권으로 또는 미성년자, 미성년자의 친족, 이해관계인, 검사, 지방자치단체의 장의 청구에 의하여 제1항부터 제4항까지의 규정에 따라 친권자가 지정되거나 미성년후견인이 선임될 때까지 그 임무를 대행할 사람을 선임할 수 있다. 이 경우 그 임무를 대행할 사람에 대하여는 제25조 및 제954조를 준용한다.
>   1. 단독 친권자가 사망한 경우
>   2. 입양이 취소되거나 파양된 경우
>   3. 양부모가 모두 사망한 경우
> ⑥ 가정법원은 제3항 또는 제4항에 따라 미성년후견인이 선임된 경우라도 미성년후견인 선임 후 양육상황이나 양육능력의 변동, 미성년자의 의사, 그 밖의 사정을 고려하여 미성년자의 복리를 위하여 필요하면 생존하는 부 또는 모, 친생부모 일방 또는 쌍방, 미성년자의 청구에 의하여 후견을 종료하고 생존하는 부 또는 모, 친생부모 일방 또는 쌍방을 친권자로 지정할 수 있다.

① **제도의 취지** 단독친권자가 사망하거나 입양이 해소되거나 양부모가 모두 사망하는 경우 자녀의 복리증진에 관심이 있는지에 관계없이 친생부모가 당연히 친권자가 되는 것은 친권제도의 취지에 부합하지 아니한다. 가정법원의 적극적 개입을 통하여 친생부모가 친권자가 되도록 하거나 미성년후견을 개시하여 미성년자를 보호하는 것이 타당하다는 고려 아래 친권자 지정청구 제도를 도입하였다.

② **단독친권자의 사망으로 인한 친권자지정청구** 단독 친권자로 정하여진 부모의 일방이 사망한 경우 생존하는 부 또는 모, 미성년자, 미성년자의 친족은 그 사실을 안 날부터 1개월, 사망한 날부터 6개월 내에 가정법원에 생존하는 부 또는 모를 친권자로 지정할 것을 청구할 수

있다. 생존친은 당연히 친권자로 되는 것이 아니라 가정법원의 친권자지정심판에 의하여 친권자가 될 수 있다. [17 변호사] 생존친을 친권자로 지정하는 것이 여러 사정에 비추어 미성년자의 복리를 위하여 적절하지 아니하다고 인정되면 가정법원은 직권으로 후견인을 선임하면서 친권자지정청구를 기각할 수 있다(제909조의2 제4항).

③ **입양해소・양부모 모두의 사망으로 인한 친권자지정청구**
   (ㄱ) **보통양자의 경우** : 입양이 취소되거나 파양된 경우 또는 양부모가 모두 사망한 경우 친생부모 일방 또는 쌍방, 미성년자, 미성년자의 친족은 그 사실을 안 날부터 1개월, 입양이 취소되거나 파양된 날 또는 양부모가 모두 사망한 날부터 6개월 내에 가정법원에 친생부모 일방 또는 쌍방을 친권자로 지정할 것을 청구할 수 있다. 친생부모는 가정법원의 심판에 의하여 친권자가 될 수 있다. 친생부모를 친권자로 지정하는 것이 미성년자의 복리를 위하여 적절하지 아니하다고 인정되면 가정법원은 직권으로 후견인을 선임하면서 친권자지정청구를 기각할 수 있다(제909조의2 제4항).
   (ㄴ) **친양자의 경우** : 친양자 입양에서 양부모 모두가 사망하더라도 친생부모로의 친권자지정청구는 허용되지 않는다. 친양자 입양의 경우에는 생가와의 혈족관계가 종료되기 때문이다.

④ **친권자지정청구가 없는 경우** 법이 정한 기간 내에 친권자 지정의 청구가 없을 때에는 가정법원은 직권으로 또는 미성년자, 미성년자의 친족, 이해관계인, 검사, 지방자치단체의 장의 청구에 의하여 미성년후견인을 선임할 수 있다. 이 경우 생존하는 부 또는 모, 친생부모 일방 또는 쌍방의 소재를 모르거나 그가 정당한 사유 없이 소환에 응하지 아니하는 경우를 제외하고 그에게 의견을 진술할 기회를 주어야 한다. 친권자지정 청구기간 내에 청구가 없어서 미성년후견인의 선임이 청구된 경우에도 가정법원은 자녀의 복리를 고려하여 미성년후견인의 선임청구를 기각할 수 있고, 이 경우에 가정법원은 직권으로 생존하는 부 또는 모, 친생부모 일방 또는 쌍방을 친권자로 지정하여야 한다(제909조의2 제4항).

⑤ **후견인의 임무를 대행할 자의 선임** ㉠ 단독친권자가 사망하거나 ㉡ 입양이 취소되거나 파양된 경우, ㉢ 양부모가 모두 사망한 경우, 가정법원은 미성년자에게 법정대리인이 없는 기간이 생기지 않도록 하기 위하여 직권으로 또는 미성년자, 미성년자의 친족, 이해관계인, 검사, 지방자치단체의 장의 청구에 의하여 친권자가 지정되거나 미성년후견인이 선임될 때까지 그 임무를 대행할 사람을 선임할 수 있다(제909조의 2 제5항).

⑥ **미성년후견인이 선임되고 난 후의 친권자지정** 미성년후견인이 선임된 경우라도 미성년자의 복리를 위하여 필요하면 생존하는 부 또는 모, 친생부모 일방 또는 쌍방, 미성년자의 청구에 의하여 후견을 종료하고 생존하는 부 또는 모, 친생부모 일방 또는 쌍방을 친권자로 지정할 수 있다(제909조의2 제5항).

3. 친권자의 능력

> ☐ 제910조 (자의 친권의 대행) 친권자는 그 친권에 따르는 자에 갈음하여 그 자에 대한 친권을 행사한다.

> ☐ 제948조 (미성년자의 친권의 대행) ① 미성년후견인은 미성년자를 갈음하여 미성년자의 자녀에 대한 친권을 행사한다.
> ② 제1항의 친권행사에는 미성년후견인의 임무에 관한 규정을 준용한다.

친권자는 ==행위능력자여야== 한다. 혼인한 미성년자는 성년자로 의제되므로 친권자가 될 수 있으나 미성년자가 혼인 외의 자를 출산한 경우 친권을 행사할 수 없게 된다. 이러한 경우를 대비하여 친권의 대행제도를 마련하였다. 미성년자의 친권자나 미성년후견인은 미성년자가 친권자로 되는 경우에 그 친권을 대행할 수 있다.

4. 친권자의 법적 지위

> ☐ 제911조 (미성년자인 자의 법정대리인) 친권을 행사하는 부 또는 모는 미성년자인 자의 법정대리인이 된다.

5. 친권행사와 친권자지정의 기준

> ☐ 제912조 (친권 행사와 친권자 지정의 기준) ① 친권을 행사함에 있어서는 자의 복리를 우선적으로 고려하여야 한다.
> ② 가정법원이 친권자를 지정함에 있어서는 자(子)의 복리를 우선적으로 고려하여야 한다. 이를 위하여 가정법원은 관련 분야의 전문가나 사회복지기관으로부터 자문을 받을 수 있다.

III 친권의 효력

1. 자의 신분에 관한 친권

> ☐ 제913조 (보호, 교양의 권리의무) 친권자는 자를 보호하고 교양할 권리의무가 있다.

> ☐ 제914조 (거소지정권) 자는 친권자의 지정한 장소에 거주하여야 한다.

> ☐ 제915조 (징계권) 친권자는 그 자를 보호 또는 교양하기 위하여 필요한 징계를 할 수 있고 법원의 허가를 얻어 감화 또는 교정기관에 위탁할 수 있다.

2. 자의 재산에 관한 친권

(1) 재산관리권

> ☐ **제916조 (자의 특유재산과 그 관리)** 자가 자기의 명의로 취득한 재산은 그 특유재산으로 하고 법정대리인인 친권자가 이를 관리한다.

> ☐ **제918조 (제3자가 무상으로 자에게 수여한 재산의 관리)** ① 무상으로 자에게 재산을 수여한 제3자가 친권자의 관리에 반대하는 의사를 표시한 때에는 친권자는 그 재산을 관리하지 못한다.
> ② 전항의 경우에 제3자가 그 재산관리인을 지정하지 아니한 때에는 법원은 재산의 수여를 받은 자 또는 제777조의 규정에 의한 친족의 청구에 의하여 관리인을 선임한다.
> ③ 제3자의 지정한 관리인의 권한이 소멸하거나 관리인을 개임할 필요 있는 경우에 제3자가 다시 관리인을 지정하지 아니한 때에도 전항과 같다.
> ④ 제24조제1항, 제2항, 제4항, 제25조 전단 및 제26조제1항, 제2항의 규정은 전2항의 경우에 준용한다.

> ☐ **제919조 (위임에 관한 규정의 준용)** 제691조(위임종료시의 긴급처리), 제692조(위임종료의 대항요건)의 규정은 전3조의 재산관리에 준용한다.

> ☐ **제922조 (친권자의 주의의무)** 친권자가 그 자에 대한 법률행위의 대리권 또는 재산관리권을 행사함에는 자기의 재산에 관한 행위와 동일한 주의를 하여야 한다.

> ☐ **제922조의2 (친권자의 동의를 갈음하는 재판)** 가정법원은 친권자의 동의가 필요한 행위에 대하여 친권자가 정당한 이유 없이 동의하지 아니함으로써 자녀의 생명, 신체 또는 재산에 중대한 손해가 발생할 위험이 있는 경우에는 자녀, 자녀의 친족, 검사 또는 지방자치단체의 장의 청구에 의하여 친권자의 동의를 갈음하는 재판을 할 수 있다.

> ☐ **제923조 (재산관리의 계산)** ① 법정대리인인 친권자의 권한이 소멸한 때에는 그 자의 재산에 대한 관리의 계산을 하여야 한다.
> ② 전항의 경우에 그 자의 재산으로부터 수취한 과실은 그 자의 양육, 재산관리의 비용과 상계한 것으로 본다. 그러나 무상으로 자에게 재산을 수여한 제3자가 반대의 의사를 표시한 때에는 그 재산에 관하여는 그러하지 아니하다.

① **자의 특유재산과 관리** 친권에 따르는 자가 그 명의로 취득한 특유재산은 친권자가 관리한다. 관리에는 이용·개량행위 이외에 처분행위도 포함된다. 다만, 처분행위는 관리에 필요한 한도로 한정되어야 한다.

② **친권자의 주의의무의 정도** ==자기 재산에 관한 행위와 동일한 주의==(구체적 과실)로 관리하여야 한다. 이는 선량한 관리자의 주의정도인 후견인의 주의정도보다 낮은 정도이다.

③ **부적당한 관리** 부적당한 재산관리는 재산관리권 상실원인이 될 수 있고, 이로 인하여 자에게 손해를 입힌 경우에는 자에 대한 손해배상책임을 부담하여야 한다.

④ **친권자의 과실수취권** 친권자는 그 자의 재산으로부터 과실을 수취할 수 있다. 수취한 과실은 자의 양육비, 재산관리비용에 충당되어 상계한 것으로 본다. 상계하고도 남은 것이 있으면

자녀에게 반환하여야 한다(다수설). 그러나 무상으로 재산을 수여한 제3자가 반대의 의사표시를 한 경우, 친권자는 수취한 과실을 모두 자에게 반환하여야 한다.
⑤ **재산관리의 종료** 친권자의 권한이 소멸한 경우 재산관리에 관한 계산을 하여야 한다. 관리권종료시의 처리의무와 관리권 종료의 대항요건은 위임사무종료시의 처리의무와 대항요건의 규정이 준용된다.
⑥ **제3자에 의한 재산관리권·수익권의 배제** 무상으로 자녀에게 재산을 급여한 제3자가 친권자의 관리에 대한 반대의사를 표시한 경우에는 친권자의 재산관리권이 제한되고, 그 제3자가 지정한 재산관리인 또는 법원이 선임한 재산관리인이 재산을 관리한다.

(2) 법률행위 대리권

> □ **제920조 (자의 재산에 관한 친권자의 대리권)** 법정대리인인 친권자는 자의 재산에 관한 법률행위에 대하여 그 자를 대리한다. 그러나 그 자의 행위를 목적으로 하는 채무를 부담할 경우에는 본인의 동의를 얻어야 한다. [16 사시]
>
> □ **제920조의2 (공동친권자의 일방이 공동명의로 한 행위의 효력)** 부모가 공동으로 친권을 행사하는 경우 부모의 일방이 공동명의로 자를 대리하거나 자의 법률행위에 동의한 때에는 다른 일방의 의사에 반하는 때에도 그 효력이 있다. 그러나 상대방이 악의인 때에는 그러하지 아니한다.

① **친권자의 법정대리권의 내용** 친권자는 자의 법정대리인으로서 재산에 관한 법률행위를 대리한다. 친권자의 대리행위는 특별한 규정이 없는 한 재산행위에 한정된다.
② **공동친권자의 대리권 행사** 부모가 공동으로 친권을 행사하는 경우에는 의사결정의 공동에 따라 대리하거나 법률행위에 동의하여야 한다. 부모의 일방이 공동명의로 자를 대리하거나 자의 법률행위에 동의한 때에는 다른 일방의 의사에 반하는 때에는 그 효력이 있다. 그러나 상대방이 악의인 때에는 그러하지 아니한다.
③ **자의 행위를 목적으로 하는 채무를 부담하는 행위** 자의 행위를 목적으로 하는 채무를 부담할 경우에는 본인의 동의를 얻어야 한다.

(3) 친권자의 대리권 제한사유로서 이해상반행위

> □ **제921조 (친권자와 그 자간 또는 수인의 자간의 이해상반행위)** ① 법정대리인인 친권자와 그 자 사이에 이해상반되는 행위를 함에는 친권자는 법원에 그 자의 특별대리인의 선임을 청구하여야 한다. [14 사시]
> ② 법정대리인인 친권자가 그 친권에 따르는 수인의 자 사이에 이해상반되는 행위를 함에는 법원에 그 자 일방의 특별대리인의 선임을 청구하여야 한다. 〈개정 2005.3.31〉

① **의의**
 (ㄱ) **개념** : 이해상반행위란 "친권자를 위해서 이익이 되고, 미성년자를 위해서 불이익한 행위" 또는 "친권에 따르는 자의 일방을 위해서 이익이 되고 다른 일방을 위해서 불이익한 행위" 를 말한다.
 (ㄴ) **친권의 제한** : 이해상반행위는 공정한 친권의 행사를 기대할 수 없기 때문에 친권자의 친

권을 제한하고 있다. 즉, 친권자의 법정대리권을 제한하고, 가정법원에 의한 특별대리인의 선임을 통하여 미성년자를 대리하게 한다.

② 이해상반행위의 유형
  (ㄱ) **친권자와 친권에 따르는 자 사이의 이해상반행위** : 친권자와 친권에 따르는 자 사이에 이해가 충돌하는 경우이다. 이는 친권자와 미성년자가 각각 당사자가 되어 법률행위를 하는 경우뿐만 아니라 친권자를 위해서는 이익이 되고, 미성년자를 위해서는 불이익한 행위를 포함한다.
  (ㄴ) **친권자에 따르는 수인의 자 사이의 이해상반행위** : 친권에 따르는 자 상호간에 이해가 충돌하는 경우이다. 따라서 이미 성년이 된 자와 친권에 따르는 미성년인 자 사이에 이해가 상반되는 경우에는 제921조에 의하여 친권자의 대리권이 제한되지는 않는다.[51] [14 변호사] [12 법행]

③ 이해상반행위 여부의 판단기준
  (ㄱ) **문제점** : 구체적인 행위가 이해상반행위인지 여부를 어떻게 판단할 것인가가 문제된다. 즉, 행위의 객관적 성질만을 고려하여 판단할 것인가 아니면 행위자의 주관적인 의도, 그 행위의 결과 등을 종합적으로 고려하여 판단할 것인가가 문제된다.
  (ㄴ) **판례** : 행위의 객관적 성질상 이해의 대립이 생길 우려가 있는 행위를 이해상반행위라고 한다. 즉, 친권자의 의도나 그 행위의 결과 실제로 이해의 대립이 생겼는지 여부는 문제되지 않는다.[52] [19 변호사] [14, 16 사시] [21 법행] [18 법무사 사례]

④ 이해상반행위인지가 문제되는 구체적 사례
  ㉠ 친권자인 母가 자신이 연대보증한 차용금 채무의 담보로 자신과 子의 공유인 토지 중 자신의 공유지분에 관하여는 공유지분권자로서, 子의 공유지분에 관하여는 그 법정대리인의 자격으로 각각 근저당권설정계약을 체결한 경우, 母가 子를 대리하여 위 토지 중 子의 공유지분에 관하여 위 근저당권설정계약을 체결한 행위는 이해상반행위로서 무효라고 보아야 한다.[53] [13 법행] [12 법세]
  ㉡ 공동상속재산 분할협의는 그 행위의 객관적 성질상 상속인 상호간의 이해의 대립이 생길 우려가 있는 민법 제921조 소정의 이해상반되는 행위에 해당한다.[54] [16, 17, 19 변호사] [16(1), 17(2), 18(1), 21(3) 변모] [20 법무사] [12 법행] [12 법세] 1차 상속이 개시되고 상속인 중 1인이 사망하여 2차 상속이 개시된 후 1차 상속인들과 2차 상속인들이 1차 상속의 상속재산에 관하여 상속재산 분할협의를 하는 경우 2차 상속의 공동상속인인 친권자가 수인의 미성년자 법정대리인으로서 상속재산 분할협의를 한다면 이는 민법 제921조에 위배되는 것이며, 이러한 대리행위에 의하여 성립된 상속재산 분할협의는 피대리자 전원에 의한 추인이 없는 한 전체가 무효이다.[55] [19 법무사] [15 법행]
  ㉢ 법정대리인인 친권자가 부동산을 미성년자인 子에게 명의신탁하는 행위는 친권자와 사이에 이해상반되는 행위에 속한다고 볼 수 없다.[56] [15 법행]

---

51) 대법원 1976.03.09. 선고 75다2340 판결
52) 대법원 2002.01.11. 선고 2001다65960 판결
53) 대법원 2002.01.11. 선고 2001다65960 판결
54) 대법원 2001.06.29. 선고 2001다28299 판결
55) 대법원 2011.03.10. 선고 2007다17482 판결

ⓔ 친권자인 母가 자신이 대표이사로 있는 주식회사의 채무 담보를 위하여 자신과 미성년인 子의 공유재산에 대하여 子의 법정대리인 겸 본인의 자격으로 근저당권을 설정한 행위는 행위의 객관적 성질상 채무자 회사의 채무를 담보하기 위한 것에 불과하므로 친권자와 그 子 사이에 이해의 대립이 생길 우려가 있는 이해상반행위라고 볼 수 없다.57) [19 변호사] [21(3) 변모] [15 법행] [18 법무사 사례] [12 법세]

ⓜ 친권자인 모가 자기 오빠의 제3자에 대한 채무의 담보로 미성년자 소유의 부동산에 근저당권을 설정하는 행위는 법정대리인 친권자와 그 子 사이에 이해상반되는 행위라고 볼 수는 없다.58) [16, 17 변호사] [14 사시] [15 법행] [21 법무사] [18 법무사 사례]

ⓗ 양모가 미성년의 양자를 상대로 한 소유권이전등기청구소송은 이해상반행위에 해당하고, 양자의 친생부모는 친권자가 되지 못하므로 특별대리인을 선임하여야 하며, 친생부모로부터 소송대리권을 수여받은 소송대리인의 소송행위는 적법하다고 볼 수 없다.59) [12 법세]

⑤ 특별대리인의 선임

(ㄱ) 선임청구 : 친권자는 가정법원에 특별대리인의 선임을 청구하여야 한다. 특별대리인을 선임하지 아니한 친권자의 대리행위는 무권대리로서 무효이다. [14 변호사] [14 사시] 다만 본인이 성년이 된 후 추인하면 유효가 된다.

(ㄴ) 특별대리인의 수 : 친권자와 수인의 자 사이의 이해상반행위의 경우 미성년자 각자마다 특별대리인을 선임해야 한다.60)

(ㄷ) 특별대리인의 권한 : 특별대리인은 처리하여야 할 특정의 법률행위에 대하여 개별적으로 선임되어야 한다. 따라서 특별대리인에게 미성년자가 하여야 할 법률행위를 무엇이든지 처리할 수 있도록 포괄적으로 권한을 수여하는 것은 허용되지 않는다.61) [19 변호사] [14 사시] [15 법행] [20 법세]

IV 친권의 상실, 일시 정지 및 일부 제한

1. 친권상실 등

(1) 친권상실선고

> 제924조 (친권의 상실 또는 일시 정지의 선고) ① 가정법원은 부 또는 모가 친권을 남용하여 자녀의 복리를 현저히 해치거나 해칠 우려가 있는 경우에는 자녀, 자녀의 친족, 검사 또는 지방자치단체의 장의 청구에 의하여 그 친권의 상실 또는 일시 정지를 선고할 수 있다. [17 변호사]
> ② 가정법원은 친권의 일시 정지를 선고할 때에는 자녀의 상태, 양육상황, 그 밖의 사정을 고려하여 그 기간을 정하여야 한다. 이 경우 그 기간은 2년을 넘을 수 없다.
> ③ 가정법원은 자녀의 복리를 위하여 친권의 일시 정지 기간의 연장이 필요하다고 인정하는 경

---

56) 대법원 1998.04.10. 선고 97다4005 판결
57) 대법원 1996.11.22. 선고 96다10270 판결
58) 대법원 1991.11.26. 선고 91다32466 판결
59) 대법원 1991.04.12. 선고 90다17491 판결
60) 대법원 2001.06.29. 선고 2001다28299 판결
61) 대법원 1996.04.09. 선고 96다1139 판결

> 우에는 자녀, 자녀의 친족, 검사, 지방자치단체의 장, 미성년후견인 또는 미성년후견감독인의 청구에 의하여 2년의 범위에서 그 기간을 한 차례만 연장할 수 있다.

① **의의** 친권상실선고란 부 또는 모가 친권을 남용하여 자녀의 복리를 현저히 해치거나 해칠 우려가 있는 경우에 자녀, 자녀의 친족, 검사 또는 지방자치단체의 장의 청구에 의하여 가정법원이 부 또는 모의 친권을 상실시키는 제도를 말한다.

② **요건**

(ㄱ) **친권의 남용이 있을 것** : ㉠ 종래에는 친권의 남용 이외에 현저한 비행, 친권을 행사시킬 수 없는 중대한 사유도 친권상실선고의 원인이었으나 개정법은 친권의 남용만을 친권상실선고의 원인으로 하였다. ㉡ 친권의 남용이란 친권을 과도하게 행사하거나 그 행사를 게을리 하는 것을 말한다.

(ㄴ) **자녀의 복리를 현저히 해치거나 해칠 우려가 있을 것** : 친권남용의 정도가 자녀의 복리를 현저히 해치거나 해칠 우려가 있는 경우에만 친권상실원인이 된다.

(ㄷ) **친권의 일시정지, 친권의 일부제한 혹은 대리권·재산관리권 상실 기타 사유로 자녀를 충분히 보호하지 못할 것** : 친권상실선고제도는 다른 친권제한조치에 보충적이다. 다른 친권제한조치를 통해서 자녀의 복리를 충분히 보호할 수 있는 경우에는 친권상실선고를 할 수 없다.

③ **효과** 친권상실선고를 받는 친권자는 친권의 내용에 포함되는 재산관리권, 신분상·재산상 대리권 등도 상실한다. 부모 중 일방이 친권상실선고를 받은 경우에는 다른 일방이 친권을 행사하고 부모 모두 친권상실선고를 받은 경우에는 후견인 개시된다.

(2) 친권의 일시정지의 선고

> **제924조 (친권의 상실 또는 일시 정지의 선고)** ① 가정법원은 부 또는 모가 친권을 남용하여 자녀의 복리를 현저히 해치거나 해칠 우려가 있는 경우에는 자녀, 자녀의 친족, 검사 또는 지방자치단체의 장의 청구에 의하여 그 친권의 상실 또는 일시 정지를 선고할 수 있다. [16 사시]
> ② 가정법원은 친권의 일시 정지를 선고할 때에는 자녀의 상태, 양육상황, 그 밖의 사정을 고려하여 그 기간을 정하여야 한다. 이 경우 그 기간은 2년을 넘을 수 없다.
> ③ 가정법원은 자녀의 복리를 위하여 친권의 일시 정지 기간의 연장이 필요하다고 인정하는 경우에는 자녀, 자녀의 친족, 검사, 지방자치단체의 장, 미성년후견인 또는 미성년후견감독인의 청구에 의하여 2년의 범위에서 그 기간을 한 차례만 연장할 수 있다.

① **의의** 친권의 일지정지란 친권을 일정기간 동안 일시적으로 제한하는 제도로서 친권제한사유가 단기간 내에 소멸할 개연성이 있는 경우에 자녀의 생명 등을 보호하기 위한 필요 최소한도의 친권제한조치이다.

② **요건** 친권의 일시 정지의 원인 및 청구권자는 친권상실과 동일하다. 다만 친권상실원인이 단기간에 소멸할 개연성이 있는 경우에 친권의 일시 정지를 한다. 동의를 갈음하는 재판 또는 그 밖의 다른 조치에 의해서는 자녀의 복리를 충분히 보호할 수 없는 경우에만 친권의 일시정지가 가능하다.

③ **일지정기기간** 가정법원은 자녀의 상태 등을 고려하여 정기기간을 정하여야 하는데, 그 기

간은 2년을 넘을 수 없다. 가정법원은 자녀의 복리를 위하여 친권의 일시 정지 기간의 연장이 필요하다고 인정하는 경우에는 자녀, 자녀의 친족, 검사, 지방자치단체의 장, 미성년후견인 또는 미성년후견감독인의 청구에 의하여 2년의 범위에서 그 기간을 한 차례만 연장할 수 있다.
④ **효과**   친권의 일시정지기간 동안에는 친권을 행사할 수 없지만 일시정지기간이 종료되면 당연히 다시 친권을 행사할 수 있다.

(3) 친권의 일부제한의 선고

> 제924조의2 (친권의 일부 제한의 선고) 가정법원은 거소의 지정이나 징계, 그 밖의 신상에 관한 결정 등 특정한 사항에 관하여 친권자가 친권을 행사하는 것이 곤란하거나 부적당한 사유가 있어 자녀의 복리를 해치거나 해칠 우려가 있는 경우에는 자녀, 자녀의 친족, 검사 또는 지방자치단체의 장의 청구에 의하여 구체적인 범위를 정하여 친권의 일부 제한을 선고할 수 있다. [16 사시]

① **의의**   친권의 일부제한제도란 특정한 사항에 관한 친권의 일부를 제한하는 제도로서 친권자의 동의를 갈음하는 재판으로는 자녀를 충분히 보호할 수 없고 친권을 전부 상실시킬 필요가 없는 경우에 자녀의 생명 등을 보호하는 친권제한조치이다.

② **요건**
(ㄱ) **특정한 사항에 관한 친권행사가 곤란하거나 부적당할 것** : 거소의 지정이나 징계, 그 밖의 신상에 관한 결정 등 특정한 사항에 관하여 친권자가 친권을 행사하는 것이 곤란하거나 부적당한 사유가 있어 자녀의 복리를 해치거나 해칠 우려가 있어야 한다.
(ㄴ) **동의를 갈음하는 재판 등에 의하여 자녀의 복리를 충분히 보호할 수 없을 것** : 친권의 일부제한제도는 동의를 갈음하는 재판에 보충적이다. 동의를 갈음하는 재판 또는 그 밖의 다른 조치에 의해서는 자녀의 복리를 충분히 보호할 수 없어야 한다.
(ㄷ) **일정한 자의 청구** : 자녀, 자녀의 친족, 검사 또는 지방자치단체의 장의 청구가 있어야 한다.

③ **효과**   친권의 일부제한의 요건이 충족된 경우에는 가정법원은 구체적인 범위를 정하여 친권의 일부 제한을 선고하여야 한다. 제한되지 아니한 사항에 관해서는 친권자는 친권을 행사할 수 있다.

(4) 대리권, 재산관리권 상실의 선고

> 제925조 (대리권, 재산관리권 상실의 선고) 가정법원은 법정대리인인 친권자가 부적당한 관리로 인하여 자녀의 재산을 위태롭게 한 경우에는 자녀의 친족, 검사 또는 지방자치단체의 장의 청구에 의하여 그 법률행위의 대리권과 재산관리권의 상실을 선고할 수 있다.

(5) 대리권, 재산관리권의 사퇴와 회복

> 제927조 (대리권, 관리권의 사퇴와 회복) ① 법정대리인인 친권자는 정당한 사유가 있는 때에는 법원의 허가를 얻어 그 법률행위의 대리권과 재산관리권을 사퇴할 수 있다. [17 변호사] [16 사시]
> ② 전항의 사유가 소멸한 때에는 그 친권자는 법원의 허가를 얻어 사퇴한 권리를 회복할 수 있다.

(6) 친권제한조치의 효과

> ☐ **제925조의2 (친권 상실 선고 등의 판단 기준)** ① 제924조에 따른 친권 상실의 선고는 같은 조에 따른 친권의 일시 정지, 제924조의2에 따른 친권의 일부 제한, 제925조에 따른 대리권·재산관리권의 상실 선고 또는 그 밖의 다른 조치에 의해서는 자녀의 복리를 충분히 보호할 수 없는 경우에만 할 수 있다.
> ② 제924조에 따른 친권의 일시 정지, 제924조의2에 따른 친권의 일부 제한 또는 제925조에 따른 대리권·재산관리권의 상실 선고는 제922조의2에 따른 동의를 갈음하는 재판 또는 그 밖의 다른 조치에 의해서는 자녀의 복리를 충분히 보호할 수 없는 경우에만 할 수 있다. [16 사시]

> ☐ **제925조의3 (부모의 권리와 의무)** 제924조와 제924조의2, 제925조에 따라 친권의 상실, 일시 정지, 일부 제한 또는 대리권과 재산관리권의 상실이 선고된 경우에도 부모의 자녀에 대한 그 밖의 권리와 의무는 변경되지 아니한다. [16 사시]

① 친권제한조치 상호간의 관계
  (ㄱ) <mark>친권상실제도의 보충성</mark> : 친권상실선고제도는 다른 친권제한조치에 보충적인 성격을 가진다. 친권의 일시정지, 친권의 일부제한, 대리권·재산관리권 상실 또는 그 밖의 다른 조치에 의해서는 자녀의 복리를 충분히 보호할 수 없는 경에만 할 수 있다.
  (ㄴ) <mark>친권의 일시정지 등의 보충성</mark> : 친권의 일시정지, 친권의 일부제한, 대리권·재산관리권의 상실은 동의를 갈음하는 재판 또는 그 밖의 다른 조치에 의해서는 자녀의 복리를 충분히 보호할 수 없는 경우에만 할 수 있다. [16 사시] 가정법원은 <mark>친권상실청구가 있는 때에도 자녀의 복리를 위하여 친권의 일부제한이 필요하다고 볼 경우에는 청구취지에 구속되지 않고 친권의 일부제한을 선고할 수 있다.</mark>[62] [20 법세]

② **부모의 권리와 의무** 친권제한조치에도 불구하고 부모의 자녀에 대한 그 밖의 권리와 의무는 변경되지 않는다.

(7) 실권회복

> ☐ **제926조 (실권 회복의 선고)** 가정법원은 제924조, 제924조의2 또는 제925조에 따른 선고의 원인이 소멸된 경우에는 본인, 자녀, 자녀의 친족, 검사 또는 지방자치단체의 장의 청구에 의하여 실권(失權)의 회복을 선고할 수 있다.

---

[62] 대법원 2018.05.25. 자 2018스520 결정

2. 친권의 상실 등과 친권자의 지정

> □ 제927조의2 (친권의 상실, 일시 정지 또는 일부 제한과 친권자의 지정 등) ① 제909조 제4항부터 제6항까지의 규정에 따라 단독 친권자가 된 부 또는 모, 양부모(친양자의 양부모를 제외한다) 쌍방에게 다음 각 호의 어느 하나에 해당하는 사유가 있는 경우에는 제909조의2 제1항 및 제3항부터 제5항까지의 규정을 준용한다. 다만, 제1호의3·제2호 및 제3호의 경우 새로 정하여진 친권자 또는 미성년후견인의 임무는 제한된 친권의 범위에 속하는 행위에 한정된다.
> 1. 제924조에 따른 친권상실의 선고가 있는 경우
> 1의2. 제924조에 따른 친권 일시 정지의 선고가 있는 경우
> 1의3. 제924조의2에 따른 친권 일부 제한의 선고가 있는 경우
> 2. 제925조에 따른 대리권과 재산관리권 상실의 선고가 있는 경우
> 3. 제927조제1항에 따라 대리권과 재산관리권을 사퇴한 경우
> 4. 소재불명 등 친권을 행사할 수 없는 중대한 사유가 있는 경우
> ② 가정법원은 제1항에 따라 친권자가 지정되거나 미성년후견인이 선임된 후 단독 친권자이었던 부 또는 모, 양부모 일방 또는 쌍방에게 다음 각 호의 어느 하나에 해당하는 사유가 있는 경우에는 그 부모 일방 또는 쌍방, 미성년자, 미성년자의 친족의 청구에 의하여 친권자를 새로 지정할 수 있다.
> 1. 제926조에 따라 실권의 회복이 선고된 경우
> 2. 제927조제2항에 따라 사퇴한 권리를 회복한 경우
> 3. 소재불명이던 부 또는 모가 발견되는 등 친권을 행사할 수 있게 된 경우

① **단독친권자에게 친권상실 등의 사유가 있는 경우** 단독친권자에게 ㉠ 친권상실의 선고, ㉡ 친권의 일시정지의 선고, ㉢ 친권의 일부제한의 선고, ㉣ 대리권과 재산관리권의 상실선고, ㉤ 대리권과 재산관리권의 사퇴, ㉥ 소재불명 등 친권을 행사할 수 없는 중대한 사유가 있는 경우에는 제909조의2 제1항 및 제3항부터 제5항까지를 준용하여 다른 부모 중 일방을 친권자로 지정할 것을 청구할 수 있고, 친권자지정청구가 없는 때에는 미성년후견이 개시된다. [16 사시]

② **보통양자의 양부모 쌍방에게 친권상실 등의 사유가 있는 경우** ==보통양자의 양부모 쌍방에게 친권상실 등의 사유가 생긴 경우에는 친생의 부 또는 모를 친권자로 지정할 것을 청구할 수는 없다.== 제909조의2 제2항을 준용하지 않기 때문이다. 이 경우에는 미성년후견을 개시한다.

③ **실권회복 등의 경우** 친권상실 등의 사유가 있어 친권자가 새로 지정되었거나 미성년후견인이 선임되었는데, 그 후 그 친권자가 실권회복, 사퇴한 권리회복, 친권을 행사할 수 있게 된 경우에는 그 부모 일방 또는 쌍방, 미성년자, 미성년자의 친족의 청구에 의하여 친권자를 새로 지정할 수 있다(제927조의 2 제2항).

Chapter 05 후견

제1절 미성년후견과 성년후견

I 후견인

1. 후견의 개시

> 제928조 (미성년자에 대한 후견의 개시) 미성년자에게 친권자가 없거나 친권자가 제924조, 제924조의2, 제925조 또는 제927조제1항에 따라 친권의 전부 또는 일부를 행사할 수 없는 경우에는 미성년후견인을 두어야 한다.

> 제929조 (성년후견심판에 의한 후견의 개시) 가정법원의 성년후견개시심판이 있는 경우에는 그 심판을 받은 사람의 성년후견인을 두어야 한다.

① 미성년후견개시원인
  ㉠ 미성년자에게 친권자가 없는 경우
  ㉡ 친권자가 친권상실의 선고를 받은 경우
  ㉢ 친권자가 친권의 일시정신의 선고를 받은 경우
  ㉣ 친권자가 친권의 일부제한의 선고를 받은 경우
  ㉤ 친권자가 대리권·재산관리권 상실의 선고를 받은 경우
  ㉥ 친권자가 대리권·재산관리권을 사퇴한 경우
② 성년후견개시의 원인   질병 등의 사유로 사무를 처리할 능력이 지속적으로 결여된 사람에게 성년후견개시심판을 하는 경우에는 성년후견인을 두어야 한다.

2. 후견인의 결정

> 제930조 (후견인의 수와 자격) ① 미성년후견인의 수(數)는 한 명으로 한다. [22 변호사] [14 사시]
> ② 성년후견인은 피성년후견인의 신상과 재산에 관한 모든 사정을 고려하여 여러 명을 둘 수 있다. [22 변호사]
> ③ 법인도 성년후견인이 될 수 있다. [22 변호사]

> 제931조 (유언에 의한 미성년후견인의 지정 등) ① 미성년자에게 친권을 행사하는 부모는 유언으로 미성년후견인을 지정할 수 있다. 다만, 법률행위의 대리권과 재산관리권이 없는 친권자는 그러하지 아니하다. [15 사시]
> ② 가정법원은 제1항에 따라 미성년후견인이 지정된 경우라도 미성년자의 복리를 위하여 필요하면 생존하는 부 또는 모, 미성년자의 청구에 의하여 후견을 종료하고 생존하는 부 또는 모를 친권자로 지정할 수 있다.

> 제932조 (미성년후견인의 선임) ① 가정법원은 제931조에 따라 지정된 미성년후견인이 없는 경우에는 직권으로 또는 미성년자, 친족, 이해관계인, 검사, 지방자치단체의 장의 청구에 의하여 미성년후견인을 선임한다. 미성년후견인이 없게 된 경우에도 또한 같다.
> ② 가정법원은 제924조, 제924조의2 및 제925조에 따른 친권의 상실, 일시 정지, 일부 제한의 선고 또는 법률행위의 대리권이나 재산관리권 상실의 선고에 따라 미성년후견인을 선임할 필요가 있는 경우에는 직권으로 미성년후견인을 선임한다.
> ③ 친권자가 대리권 및 재산관리권을 사퇴한 경우에는 지체 없이 가정법원에 미성년후견인의 선임을 청구하여야 한다.

> 제936조 (성년후견인의 선임) ① 제929조에 따른 성년후견인은 가정법원이 직권으로 선임한다.
> ② 가정법원은 성년후견인이 사망, 결격, 그 밖의 사유로 없게 된 경우에도 직권으로 또는 피성년후견인, 친족, 이해관계인, 검사, 지방자치단체의 장의 청구에 의하여 성년후견인을 선임한다.
> ③ 가정법원은 성년후견인이 선임된 경우에도 필요하다고 인정하면 직권으로 또는 제2항의 청구권자나 성년후견인의 청구에 의하여 추가로 성년후견인을 선임할 수 있다.
> ④ 가정법원이 성년후견인을 선임할 때에는 피성년후견인의 의사를 존중하여야 하며, 그 밖에 피성년후견인의 건강, 생활관계, 재산상황, 성년후견인이 될 사람의 직업과 경험, 피성년후견인과의 이해관계의 유무(법인이 성년후견인이 될 때에는 사업의 종류와 내용, 법인이나 그 대표자와 피성년후견인 사이의 이해관계의 유무를 말한다) 등의 사정도 고려하여야 한다.

① 후견인의 수와 자격
  (ㄱ) **미성년후견인** : 미성년후견인은 1인으로 하고, 자연인만이 미성년후견인이 될 수 있다. [15 사시] 미성년후견제도는 미성년자에 대한 친권의 연장으로서의 성질을 가지기 때문이다.
  (ㄴ) **성년후견인** : 성년후견인은 피성년후견인의 신상과 재산에 관한 모든 사정을 고려하여 여러 명을 둘 수 있고, 법인도 성년후견인이 될 수 있다.

② 후견인의 지정 또는 선임
  (ㄱ) **미성년후견인**
      ㉠ 친권자인 부모는 유언으로 미성년후견인을 지정할 수 있고, 지정된 미성년후견인이 없는 경우에는 가정법원은 직권으로 또는 미성년자, 친족, 이해관계인, 검사, 지방자치단체의 장의 청구에 의하여 미성년후견인을 선임한다.
      ㉡ 친권의 상실 등에 의하여 미성년후견인을 선임하는 경우에는 가정법원은 직권으로 미성년후견인을 선임한다.
      ㉢ 친권자가 대리권 및 재산관리권을 사퇴하는 경우에는 지체 없이 가정법원에 미성년후견인의 선임을 청구하여야 한다.

(ㄴ) 성년후견인
  ㉠ 가정법원은 성년후견개시심판을 하는 경우에 직권으로 성년후견인을 선임한다.
  ㉡ 성년후견인이 사망, 결격, 그 밖의 사유로 없게 된 경우에는 가정법원은 직권으로 또는 피성년후견인, 친족, 이해관계인, 검사, 지방자치단체의 장의 청구에 의하여 성년후견인을 선임한다.
  ㉢ 가정법원은 성년후견인이 선임된 경우에도 필요하다고 인정하면 직권으로 또는 피성년후견인, 친족, 이해관계인, 검사, 지방자치단체의 장이나 성년후견인의 청구에 의하여 추가로 성년후견인을 선임할 수 있다.

3. 후견인의 결격

□ 제937조 (후견인의 결격사유) 다음 각 호의 어느 하나에 해당하는 자는 후견인이 되지 못한다.
  1. 미성년자
  2. 피성년후견인, 피한정후견인, 피특정후견인, 피임의후견인
  3. 회생절차개시결정 또는 파산선고를 받은 자
  4. 자격정지 이상의 형의 선고를 받고 그 형기(刑期) 중에 있는 사람
  5. 법원에서 해임된 법정대리인
  6. 법원에서 해임된 성년후견인, 한정후견인, 특정후견인, 임의후견인과 그 감독인
  7. 행방이 불분명한 사람
  8. 피후견인을 상대로 소송을 하였거나 하고 있는 자 또는 그 배우자와 직계혈족

4. 후견인의 지위

□ 제938조 (후견인의 대리권 등) ① 후견인은 피후견인의 법정대리인이 된다.
  ② 가정법원은 성년후견인이 제1항에 따라 가지는 법정대리권의 범위를 정할 수 있다.
  ③ 가정법원은 성년후견인이 피성년후견인의 신상에 관하여 결정할 수 있는 권한의 범위를 정할 수 있다.
  ④ 제2항 및 제3항에 따른 법정대리인의 권한의 범위가 적절하지 아니하게 된 경우에 가정법원은 본인, 배우자, 4촌 이내의 친족, 성년후견인, 성년후견감독인, 검사 또는 지방자치단체의 장의 청구에 의하여 그 범위를 변경할 수 있다.

5. 후견인의 사임과 변경

□ 제939조 (후견인의 사임) 후견인은 정당한 사유가 있는 경우에는 가정법원의 허가를 받아 사임할 수 있다. 이 경우 그 후견인은 사임청구와 동시에 가정법원에 새로운 후견인의 선임을 청구하여야 한다.

□ 제940조 (후견인의 변경) 가정법원은 피후견인의 복리를 위하여 후견인을 변경할 필요가 있다고 인정하면 직권으로 또는 피후견인, 친족, 후견감독인, 검사, 지방자치단체의 장의 청구에 의하여 후견인을 변경할 수 있다.

후견인 변경사유로서 피후견인의 복리를 위하여 후견인을 변경할 필요가 있다고 인정되는 경우란 성년후견인의 임무수행을 전체적으로 살펴보았을 때 선량한 관리자로서의 주의의무를 게을리하여 후견인으로서 그 임무를 수행하는 데 적당하지 않은 사유가 있는 경우로서 그 부적당한 점으로 피후견인의 복리에 영향이 있는 경우를 말한다.[1] 이를 판단함에 있어 성년후견인의 임무가 재산관리뿐만 아니라 신상보호도 포함되므로 양 업무의 측면을 고려하여 변경사유가 있는지를 판단하여야 한다.[2] [21 법무사]

II 후견감독인

1. 후견감독인의 결정

> 제940조의2 (미성년후견감독인의 지정) 미성년후견인을 지정할 수 있는 사람은 유언으로 미성년후견감독인을 지정할 수 있다.

> 제940조의3 (미성년후견감독인의 선임) ① 가정법원은 제940조의2에 따라 지정된 미성년후견감독인이 없는 경우에 필요하다고 인정하면 직권으로 또는 미성년자, 친족, 미성년후견인, 검사, 지방자치단체의 장의 청구에 의하여 미성년후견감독인을 선임할 수 있다.
> ② 가정법원은 미성년후견감독인이 사망, 결격, 그 밖의 사유로 없게 된 경우에는 직권으로 또는 미성년자, 친족, 미성년후견인, 검사, 지방자치단체의 장의 청구에 의하여 미성년후견감독인을 선임한다.

> 제940조의4 (성년후견감독인의 선임) ① 가정법원은 필요하다고 인정하면 직권으로 또는 피성년후견인, 친족, 성년후견인, 검사, 지방자치단체의 장의 청구에 의하여 성년후견감독인을 선임할 수 있다. [14 사시]
> ② 가정법원은 성년후견감독인이 사망, 결격, 그 밖의 사유로 없게 된 경우에는 직권으로 또는 피성년후견인, 친족, 성년후견인, 검사, 지방자치단체의 장의 청구에 의하여 성년후견감독인을 선임한다.

2. 후견감독인의 결격

> 제940조의5 (후견감독인의 결격사유) 제779조에 따른 후견인의 가족은 후견감독인이 될 수 없다. [15 사시]

> 제779조 (가족의 범위) ① 다음의 자는 가족으로 한다.
>   1. 배우자, 직계혈족 및 형제자매
>   2. 직계혈족의 배우자, 배우자의 직계혈족 및 배우자의 형제자매
> ②제1항제2호의 경우에는 생계를 같이 하는 경우에 한한다.

---

1) 대법원 2021.02.04. 자 2020스647 결정
2) 대법원 2021.02.04. 자 2020스647 결정

3. 후견감독인의 직무

> ☐ **제940조의6 (후견감독인의 직무)** ① 후견감독인은 후견인의 사무를 감독하며, 후견인이 없는 경우 지체 없이 가정법원에 후견인의 선임을 청구하여야 한다.
> ② 후견감독인은 피후견인의 신상이나 재산에 대하여 급박한 사정이 있는 경우 그의 보호를 위하여 필요한 행위 또는 처분을 할 수 있다.
> ③ ==후견인과 피후견인 사이에 이해가 상반되는 행위에 관하여는 후견감독인이 피후견인을 대리==한다.

> ☐ **제940조의7 (위임 및 후견인 규정의 준용)** 후견감독인에 대하여는 제681조(수임인의 선관의무), 제691조(위임종료시의 긴급처리), 제692조(위임종료의 대항요건), 제930조(후견인의 수와 자격)제2항·제3항, 제936조(성년후견인의 선임)제3항·제4항, 제937조(후견인의 결격사유), 제939조(후견인의 사임), 제940조(후견인의 변경), 제947조의2(피성년후견인의 신상결정 등)제3항부터 제5항까지, 제949조의2(성년후견인이 여러 명인 경우 권한의 행사 등), 제955조(후견인에 대한 보수) 및 제955조의2(지출금액의 예정과 사무비용)를 준용한다.

III 후견인의 임무

1. 후견인이 취임하였을 때의 임무

> ☐ **제941조 (재산조사와 목록작성)** ① 후견인은 지체 없이 피후견인의 재산을 조사하여 2개월 내에 그 목록을 작성하여야 한다. 다만, 정당한 사유가 있는 경우에는 법원의 허가를 받아 그 기간을 연장할 수 있다. [15 변호사]
> ② 후견감독인이 있는 경우 제1항에 따른 재산조사와 목록작성은 후견감독인의 참여가 없으면 효력이 없다.

> ☐ **제942조 (후견인의 채권·채무의 제시)** ① 후견인과 피후견인 사이에 채권·채무의 관계가 있고 후견감독인이 있는 경우에는 후견인은 재산목록의 작성을 완료하기 전에 그 내용을 후견감독인에게 제시하여야 한다.
> ② 후견인이 피후견인에 대한 채권이 있음을 알고도 제1항에 따른 제시를 게을리 한 경우에는 그 채권을 포기한 것으로 본다.

> ☐ **제943조 (목록작성전의 권한)** 후견인은 재산조사와 목록작성을 완료하기까지는 긴급필요한 경우가 아니면 그 재산에 관한 권한을 행사하지 못한다. 그러나 이로써 선의의 제3자에게 대항하지 못한다.

> ☐ **제944조 (피후견인이 취득한 포괄적 재산의 조사 등)** 전3조의 규정은 후견인의 취임 후에 피후견인이 포괄적 재산을 취득한 경우에 준용한다.

2. 미성년자의 신상에 관한 미성년후견인의 권한 등

☐ **제945조** (미성년자의 신분에 관한 후견인의 권리·의무) 미성년후견인은 제913조부터 제915조까지에 규정한 사항에 관하여는 친권자와 동일한 권리와 의무가 있다. 다만, 다음 각 호의 어느 하나에 해당하는 경우에는 미성년후견감독인이 있으면 그의 동의를 받아야 한다.
1. 친권자가 정한 교육방법, 양육방법 또는 거소를 변경하는 경우
2. 미성년자를 감화기관이나 교정기관에 위탁하는 경우
3. 친권자가 허락한 영업을 취소하거나 제한하는 경우

☐ **제946조** (친권 중 일부에 한정된 후견) 미성년자의 친권자가 제924조의2, 제925조 또는 제927조제1항에 따라 친권 중 일부에 한정하여 행사할 수 없는 경우에 미성년후견인의 임무는 제한된 친권의 범위에 속하는 행위에 한정된다.

☐ **제948조** (미성년자의 친권의 대행) ① 미성년후견인은 미성년자를 갈음하여 미성년자의 자녀에 대한 친권을 행사한다.
② 제1항의 친권행사에는 미성년후견인의 임무에 관한 규정을 준용한다.

3. 피성년후견인의 신상에 관한 성년후견인의 권한 등

☐ **제947조** (피성년후견인의 복리와 의사존중) 성년후견인은 피성년후견인의 재산관리와 신상보호를 할 때 여러 사정을 고려하여 그의 복리에 부합하는 방법으로 사무를 처리하여야 한다. 이 경우 성년후견인은 피성년후견인의 복리에 반하지 아니하면 피성년후견인의 의사를 존중하여야 한다.

☐ **제947조의2** (피성년후견인의 신상결정 등) ① 피성년후견인은 자신의 신상에 관하여 그의 상태가 허락하는 범위에서 단독으로 결정한다.
② 성년후견인이 피성년후견인을 치료 등의 목적으로 정신병원이나 그 밖의 다른 장소에 격리하려는 경우에는 가정법원의 허가를 받아야 한다. [15 변호사]
③ 피성년후견인의 신체를 침해하는 의료행위에 대하여 피성년후견인이 동의할 수 없는 경우에는 성년후견인이 그를 대신하여 동의할 수 있다. [23 변호사]
④ 제3항의 경우 피성년후견인이 의료행위의 직접적인 결과로 사망하거나 상당한 장애를 입을 위험이 있을 때에는 가정법원의 허가를 받아야 한다. 다만, 허가절차로 의료행위가 지체되어 피성년후견인의 생명에 위험을 초래하거나 심신상의 중대한 장애를 초래할 때에는 사후에 허가를 청구할 수 있다. [15 변호사]
⑤ 성년후견인이 피성년후견인을 대리하여 피성년후견인이 거주하고 있는 건물 또는 그 대지에 대하여 매도, 임대, 전세권 설정, 저당권 설정, 임대차의 해지, 전세권의 소멸, 그 밖에 이에 준하는 행위를 하는 경우에는 가정법원의 허가를 받아야 한다. [15 변호사] [16 사시]

☐ **제949조의2** (성년후견인이 여러 명인 경우 권한의 행사 등) ① 가정법원은 직권으로 여러 명의 성년후견인이 공동으로 또는 사무를 분장하여 그 권한을 행사하도록 정할 수 있다.
② 가정법원은 직권으로 제1항에 따른 결정을 변경하거나 취소할 수 있다.
③ 여러 명의 성년후견인이 공동으로 권한을 행사하여야 하는 경우에 어느 성년후견인이 피성년후견인의 이익이 침해될 우려가 있음에도 법률행위의 대리 등 필요한 권한행사에 협력하지 아니할 때에는 가정법원은 피성년후견인, 성년후견인, 후견감독인 또는 이해관계인의 청구에 의하여 그 성년후견인의 의사표시를 갈음하는 재판을 할 수 있다. [16 사시]

① 피후견인의 신상결정에 관한 성년후견인의 권한
　(ㄱ) 원칙 : 피성년후견인은 자신의 신상에 관하여 그의 상태가 허락하는 범위에서 단독으로 결정한다. 거주이전, 주거, 면접교섭, 의료행위 등 신상에 관한 결정은 피후견인의 의사가 가장 중요하며, 그 의사에 따라 신상에 관한 관계가 형성되어야 한다. 신상에 관한 결정은 일반적으로 법률행위가 아닐 뿐만 아니라 설사 법률행위라고 하더라도 일신전속적 성질을 띠는 경우가 대부분이기 때문에 성년후견인에 의한 대리가 불가능하다.
　(ㄴ) 예외
　　㉠ 성년후견인은 보충적으로 피성년후견인의 신상에 관한 결정을 할 수 있다. 가정법원은 성년후견인이 피후견인의 신상에 관하여 결정할 수 있는 권한의 범위를 정할 수 있고, 이미 정해진 권한의 범위를 변경할 수 있다. 다만, 성년후견인의 보충적인 신상결정에 관해서는 가정법원의 감독이 필요하다.
　　㉡ 성년후견인이 피성년후견인을 치료 등의 목적으로 정신병원이나 그 밖의 다른 장소에 격리하려는 경우에는 가정법원의 허가를 받아야 한다. 개정 전 민법에 있었던 사후허가제를 폐지하였다.
　　㉢ 피성년후견인의 신체를 침해하는 의료행위에 대하여 피성년후견인이 동의할 수 없는 경우에는 성년후견인이 그를 대신하여 동의할 수 있다. 그러나 피성년후견인이 의료행위의 직접적인 결과로 사망하거나 상당한 장애를 입을 위험이 있을 때에는 가정법원의 허가를 받아야 한다. 다만, 허가절차로 의료행위가 지체되어 피성년후견인의 생명에 위험을 초래하거나 심신상의 중대한 장애를 초래할 때에는 사후에 허가를 청구할 수 있다.
　　㉣ 성년후견인이 피성년후견인을 대리하여 피성년후견인이 거주하고 있는 건물 또는 그 대지에 대하여 매도, 임대, 전세권 설정, 저당권 설정, 임대차의 해지, 전세권의 소멸, 그 밖에 이에 준하는 행위를 하는 경우에는 가정법원의 허가를 받아야 한다.
② 성년후견인이 여러 명인 경우 권한의 행사 등
　(ㄱ) 성년후견인이 여러 명인 경우, 가정법원은 공동으로 권한을 행사하도록 정하거나 또는 사무를 분장하여 그 권한을 행사하도록 정할 수 있다. 가령, 어느 성년후견인에 대해서는 재산행위에 관한 권한만을 행사하도록 하고, 다른 성년후견인에 대해서는 피후견인의 신상보호에 관한 권한만을 행사하도록 정할 수 있다. 만약, 성년후견인이 수인이지만, 가정법원이 공동으로 권한을 행사하도록 정하지도 않고, 사무를 분장하여 그 권한을 행사하도록 정하지도 않은 경우에는 민법의 일반원칙에 따라 각자 그 권한을 행사할 수 있다고 해석하여야 한다(제119조).
　(ㄴ) 가정법원은 직권으로 이미 정한 권한행사의 방법을 변경하거나 취소할 수 있다.
　(ㄷ) 성년후견인이 공동으로 권한을 행사하여야 하는 경우, 어느 성년후견인이 피성년후견인의 이익이 침해될 우려가 있음에도 법률행위의 대리 등 필요한 권한행사에 협력하지 아니할 때에는 가정법원은 피성년후견인, 성년후견인, 후견감독인 또는 이해관계인의 청구에 의하여 그 성년후견인의 의사표시를 갈음하는 재판을 할 수 있다.

4. 재산에 관한 후견인의 권한

- 제949조 (재산관리권과 대리권) ① 후견인은 피후견인의 재산을 관리하고 그 재산에 관한 법률행위에 대하여 피후견인을 대리한다.
  ② 제920조(자의 재산에 관한 친권자의 대리권) 단서의 규정은 전항의 법률행위에 준용한다.

- 제949조의3 (이해상반행위) 후견인에 대하여는 제921조(친권자와 자간 또는 수인의 자간의 이해상반행위)를 준용한다. 다만, 후견감독인이 있는 경우에는 그러하지 아니하다.

- 제950조 (후견감독인의 동의를 필요로 하는 행위) ① 후견인이 피후견인을 대리하여 다음 각 호의 어느 하나에 해당하는 행위를 하거나 미성년자의 다음 각 호의 어느 하나에 해당하는 행위에 동의를 할 때는 후견감독인이 있으면 그의 동의를 받아야 한다.
  1. 영업에 관한 행위
  2. 금전을 빌리는 행위
  3. 의무만을 부담하는 행위
  4. 부동산 또는 중요한 재산에 관한 권리의 득실변경을 목적으로 하는 행위
  5. 소송행위
  6. 상속의 승인, 한정승인 또는 포기 및 상속재산의 분할에 관한 협의
  ② 후견감독인의 동의가 필요한 행위에 대하여 후견감독인이 피후견인의 이익이 침해될 우려가 있음에도 동의를 하지 아니하는 경우에는 가정법원은 후견인의 청구에 의하여 후견감독인의 동의를 갈음하는 허가를 할 수 있다.
  ③ 후견감독인의 동의가 필요한 법률행위를 후견인이 후견감독인의 동의 없이 하였을 때에는 피후견인 또는 후견감독인이 그 행위를 취소할 수 있다.

- 제951조 (피후견인의 재산 등의 양수에 대한 취소) ① 후견인이 피후견인에 대한 제3자의 권리를 양수(讓受)하는 경우에는 피후견인은 이를 취소할 수 있다.
  ② 제1항에 따른 권리의 양수의 경우 후견감독인이 있으면 후견인은 후견감독인의 동의를 받아야 하고, 후견감독인의 동의가 없는 경우에는 피후견인 또는 후견감독인이 이를 취소할 수 있다.

- 제952조 (상대방의 추인 여부 최고) 제950조 및 제951조의 경우에는 제15조(제한능력자의 상대방의 확답을 촉구할 권리)를 준용한다.

5. 후견사무에 관한 감독

- 제953조 (후견감독인의 후견사무의 감독) 후견감독인은 언제든지 후견인에게 그의 임무 수행에 관한 보고와 재산목록의 제출을 요구할 수 있고 피후견인의 재산상황을 조사할 수 있다.

- 제954조 (가정법원의 후견사무에 관한 처분) 가정법원은 직권으로 또는 피후견인, 후견감독인, 제777조에 따른 친족, 그 밖의 이해관계인, 검사, 지방자치단체의 장의 청구에 의하여 피후견인의 재산상황을 조사하고, 후견인에게 재산관리 등 후견임무 수행에 관하여 필요한 처분을 명할 수 있다.

6. 후견인에 대한 보수 등

☐ 제955조 (후견인에 대한 보수) 법원은 후견인의 청구에 의하여 피후견인의 재산상태 기타 사정을 참작하여 피후견인의 재산 중에서 상당한 보수를 후견인에게 수여할 수 있다.

☐ 제955조의2 (지출금액의 예정과 사무비용) 후견인이 후견사무를 수행하는 데 필요한 비용은 피후견인의 재산 중에서 지출한다.

7. 위임과 친권에 관한 규정의 준용

☐ 제956조 (위임과 친권의 규정의 준용) 제681조(수임인의 선관의무) 및 제918조(제3자가 무상으로 자에게 수여한 재산의 관리)의 규정은 후견인에게 이를 준용한다.

IV 후견의 종료

☐ 제957조 (후견사무의 종료와 관리의 계산) ① 후견인의 임무가 종료된 때에는 후견인 또는 그 상속인은 1개월 내에 피후견인의 재산에 관한 계산을 하여야 한다. 다만, 정당한 사유가 있는 경우에는 법원의 허가를 받아 그 기간을 연장할 수 있다.
② 제1항의 계산은 후견감독인이 있는 경우에는 그가 참여하지 아니하면 효력이 없다.

☐ 제958조 (이자의 부가와 금전소비에 대한 책임) ① 후견인이 피후견인에게 지급할 금액이나 피후견인이 후견인에게 지급할 금액에는 계산종료의 날로부터 이자를 부가하여야 한다.
② 후견인이 자기를 위하여 피후견인의 금전을 소비한 때에는 그 소비한 날로부터 이자를 부가하고 피후견인에게 손해가 있으면 이를 배상하여야 한다.

☐ 제959조(위임규정의 준용) 제691조(위임종료시의 긴급처리), 제692조(위임종료의 대항요건)의 규정은 후견의 종료에 이를 준용한다.

제2절 한정후견과 특정후견

I 한정후견

□ **제959조의2 (한정후견의 개시)** 가정법원의 한정후견개시의 심판이 있는 경우에는 그 심판을 받은 사람의 한정후견인을 두어야 한다.

□ **제959조의3 (한정후견인의 선임 등)** ① 제959조의2에 따른 한정후견인은 가정법원이 직권으로 선임한다.
② 한정후견인에 대하여는 제930조(후견인의 수와 자격)제2항·제3항, 제936조(성년후견인의 선임)제2항부터 제4항까지, 제937조(후견인의 결격사유), 제939조(후견인의 사임), 제940조(후견인의 변경) 및 제949조의3(이해상반행위)을 준용한다.

□ **제959조의4 (한정후견인의 대리권 등)** ① 가정법원은 ==한정후견인에게 대리권을 수여하는 심판을 할 수== 있다.
② 한정후견인의 대리권 등에 관하여는 제938조(후견인의 대리권 등)제3항 및 제4항을 준용한다.

□ **제959조의5 (한정후견감독인)** ① 가정법원은 필요하다고 인정하면 직권으로 또는 피한정후견인, 친족, 한정후견인, 검사, 지방자치단체의 장의 청구에 의하여 한정후견감독인을 선임할 수 있다.
② 한정후견감독인에 대하여는 제681조(수임인의 선관의무), 제691조(위임종료시의 긴급처리), 제692조(위임종료의 대항요건), 제930조(후견인의 수와 자격)제2항·제3항, 제936조(성년후견인의 선임)제3항·제4항, 제937조(후견인의 결격사유), 제939조(후견인의 사임), 제940조(후견인의 변경), 제940조의3(미성년후견감독인의 선임)제2항, 제940조의5(후견감독인의 결격사유), 제940조의6(후견감독인의 직무), 제947조의2(피성년후견인의 신상결정 등)제3항부터 제5항까지, 제949조의2(성년후견인이 여러 명인 경우 권한의 행사 등), 제955조(후견인에 대한 보수) 및 제955조의2(지출금액의 예정과 사무비용)를 준용한다. 이 경우 제940조의6제3항 중 "피후견인을 대리한다"는 "피한정후견인을 대리하거나 피한정후견인이 그 행위를 하는 데 동의한다"로 본다.

□ **제959조의6 (한정후견사무)** 한정후견의 사무에 관하여는 제681조(수임인의 선관의무), 제920조(자의 재산에 관한 친권자의 대리권) 단서, 제947조(피성년후견인의 복리와 의사존중), 제947조의2(피성년후견인의 신상결정 등), 제949조(재산관리권과 대리권), 제949조의2(성년후견인이 여러 명인 경우 권한의 행사 등), 제949조의3(이해상반행위), 제950조(후견감독인의 동의를 필요로 하는 행위)부터 제955조(후견인에 대한 보수)까지 및 제955조의2(지출금액의 예정과 사무비용)를 준용한다.

□ **제959조의7 (한정후견인의 임무의 종료 등)** 한정후견인의 임무가 종료한 경우에 관하여는 제691조(위임종료시의 긴급처리), 제692조(위임종료의 대항요건), 제957조(후견사무의 종료와 관리의 계산) 및 제958조(이자의 부가와 금전소비에 대한 책임)를 준용한다.

ⓘ 특정후견

> **제959조의8 (특정후견에 따른 보호조치)** 가정법원은 피특정후견인의 후원을 위하여 필요한 처분을 명할 수 있다.

> **제959조의9 (특정후견인의 선임 등)** ① 가정법원은 제959조의8에 따른 처분으로 피특정후견인을 후원하거나 대리하기 위한 ==특정후견인을 선임할 수 있다.==
> ② 특정후견인에 대하여는 제930조(후견인의 수와 자격)제2항·제3항, 제936조(성년후견인의 선임)제2항부터 제4항까지, 제937조(후견인의 결격사유), 제939조(후견인의 사임) 및 제940조(후견인의 변경)를 준용한다.

> **제959조의10 (특정후견감독인)** ① 가정법원은 필요하다고 인정하면 직권으로 또는 피특정후견인, 친족, 특정후견인, 검사, 지방자치단체의 장의 청구에 의하여 특정후견감독인을 선임할 수 있다.
> ② 특정후견감독인에 대하여는 제681조(수임인의 선관의무), 제691조(위임종료시의 긴급처리), 제692조(위임종료의 대항요건), 제930조(후견인의 수와 자격)제2항·제3항, 제936조(성년후견인의 선임)제3항·제4항, 제937조(후견인의 결격사유), 제939조(후견인의 사임) 및 제940조(후견인의 변경), 제940조의5(후견감독인의 결격사유), 제940조의6(후견감독인의 직무), 제949조의2(성년후견인이 여러 명인 경우 권한의 행사 등), 제955조(후견인에 대한 보수) 및 제955조의2(지출금액의 예정과 사무비용)를 준용한다.

> **제959조의11 (특정후견인의 대리권)** ① 피특정후견인의 후원을 위하여 필요하다고 인정하면 가정법원은 ==기간이나 범위를 정하여 특정후견인에게 대리권을 수여하는 심판을 할 수== 있다.
> ② 제1항의 경우 가정법원은 특정후견인의 대리권 행사에 가정법원이나 특정후견감독인의 동의를 받도록 명할 수 있다.

> **제959조의12 (특정후견사무)** 특정후견의 사무에 관하여는 제681조(수임인의 선관의무), 제920조(자의 재산에 관한 친권자의 대리권) 단서, 제947조(피성년후견인의 복리와 의사존중), 제949조의2(피성년후견인의 신상결정 등), 제953조(후견감독인의 후견사무의 감독)부터 제955조(후견인에 대한 보수)까지 및 제955조의2(지출금액의 예정과 사무비용)를 준용한다.

> **제959조의13 (특정후견인의 임무의 종료 등)** 특정후견인의 임무가 종료한 경우에 관하여는 제691조(위임종료시의 긴급처리), 제692조(위임종료의 대항요건), 제957조(후견사무의 종료와 관리의 계산) 및 제958조(이자의 부가와 금전소비에 대한 책임)를 준용한다.

제3절 후견계약

1. 후견계약의 의의와 체결방법

> □ 제959조의14 (후견계약의 의의와 체결방법 등) ① 후견계약은 질병, 장애, 노령, 그 밖의 사유로 인한 정신적 제약으로 사무를 처리할 능력이 부족한 상황에 있거나 부족하게 될 상황에 대비하여 자신의 재산관리 및 신상보호에 관한 사무의 전부 또는 일부를 다른 자에게 위탁하고 그 위탁사무에 관하여 대리권을 수여하는 것을 내용으로 한다.
> ② 후견계약은 공정증서로 체결하여야 한다. [15 사시] [14 법세]
> ③ 후견계약은 가정법원이 임의후견감독인을 선임한 때부터 효력이 발생한다. [14 법세]
> ④ 가정법원, 임의후견인, 임의후견감독인 등은 후견계약을 이행·운영할 때 본인의 의사를 최대한 존중하여야 한다.

① 의의
  (ㄱ) 개념 : 후견계약은 질병, 장애, 노령, 그 밖의 사유로 인한 정신적 제약으로 사무를 처리할 능력이 부족한 상황에 있거나 부족하게 될 상황에 대비하여 자신의 재산관리 및 신상보호에 관한 사무의 전부 또는 일부를 다른 자에게 위탁하고 그 위탁사무에 관하여 대리권을 수여하는 것을 내용으로 하는 계약을 말한다.
  (ㄴ) 임의후견 : 후견계약은 위임계약의 일종이고, 후견계약에 의하여 행해지는 후견을 임의후견이라고 한다. 임의후견은 법정후견에 우선하기 때문에 임의후견이 있는 경우에는 법정후견은 개시되지 않는 것이 원칙이다(법정후견의 보충성). 다만, 가정법원은 본인의 이익을 위하여 특별히 필요한 경우에 한하여 임의후견인 또는 임의후견감독인의 청구에 의하여 성년후견, 한정후견 또는 특정후견의 심판을 할 수 있고, 그러한 경우 후견계약은 종료한다.
② 체결방법   후견계약은 임의후견을 받을 본인과 임의후견인이 될 상대방 사이의 계약에 의하여 성립한다. 후견계약을 신중하게 체결하도록 하고, 분쟁에 대비하여 계약의 내용을 명확히 할 필요가 있다. 이 점을 고려하여 민법은 공정증서에 의하여 후견계약을 체결하도록 하고 있다. 결국 후견계약은 요식행위인 셈이다. [15 사시]
③ 후견계약의 효력발생   후견계약의 효력은 원칙적으로 당사자가 후견계약에서 정한 시기에 발생한다. 그러나 당사자가 정한 시기가 도래하였는지를 판단하는 것은 쉬운 것이 아니다. 따라서 민법은 비록 당사자들이 효력발생시점을 정하였다고 하더라도 그것만으로 효력이 발생하는 것은 아니며, 가정법원이 약정된 효력발생시점이 도달하였음을 확인하고 임의후견감독인을 선임한 때에 비로소 효력이 발생하도록 하였다.

2. 임의후견감독인

(1) 선임

> 제959조의15 (임의후견감독인의 선임) ① 가정법원은 후견계약이 등기되어 있고, 본인이 사무를 처리할 능력이 부족한 상황에 있다고 인정할 때에는 본인, 배우자, 4촌 이내의 친족, 임의후견인, 검사 또는 지방자치단체의 장의 청구에 의하여 임의후견감독인을 선임한다.
> ② 제1항의 경우 본인이 아닌 자의 청구에 의하여 가정법원이 임의후견감독인을 선임할 때에는 미리 본인의 동의를 받아야 한다. 다만, 본인이 의사를 표시할 수 없는 때에는 그러하지 아니하다.
> ③ 가정법원은 임의후견감독인이 없게 된 경우에는 직권으로 또는 본인, 친족, 임의후견인, 검사 또는 지방자치단체의 장의 청구에 의하여 임의후견감독인을 선임한다.
> ④ 가정법원은 임의후견임감독인이 선임된 경우에도 필요하다고 인정하면 직권으로 또는 제3항의 청구권자의 청구에 의하여 임의후견감독인을 추가로 선임할 수 있다.
> ⑤ 임의후견감독인에 대하여는 제940조의5를 준용한다.

(ㄱ) 가정법원은 후견계약이 등기되어 있고, 본인이 사무를 처리할 능력이 부족한 상황에 있다고 인정할 때에는 본인, 배우자, 4촌 이내의 친족, 임의후견인, 검사 또는 지방자치단체의 장의 청구에 의하여 임의후견감독인을 선임한다. 임의후견감독인 선임을 청구하는 자가 본인 이외의 자인 경우에는 미리 본인의 동의를 받아야 하지만, 본인이 의사를 표시할 수 없는 때에는 그러하지 아니하다.

(ㄴ) 가정법원은 임의후견감독인이 없게 된 경우에는 직권으로 또는 본인, 친족, 임의후견인, 검사 또는 지방자치단체의 장의 청구에 의하여 임의후견감독인을 선임한다.

(ㄷ) 가정법원은 임의후견임감독인이 선임된 경우에도 필요하다고 인정하면 직권으로 또는 본인, 친족, 임의후견인, 검사 또는 지방자치단체의 장의 청구에 의하여 추가로 임의후견감독인을 선임할 수 있다.

(ㄹ) 임의후견인의 가족은 임의후견감독인이 될 수 없다.

(ㅁ) 임의후견감독인이 선임된 때로부터 후견계약의 효력이 발생한다.

(2) 직무

> 제959조의16 (임의후견감독인의 직무 등) ① 임의후견감독인은 임의후견인의 사무를 감독하며 그 사무에 관하여 가정법원에 정기적으로 보고하여야 한다.
> ② 가정법원은 필요하다고 인정하면 임의후견감독인에게 감독사무에 관한 보고를 요구할 수 있고 임의후견인의 사무 또는 본인의 재산상황에 대한 조사를 명하거나 그 밖에 임의후견감독인의 직무에 관하여 필요한 처분을 명할 수 있다.
> ③ 임의후견감독인에 대하여는 제940조의6제2항·제3항, 제940조의7 및 제953조를 준용한다.

(ㄱ) 임의후견감독인은 임의후견인의 사무를 감독하며 그 사무에 관하여 가정법원에 정기적으로 보고하여야 한다. 가정법원은 필요하다고 인정하면 임의후견감독인에게 감독사무에 관한 보고를 요구할 수 있고 임의후견인의 사무 또는 본인의 재산상황에 대한 조사를 명하거나 그 밖에 임의후견감독인의 직무에 관하여 필요한 처분을 명할 수 있다.

(ㄴ) 임의후견감독인은 언제든지 임의후견인에게 그의 임무 수행에 관한 보고와 재산목록의 제출을 요구할 수 있고 피후견인의 재산상황을 조사할 수 있다.
　　(ㄷ) 임의후견감독인은 성년후견감독인과 마찬가지로 피후견인의 신상이나 재산에 대하여 급박한 사정이 있는 경우 그의 보호를 위하여 필요한 행위 또는 처분을 할 수 있고, 임의후견인과 피후견인 사이에 이해가 상반되는 행위에 관하여는 임의후견감독인이 피후견인을 대리한다.

3. 임의후견개시의 제한

> 제959조의17 (임의후견개시의 제한 등) ① 임의후견인이 제937조(후견인의 결격사유) 각 호에 해당하는 자 또는 그 밖에 현저한 비행을 하거나 후견계약에서 정한 임무에 적합하지 아니한 사유가 있는 자인 경우에는 가정법원은 임의후견감독인을 선임하지 아니한다.
> ② 임의후견감독인을 선임한 이후 임의후견인이 현저한 비행을 하거나 그 밖에 그 임무에 적합하지 아니한 사유가 있게 된 경우에는 가정법원은 임의후견감독인, 본인, 친족, 검사 또는 지방자치단체의 장의 청구에 의하여 임의후견인을 해임할 수 있다.

　(ㄱ) 가정법원은 임의후견인이 후견인결격사유에 해당하거나 현저한 비행을 하거나 후견계약에서 정한 임무에 적합하지 아니한 사유가 있는 경우, 임의후견감독인을 선임하지 아니하여 임의후견개시를 저지할 수 있다.
　(ㄴ) 임의후견감독인이 선임되어 임의후견이 개시되고 난 후에 임의후견인의 현저한 비행 등의 사유가 있으면 가정법원은 일정한 자의 청구에 의하여 임의후견인을 해임하여 임의후견을 종료시킬 수 있다.

4. 후견계약의 종료

> 제959조의18 (후견계약의 종료) ① 임의후견감독인의 선임 전에는 본인 또는 임의후견인은 언제든지 공증인의 인증을 받은 서면으로 후견계약의 의사표시를 철회할 수 있다. [15 변호사] [14 법세]
> ② 임의후견감독인의 선임 이후에는 본인 또는 임의후견인은 정당한 사유가 있는 때에만 가정법원의 허가를 받아 후견계약을 종료할 수 있다. [14 법세]

> 제959조의19 (임의후견인의 대리권 소멸과 제3자와의 관계) 임의후견인의 대리권 소멸은 등기하지 아니하면 선의의 제3자에게 대항할 수 없다. [22 변호사]

① **후견계약의 철회**　임의후견감독인이 선임되기 전에는 본인 또는 임의후견인은 언제든지 공증인의 인증을 받은 서면으로 후견계약의 의사표시를 철회할 수 있다.
② **후견계약의 해지**　임의후견감독인의 선임 이후에는 본인 또는 임의후견인은 정당한 사유가 있는 때에만 가정법원의 허가를 받아 후견계약을 종료할 수 있다.
③ **임의후견인의 해임에 의한 종료**
　(ㄱ) 임의후견감독인을 선임한 이후 임의후견인이 현저한 비행을 하거나 그 밖에 그 임무에 적합하지 아니한 사유가 있게 된 경우에는 가정법원은 임의후견감독인, 본인, 친족, 검사 또는 지방자치단체의 장의 청구에 의하여 임의후견인을 해임할 수 있다.

(ㄴ) 임의후견인을 해임한 경우, 새로운 임의후견인 선임절차에 관해서는 규정이 없다. 새로운 임의후견인의 선임은 후견계약의 내용을 제3자가 수정하는 것으로 허용되지 않는다고 해석하여야 한다. 따라서 본인이 다시 새로운 후견계약을 체결하거나 그렇지 않으면 후견계약은 종료하고, 법정후견의 보호를 받도록 하여야 한다.

④ 후견계약 종료의 효과

(ㄱ) 후견계약의 효력은 장래를 향하여 소멸한다. 임의후견의 종료에 따른 관리계산에 관해서는 민법에 규정이 없다. 후견사무 종료에 관한 제957조 내지 제958조가 준용된다고 해석하여야 한다.

(ㄴ) 후견계약 종료로 인하여 임의후견인에게 수여된 대리권은 소멸한다. 그러나 임의후견인의 대리권 소멸은 등기하지 아니하면 선의의 제3자에게 대항할 수 없다.

5. 법정후견의 보충성

> 제959조의20 (후견계약과 성년후견·한정후견·특정후견의 관계) ① 후견계약이 등기되어 있는 경우에는 가정법원은 본인의 이익을 위하여 특별히 필요할 때에만 임의후견인 또는 임의후견감독인의 청구에 의하여 성년후견, 한정후견 또는 특정후견의 심판을 할 수 있다. 이 경우 후견계약은 본인이 성년후견 또는 한정후견 개시의 심판을 받은 때 종료된다. [14 법세]
> ② 본인이 피성년후견인, 피한정후견인 또는 피특정후견인인 경우에 가정법원은 임의후견감독인을 선임함에 있어서 종전의 성년후견, 한정후견 또는 특정후견의 종료 심판을 하여야 한다. 다만, 성년후견 또는 한정후견 조치의 계속이 본인의 이익을 위하여 특별히 필요하다고 인정하면 가정법원은 임의후견감독인을 선임하지 아니한다.

(ㄱ) 후견계약이 등기되어 있는 경우에는 원칙적으로 법정후견은 개시하지 않는다(법정후견의 보충성). 사적자치의 원칙에 비추어 본인의 의사를 존중하는 것이 타당하기 때문이다. 본인에 대해 한정후견개시심판 청구가 제기된 후 심판이 확정되기 전에 후견계약이 등기된 경우에도 법정후견 보충성 원칙에 관한 제959조의20 제1항은 적용된다.[3] [18(3) 변모] [21 법무사]

(ㄴ) 가정법원은 본인의 이익을 위하여 특별히 필요할 때에만 임의후견인 또는 임의후견감독인의 청구에 의하여 성년후견, 한정후견 또는 특정후견의 심판을 할 수 있다. 본인의 이익을 위하여 특별히 필요한 때란 후견계약에 따른 후견이 본인의 보호에 충분하지 않아 법정후견에 의한 보호가 필요하다고 인정되는 경우를 말한다.[4] 이 경우 후견계약은 임의후견감독인의 선임과 관계없이 본인이 성년후견 또는 한정후견 개시의 심판을 받은 때 종료된다.[5]

(ㄷ) 본인이 피성년후견인, 피한정후견인 또는 피특정후견인인 경우에 가정법원은 임의후견감독인을 선임함에 있어서 종전의 성년후견, 한정후견 또는 특정후견의 종료 심판을 하여야 한다. 다만, 성년후견 또는 한정후견 조치의 계속이 본인의 이익을 위하여 특별히 필요하다고 인정하면 가정법원은 임의후견감독인을 선임하지 아니한다.

---

[3] 대법원 2017.06.01. 자 2017스515 결정; 대법원 2021.07.21. 자 2020으547 결정
[4] 대법원 2021.07.15. 자 2020으547 결정
[5] 대법원 2021.07.15. 자 2020으547 결정

Chapter 06 부양

I 서설

1. 민법상 부양 : 사적 부양제도

(1) 사적부양 2원형론

① **의의** 민법상 부양의무에는 성질이 서로 다른 2개의 부양이 포함되어 있다. 민법 제913조에서 규정하고 있는 친권자의 미성년 자녀에 대한 보호의무에 포함되어 있는 부양의무, 민법 제826조 제1항에서 규정하고 있는 부부간 부양의무, 민법 제974조에서 규정하고 있는 직계혈족 및 그 배우자간 부양의무, 생계를 같이 하는 기타 친족간 부양의무 등이 모두 그 의미를 같이 하고 있다고 볼 수는 없다. 크게는 생활유지를 위한 부양과 생활부조를 위한 부양으로 나누어 파악할 수 있는데, 전자를 제1차적 부양이라고 하고, 후자를 제2차적 부양이라고 한다.

② **제1차적 부양(생활유지의 부양)** 부모가 미성년 자녀를 부양하는 것, 부부가 서로를 부양하는 것이 제1차적 부양, 즉 생활유지를 위한 부양이다. 제1차적 부양이 발생하는 경우는 부양을 하는 것이 그 신분관계의 본질적·불가결적 요소를 이루는 경우이다. 생활유지의 부양의무는 상대방, 즉 자녀 또는 배우자의 생활을 자기 생활의 일부로서 보존·유지하는 의무이기 때문에 부양의 정도는 자기 생활정도와 동일하고 생활의 전면적 보존·유지이어야 한다. [17, 19 변호사]

③ **제2차적 부양(생활부조의 부양)** 제2차적 부양이란 생활부조의 부양을 말한다. 제2차적 부양의 경우, 부양을 하는 것이 우연적·예외적 현상으로 외부로부터 타인의 생활을 부조하는 경우를 말한다. 제2차적 부양에 기초한 부양의무는 부양의 필요성 및 가능성을 요건으로 하여 발생한다. 이러한 생활부조의 부양의무는 부양의무자가 자기 지위에 상응하는 생활을 희생함이 없이 그 의무를 이행할 수 있는 범위에서 이행되는 것으로 충분하다. "자기가 살 권리는 남을 부양할 의무에 우선한다."는 원칙이 적용될 수 있는 부양이 제2차적 부양이다.

(2) 공적부양과의 관계

헌법 제34조에 기초하여 제정된 국민기초생활보장법이 국가적 부양제도를 규정하고 있다. 국가적 부양인 공적 부양과 민법상 부양인 사적 부양의 관계에 관해서 학설은 일반적으로 사적 부양이 우선하고 공적 부양은 보충성의 원리에 의하여 지배된다고 한다. 보충성이란 "보호급부는 자기의 자산·능력 기타 모든 것을 그의 생활유지에 활용할 것을 요건으로 하고, 또한 민법상 부양 및 다른 법률에 의한 부조는 보호급부에 우선한다."는 뜻이다. 가능한 모든 생활유지의 수단과 방법을 사용하여도 아직 최저생활을 유지할 수 없는 경우에 보호급부를 행한다는 취지이다. 국민기초생활보장법에서도 부양의무자의 부양과 다른 법령에 의한 보호가 동법에 의한 급여에 우선한다고 규정하여(동법 제3조 제2항) 보충성의 원리를 명문으로 채택하고 있다.

2. 부양청구권

> 제975조 (부양의무와 생활능력) 부양의 의무는 부양을 받을 자가 자기의 자력 또는 근로에 의하여 생활을 유지할 수 없는 경우에 한하여 이를 이행할 책임이 있다.

> 제979조 (부양청구권처분의 금지) 부양을 받을 권리는 이를 처분하지 못한다. [21(1) 변모]

① **부양청구권의 발생과 소멸**
  (ㄱ) 발생 : 부양청구권은 부양의 필요성과 가능성의 요건을 충족한 때에 발생한다. 즉, 부양청구권자는 자기의 자력이나 근로로 생활을 유지할 수 없는 경우여야 하고, 부양의무자는 스스로의 생활능력이 있어야 하고, 부양할 경제적 능력이 있어야 한다. [22 변호사] [21(1) 변모]
  (ㄴ) 소멸 : 부양의 필요성과 가능성 중 어느 하나가 소멸하면 부양의무는 소멸한다.
② **부양청구권의 내용**   부양청구권은 경제적으로 생활비의 지급을 내용으로 하므로 재산권의 성질을 가지고 있으나, 일정한 신분관계를 바탕으로 하는 친족권의 일종으로 일반의 재산권과는 다르다.
③ **부양청구권의 일신전속성**   부양청구권을 양도하거나 처분하는 것은 허용되지 않고, 압류가 금지되며, 미리 포기할 수도 없다. [21(1) 변모] 또한 행사상·귀속상 일신전속권이므로 상속되지 않고 채권자대위권의 객체가 될 수도 없다. 그러나 협의나 심판에 의하여 구체적으로 그 내용이 정해지고, 변제기가 도래한 양육비채권은 양도하거나 처분할 수 있고, 상계의 자동채권이 될 수 있다.
④ **부양청구권 침해를 이유로 한 채권자취소권의 제척기간 기산일**   부양료청구권의 침해를 이유로 채권자취소권을 행사하는 경우의 제척기간은 부양료청구권이 구체적인 권리로서 성립한 시기가 아니라 민법 제406조 제2항이 정한 '취소원인을 안 날' 또는 '법률행위가 있은 날'로부터 진행한다.[1] [21 변호사] [15 법행] [18 법무사]

II 부양의 당사자와 부양의 정도 및 방법

1. 부양당사자의 범위

> 제974조 (부양의무) 다음 각호의 친족은 서로 부양의 의무가 있다.
> 1. 직계혈족 및 그 배우자간 [21(1) 변모]
> 2. 삭제
> 3. 기타 친족간(생계를 같이 하는 경우에 한한다.) [21(1) 변모]

---

1) 대법원 2015.01.29. 선고 2013다79870 판결

① **부모와 자녀 사이의 부양**
　(ㄱ) 부모와 자녀 사이의 부양은 크게 3가지로 나누어 볼 수 있다. 부모가 미성년의 자녀를 부양하는 경우, 부모가 성년의 자녀를 부양하는 경우, 성년의 자녀가 부모를 부양하는 경우가 그것이다. 이 중에서 ==부모가 미성년의 자녀를 부양하는 경우는 제1차적 부양에 해당한다고 본다. 그러나 그 외의 경우는 제2차적 부양이라고 볼 수 있다.==
　(ㄴ) 부모가 성년의 자녀에 대하여 직계혈족으로서 민법 제974조 제1호, 제975조에 따라 부담하는 부양의무는 부양의무자가 자기의 사회적 지위에 상응하는 생활을 하면서 생활에 여유가 있음을 전제로 하여 부양을 받을 자가 자력 또는 근로에 의하여 생활을 유지할 수 없는 경우에 한하여 그의 생활을 지원하는 것을 내용으로 하는 제2차 부양의무이다.[2] [19 변호사] [18 법세]

② **부부간 부양**　　배우자는 서로 부양할 의무가 있다(제826조 제1항). 배우자간의 부양은 생활유지를 위한 부양으로 ==제1차적 부양==에 해당한다.

③ **친족간 부양**
　(ㄱ) **부양의 법적 성질** : 친족간 부양은 생활부조를 위한 부양으로 이를 협의의 친족부양이라고 한다. 친족간 부양에는 당연히 제974조 이하 규정이 적용된다.
　(ㄴ) **부양의 당사자** : 제974조는 직계혈족 및 그 배우자간에 부양의무 있음을 규정하고 있는데, 부모의 미성숙자녀에 대한 부양이 생활유지를 위한 부양이라는 점을 고려한다면 직계혈족간 부양이란 부모의 미성숙자녀에 대한 부양을 제외한 친자간 부양을 의미하며, 이는 생계를 같이하고 있는지 여부가 문제되지는 않는다. 한편 기타 친족간 부양은 생계를 같이 하는 경우에만 그 부양의무가 인정될 수 있다.

④ **부부간 부양과 친족간 부양의 관계**
　(ㄱ) **문제점** : 부양이 필요한 사람에 대하여 부양을 하여야 할 부양의무자로 배우자와 직계혈족이 있는 경우, 부양의무의 우선순위가 어떻게 되는가? 특히 혼인한 자녀를 부양한 부모가 그 자녀의 배우자를 상대로 부양료의 상환을 청구할 수 있는가? 있다면 그 범위는 어떠한가? 등이 문제된다.
　(ㄴ) **제1차적 부양의무의 우선**
　　㉠ ==부부간의 상호부양의무는 제1차적 부양의무로서 의무이행의 정도뿐만 아니라 의무이행의 순위에서도 제1차적 부양의무가 제2차적 부양의무에 우선한다.== 따라서 ==제2차적 부양의무자는 제1차적 부양의무자보다 후순위로 부양의무를 부담한다.==[3] [17 변호사] [15 사시] [18 법세]
　　㉡ 제1차적 부양의무자로서 배우자와 제2차적 부양의무자로서 성년의 자녀에 대한 부모가 동시에 존재하는 경우, 제1차적 부양의무자인 배우자는 특별한 사정이 없는 한 제2차적 부양의무자에 우선하여 부양의무를 부담한다.
　　㉢ ==제2차적 부양의무자가 부양받을 자를 부양한 경우에는 그 소요된 비용을 제1차적 부양==

---

[2] 대법원 2017.08.25. 자 2017스5 결정
[3] 대법원 2012.12.27. 선고 2011다96932 판결

㈐ 의무자에 대하여 상환청구할 수 있다.[4] [17, 19, 21, 22 변호사] [16(2), 18(3), 19(1) 변리사] [13, 18 법무사] [20 법행] [18 법세]

㈐ 1차적 부양의무자인 배우자가 2차적 부양의무자에 대하여 상환하여야 할 범위 : 부부사이의 부양의무 중에서 과거의 부양료에 관하여는 특별한 사정이 없는 한 부양의무의 이행을 청구하였음에도 부양의무자가 부양의무를 이행하지 아니함으로써 이행지체에 빠진 후의 것에 관하여만 부양료의 지급을 청구할 수 있다. 그렇지 않은 경우에는 부양의무의 성질이나 형평의 관념상 이를 허용해야 할 특별한 사정이 있는 경우에 한하여 이행청구 이전의 과거 부양료를 지급하여야 한다. 부부 사이의 부양료 산정에 관한 이와 같은 기준은 상대방의 친족이 부부의 일방을 상대로 과거의 부양료의 상환을 청구함에 있어서도 고려되어야 한다.[5] [13 법무사] [18 법세]

㈑ 2차적 부양의무자의 1차적 부양의무자에 대한 상환청구절차 : 부부의 부양에 관한 처분과 친족간 부양에 관한 처분을 별개 사건으로 규정하고 있는 현행 가사소송법의 규정 취지에 비추어 부부간의 부양의무를 이행하지 않는 부부의 일방에 대하여 상대방의 친족이 구하는 부양료의 상환청구는 가사사건 어디에도 해당하지 아니하여 이를 가사비송사건으로 가정법원의 전속관할이라고 할 수 없고, 이는 민사사건에 해당한다.[6] [17 변호사] [19(1) 변리사] [13 법무사]

⑤ **부부 일방이 사망한 경우 생존배우자와 사망한 자의 직계혈족 사이의 부양** 부부의 일방이 사망하여도 그 부모 등 직계혈족과 생존한 상대방 사이의 친족관계는 그대로 유지되나, 그들 사이의 관계는 민법 제974조 제1호의 '직계혈족 및 그 배우자 간'에 해당한다고 볼 수 없고, 생존한 상대방이 재혼하지 않았다면 민법 제974조 제3호에 의하여 생계를 같이 하는 경우에 한하여 부양의무가 인정된다.[7] [21 변호사] [16(2) 변모] [15, 16 사시] [18 법세]

2. 부양당사자의 순위

> □ 제976조 (부양의 순위) ① 부양의 의무있는 자가 수인인 경우에 부양을 할 자의 순위에 관하여 당사자 간에 협정이 없는 때에는 법원은 당사자의 청구에 의하여 이를 정한다. 부양을 받을 권리자가 수인인 경우에 부양의무자의 자력이 그 전원을 부양할 수 없는 때에도 같다.
> ② 전항의 경우에 법원은 수인의 부양의무자 또는 권리자를 선정할 수 있다.

> □ 제978조 (부양관계의 변경 또는 취소) 부양을 할 자 또는 부양을 받을 자의 순위, 부양의 정도 또는 방법에 관한 당사자의 협정이나 법원의 판결이 있은 후 이에 관한 사정변경이 있는 때에는 법원은 당사자의 청구에 의하여 그 협정이나 판결을 취소 또는 변경할 수 있다. [15 사시]

---

4) 대법원 2012.12.27. 선고 2011다96932 판결
5) 대법원 2012.12.27. 선고 2011다96932 판결
6) 대법원 2012.12.27. 선고 2011다96932 판결
7) 대법원 2013.08.30. 자 2013스96 결정

3. 부양의 정도와 방법

> ☐ 제977조 (부양의 정도, 방법) 부양의 정도 또는 방법에 관하여 당사자간에 협정이 없는 때에는 법원은 당사자의 청구에 의하여 부양을 받을 자의 생활정도와 부양의무자의 자력 기타 제반사정을 참작하여 이를 정한다.

> ☐ 제978조 (부양관계의 변경 또는 취소) 부양을 할 자 또는 부양을 받을 자의 순위, 부양의 정도 또는 방법에 관한 당사자의 협정이나 법원의 판결이 있은 후 이에 관한 사정변경이 있는 때에는 법원은 당사자의 청구에 의하여 그 협정이나 판결을 취소 또는 변경할 수 있다.

III 과거의 부양료

1. 부양권리자가 과거의 부양료를 청구할 수 있는지 여부

① **문제점**   부양이 필요한 상태는 계속되고 있었지만 부양권리자가 사실상 부양받지 못한 채 생활하여 온 경우, 과거의 부양료를 지급하라고 청구할 수 있는가에 관해서는 견해의 대립이 있다.

② **판례**
  (ㄱ) 부부간의 부양의 경우에는 특별한 사정이 없는 한 부양료의 지급을 구함에 있어서는 이행청구를 받기 전의 부양료에 대하여는 이를 청구할 수 없다.[8] [13, 19 변호사] [14(1), 16(2), 17(2) 변모]
[15 사시] [16 사시 사례] [18 법무사] [18 법세]

  (ㄴ) 성년의 자녀에 대한 부양의무를 이행한 이혼한 모가 자의 부를 상대로 과거의 부양료에 대한 구상을 청구하는 사건에서는 이미 지출한 과거의 부양료에 대하여도 상대방이 분담함이 상당하다고 인정되는 범위에서 그 비용의 상환을 청구할 수 있다.[9]

  (ㄷ) 부모와 성년의 자녀, 그 배우자 사이에 민법 제974조 제1호, 제975조에 따라 부담하는 부양의무 중 과거의 부양료에 관해서는 부양의무 이행청구에도 불구하고 그 부양의무자가 부양의무를 이행하지 않음으로써 이행지체에 빠진 후의 것이거나 그렇지 않은 경우에는 부양의무의 성질이나 형평의 관념상 이를 허용해야 할 특별한 사정이 있는 경우에 한하여 이행청구 이전의 과거 부양료를 청구할 수 있다.[10]

③ **학설**   ㉠부양의무는 현재 및 장래의 생활을 유지하기 위한 목적으로 발생하므로 과거의 생활에 대하여는 부양의무가 발생하지 않는다고 보는 부정설과 ㉡부양의무자에게 부양할 요건이 발생한 때로부터 부양의무가 생겼다고 보아 과거의 부양료도 청구할 수 있다고 보는 긍정설로 나뉜다.

---

8) 대법원 2017.08.25. 자 2014스26 결정
9) 대법원 1994.06.02. 자 93스11 결정
10) 대법원 2022.08.25. 자 2018스542 결정

2. 이미 지출한 부양료의 상환청구

① **이미 지출한 부양료(체당부양료)의 상환청구 허용성** 제975조가 정하는 요건이 충족되면 당연히 부양의무가 발생한다. 따라서 부양의무자가 부양을 하지 아니하고, 제3자가 부양을 하였다거나 부양의무자 중 1인이 전적으로 부양을 하였다면 그에 관한 구상이 가능하다는 것이 학설과 판례의 태도이다.

② **구상절차** 부양의무자 아닌 제3자의 체당부양료 구상절차는 민사소송절차에 의하여야 할 것이다. 이는 사무관리 혹은 부당이득이 되기 때문이다. 반면에 부양의무자 중 1인이 다른 부양의무자에 대한 체당부양료 구상절차는 가사비송절차에 의하여야 한다.

2025 가족법정론

제3편
상 속

Chapter 01 상 속

제1절 총설

1. 상속의 개시

(1) 상속개시의 원인

> □ 제997조 (상속개시의 원인) 상속은 사망으로 인하여 개시된다.

민법은 재산상속의 개시원인으로 사망만을 규정하고 있으나, 여기의 사망에는 실종선고와 인정사망, 부재선고가 포함된다.

(2) 상속개시의 시기

① **상속개시 시점의 중요성과 그 확정의 필요성** 상속개시의 시기는 ㉠상속인의 자격, 범위, 순위, 능력을 정하는 기준이 되고, ㉡상속에 관한 권리의 제척기간 또는 소멸시효의 기산점이 되며, ㉢상속의 효력발생, 상속재산 또는 유류분의 산정기준이 되기 때문에 이를 확정하는 문제는 중요하다.

② **구체적인 상속개시 시기**

   ㈀ **사망** : 피상속인의 호흡과 심장의 박동이 종지되는 순간에 상속이 개시된다. 가족관계 등록부에 기재된 사망일시는 사망시기를 인정하는 중요한 자료가 된다.

   ㈁ **실종선고의 경우** : 실종기간이 만료되는 때에 사망한 것으로 의제되므로 그 순간에 상속이 개시된다.

   ㈂ **부재선고의 경우** : 부재선고 심판 확정시를 사망의 시기로 해석하고 있다.

   ㈃ **인정사망의 경우** : 화재, 수재 등 재해발생시 사람의 시체가 발견되지 아니하여 진단서, 검안서를 작성할 수 없는 경우, 경찰관 등 공무원의 사망보고서에 의거하여 가족관계 등록부에 사망기재를 하는 것을 인정사망이라고 한다. 이는 사망을 추정하는 효력이 있는데, 이 경우 상속개시의 시기는 가족관계 등록부에 기록된 사망의 일시이다.

(3) 상속개시의 장소

> □ 제998조 (상속개시의 장소) 상속은 피상속인의 주소지에서 개시한다.

2. 상속비용

> □ 제998조의2 (상속비용) 상속에 관한 비용은 상속재산 중에서 지급한다.

① **제998조의2의 실익** 상속인이 상속을 단순승인 하여 상속재산과 상속인의 고유재산이 혼융되는 경우에는 제998조의2는 큰 의미를 가지지 않는다. 그러나 상속인이 상속의 한정승인을 하거나 상속을 포기하는 경우, 상속인이 파산하는 경우, 상속재산이 분리되는 경우에는 상속인이 이미 지출한 상속비용을 상속재산으로부터 지급받을 수 있으므로 그 실익이 있다.

② **상속에 관한 비용** 상속에 관한 비용이란 조세 기타의 공과, 관리비용, 청산비용, 소송비용, 재산목록작성비용, 유언집행비용 등을 말한다. 묘지구입비를 포함하여 장례비용도 피상속인이나 상속인의 사회적 지위와 그 지역의 풍속 등에 비추어 합리적인 금액 범위 내라면 이를 상속비용으로 보아야 한다.[1] 또한 상속재산관리를 위한 소송비용도 상속에 관한 비용에 해당한다.[2]

3. 상속회복청구권

> □ 제999조 (상속회복청구권) ① 상속권이 참칭상속권자로 인하여 침해된 때에는 상속권자 또는 그 법정대리인은 상속회복의 소를 제기할 수 있다.
> ② 제1항의 상속회복청구권은 그 침해를 안 날부터 3년, 상속권의 침해행위가 있는 날부터 10년을 경과하면 소멸된다.

(1) 의의

① **개념** 상속회복청구권이란 참칭상속인으로 인하여 상속권이 침해된 경우 상속권자 또는 그 법정대리인이 상속재산의 회복을 청구할 수 있는 권리를 말한다.

② **입법취지** ㉠ 상속재산을 둘러싼 분쟁을 조속히 확정하여 법적 안정을 꾀하고, ㉡ 진정한 상속인이 개개의 상속재산을 열거하지 않고 상속권침해자를 상대로 일괄하여 상속재산의 반환을 청구할 수 있으며, 진정한 상속인이 피상속인의 권원을 입증할 필요가 없으므로 입증책임을 경감시킨다는 점에서 존재의의가 있다.

(2) 상속회복청구권의 법적 성질

① **쟁점** 상속에 의하여 진정한 상속인은 당연히 상속재산의 권리자가 된다. 상속인은 상속재산의 소유권자임을 전제로 개별적 상속재산에 관한 반환을 청구할 수 있음에도 별도로 상속회복청구권을 민법이 규정하고 있는 바, 상속회복청구권이 상속인의 물권적 청구권과 구별되는 독자적인 권리인지가 문제된다.

② **판례** 판례가 상속회복청구권의 법적 성질에 관하여 직접적으로 판단하고 있지는 않지만, 상속회복청구권은 상속재산의 반환을 청구하는 권리이며 개개의 상속재산에 대한 반환청구

---

[1] 대법원 2003.11.14. 선고 2003다30968 판결
[2] 대법원 1997.04.25. 선고 97다3996 판결

나 등기말소청구도 상속권 침해를 원인으로 하는 한 상속회복청구권에 해당하여 제척기간의 적용을 받는다고 판단함으로써[3] 상속회복청구권을 ==상속인의 물권적 청구권의 집합==으로 이해하고 있다. [12 사시] [21, 17 법무사] [12 법행]

③ **학설**

(ㄱ) **독립권리설** : ㉠상속회복청구권을 상속권을 기초로 상속권의 침해배제와 상속재산의 회복을 구하는 특별한 권리로 파악하는 견해이다. 즉 상속권의 침해는 상속인이 상속재산의 승계자가 되었다는 법적 지위 그 자체에 대한 침해이며, 이를 포괄적으로 회복하는 것을 목적으로 하는 독립된 권리로 이해하는 견해이다. ㉡이 견해에 의하면 개별적인 물권적 청구권 행사에는 상속회복청구권의 단기제척기간이 적용되지 않는다.

(ㄴ) **집합권리설** : ㉠상속회복청구권을 상속재산을 구성하는 개개의 상속재산에 대한 개별적·물권적 청구권의 집합에 불과하며, 상속재산의 포괄승계의 원칙 때문에 편의상 한 개의 청구권으로 구성되어 있다고 보는 견해이다. ㉡이 견해에 따르면 개별적 상속재산에 대한 물권적 청구권과 상속회복청구권은 법조경합관계에 놓이게 된다. 상속회복청구를 하는 경우에는 물권적 청구권 행사는 허용되지 않으며, 상속회복청구권의 제척기간 도과 후에는 개별적인 물권적 청구권도 행사할 수 없다고 한다.

(ㄷ) **상속자격확정설** : ㉠상속회복청구권이란 개개의 상속재산에 대한 청구권이 아니라 진정상속인의 상속권의 확정을 청구하는 권리라고 파악하는 견해이다. ㉡이 견해에 의하면 상속회복청구의 소는 소송법상 확인의 소이고, 개별적 상속재산에 대한 반환청구는 상속회복청구의 제척기간의 적용을 받지 않는다.

(3) **상속회복청구권자** : 진정상속인, 사후 피인지자, 상속분양수인, 포괄수유자

① **진정상속인**

(ㄱ) **상대방과 피상속인을 같이 하는 진정상속인** : 상대방과 피상속인을 같이 하는 진정상속인 또는 그 법정대리인이 상속회복청구권자이다. 진정상속인은 자기 권리가 상속을 원인으로 취득하였음을 청구원인으로 주장하여야 한다. ==상대방이 주장하는 피상속인과 청구권자가 주장하는 피상속인이 다른 경우에는 상속회복청구가 아닌 단순한 물권적 청구에 불과하다.==[4] [14(3), 15(3) 변모] [18 법원사무관] [18 법서]

(ㄴ) **진정상속인의 사망으로 상속회복청구권이 승계되는지 여부** : 상속회복청구권은 상속권으로부터 파생된 권리로서 진정상속인의 사망으로 소멸하고, 진정상속인의 상속인은 자신의 고유의 상속권이 침해되었음을 이유로 고유한 상속회복청구권을 취득한다. 이 경우 상속회복청구권의 제척기간은 진정상속인의 상속인을 기준으로 새로이 기산하여야 한다.

② **상속개시 후 인지된 혼인 외 출생자** 상속개시 후에 인지된 혼인 외 출생자도 인지의 효력이 출생시로 소급하므로 상속회복청구권을 행사할 수 있다. 다만, 상속개시 후에 인지된 자가

---

[3] 대법원 2007.04.26. 선고 2004다5570 판결; 대법원 1991.12.24. 선고 90다5740 전원합의체 판결; 대법원 1981.01.27. 선고 79다854 전원합의체 판결
[4] 대법원 1998.04.10. 선고 판결

공동상속인이 된 경우에 공동상속재산이 이미 분할, 처분된 때에는 상속재산의 반환을 청구할 수는 없고 다른 공동상속인에게 상속분에 상당하는 가액의 지급을 청구할 수 있을 뿐인데, 이 가액청구권도 실질에 있어서는 상속회복청구권이므로 제척기간의 적용을 받는다.

③ **포괄적 유증을 받은 수유자** 상속인의 상속회복청구권에 관한 규정은 포괄적 수증의 경우에 유추적용되고, 상속회복청구권의 제척기간에 관한 규정도 상속에 관한 법률관계의 신속한 확정을 위한 상속회복청구권의 제척기간의 제도적 취지에 비추어 볼 때 포괄적 수증의 경우에 유추적용된다.5) [10, 13, 14, 16 사시] [17 법무사] [18, 17, 14 법세]

④ **상속분의 양수인** 상속분을 양수한 자도 상속회복청구를 할 수 있다. 상속인의 지위를 승계했기 때문이다. 그러나 상속재산의 특정승계인은 상속인의 지위를 가지고 있지 않기 때문에 상속회복청구권을 가질 수 없다.

(4) 상속회복청구의 상대방

① **참칭상속인**

(ㄱ) **개념** : 상속회복청구의 상대방이 되는 참칭상속인이란 정당한 상속권이 없음에도 재산상속인임을 신뢰케 하는 외관을 갖추고 있거나, 상속인이라고 참칭하면서 상속재산의 전부 또는 일부를 점유함으로써 진정상속인의 상속권을 침해하는 자를 말한다.6) [14(3), 20(1) 변모 사례] [20 법행]

(ㄴ) **상속권침해의사 요부** : 상속권침해의사가 있어야만 참칭상속인이 되는 것은 아니다. 상속재산을 점유함으로써 객관적으로 진정상속인의 상속권을 침해하는 경우에는 참칭상속인에 해당한다.

(ㄷ) **상속인이 아닌 자가 위조의 제적등본을 기초로 상속등기를 마친 경우** : 제적등본 등을 위조하여 상속등기를 마친 자는 상속회복청구의 상대방인 참칭상속인이라고 할 수 없다는 것이 판례의 태도이다.7) [12 법행] 진정상속인과 상속권에 관하여 실질적 다툼이 있다고 볼 수 없으므로 진정상속인의 상속등기 말소 등의 청구를 상속회복청구라고 볼 수 없다. 진정상속인은 상속등기명의자를 상대로 제척기간의 제한 없이 등기의 말소 등을 청구할 수 있다.

② **공동상속인**

(ㄱ) 공동상속인의 일부가 다른 공동상속인의 상속권을 부정하고 자기만 상속권이 있다고 주장하여 다른 공동상속인을 배제한 채 상속재산을 점유·지배함으로써 다른 공동상속인의 상속권을 침해한 경우 그 침해자인 공동상속인은 참칭상속인에 해당한다.8) [19(1) 변모] [14(3) 변모 사례] [14 사시] 가령, 공동상속인 중 1인이 협의분할에 의한 상속을 원인으로 하여 상속부동산에 관한 소유권이전등기를 마친 경우에, 협의분할이 다른 공동상속인의 동의 없이 이루어진 것이어서 무효라는 이유로 다른 공동상속인이 위 등기의 말소를 청구하는 소는 상속회복청구의 소에 해당한다.9) [20 변호사] [14(3), 15(3), 19(1), 22(3) 변모] [15, 16, 20 법무사] [15, 22 법행] [18 법원사

---

5) 대법원 2001.10.12. 선고 2000다22942 판결
6) 대법원 1998.03.27. 선고 96다37398 판결
7) 대법원 1993.11.23. 선고 93다34848 판결
8) 대법원 1991.02.22. 선고 90다카19470 판결
9) 대법원 2011.03.10. 선고 2007다17482 판결

무렵 다른 공동상속인의 상속지분반환청구에는 제척기간이 적용된다. 이는 공동상속인 중 1인이 상속등기에 갈음하여 구 부동산소유권이전등기 등에 관한 특별조치법에 따라 그 명의의 소유권이전등기를 경료한 경우에 그 이전등기가 무효라는 이유로 다른 공동상속인이 그 등기의 말소를 청구하는 경우에도 마찬가지이다.10) [12 법무사] [16 법세] 그러나 적법하게 상속등기가 마쳐진 때에는 참칭상속인이라고 할 수 없다.11) [16 변호사] [15(3), 19(1) 변모]

(ㄴ) 피상속인 사망 후 공동상속인 중 1인이 다른 공동상속인에게 자신의 상속지분을 중간생략등기 방식으로 명의신탁하였다가 그 명의신탁이 '부동산 실권리자명의 등기에 관한 법률'이 정한 유예기간의 도과로 무효가 되었음을 이유로 명의수탁자를 상대로 상속지분의 반환을 구하는 경우, 그러한 청구는 명의신탁이 유예기간의 도과로 무효로 되었음을 원인으로 하여 소유권의 귀속을 주장하는 것일 뿐 상속으로 인한 재산권의 귀속을 주장하는 것이라고 볼 수 없고, 나아가 명의수탁자로 주장된 피고를 두고 진정상속인의 상속권을 침해하고 있는 참칭상속인이라고 할 수도 없으므로, 위와 같은 청구가 상속회복청구에 해당한다고 할 수 없다.12) [15(3), 16(2), 19(1) 변모]

(ㄷ) 제3자가 공동상속인 1인의 의사와 아무런 상관없이 관계서류를 위조하여 그 1인의 명의로 상속등기를 마친 때에는 그 공동상속인이 자기만 상속한 것이라고 주장하였다고 볼 수 없으므로 참칭상속인이라고 할 수는 없다.13) [14(3) 변모] [18 법원사무관] [21 법무사] [18 법세]

(ㄹ) 상속을 포기한 공동상속인이 상속등기명의인에 포함되었더라도 포기자인 공동상속인이 공동상속인의 지위에 남아 있는 것처럼 참칭하여 상속등기를 마친 때에는 참칭상속인이 될 수 있으나, 상속등기명의인에 상속을 포기한 공동상속인이 포함되어 있다고 하더라도 상속참칭의도를 가지고 한 것이라 단정할 수는 없다.14) [20(1) 변모 사례]

③ 참칭상속인으로부터의 제3취득자(전득자) 참칭상속인으로부터 상속재산을 취득한 제3자에 대한 상속재산반환 등의 청구는 상속회복청구에 해당하므로 제척기간규정이 적용되어야 한다.15) [14(3) 변모] [14(3), 21(3) 변모 사례] [14 사시] [20 법무사] [12 법행] 그러나 공동상속인 중의 1인이 피상속인의 인감증명서와 그 명의의 등기서류를 위조하여 제3자 앞으로 불법등기를 경료하였음을 청구원인으로 하여 제3자에게 그 등기의 말소를 구하는 소는 상속회복청구의 소에 해당하지 않는다.16) 제3자에게 불법등기를 마쳐준 공동상속인 중의 1인이 그 명의로 상속등기를 하여 자기만이 상속인이라고 주장하였다고 볼 수 없기 때문이다.

④ 특정의 권원을 주장하여 상속재산을 점유하는 자

(ㄱ) 상속 외의 특정의 권원을 주장하여 상속재산을 점유하는 자는 참칭상속인이라고 할 수 없다. 가령, 공동상속인 1인의 명의로 상속재산인 부동산에 관하여 매매를 원인으로 소유권

---

10) 대법원 2010.01.14. 선고 2009다41199 판결
11) 대법원 1987.05.12. 선고 86다카2443·2444 판결
12) 대법원 2010.02.11. 선고 2008다16899 판결
13) 대법원 1994.03.11. 선고 93다24490 판결
14) 대법원 2012.05.24. 선고 2010다33392 판결
15) 대법원 1981.01.27. 선고 79다854 전원합의체 판결; 대법원 1989.01.17. 선고 87다카2311 판결
16) 대법원 1991.10.22. 선고 91다21671 판결

이전등기가 마쳐진 경우에는 그 공동상속인은 참칭상속인에 해당하지 않는다.17) [18 법세]

㈐ 선행 보존등기로부터 소유권이전등기를 한 소유자의 상속인이 후행 보존등기나 그에 기하여 순차로 이루어진 소유권이전등기 등의 후속등기가 모두 무효라는 이유로 등기의 말소를 구하는 소는, 후행 보존등기로부터 이루어진 소유권이전등기가 참칭상속인에 의한 것이어서 무효이고 따라서 후속등기도 무효임을 이유로 하는 것이 아니라 후행 보존등기 자체가 무효임을 이유로 하는 것이므로 상속회복청구의 소에 해당하지 않는다.18) [19(1) 변모] [21 법무사]

⑤ **단순한 권리주장자**   상속재산에 대한 점유 없이 단순한 권리주장만으로는 상속권침해라고 볼 수 없다. 가령, 상속인 아닌 자가 상속인이라고 주장하거나 공동상속인 중 1인이 단독상속인이라고 주장하였더라도 상속권의 침해가 없다면 상속회복청구의 소에서의 참칭상속인이라고 할 수 없다.19) [16 변호사] [14(3) 변모] [18 법원사무관]

(5) 상속회복청구권의 소멸

① **상속회복청구권의 포기**   상속인은 상속개시 후 상속회복청구권을 자유로이 포기할 수 있다. 그러나 상속개시 전에 미리 포기하는 것은 허용되지 않는다.

② **제척기간의 경과**

㈎ 기간의 성질 : 상속회복청구권의 행사기간은 제소기간이므로 이 기간 내에 소가 제기되지 아니하면 상속회복청구권은 소멸한다.20) 법원은 제척기간 준수 여부에 관하여 직권으로 조사한 후 기간도과 후에 제기된 소는 부적법한 소로서 흠결을 보정할 수 없으므로 각하하여야 한다.21) [19(1) 변모] [14 사시] [16 법행]

㈏ 상속권침해를 안 날로부터 3년 : 상속권침해를 안 날이란 진정상속인이 스스로 자신이 진정상속인임을 알고 또한 자기가 상속에서 제외된 사실을 안 날을 의미한다.22) [12 법행]

㈐ 상속권 침해행위가 있은 날로부터 10년

㉠ 상속권의 침해행위가 있는 날이라 함은 참칭상속인이 상속재산의 전부 또는 일부를 점유하거나 상속재산인 부동산에 관하여 소유권이전등기를 마치는 등의 방법에 의하여 진정한 상속인의 상속권을 침해하는 행위를 한 날을 의미한다.23) [22(2) 변모] [14(3) 변모 사례] 침해된 개개의 상속재산별로 침해행위가 있었는지를 판단하여야 한다. [16 변호사] [17 법무사] [20 법행]

㉡ 상속재산에 관하여 참칭상속인의 최초 침해행위가 있은 날로부터 10년이 경과한 이후에 동일한 상속재산에 관하여 새로운 침해행위가 있는 경우 10년의 기산점이 되는 침해행위가 있은 날이란 최초 침해행위가 있은 날을 의미한다.24) [20(2) 변모] [14(3), 21(3) 변모 사례]

---

17) 대법원 2008.06.26. 선고 2007다7898 판결
18) 대법원 2011.07.14. 선고 2010다107064 판결
19) 대법원 1994.11.18. 선고 92다33701 판결
20) 대법원 1993.02.26. 선고 92다3083 판결
21) 대법원 1993.02.26. 선고 92다3083 판결
22) 대법원 2007.10.25. 선고 2007다36223 판결
23) 대법원 2009.10.15. 선고 2009다42321 판결

[14 사시] [15 법행]
- (ㄹ) **제소기간 준수 여부의 판단** : 제척기간의 준수여부는 상속회복청구의 상대방별로 각각 판단하여야 한다.25) 진정상속인이 참칭상속인으로부터 상속재산에 관한 권리를 취득한 제3자를 상대로 제척기간 내에 상속회복청구의 소를 제기한 이상 참칭상속인에 대하여 그 기간 내에 상속회복청구권을 행사한 일이 없다고 하더라도 제3자에 대한 권리행사에 장애가 될 수는 없다.26) [14(3) 변모 사례] [12 사시] [18 법무사] [20 법행]
- (ㅁ) **피상속인이 남한주민이고 진정상속인이 북한주민인 경우** : 남북가족특례법에서는 상속회복청구권의 제척기간에 관한 특례를 인정하는 규정을 두고 있지 아니하므로 남한주민과 마찬가지로 북한주민의 경우에도 다른 특별한 사정이 없는 한 상속권이 침해된 날부터 10년이 경과하면 상속회복청구권은 소멸한다.27) [20 법행]

③ **상속회복청구권 소멸의 효과** 상속회복청구권이 제척기간의 경과로 소멸하게 되면 상속인은 상속인으로서의 지위 즉 상속에 따라 승계한 개개의 권리·의무 또한 총괄적으로 상실하게 되고, 그 반사적 효과로서 참칭상속인의 지위는 확정되어 참칭상속인이 상속개시의 시로부터 소급하여 상속인으로서의 지위를 취득한 것으로 봄이 상당하므로, 상속재산은 상속 개시일로 소급하여 참칭상속인의 소유로 된다.28) [14, 16 변호사] [16(2) 변모] [20(1) 변모 사례] [12 사시] [17, 20, 21 법무사] [12, 15 법행] 상속회복청구권이 소멸한 때에는 개별 상속재산에 관하여 물권적 청구권을 행사할 수는 없다.

---

24) 대법원 2006.09.08. 선고 2006다26694 판결
25) 대법원 2009.10.15. 선고 2009다42321 판결
26) 대법원 2009.10.15. 선고 2009다42321 판결
27) 대법원 2016.10.19. 선고 2014다46648 전원합의체 판결. 남북가족특례법 제11조에서는 북한주민은 민법 제999조 제1항이 정하는 요건과 방식에 따라 상속회복청구를 할 수 있다고만 규정하고, 제척기간에 관하여는 명시적인 규정을 두지 아니하고 있으므로 제999조 제2항이 북한주민의 상속회복청구에 그대로 적용될 수 없고, 남한에 입국한 때부터 3년 내에 상속회복청구를 할 수 있다는 소수의견이 있다.
28) 대법원 1998.03.27. 선고 96다37398 판결

제2절 상속인

I. 상속순위

1. 혈족상속인

> □ 제1000조 (상속의 순위) ① 상속에 있어서는 다음 순위로 상속인이 된다.
>   1. 피상속인의 직계비속
>   2. 피상속인의 직계존속
>   3. 피상속인의 형제자매
>   4. 피상속인의 4촌이내의 방계혈족
>
> ② 전항의 경우에 동순위의 상속인이 수인인 때에는 최근친을 선순위로 하고 동친등의 상속인이 수인인 때에는 공동상속인이 된다.
> ③ 태아는 상속순위에 관하여는 이미 출생한 것으로 본다.

(1) 제1순위 : 피상속인의 직계비속(제1항 제1호)

① **직계비속의 의미** 직계비속에는 피상속인의 자녀, 손자녀, 증손자녀 등은 물론이고, 외손자녀, 외증손자녀 등이 모두 포함된다. 자연·법정혈족, 호적·국적의 이동, 성별, 연령, 장남·차남 여부, 기혼·미혼여부 등은 모두 불문한다. 촌수가 같은 직계비속들은 같은 순위로 공동상속인이 된다. 양자는 양가부모와 생가부모 모두에 대하여 상속권을 가진다. 다만 친양자의 경우에는 양친에 대하여 상속권을 가질 뿐이다. 적모서자관계나 계모적자관계는 서로 인척으로 상속권이 없다.

② **직계비속의 상속순위** 촌수를 기준으로 상속의 순위를 정하고 같은 촌수의 직계비속이 수인인 때에는 공동상속인이 된다. 현행법은 남녀간 상속순위와 상속분의 차별을 철폐하여 완전균분주의를 취하고 있다.

③ **손자녀의 상속**
  (ㄱ) 문제점 : 선순위직계비속들이 모두 사망한 경우, 그 다음의 직계비속들의 상속이 본위상속인지 대습상속인지 여부가 문제된다. 이를 어떻게 파악할 것인가에 따라 상속인과 상속분이 달라진다.
  (ㄴ) 판례 : 피상속인의 자녀가 상속개시 전에 전부 사망한 경우 피상속인의 손자녀는 본위상속이 아니라 대습상속을 한다.[29] [14(1), 17(3), 18(3) 변모] [11 사시]

④ **태아** 상속에서 태아의 권리능력이 인정된다. 태아는 직계비속으로 상속인이 된다. 다만, 살아서 출생하는 것을 정지조건으로 한다.

---

[29] 대법원 2001.03.09. 선고 99다13157 판결

(2) 제2순위 : 피상속인의 직계존속(제1항 제2호)
① **직계존속의 의미**   직계존속이면 부계·모계를 불문하고 이혼한 부모도 상속권이 인정된다. 촌수가 다른 존속이 있는 경우 최근친이 선순위 상속인이 되고 동순위의 상속인이 다수인 경우 공동상속인으로 된다.
② **직계존속의 대습상속**   직계존속에게는 대습상속권이 인정되지 않는다. 따라서 선순위 직계존속이 모두 사망한 경우, 차순위 직계존속의 상속은 본위상속이 될 수밖에 없다.

(3) 기타 혈족상속인
① **피상속인의 형제자매**   형제자매는 부계·모계 형제자매를 불문한다. 이복형제뿐만 아니라 이성동복의 형제자매도 포함된다.30) [13 사시] 법정혈족·자연혈족을 불문한다. 법정혈족과 자연혈족 사이도 형제자매가 된다.
② **4촌 이내의 방계혈족**   4촌 이내의 방계혈족도 4순위 상속인이 된다. 다만 유류분권은 인정되지 않는다.

2. 배우자

> □ **제1003조 (배우자의 상속순위)** ① 피상속인의 배우자는 제1000조 제1항 제1호와 제2호의 규정에 의한 상속인이 있는 경우에는 그 상속인과 동순위로 공동상속인이 되고 그 상속인이 없는 때에는 단독상속인이 된다.
> ② 제1001조의 경우에 상속개시 전에 사망 또는 결격된 자의 배우자는 동조의 규정에 의한 상속인과 동순위로 공동상속인이 되고 그 상속인이 없는 때에는 단독상속인이 된다.

① **법률상 배우자**   배우자가 상속을 받으려면 상속개시 당시 피상속인의 법률상의 배우자이어야 한다. 혼인 중인 이상 별거 중이거나 사실상 이혼상태이거나 사실상 재혼하였거나 이혼소송 중인 자도 배우자로서 상속권이 있다.
② **배우자의 상속분**   배우자는 직계비속이나 직계존속의 상속분의 5할을 가산하여 그 상속분으로 한다.
③ **사실혼배우자**   사실혼의 배우자는 상속권이 없으나 특별연고자로서 분여청구권을 가진다. 그러나 특별연고자로서의 분여청구권은 상속이 아니다.
④ **중혼배우자**   중혼의 배우자도 법률상 배우자이므로 중혼취소 전에 상속이 개시된 경우에는 상속권을 가진다. 전혼배우자와 중혼배우자가 모두 상속권을 가지는 경우 그 상속분은 각 배우자가 1.5씩을 가산 받는 것이 아니라 1.5를 나누어서 0.75씩을 받는다.
⑤ **상속개시 후 혼인이 취소된 경우**   판례는, 민법 제824조는 혼인의 취소의 효력은 기왕에 소급하지 아니한다고 규정하고 있을 뿐 재산상속 등에 관해 소급효를 인정할 별도의 규정이 없는 바, 혼인 중에 부부 일방이 사망하여 상대방이 배우자로서 망인의 재산을 상속받은 후에 그 혼인이 취소되었다는 사정만으로 그 전에 이루어진 상속관계가 소급하여 무효라거나 또는

---
30) 대법원 1997.11.28. 선고 96다5421 판결

그 상속재산이 법률상 원인 없이 취득한 것이라고는 볼 수 없다[31]고 하여 상속인자격이 유지된다고 보고 있다. [12, 14 변호사] [17(1), 17(3) 변모] [13, 16 사시]

Ⅲ 대습상속

> 제1001조 (대습상속) 전조제1항제1호와 제3호의 규정에 의하여 상속인이 될 직계비속 또는 형제자매가 상속개시전에 사망하거나 결격자가 된 경우에 그 직계비속이 있는 때에는 그 직계비속이 사망하거나 결격된 자의 순위에 가름하여 상속인이 된다.

1. 의의 및 법적 성질

① **의의** 대습상속이란 상속인이 될 직계비속 또는 형제자매가 상속개시 전에 사망·결격된 경우 그 직계비속이나 배우자가 사망·결격된 자의 순위에 갈음하여 상속인으로 되는 것을 말한다. 대습자의 상속기대권을 보호함으로써 공평의 이념을 실현하고, 생활보장을 확보하기 위하여 인정되는 제도이다.

② **법적 성질** 대습상속의 본질을 대습상속인이 피대습자의 권리를 승계 또는 대위하는 것으로 이해할 것인지 대습상속인의 고유한 권리로서 피상속인을 직접 상속하는지에 관해서 견해의 대립이 있으나 통설은 대습자 고유의 권리로 직접 피상속인을 상속한다고 본다. 피대습자는 사망·결격으로 권리능력 혹은 상속인자격을 상실하였으므로 상속권이 없다는 점을 근거로 한다.

2. 대습상속의 요건과 효과

① **피대습자에 관한 요건** 피대습자는 상속인이 될 피상속인의 직계비속 또는 형제자매이어야 한다. 상속인으로 될 배우자는 피대습자로서의 적격을 가지지 못한다. 배우자를 피대습자로 하는 대습상속은 인정되지 않는다.[32] [14 변호사] [10, 13 사시]

② **대습상속의 원인**

(ㄱ) **상속개시 전 사망** : 피상속인이 사망하여 상속이 개시되기 전에 피대습자가 먼저 사망한 경우에 대습상속이 인정된다.

(ㄴ) **피상속인과 피대습자가 동시에 사망한 경우**

㉠ 피상속인과 피대습자가 동시에 사망한 경우에 대습상속을 인정하면 피대습자의 배우자와 직계비속은 피대습자의 지위에서 상속을 받게 되나, 대습상속을 부정하면 피대습자의 배우자는 상속에서 제외되고 피대습자의 직계비속은 피상속인의 직계비속으로서 상속인이 될 뿐이다.

㉡ 판례는 민법 제1001조의 '상속인이 될 직계비속이 상속개시 전에 사망한 경우'에는 '상속

---

31) 대법원 1996.12.23. 선고 95다48308 판결
32) 대법원 1999.07.09. 선고 98다64318·64325 판결

인이 될 직계비속이 상속개시와 동시에 사망한 것으로 추정되는 경우'도 포함하는 것으로 합목적적으로 해석함이 상당하다고 하여 대습상속의 원인이 된다고 한다.33) [14(1), 17(3) 변모] [11, 14 사시] [15 법무사]

ⓒ **상속결격** : 피대습자에게 상속결격사유가 있는 경우에 대습상속의 원인이 된다. 상속개시 전의 결격뿐만 아니라 상속개시 후의 결격도 포함된다. 상속결격의 효과는 상속개시시로 소급하기 때문이다.

ⓔ **상속포기** : 상속개시 전에는 상속의 포기가 허용되지 않는다는 점, 상속인이 상속을 포기한 경우에는 그 상속분은 다른 상속인의 상속분의 비율로 그 상속인에게 귀속한다는 제1043조의 규정을 고려한다면, 상속포기는 대습상속의 원인이 된다고 할 수 없다. 판례는 제1순위 상속권자인 처와 자들이 모두 상속을 포기한 경우에는 손이 직계비속으로서 상속인이 된다고 한다.34) [14, 22 변호사] [11 사시]

③ **대습상속인에 관한 요건**

ⓐ **피대습자의 직계비속** : 피대습자의 직계비속은 대습상속인이 된다. 피상속인 사망 당시에 대습상속인은 생존하고 있고, 상속결격자가 아니어야 한다. 태아는 상속순위에 관하여 이미 출생한 것으로 보므로 피대습자의 사망이나 결격 당시의 태아뿐만 아니라 상속결격 후 상속개시 당시에 포태되어 있는 태아도 대습상속을 할 수 있다. [21 법무사]

ⓑ **배우자** : 대습상속이 개시될 당시에 피대습자와 법률상 혼인을 한 배우자로서 피상속인과 인척관계가 유지되고 있어야 대습상속인이 될 수 있다.35) 배우자가 며느리인지 사위인지는 문제되지 않는다.36)

④ **재대습상속의 경우**

ⓐ **문제점** : 대습상속인에게 다시 대습원인이 발생한 경우 그의 직계비속 혹은 배우자의 대습상속이 인정되는지 여부가 문제된다.

ⓑ **학설** : 통설은 재대습상속을 인정한다. 대습상속인이 배우자나 직계비속의 상속기대를 보호할 필요가 있기 때문이다.

⑤ **대습상속의 효과**   대습상속인은 피대습자와 동일한 순위의 상속인이 되어 피대습자의 순위에 갈음하여 상속인이 된다.

---

33) 대법원 2001.03.09. 선고 99다13157 판결
34) 대법원 1995.04.07. 선고 94다11835 판결
35) 등기예규 제694조. 민법 제1003조 제2항의 "사망한 자의 처"라 함은 夫의 사망 후에도 계속 혼가와의 인척관계가 유지되는 처를 의미하므로, 夫의 사망 후 재혼한 처는 전부(前夫)의 순위에 갈음하는 대습상속인으로 될 수 없다.
36) 대법원 2001.03.09. 선고 99다13157 판결

III 상속의 결격

> □ **제1004조 (상속인의 결격사유)** 다음 각 호의 어느 하나에 해당한 자는 상속인이 되지 못한다.
> 1. 고의로 직계존속, 피상속인, 그 배우자 또는 상속의 선순위나 동순위에 있는 자를 살해하거나 살해하려한 자
> 2. 고의로 직계존속, 피상속인과 그 배우자에게 상해를 가하여 사망에 이르게 한 자
> 3. 사기 또는 강박으로 피상속인의 상속에 관한 유언 또는 유언의 철회를 방해한 자
> 4. 사기 또는 강박으로 피상속인의 상속에 관한 유언을 하게 한 자
> 5. 피상속인의 상속에 관한 유언서를 위조·변조·파기 또는 은닉한 자

1. 의의
① **개념**   상속결격이란 상속인에게 일정한 법정사유가 발생한 경우 특별히 재판상의 선언을 기다리지 않고 법률상 당연히 그 상속인의 자격을 박탈하는 것을 말한다.
② **취지**   상속결격제도는 상속협동체라는 윤리적·경제적 결합관계를 깨뜨리는 자에게 상속권을 인정해서는 안 된다는 데에 그 존재의의가 있다.

2. 상속결격사유
① **고의로 직계존속, 피상속인, 그 배우자 또는 상속의 선순위나 동순위에 있는 자를 살해하거나 살해하려 한 경우**
  (ㄱ) **행위의 객체** : 행위의 객체는 직계존속, 피상속인, 그 배우자, 상속의 선순위나 동순위자여야 한다.
  (ㄴ) **고의의 행위**
    ㉠ 살해나 살해하려 하는 행위가 고의적인 행위여야 한다. 살해의 고의에는 상속에 유리하다는 인식에 포함되어 있어야 하는 것은 아니다.[37] [13 사시]
    ㉡ 살인의 예비·음모 또는 자살의 교사·방조도 이에 포함되고 선순위 또는 동순위의 태아를 낙태하는 것도 포함된다.[38] [14 변호사 사례] [19(2) 변모] [14 사시] [12 사시 사례] [20 법행]
    ㉢ 유죄의 확정판결이 있어야만 하는 것은 아니다.
② **직계존속, 피상속인 또는 그 배우자에 대해 고의로 상해를 가하여 사망에 이르게 한 경우**
  (ㄱ) **행위의 객체** : 피해자는 직계존속, 피상속인 또는 그 배우자에 한정되고 상속의 동순위나 선순위자는 이에 포함되지 않는다.
  (ㄴ) **고의의 상해로 인한 사망** : 고의의 상해로 인한 치사에 한한다. 따라서 고의의 상해만으로는 결격사유가 되지 않는다. 피해자가 직계존속, 피상속인 또는 그 배우자라는 사실을 알고 있어야 하지만 상속에 있어서 이익을 받으려는 의사가 필요한 것은 아니다.
③ **사기·강박에 의한 유언 또는 유언철회 방해**   사기나 강박으로 피상속인의 상속에 관한 유언 또는 유언의 철회를 방해하는 행위는 상속결격사유가 된다. 상속에 관한 유언이란 상속

---
37) 대법원 1992.05.22. 선고 92다2127 판결
38) 대법원 1992.05.22. 선고 92다2127 판결

자체에 관한 유언에 한정되는 것은 아니다. 상속재산의 범위에 영향을 미치는 유증을 포함하는 유언, 상속인의 범위에 영향을 미치는 친생부인 또는 인지를 포함하는 유언, 재단법인의 설립에 관한 유언 등도 상속에 관한 유언에 해당한다.

④ **사기·강박으로 유언을 하게 한 경우** 사기 또는 강박으로 피상속인의 상속에 관한 유언을 하게 한 경우에는 제110조에 의하여 취소될 수 있으나, 이 경우에도 상속결격사유가 될 수 있다.

⑤ **유언서의 위조, 변조, 파기 또는 은닉**
- (ㄱ) 의미 : 위조란 상속인이 피상속인의 명의를 사용하여 유언서를 작성하는 것을 말하며, 변조란 상속인이 피상속인이 작성한 유언서를 임의로 고치는 것을 말한다. 한편 은닉이란 유언서의 소재를 불명하게 하여 그 발견을 방해하는 일체의 행위를 말한다. 내용이 널리 알려진 유언서에 관하여 피상속인이 사망한지 6개월이 경과한 시점에서 비로소 그 존재를 주장하였다고 하여 이를 두고 유언서의 은닉에 해당한다고 볼 수 없다.[39] [20 법행]
- (ㄴ) 고의에 의한 행위 : 유언서의 위조·변조, 파기 또는 은닉행위는 모두 고의에 의한 행위에 한정된다. 따라서 유언서가 상속인의 과실로 인하여 파기된 경우에는 본 호가 적용되지 않는다.

3. 상속결격의 효과

① **특별한 절차요부** 법률상 당연히 상속인 자격을 상실한다. 따라서 특별한 절차를 밟을 필요가 없다. 상속결격의 효과는 결격자의 일신에만 미치기 때문에 결격자의 직계비속이나 배우자가 대습상속을 하는 것은 가능하다.

② **소급효** 상속개시 후에 결격사유가 생기더라도 결격의 효과는 상속개시시로 소급한다. 상속결격자가 상속재산을 제3자에게 처분한 경우 제3자는 선의·무과실이라도 선의취득에 의한 보호를 받지 않는 한 권리를 취득하지 못하고(양도행위는 무효), 진정한 상속인은 상속회복청구를 할 수 있다.

③ **수유능력의 상실** 상속결격자는 동시에 수증결격자가 되므로 유증을 받을 수도 없다. 그러나 피상속인이 상속결격자에게 생전증여하는 것을 막을 수는 없다.

Ⅳ 상속권의 상실 선고

□ 제1004조의2(상속권 상실 선고) ① 피상속인은 상속인이 될 사람이 피상속인의 직계존속으로서 다음 각 호의 어느 하나에 해당하는 경우에는 제1068조에 따른 공정증서에 의한 유언으로 상속권 상실의 의사를 표시할 수 있다. 이 경우 유언집행자는 가정법원에 그 사람의 상속권 상실을 청구하여야 한다.
　1. 피상속인에 대한 부양의무(미성년자에 대한 부양의무로 한정한다)를 중대하게 위반한 경우
　2. 피상속인 또는 그 배우자나 피상속인의 직계비속에게 중대한 범죄행위(제1004조의 경우는 제외한다)를 하거나 그 밖에 심히 부당한 대우를 한 경우
② 제1항의 유언에 따라 상속권 상실의 대상이 될 사람은 유언집행자가 되지 못한다.
③ 제1항에 따른 유언이 없었던 경우 공동상속인은 피상속인의 직계존속으로서 다음 각 호의 사유

---

[39] 대법원 1998.06.12. 선고 97다38510 판결

가 있는 사람이 상속인이 되었음을 안 날부터 6개월 이내에 가정법원에 그 사람의 상속권 상실을 청구할 수 있다.
1. 피상속인에 대한 부양의무(미성년자에 대한 부양의무로 한정한다)를 중대하게 위반한 경우
2. 피상속인에게 중대한 범죄행위(제1004조의 경우는 제외한다)를 하거나 그 밖에 심히 부당한 대우를 한 경우

④ 제3항의 청구를 할 수 있는 공동상속인이 없거나 모든 공동상속인에게 제3항 각 호의 사유가 있는 경우에는 상속권 상실 선고의 확정에 의하여 상속인이 될 사람이 이를 청구할 수 있다.
⑤ 가정법원은 상속권 상실을 청구하는 원인이 된 사유의 경위와 정도, 상속인과 피상속인의 관계, 상속재산의 규모와 형성 과정 및 그 밖의 사정을 종합적으로 고려하여 제1항, 제3항 또는 제4항에 따른 청구를 인용하거나 기각할 수 있다.
⑥ 상속개시 후에 상속권 상실의 선고가 확정된 경우 그 선고를 받은 사람은 상속이 개시된 때에 소급하여 상속권을 상실한다. 다만, 이로써 해당 선고가 확정되기 전에 취득한 제3자의 권리를 해치지 못한다.
⑦ 가정법원은 제1항, 제3항 또는 제4항에 따른 상속권 상실의 청구를 받은 경우 이해관계인 또는 검사의 청구에 따라 상속재산관리인을 선임하거나 그 밖에 상속재산의 보존 및 관리에 필요한 처분을 명할 수 있다.
⑧ 가정법원이 제7항에 따라 상속재산관리인을 선임한 경우 상속재산관리인의 직무, 권한, 담보제공 및 보수 등에 관하여는 제24조부터 제26조까지를 준용한다. [본조 신설 2024. 9. 20.] [시행 2026. 1. 1.]

제3절 상속의 효력

I 일반적 효력

1. 포괄적 권리의무의 승계

> 제1005조 (상속과 포괄적 권리의무의 승계) 상속인은 상속개시된 때로부터 피상속인의 재산에 관한 포괄적 권리의무를 승계한다. 그러나 피상속인의 일신에 전속한 것은 그러하지 아니하다.

① 상속재산의 포괄적 승계
  (ㄱ) **포괄적 승계** : 상속에 의하여 상속재산은 당연히 상속인에게 승계된다. 별도로 권리의 공시방법을 갖추지 않아도 된다.
  (ㄴ) **상속재산** : 상속재산이란 상속인이 피상속인으로부터 승계하는 재산법상의 객체를 말한다. 피상속인의 적극재산 뿐만 아니라 소극재산도 포함된다. 나아가 권리·의무로 구체화되지 않은 법적 지위도 포함된다. 생명보험의 보험계약자가 스스로를 피보험자로 하면서 자신이 생존할 때의 보험수익자로 자기 자신을 자신이 사망할 때의 보험수익자로 상속인을 지정한 후 그 피보험자가 사망하여 보험사고가 발생한 경우. 이에 따른 보험금청구권은 상속인들의 고유재산에 해당한다.[40]

② **일신전속적 권리와 의무** 피상속인의 일신에 전속하는 권리와 의무는 상속되지 않는다.
③ **제사용재산의 승계** 피상속인에게 속한 제사용 재산은 일반상속재산과 달리 제사주재자에게 승계되나, 제사용 재산의 승계도 상속의 특별한 예에 해당한다고 보아야 한다.

2. 공동상속재산의 귀속 및 공동상속인의 지위

> ☐ **제1006조 (공동상속과 재산의 공유)** 상속인이 수인인 때에는 상속재산은 그 공유로 한다.

> ☐ **제1007조 (공동상속인의 권리의무 승계)** 공동상속인은 각자의 상속분에 응하여 피상속인의 권리의무를 승계한다.

(1) 의의

공동상속이란 여러 사람의 상속인들이 피상속인의 재산을 공동으로 승계하는 것을 말한다. 공동상속인들은 각자의 상속분에 따라 재산을 승계하지만, 공동상속재산을 분할할 때까지 상속재산을 공유하게 된다. 공동상속인은 각자의 상속분에 응하여 피상속인의 권리와 의무를 승계하는데, 제1007조의 상속분은 법정상속분을 의미한다. 공동상속인들은 상속재산의 분할이 있을 때까지 법정상속분에 따라 상속재산을 잠정적으로 공유하다가 특별수익 등을 고려한 구체적 상속분에 따라 상속재산을 분할함으로써 잠정적 공유상태를 해소하게 된다. 공동상속인들 사이에서 상속재산의 분할이 마쳐지지 않았음에도 특정 공동상속인에 대하여 특별수익 등을 고려하면 그의 구체적 상속분이 없다는 등의 이유를 들어 법정상속분에 따라 마쳐진 상속을 원인으로 한 소유권이전등기가 원인무효라고 주장하는 것은 허용될 수 없다.[41]

(2) 상속재산공유의 법적 성질

① **문제점** 공동상속인들은 일정한 친족관계에 있는 자이고 상속재산분할에 협력하여야 하는 자이므로 상속재산을 분할할 때까지의 공유가 물권법상 합유인지 물권법상 공유인지 문제된다.

② **견해의 대립**
(ㄱ) **통설·판례** : 통설과 판례는 제1006조의 공유를 물권법상 공유로 이해한다. 이 견해에 따르면 각 공동상속인들은 전체 상속재산에 관한 지분을 처분할 수도 있고, 개개의 상속재산에 관한 지분을 처분할 수도 있다.
(ㄴ) **소수설** : 소수설은 제1006조의 공유를 물권법상 합유로 이해한다. 이 견해에 따르면 각 공동상속인들은 상속분의 양도를 규정하고 있는 제1011조에 따라 전체 상속재산에 관한 지분을 처분할 수 있지만, 개개의 상속재산에 관한 지분을 처분할 수는 없다.

③ **검토** 제1006조가 공유로 규정하고 있는 점, 제1015조에서는 상속재산분할로 제3자의 권리를 침해할 수 없다고 규정하고 있는데, 이는 개개의 상속재산에 관한 지분처분이 허용됨을 전

---
40) 대법원 2023.06.29. 선고 2019다300934 판결
41) 대법원 2023.04.27. 선고 2020다292626 판결

제하고 있다는 점에 비추어 공유로 보는 것이 타당하다고 본다.

(3) 채권·채무의 공동상속

① **불가분채권·채무**

(ㄱ) **불가분채권** : 불가분채권은 상속재산분할시까지 공동상속인들 전원에게 불가분적으로 귀속된다. 따라서 공동상속인들 각자는 공동으로 또는 단독으로 모든 공동상속인들을 위하여 전부의 이행청구를 할 수 있다(제409조). 다만, 수령한 급부를 상속분에 따라 분급하여야 한다.

(ㄴ) **불가분채무** : 불가분채무도 각 공동상속인들에게 불가분적으로 귀속되고, 공동상속인 각자는 그 채무 전부를 이행할 책임을 진다. 따라서 채권자는 공동상속인 중 1인이나 모든 공동상속인에게 동시나 순차로 채무 전부의 이행을 청구할 수 있다.

② **가분채권·채무**

(ㄱ) **상속재산분할대상성** : 가분채권·채무는 상속개시와 동시에 공동상속인들에게 법정상속분에 따라 분할·승계되므로 상속재산분할의 대상이 될 여지가 없다.[42] [14, 16, 19, 20 변호사] [22, 14 변호사 사례] [17(2), 18(2) 변모] [15(1), 16(2), 18(3) 변모 사례] [10, 11, 14 사시] [13, 16, 20 법무사] [11, 16 법행] [17 법세]

(ㄴ) **가분적 채무에 관한 분할협의의 효력** : 분할대상이 될 수 없는 가분적 채무를 분할하는 협의를 하였더라도 이는 상속재산분할협의로서의 효력을 인정할 수는 없고, 위 분할협의에 따라 공동상속인 중의 1인이 법정상속분을 초과하여 채무를 부담하기로 하는 약정은 면책적 채무인수의 실질을 가진다고 할 것이어서, 채권자에 대한 관계에서 위 약정에 의하여 다른 공동상속인이 법정상속분에 따른 채무의 일부 또는 전부를 면하기 위하여는 민법 제454조의 규정에 따른 채권자의 승낙을 필요로 한다.[43] [14, 16, 19, 20 변호사] [22, 14 변호사 사례] [17(2), 18(2), 22(3) 변모] [15(1), 16(2), 18(3) 변모 사례] [13, 16, 20, 21 법무사] [11, 16 법행] [17, 16 법세]

(ㄷ) **가분적 채권에 관한 분할협의의 효력** : 가분적 채권도 원칙적으로 분할대상이 되지 않으므로 이에 관한 분할협의는 상속재산분할로서의 효력은 없고 채권양도로서의 효력이 있을 뿐이다. 그러나 가분적 채권의 경우에도 각 공동상속인들이 법정상속분에 따라 분할취득하면 공평에 반하는 결과가 초래되는 특별한 사정이 있는 때에는 상속재산분할의 대상으로 될 수 있다.[44] [19(3), 22(3) 변모] [19(2) 변모 사례] [17 법무사]

③ **대상재산** 상속개시 당시에는 상속재산을 구성하던 재산이 그 후 처분되거나 멸실·훼손되는 등으로 상속재산분할 당시 상속재산을 구성하지 아니하게 되었다면 그 재산은 상속재산분할의 대상이 될 수 없으나, 상속인이 그 대가로 처분대금, 보험금, 보상금 등 대상재산(代償財産)을 취득하게 된 경우에는 대상재산이 상속재산분할의 대상으로 될 수는 있다.[45] [20 변호사] [21 법세]

---

42) 대법원 1997.06.24. 선고 97다8809 판결
43) 대법원 1997.06.24. 선고 97다8809 판결
44) 대법원 2016.05.04. 자 2014스122 결정
45) 대법원 2016.05.04. 자 2014스122 결정

3. 제사용 재산의 특별승계

> □ 제1008조의3 (분묘 등의 승계) 분묘에 속한 1정보이내의 금양임야와 600평 이내의 묘토인 농지, 족보와 제구의 소유권은 제사를 주재하는 자가 이를 승계한다.

(1) 제사용 재산의 승계와 상속의 관계

① **제사용 재산승계의 특수성** 제사용 재산 승계는 일반 상속재산 승계와 다르게 제사를 주재하는 자가 승계하는 특별재산이다. 제사를 주재하는 자가 상속인으로서 다른 일반 상속재산을 승계함에 있어 제사용 재산이 상속분이나 유류분 산정에 고려되지 않는다. 제사용 재산에 대해서는 압류가 금지되고, 세법상으로도 비과세 대상으로 되어 있다.

② **상속과의 관계** 판례는, 제사용 재산의 승계는 본질적으로 상속의 특례로 보고 있다. 제사용 재산의 승계에 관한 민법 제1008조의3이 '상속의 효력'에 규정되어 있고, 제사용 재산의 승계도 제사용 재산에 대한 포괄적 권리·의무의 승계를 규정한 것으로 상속의 한 형태라고 보아야 하며, 제사주재자와 상속인이 다를 경우 그 재산은 일반상속재산으로 상속되어야 한다는 점, 제사용 재산을 승계한 자는 대외적으로나 상속인 사이에서나 완전한 소유권을 취득하여 이를 자유롭게 처분할 수 있는 점 등에 비추어 제사용 재산의 승계는 상속과 본질을 같이하는 제도로 이해하여야 한다고 한다.46) 제사용 재산의 승계권이 침해된 경우에도 상속회복청구권과 마찬가지로 제척기간이 적용된다. [15 사시]

(2) 제사용 재산의 범위

① **금양임야** 금양임야란 조상의 분묘가 있거나 설치할 예정으로 벌목을 금지하고 나무를 기르는 임야를 말한다. 분묘에 속한 금양임야란 분묘를 둘러싸며 그 안에 분묘가 설치되어 있는 임야를 뜻한다. 1정보 이내의 금양임야를 제사용 재산으로 규정한 취지는 금양임야가 1정보를 초과하는 경우 초과부분은 일반상속재산으로 상속재산분할의 대상이 된다는 의미이다.

② **묘토인 농지** 묘토인 농지라 함은 전(田)과 답(畓)이 포함되며 그 수익으로써 분묘관리와 제사비용에 충당되는 농지를 말한다. 위토라고도 한다. 묘토의 범위는 제사주재자를 기준으로 하는 것이 아니라 봉사의 대상이 되는 분묘 매 1기당 600평 이내를 기준으로 정하여야 한다.

③ **유체·유골**

(ㄱ) **승계권자** : 사람의 유체·유골은 매장·관리·제사·공양의 대상이 될 수 있는 유체물로서, 분묘에 안치되어 있는 선조의 유체·유골은 민법 제1008조의3 소정의 제사용 재산인 분묘와 함께 그 제사주재자에게 승계된다.47)

(ㄴ) **피상속인의 유체·유골 처분의사의 효력** : 피상속인이 생전행위 또는 유언으로 자신의 유

---

46) 대법원 2006.07.04. 선고 2005다45452 판결
47) 대법원 2008.11.20. 선고 2007다27670 전원합의체 판결

체·유골을 처분하거나 매장장소를 지정한 경우에, 선량한 풍속 기타 사회질서에 반하지 않는 이상 그 의사는 존중되어야 하고 이는 제사주재자로서도 마찬가지이지만, 피상속인의 의사를 존중해야 하는 의무는 도의적인 것에 그치고, 제사주재자가 무조건 이에 구속되어야 하는 법률적 의무까지 부담한다고 볼 수는 없다.48) [15 변호사] [15(2), 16(1) 변모] [17 법행] [14 법세]

(3) 제사용 재산의 승계자 : 제사를 주재하는 자

① **상속인** 판례는, 제사용 재산의 승계권자인 제사주재자는 상속인이어야 한다고 본다.49) 상속인이 아닌 자는 제사용 재산의 승계권자인 제사주재자가 될 수 없다.

② **제사주재자의 결정방법** 판례는, 제사주재자는 공동상속인들 사이의 협의에 의하여 결정하고, 협의가 이루어지지 않는 경우에는 제사주재자의 지위를 유지할 수 없는 특별한 사정이 있지 않는 한 피상속인의 직계비속 중 남녀, 적서를 불문하고 최근친의 연장자가 제사주재자로 우선한다.50) [22(1) 변모 사례] [12 법무사] [15, 14 법세]

Ⅱ 상속분

1. 의의

① **개념** 상속분이란 공동상속인이 포괄적인 상속재산에 대하여 가지는 권리·의무의 비율을 말한다. 그러나 상속분이 상속재산분할 전의 상속인의 지위를 의미하기도 한다(제1011조).

② **지정상속분 또는 유언상속분**

　(ㄱ) **개념** : 피상속인이 유언으로 정한 상속분을 지정상속분 또는 유언상속분이라고 한다. 유언에 의한 상속분지정은 일종의 포괄유증에 해당한다.

　(ㄴ) **상속분지정과 상속채무** : 상속분지정적 포괄유증이 있다고 하더라도 상속채무에는 영향이 없다. 즉 채권자는 상속분의 지정에 구속되지 않으며, 공동상속인에 대하여 법정상속분에 따른 부담을 청구할 수 있다.

③ **법정상속분** 피상속인이 공동상속인의 상속분을 지정하지 않았을 때에 적용되는 법률규정에 의한 상속분을 말한다.

④ **추상적·구체적 상속분** 법정상속분에는 분수의 형식으로 나타나는 추상적 상속분과 금액의 형식으로 나타나는 구체적 상속분이 있고, 상속재산의 심판분할은 구체적 상속분의 비율에 따라 이루어진다. 구체적 상속분은 특별수익자가 있거나 기여상속인이 있어서 추상적 상속분을 수정하여야 할 필요가 있는 경우에 산정한다.

---

48) 대법원 2008.11.20. 선고 2007다27670 전원합의체 판결
49) 대법원 1994.10.14. 선고 94누4509 판결
50) 대법원 2023.06.15. 자 2022마7057 결정; 대법원 2023.05.11. 선고 2018다248626 전원합의체 판결. 이 판결로 종래 특별한 사정이 없는 한 망인의 장남이 제사주재자가 되고, 공동상속인들 중에 아들이 없는 경우에는 망인의 장녀가 제사주재자가 된다고 본다는 대법원 2008.11.20. 선고 2007다27670 전원합의체 판결은 폐기되었다. 다만, 변경된 판례는 판결 선고 이후에 제사용 재산의 승계가 있는 경우에 적용된다는 점을 주의하여야 한다.

2. 추상적 상속분

> □ **제1009조 (법정상속분)** ① 동순위의 상속인이 수인인 때에는 그 상속분은 균분으로 한다.
> ② 피상속인의 배우자의 상속분은 직계비속과 공동으로 상속하는 때에는 직계비속의 상속분의 5할을 가산하고, 직계존속과 공동으로 상속하는 때에는 직계존속의 상속분의 5할을 가산한다.

> □ **제1010조 (대습상속분)** ① 제1001조의 규정에 의하여 사망 또는 결격된 자에 가름하여 상속인이 된 자의 상속분은 사망 또는 결격된 자의 상속분에 의한다.
> ② 전항의 경우에 사망 또는 결격된 자의 직계비속이 수인인 때에는 그 상속분은 사망 또는 결격된 자의 상속분의 한도에서 제1009조의 규정에 의하여 이를 정한다. 제1003조제2항의 경우에도 또한 같다.

① **동순위 혈족상속인의 상속분** 동순위 혈족상속인의 상속분은 완전균분주의가 적용된다. 남녀의 차이, 기혼·미혼, 혼인 중의 자·혼인 외의 자, 친생자·양자의 차이가 없다.

② **배우자의 상속분** 배우자는 직계존속이나 직계비속보다 50%를 가산하여 상속분을 정한다. 상속재산인 피상속인 명의의 재산은 대체로 부부가 공동으로 형성한 재산일 가능성이 많으므로 배우자의 상속분을 가중시키고 있는 것이다.

③ **대습상속인의 상속분** 대습상속인의 상속분은 피대습자의 상속분에 따른다.

3. 특별수익자의 구체적 상속분

> □ **제1008조 (특별수익자의 상속분)** 공동상속인 중에 피상속인으로부터 재산의 증여 또는 유증을 받은 자가 있는 경우에 그 수증재산이 자기의 상속분에 달하지 못한 때에는 그 부족한 부분의 한도에서 상속분이 있다.

(1) 의의

① **특별수익의 개념** 특별수익이란 공동상속인이 피상속인으로부터 생전증여나 유증을 받은 것으로 상속분의 선급이라고 할 수 있는 것을 말한다. 이러한 수익을 받은 자를 특별수익자라고 한다.

② **제1008조의 취지** 특별수익자가 상속개시 후에 균분상속을 받게 되면 특별수익자는 2중의 이익을 얻는 결과로 되고, 이는 공동상속인들 사이의 공평에 반하게 된다. 제1008조는 공동상속인 중에 피상속인으로부터 재산의 증여 또는 유증을 받은 특별 수익자가 있는 경우에 공동상속인들 사이의 공평을 기하기 위하여 그 수증재산을 상속분의 선급으로 다루어 구체적인 상속분을 산정함에 있어 이를 참작하도록 하려는 데 그 취지가 있다.[51]

---

51) 대법원 1998.12.08. 선고 97므513·520 판결, 97스12 결정; 대법원 2014.11.25. 자 2012스156 결정

(2) 특별수익자

① **공동상속인 중 증여 또는 유증을 받은 자**

(ㄱ) **상속을 승인한 공동상속인**: 공동상속인으로서의 지위를 가지는 자만이 특별수익자자가 될 수 있다. 공동상속인의 직계비속, 배우자 등 공동상속인이 아닌 자가 피상속인으로부터 증여 또는 유증을 받았다고 하여 공동상속인들의 추상적 상속분을 수정하여야 할 것은 아니 므로 그 받은 이익을 상속분 산정에서 고려할 것은 아니다.[52] [12 사시]

(ㄴ) **상속을 포기한 자**: 증여나 유증을 받은 공동상속인이 상속을 포기한 때에는 그 받은 이익을 특별수익으로 볼 수 없다. 증여나 유증이 다른 공동상속인들의 유류분을 침해하지 않는 한 상속포기자는 그 받은 이익을 반환하여야 할 필요가 없다.

② **대습상속인이 증여나 유증을 받은 경우**

(ㄱ) **문제점**: 대습상속인이 피상속인으로부터 증여나 유증을 받은 경우 대습상속인이 받은 증여나 유증을 특별수익으로 구체적 상속분 산정에서 고려할 수 있는지 문제된다.

(ㄴ) **판 례**

㉠ 대습상속인이 대습원인의 발생 이전에 피상속인으로부터 증여를 받은 경우 이는 상속인의 지위에서 받은 것이 아니므로 상속분의 선급으로 볼 수 없고 특별수익으로 볼 것은 아니다.[53] [19(3) 변모] [15 사시] [15, 16 법행]

㉡ 피대습인이 대습원인의 발생 이전에 피상속인으로부터 생전 증여로 특별수익을 받은 경우 그 생전 증여는 대습상속인의 특별수익으로 보아야 한다.[54] 피대습인의 특별수익을 대습상속인의 구체적 상속분 산정 시에 고려하지 않으면 대습상속인은 피대습인이 취득할 수 있었던 것 이상의 이익을 취득하게 되어 공동상속인들 사이의 공평을 해칠 뿐만 아니라 대습상속의 취지에도 반하기 때문이다.

③ **포괄적 수유자** 법정상속인이 아닌 포괄적 수유자가 피상속인으로부터 증여를 받은 경우에는 특별수익으로 볼 수 없지만, 공동상속인인 포괄적 수유자가 피상속인으로부터 증여를 받은 경우에는 특별수익으로 볼 수 있다.

④ **상속결격자** 상속결격자가 피상속인에게서 직접 증여를 받은 경우 결격자의 수익은 특별한 사정이 없는 한 특별수익에 해당하지 않는다.[55] [18(2), 19(3) 변모] [16 법무사]

---

[52] 대법원 2007.08.28. 자 2006스3·4 결정. "상속분의 산정에서 증여 또는 유증을 참작하게 되는 것은 원칙적으로 상속인이 유증 또는 증여를 받은 경우에만 발생하고, 그 상속인의 직계비속, 배우자, 직계존속이 유증 또는 증여를 받은 경우에는 그 상속인이 반환의무를 지지 않는다고 할 것이나, 증여 또는 유증의 경위, 증여나 유증된 물건의 가치, 성질, 수증자와 관계된 상속인이 실제 받은 이익 등을 고려하여 실질적으로 피상속인으로부터 상속인에게 직접 증여된 것과 다르지 않다고 인정되는 경우에는 상속인의 직계비속, 배우자, 직계존속 등에게 이루어진 증여나 유증도 특별수익으로서 이를 고려할 수 있다고 함이 상당하다."

[53] 대법원 2014.05.29. 선고 2012다31802 판결

[54] 대법원 2022.03.17. 선고 2020다267620 판결

[55] 대법원 2015.07.17. 자 2014스206 결정

(3) 특별수익
 ① 생전증여
  (ㄱ) 공동상속인에 대한 피상속인의 생전증여가 모두 특별수익에 해당하는 것은 아니다. 상속분의 선급으로 볼 수 있는 생전증여만이 특별수익에 해당한다.
  (ㄴ) 혼인을 위한 혼수비용이나 생계의 자본으로 받은 금원. 거액의 혼례식 비용, 다른 공동상속인과 달리 지출한 고등교육비 등은 특별수익에 해당할 수 있지만 관례적 선물이나 용돈 등은 특별수익에 해당하지 않는다.
  (ㄷ) 배우자에 대한 생전증여가 특별수익에 해당하는지는 피상속인의 생전의 자산, 수입, 생활수준, 가정상황 등을 참작하고 공동상속인들 사이의 형평을 고려하여 당해 생전 증여가 장차 상속인으로 될 자에게 돌아갈 상속재산 중 그의 몫의 일부를 미리 주는 것이라고 볼 수 있는지에 의하여 결정하여야 한다. 배우자에 대한 생전증여에 배우자의 기여나 노력에 대한 보상 내지 평가, 실질적 공동재산의 청산, 배우자 여생에 대한 부양의무 이행 등의 의미를 가지는 범위에서는 특별수익이라고 볼 수 없다.[56] [23 변호사] [18(2) 변모] [15 법행]
  (ㄹ) 피상속인의 생전 증여에 상속인의 특별한 부양 내지 기여에 대한 대가의 의미가 포함되어 있는 경우 그러한 한도 내에서 생전 증여를 특별수익에서 제외할 수 있다.[57]
  (ㅁ) 피상속인이 한 생전 증여에 상속인의 특별한 부양 내지 기여에 대한 대가의 의미가 포함되어 있는지 여부는 당사자들의 의사에 따라 판단하되, 당사자들의 의사가 명확하지 않은 경우에는 피상속인과 상속인 사이의 개인적 유대관계, 상속인의 특별한 부양 내지 기여의 구체적 내용과 정도, 생전 증여 목적물의 종류 및 가액과 상속재산에서 차지하는 비율, 생전 증여 당시의 피상속인과 상속인의 자산, 수입, 생활수준 등을 종합적으로 고려하여 형평의 이념에 맞도록 사회일반의 상식과 사회통념에 따라 판단하여야 한다.[58] [23 변호사]
 ② 유증   유증은 목적을 불문하고 특별수익으로 구체적 상속분 산정에서 고려된다. 다만, 유증의 목적물은 상속개시 당시 상속재산 중에 포함되어 있으므로 구체적 상속분 산정의 기초재산에 유증가액을 산입할 필요는 없다.
 ③ 생명보험금·사망퇴직금 등   생명보험금·사망퇴직금 등은 상속재산은 아니나, [13 사세] 공동상속인의 특별수익으로 해석하는 것이 통설이다. 실질적으로 볼 때 보험료지급의 대가가 보험금청구권이고, 그 수익자가 공동상속인이라면 이는 증여나 유증에 준하는 무상의 재산이전이기 때문이다.

(4) 구체적 상속분의 산정
 ① 소극재산을 상속재산에 포함시킬 것인지 여부(소극)
  (ㄱ) 문제점 : 특별수익자가 있는 경우에 구체적 상속분을 산정하여 추상적 상속분을 수정하여야 하는데, 구체적 상속분을 산정하기 위해서는 상속개시 당시의 상속재산 가액을 확정하

---

56) 대법원 2011.12.08. 선고 2010다66644 판결
57) 대법원 2022.03.17. 선고 2021다230083·230090 판결
58) 대법원 2022.03.17. 선고 2021다230083·230090 판결

여야 한다. 상속개시 당시의 상속재산에 소극재산까지 포함하여 그 가액을 확정하여야 하는지 문제된다.

(ㄴ) 판례 : 판례는 계산의 기초가 되는 "피상속인이 상속개시 당시에 가지고 있던 재산의 가액"은 상속재산 가운데 적극재산의 전액을 가리키는 것으로 보아야 옳다고 하여 소극재산은 포함되지 않는다고 본다.59) [14 변호사] [18(2), 22(1) 변모] [12, 13 사시] [17 법무사] [15 법행]

(ㄷ) 검토 : 피상속인의 소극재산은 추상적 상속분에 따라 각 공동상속인에게 분할되어 귀속되도록 하고, 구체적 상속분의 기초재산은 적극재산만을 고려하는 것이 공동상속인들의 형평에 부합된다고 본다. 소극재산까지 고려하여 구체적 상속분을 산정하면 특별수익을 많이 받은 자에게 유리한 결과가 되기 때문이다.

② 상속재산 및 증여가액의 평가시점 상속개시 당시를 기준으로 상속재산과 특별수익인 증여의 가액을 평가하여야 한다.60) [14 변호사] [11, 12 사시] [15 법행] 증여받은 목적물이 상속개시 당시에 멸실되거나 훼손된 경우에도 그 멸실·훼손이 수증자의 행위에 의한 것이라면 상속개시 당시에 존재하는 것으로 보고 평가하여야 한다.

③ 상속분 산정방법

(ㄱ) 구체적 상속분 : 구체적 상속분 = (상속재산가액 + 생전증여) × 법정상속분율 - (생전증여 + 유증)

(ㄴ) 상속재산분배액 : 상속재산분배액 = 구체적 상속분 ÷ 공동상속인들의 구체적 상속분의 총합 × (상속재산 - 유증액)

(ㄷ) 상속이익 : 상속이익 = 상속재산분배액 + 생전증여 또는 유증

(ㄹ) 소극재산 : 소극재산은 특별수익을 고려함이 없이 법정상속분의 비율로 공동상속인이 부담

④ 초과특별수익자의 현실적 반환의무

(ㄱ) 문제점 : 특별수익이 특별수익자의 구체적 상속분을 초과한 경우에 특별수익자가 그 초과분을 다른 공동상속인에게 현실적으로 반환하여야 하는지 문제된다.

(ㄴ) 학설 : 초과특별수익을 현실적으로 반환하여야 한다는 견해가 있으나, 다수설은 특별수익이 다른 공동상속인의 유류분을 침해하지 않는 한 현실적인 반환의무를 부담하는 것은 아니라고 한다.

(ㄷ) 검토 : 피상속인의 재산처분의 자유를 보장한다는 점에서 초과특별수익의 반환의무를 부정하는 것이 타당하다고 본다. 초과특별수익자의 경우에는 구체적 상속분이 0이므로 적극재산을 분배받을 수 없을 뿐이다.

⑤ 초과특별수익자가 있는 경우 다른 공동상속인의 구체적 상속분 산정방법61)

(ㄱ) 공동상속인 중 특별수익이 법정상속분 가액을 초과하는 특별수익자가 있는 경우 초과특별수익자는 특별수익을 제외하고는 더 이상 상속받지 못하는 것으로 처리한다(구체적 상속분 가액 0).

---

59) 대법원 1995.03.10. 선고 94다16571 판결
60) 대법원 1997.03.21. 자 96스62 결정
61) 대법원 2022.06.30. 자 2017스98·99·100·101 결정

(ㄴ) <mark>초과특별수익은 다른 공동상속인들이 그 법정상속분율에 따라 안분하여 자신득의 구체적 상속분 가액에서 공제하는 방법으로 구체적 상속분 가액을 조정하여 구체적 상속분 비율을 산출하여 구체적 상속분을 산정한다.</mark> 그 결과 초과특별수익자가 있는 경우 그 초과된 부분은 나머지 상속인들의 부담으로 돌아가게 된다.

⊃ 구체적 상속분 산정에 관한 연습

---

1. 초과수익자가 없는 경우의 상속분 산정방법

[사례 1] A·B·C를 자녀로 두고 있는 피상속인이 사망하면서 4억 5천만 원의 상속재산을 남겼다. 망인은 생전에 A에게 2억 원을 들여 외국유학을 시켜주었고, B에게는 장사밑천으로 1억 원을 주었고, C에게는 1억 5천만 원을 유증하였다. 각 상속인에 대한 상속재산분배액은 얼마인가?

(ㄱ) 구체적 상속분산정의 기초재산가액(상속개시시의 상속재산가액 + 특별수익인 증여의 가액) : 7억 5천만 원(4억 5천만 원 + 2억 원 + 1억 원)
(ㄴ) 각 공동상속인의 구체적 상속분 : A = 5천만원(7억 5천만원 × 1/3 - 2억원), B = 1억 5천만원(7억 5천만원 × 1/3 - 1억원), C = 1억원(7억 5천만원 × 1/3 - 1억 5천만원)
(ㄷ) 분배가능한 상속재산가액 : 3억원(상속개시 당시 적극재산가액 4억 5천만원 - 유증채무액 1억 5천만원)
(ㄹ) 각 공동상속인의 상속재산분배액 : A = 5천만원, B = 1억 5천만원, C = 1억원
(ㅁ) 각 공동상속인의 상속의 이익 : A = 2억 5천만원(상속재산분배액 5천만원 + 특별수익인 증여액 2억원), B = 2억 5천만원(상속재산분배액 1억 5천만원 + 특별수익인 증여액 1억원), C = 2억 5천만원(상속재산분배액 1억원 + 특별수익인 유증액 1억 5천만원)

2. 초과수익자가 있는 경우의 상속분 산정방법

[사례 2] 상속개시 당시 피상속인의 적극재산이 7억 원이고, 상속인은 배우자 甲, 자녀 乙, 丙이 있으며, 乙은 피상속인으로부터 생전증여로서 X건물(상속개시 당시 가액 7억 원)을 증여받았다. 甲, 乙, 丙의 구체적 상속분을 계산하라.

(ㄱ) 구체적 상속분산정의 기초재산가액(상속재산가액 + 특별수익인 증여의 가액) : 14억 원(7억 + 7억 원)
(ㄴ) 각 공동상속인의 법정상속분 : 甲 3/7, 乙 2/7, 丙 2/7
(ㄷ) 각 공동상속인의 구체적 상속분 가액 : 甲 6억 원(14억 원 × 3/7), 乙 -3억 원(14억 원 × 2/7 - 7억 원), 丙 4억 원(14억 원 × 2/7)
(ㄹ) 초과특별수익 : 3억 원
(ㅁ) 초과특별수익에 관한 다른 공동상속인의 분담액 : 甲 1억 8천만 원(3억 원 × 3/5), 丙 1억 2천만 원(3억 원 × 2/5)
(ㅂ) 초과특별수익을 고려한 구체적 상속분 : 甲 4억 2천만 원, 乙 0원, 丙 2억 8천만 원

4. 기여분

> □ 제1008조의2 (기여분) ① 공동상속인 중에 상당한 기간 동거·간호 그 밖의 방법으로 피상속인을 특별히 부양하거나 피상속인의 재산의 유지 또는 증가에 특별히 기여한 자가 있을 때에는 상속개시 당시의 피상속인의 재산가액에서 공동상속인의 협의로 정한 그 자의 기여분을 공제한 것을 상속재산으로 보고 제1009조 및 제1010조에 의하여 산정한 상속분에 기여분을 가산한 액으로써 그 자의 상속분으로 한다. [22 법세]
> ② 제1항의 협의가 되지 아니하거나 협의할 수 없는 때에는 가정법원은 제1항에 규정된 기여자의 청구에 의하여 기여의 시기·방법 및 정도와 상속재산의 액 기타의 사정을 참작하여 기여분을 정한다.
> ③ 기여분은 상속이 개시된 때의 피상속인의 재산가액에서 유증의 가액을 공제한 액을 넘지 못한다. [14 변호사] [21(2) 변모]
> ④ 제2항의 규정에 의한 청구는 제1013조제2항의 규정에 의한 청구가 있을 경우 또는 제1014조에 규정하는 경우에 할 수 있다. [21(2) 변모] [12 사시]

(1) 의의

① **개념** 기여분이란 공동상속인 중 피상속인의 재산의 유지 또는 증가에 기여하거나 특별히 피상속인을 부양한 자가 있는 경우, 상속분 산정에 그러한 기여나 부양을 고려하는 제도를 말한다.

② **취지** 공동상속인들 사이의 실질적 공평을 도모하기 위한 제도이며, 특별수익제도와 동일한 취지의 제도이다.

③ **기여분과 특별수익의 관계** 기여분은 특별수익에 우선하여 고려되어야 한다(통설). 따라서 기여분을 산정하여 공제한 상속재산의 가액을 기초로 특별수익자의 상속분을 정한다. 기여분은 그 가액이 확정되어 있지 않지만, 특별수익액은 확정적이라는 점에서 차이가 있다.

④ **기여분과 유류분의 관계** 기여분으로 인하여 유류분에 부족이 생겼더라도 기여분에 대하여 유류분반환을 청구할 수 없다.[62] 결국 기여분은 유류분에 우선한다.

⑤ **기여분과 유증의 관계** 기여분은 상속이 개시된 때의 피상속인의 재산가액에서 유증의 가액을 공제한 액을 넘지 못한다. 유증은 기여분에 우선한다. [14 변호사]

⑥ **기여분에 관한 유언** 기여분은 공동상속인들의 협의로 정하는 것이고, 유언은 법정사항에 한하여 할 수 있는데, 기여분은 유언사항이 아니므로 기여분에 관한 유언은 효력이 없다. [12 사시]

(2) 기여분을 받을 수 있는 자

① **공동상속인** 공동상속인이 아닌 자는 기여분을 청구할 수 없다. [21(2) 변모] [11 사시] 가령, 사실혼의 배우자, 공동상속인이 아닌 포괄적 수증자 등은 기여분권리자가 될 수 없고, 상속결격자나 상속포기를 한 자도 기여분을 주장할 수 없다. [22(1) 변모] 기여분권리자가 1인에 한정되지는 않는다.

② **대습상속인** 대습상속인은 자신의 기여뿐만 아니라 피대습자의 기여도 주장할 수 있다는 것이 다수설의 입장이다.

---

[62] 대법원 2015.10.29. 선고 2013다60753 판결

(3) 기여행위
  ① 특별한 부양
    (ㄱ) 상속인의 특별한 부양은 그 자체로서 기여분의 요건을 충족시킨다고 보아야 할 것이다. 부양을 통하여 피상속인의 재산의 유지나 증가에 기여할 필요는 없다. 즉 부양과 상속재산의 유지나 증가 사이에 인과관계가 있을 필요는 없다.
    (ㄴ) 성년의 자가 장기간 부모와 동거하면서 생계유지의 수준을 넘는 부양자 자신과 같은 생활수준을 유지하는 부양을 한 경우 특별부양자에 해당한다.[63] [18(2) 변모] [15 법행]
    (ㄷ) 피상속인의 배우자가 장기간 피상속인과 동거하면서 피상속인을 간호한 경우 부부 사이의 제1차 부양의무 이행을 넘어서 특별한 부양에 이르는지 여부, 동거·간의 시기와 방법 및 정도, 부양비용의 부담 주체, 상속재산의 규모와 특별수익액 등 일체 사정을 종합적으로 고려하여 공동상속인들 사이에 실질적 공평을 도모하기 위하여 배우자의 상속분을 조정할 필요성이 인정되는지를 가려서 기여분 인정 여부와 정도를 판단하여야 한다.[64] [21(2) 변모]
  ② 피상속인의 재산의 유지 또는 증가에 대한 특별한 기여   추상적 상속분에 따른 상속재산분할이 기여자에게 명백하게 불공평한 경우여야 기여의 특별성이 인정된다. 특별한 기여인지는 다른 공동상속인의 행태를 기준으로 판단한다. 특별한 기여와 피상속인 재산의 유지 또는 증가 사이에 인과관계가 있어야 한다.

(4) 기여분의 결정
  ① 협의에 의한 결정   공동상속인의 협의로 기여분을 결정할 수 있다. 협의가 되지 않거나 불가능한 경우 기여자의 청구로 가정법원이 결정한다.
  ② 가정법원에 의한 결정
    (ㄱ) 가사비송 마류사건 : 기여분결정사건은 가사비송 마류사건으로 조정이 전치된다.
    (ㄴ) 기여분결정청구의 당사자 : 기여자인 상속인이 나머지 상속인 전원을 상대방으로 청구한다.
    (ㄷ) 상속재산분할 등을 위한 청구
      ㉠ 기여분결정을 청구하는 것은 종국적으로 상속재산을 분할하기 위한 것이다. 기여분결정청구는 상속재산분할심판청구나 상속분상당의 가액청구가 있는 경우에만 허용된다. [21(2) 변모]
      ㉡ 기여분이 결정되기 전에는 유류분반환청구소송에서 피고가 된 기여상속인은 상속재산 중 자신의 기여분을 공제할 것을 항변으로 주장할 수 없고,[65] [14 변호사] [16(1), 19(3) 변모] [21 법무사] [19 법세] 유류분반환청구가 있다는 사유만으로는 상속재산분할청구 없이 기여분결정청구는 허용되지 않으며,[66] [14 변호사] [18(2), 19(3) 변모] [12 사시] 상속재산분할심판사건이 재항고심에 계속 중인 때에 비로소 이루어진 기여분결정청구는 부적법하다.[67]

---
63) 대법원 1998.12.08. 선고 97므513·520 판결, 97스12 결정
64) 대법원 2019.11.21. 자 2014스44·45 전원합의체 결정
65) 대법원 1994.10.14. 선고 94다8334 판결
66) 대법원 1999.08.24. 자 99스28 결정
67) 대법원 2008.05.07. 선고 2008즈기1 판결

③ **구체적인 기여분의 결정방법** 기여분이 유증을 초과할 수는 없으므로 기여분은 상속이 개시된 때의 피상속인의 재산가액에서 유증의 가액을 공제한 액을 넘지 못한다. 피상속인의 상속재산가액에서 기여분을 공제한 것을 상속재산으로 보고 상속분을 산정한 후 기여상속인의 구체적 상속분은 결정된 기여분을 가산하여 정한다.

5. 상속분의 양도와 양수

> □ 제1011조 (공동상속분의 양수) ① 공동상속인 중에 그 상속분을 제3자에게 양도한 자가 있는 때에는 다른 공동상속인은 그 가액과 양도비용을 상환하고 그 상속분을 양수할 수 있다.
> ② 전항의 권리는 그 사유를 안 날로부터 3월, 그 사유 있은 날로부터 1년 내에 행사하여야 한다.

① 의의
  (ㄱ) **상속분의 양도** : 제1011조가 규정하는 상속분의 양도란 상속재산분할 전에 적극재산과 소극재산을 모두 포함한 상속재산 전부에 관하여 공동상속인이 가지는 포괄적 상속분, 즉 ==상속인 지위를 양도하는 것==을 말하고, 상속재산을 구성하는 개개의 물건 또는 권리에 대한 상속지분을 양도하는 것을 의미하는 것은 아니다.[68] [15 변호사]
  (ㄴ) **상속분의 양수** : 상속분이 양도된 경우, 다른 공동상속인이 제3자가 상속재산의 분할 등에 참여하는 것을 배제하기 위하여 상속분의 가액과 양도비용을 상환하고 그 상속분을 취득하는 것을 말한다.

② 상속분의 양수
  (ㄱ) **요건** : 상속재산분할 전에 상속분의 양도가 있어야 하고 ==양수인은 공동상속인이 아닌 제3자여야== 한다.
  (ㄴ) **양수권 행사방법** : 양수권은 상속분 양수인에 대한 ==일방적 의사표시==로 한다. ==상속분의 일부 양수는 허용되지 않는다==. 공동상속인 아닌 제3자를 배제하기 위한 목적을 달성할 수 없기 때문이다.
  (ㄷ) **상속분의 가액 및 양도비용의 상환** : ==상속분의 가액은 상속분 양수 당시를 기준으로 산정하여야 한다. 상속분 양도의 대가를 의미하는 것은 아니다.==
  (ㄹ) **제척기간** : 사유를 안 날로부터 3개월, 사유가 있은 날로부터 1년 내에 행사하여야 한다.
  (ㅁ) **행사효과** : 제3자에게 양도된 상속분이 양수권을 행사한 공동상속인에게 단독으로 귀속되는지 아니면 모든 공동상속인에게 귀속되는지에 관하여 견해의 대립이 있다. 단독귀속설이 있으나, 다수설은 ==공동귀속설==의 입장이다. 다수설에 따르면 ==양수권 행사에 쓰인 상속분의 가액과 그 양도비용도 상속분에 따라 공동상속인들이 부담한다==.

---

[68] 대법원 2006.03.24. 선고 2006다2179 판결

Ⅲ 상속재산의 분할

1. 의의
① **개념**   상속재산분할이란 상속개시로 인하여 생긴 공동상속인들 사이의 공유관계를 종료시키고 상속분에 따라 이를 배분함으로써 각자의 단독소유로 확정하기 위한 포괄적인 분배절차를 말한다.

② **분할의 자유와 제한**
  (ㄱ) 원칙 : 공동상속인 각자는 언제든지 자유롭게 상속재산의 분할을 청구할 수 있다(상속재산분할의 자유).
  (ㄴ) 예외
    ㉠ 피상속인은 유언으로 상속개시의 날로부터 5년을 넘지 않는 기간 내에서 상속재산의 분할을 금지할 수 있다. 상속재산 전부에 대한 금지이든 일부에 대한 금지이든 불문한다. 분할금지기간이 5년을 초과한 경우에도 유언이 무효로 되는 것이 아니라 5년을 기간으로 하는 유언이 있는 것으로 해석하여야 한다.
    ㉡ 상속재산은 공동상속인들의 공유에 속하므로 제268조에 따라 공동상속인 전원의 협의에 의하여 분할이 제한될 수 있다. 그 기간은 5년 이내이어야 한다.

2. 분할의 당사자
① **공동상속인 전원**   상속재산분할에는 상속을 승인한 공동상속인 전원이 참여하여야 한다. 공동상속인 중 일부가 참여하지 아니하였거나 공동상속인이 아닌 자가 참여한 경우에는 상속재산분할의 효력이 부정된다.[69] [16 변호사] [14(3) 변모 사례]

② **포괄적 수유자**   포괄적 유증을 받은 자도 상속인과 동일한 지위를 가지므로 상속재산분할에 참여하여야 한다. 그러나 특정유증을 받은 자는 상속인과 동일한 지위를 가지지 아니하므로 상속재산분할의 당사자가 아니다.

③ **상속분의 양수인**   상속분의 양수인도 상속재산분할의 당사자가 된다. 그러나 상속재산인 특정재산의 지분양수인은 특정재산을 취득한 자에 불과하므로 상속재산분할의 당사자가 될 수 없다.

④ **태아**
  (ㄱ) 문제점 : 공동상속인인 태아가 상속재산분할의 당사자로 참여하여야 하는지 문제된다. 이는 태아의 법적 지위와 관련된 문제이다.
  (ㄴ) 정지조건설에 의할 경우 : 출생을 정지조건으로 태아의 권리능력을 인정하는 정지조건설에 따르면, 태아로 있는 동안에는 공동상속인의 지위를 가지고 있지 아니하므로 상속재산분할에 참여할 수 없다. 상속재산분할 후에 태아가 출생하더라도 태아가 제외된 상속재산분

---
[69] 대법원 1995.04.07. 선고 93다54736 판결

할이 소급하여 무효로 되는 것은 아니다. 다만, 상속개시 후에 인지 등에 의하여 공동상속인이 된 경우와 유사하므로 제1014조를 유추적용하여 가액반환청구권을 인정한다.

(ㄷ) **해제조건설에 의할 경우** : 태아로 있는 동안에도 제한적인 권리능력을 인정하는 해제조건설에 따르면, 태아로 있는 동안에도 공동상속인의 지위를 가지므로 상속재산분할에 참여하여야 한다. 태아의 법정대리인이 인정되지 아니하거나 인정되더라도 그 권한의 범위는 태아 권리의 보존행위에 한정되는 결과 태아가 출생할 때까지는 상속재산분할이 불가능하다.

⑤ **상속인 지위 소멸이 다투어지고 있는 자** 상속인의 지위 확정 후에 상속재산분할을 하는 것이 바람직하나, 지위확정 전에 분할한다면 분할협의에 참가시켜야 한다. 다만 그 자가 나중에 상속인의 지위를 가지지 않는 것으로 확정되면 그 분할협의는 무효로 된다.

⑥ **상속인 지위 발생이 다투어지고 있는 자** 상속인 지위의 발생이 다투어지고 있는 자는 분할협의에서 제외할 수 있다. 분할 후에 상속인의 지위가 확정되었을 경우 이미 이루어진 분할처분은 효력을 잃지 않고, 다만 가액으로 상환할 뿐이다(제1014조).

3. 상속재산분할의 방법

(1) 지정분할

> □ **제1012조 (유언에 의한 분할방법의 지정, 분할금지)** 피상속인은 유언으로 상속재산의 분할방법을 정하거나 이를 정할 것을 제3자에게 위탁할 수 있고 상속개시의 날로부터 5년을 초과하지 아니하는 기간 내의 그 분할을 금지할 수 있다. [21 법서]

① **지정방법** 상속재산분할방법의 지정은 반드시 유언으로 하여야 하므로 생전행위에 의한 경우에는 효력이 없다.70) [22(3) 변모] [11 사시] [13, 15, 20 법무사] 피상속인은 직접 분할방법을 지정할 수도 있고, 제3자에게 지정을 위탁할 수도 있다.

② **지정내용** 상속재산분할방법 지정의 내용은 제한되지 않는다. 지정수탁자가 상속인의 구체적인 상속분을 바꾸는 지정을 하는 것은 무효이나, 유언자(피상속인)가 그와 같은 내용의 지정을 하는 것은 상속재산 분할방법의 지정에 해당함과 동시에 유증의 성질을 가지는 것으로 해석하여 유효하다고 할 것이다. 다만, 이 경우에도 다른 상속인들의 유류분은 침해할 수 없다. [22 변호사]

③ **제3자에 대한 지정위탁**

(ㄱ) **제3자** : 피상속인은 상속재산분할방법의 지정을 제3자에게 위탁할 수 있다. 제3자는 포괄적 수유자나 공동상속인 외의 자여야 한다. 포괄적 수유자나 공동상속인은 상속재산분할의 당사자이기 때문에 제3자라고 할 수 없다.

(ㄴ) **제3자가 지정수탁을 수락하지 아니한 경우** : ㉠위탁받은 제3자는 그 위탁을 수락할 의무를 부담하지 않고, 그가 이를 수락하지 않으면 그 유언은 효력을 잃는다. ㉡위탁받은 제3자가 수락의 의사를 명백히 하지 아니하는 경우에는 상속인은 상당한 기간을 정하여 수락이나

---

70) 대법원 2001.06.29. 선고 2001다28299 판결

지정을 최고하여야 하고, 확답이 없으면 수락을 거절한 것으로 보아야 한다.

(2) 협의분할

> □ 제1013조 (협의에 의한 분할) ① 전조의 경우 외에는 공동상속인은 언제든지 그 협의에 의하여 상속재산을 분할할 수 있다.
> ② 제269조의 규정은 전항의 상속재산의 분할에 준용한다.

① **협의분할이 허용되는 경우** 유언에 의한 분할방법의 지정이나 분할금지가 없거나 그에 관한 유언이 무효인 경우에는 공동상속인들은 언제든지 협의에 의하여 상속재산을 분할할 수 있다.

② **협의분할의 당사자**
　(ㄱ) **공동상속인 전원의 참여** : 상속재산의 협의분할은 공동상속인간의 일종의 계약으로서 공동상속인 전원이 참여하여야 하고 일부상속인만으로 한 협의분할은 무효이다.71) [16 변호사] [22(1) 변모] [14(3) 변모 사례] [12 법서] 상속재산분할협의에 참여하지 아니한 상속인이 상속포기신고를 하여 적법하게 상속포기의 효력이 생긴 경우에는 상속재산분할협의의 하자는 치유된다.72) [14 사시]
　(ㄴ) **공동상속인 중에 미성년자와 친권자가 있는 경우** : 공동상속재산 분할협의는 그 행위의 객관적 성질상 상속인 상호간의 이해의 대립이 생길 우려가 있는 민법 제921조 소정의 이해상반되는 행위에 해당하므로 공동상속인인 친권자와 미성년인 수인의 자 사이에 상속재산 분할협의를 하게 되는 경우에는 미성년자 각자마다 특별대리인을 선임하여 그 각 특별대리인이 각 미성년자인 자를 대리하여 상속재산분할의 협의를 하여야 한다.73) [16, 17 변호사] [12 사시 사례] [13 법무사]
　(ㄷ) **미성년후견인이 미성년자를 대리하여 분할협의를 하는 경우** : 미성년후견감독인이 있는 경우에는 후견감독인의 동의를 얻어야 한다.
　(ㄹ) **상속포기자가 분할협의에 참여한 경우** : 상속포기자는 공동상속인이 아니므로 분할협의에 참여할 수 없다. 상속포기자가 분할협의에 참여하였더라도 그 분할협의의 내용이 이미 포기한 상속지분을 다른 상속인에게 귀속시킨다는 것에 불과하여 나머지 상속인들 사이의 상속재산분할에 관한 실질적인 협의에 영향을 미치지 않은 경우라면 그 상속재산분할협의는 효력이 있다.74) [14 사시] [13 법무사]

③ **분할협의의 방법** 협의의 방법에는 제한이 없다. 반드시 한 자리에서 이루어질 필요는 없고 순차적으로 이루어질 수도 있으며, 상속인 중 한사람이 만든 분할 원안을 다른 상속인이 후에 돌아가며 승인하여도 무방하다.75) [22(1) 변모] [11 사시] [12 법무사] 상속재산 전부를 상속인 중 1인에

---

71) 대법원 1995.04.07. 선고 93다54736 판결
72) 대법원 2011.06.09. 선고 2011다29307 판결
73) 대법원 2001.06.29. 선고 2001다28299 판결
74) 대법원 2007.09.06. 선고 2007다30447 판결
75) 대법원 2004.10.28. 선고 2003다65438·65445 판결

게 상속시킬 방편으로 그 나머지 상속인들이 법원에 상속포기신고를 하였으나 그 신고가 그 법정기간 경과 후에 한 것이어서 상속포기로서의 효력이 없더라도 상속인 중 1인이 그 고유의 상속지분을 초과하여 상속재산을 전부 취득하고 나머지 상속인들은 그 상속재산을 전혀 취득하지 않기로 하는 내용의 분할협의가 이루어진 것으로 해석할 수 있다.[76]

④ **분할협의의 내용** 협의분할로 인하여 취득한 구체적인 가액은 문제되지 않는다. 각자의 구체적 상속분에 따르지 않는 분할을 하여도 무방하다. 현물분할은 물론이고 환가분할 또는 이를 병용·절충하여도 좋고, 상속재산의 일부 또는 전부를 공동상속인들의 공유(이른바 공유분할)로 하는 것도 가능하다.

⑤ **협의분할의 무효·취소 등**

(ㄱ) **협의분할의 무효** : 무자격자가 분할협의에 참가한 경우, 공동상속인 중 일부가 협의에서 제외된 경우 등은 협의가 무효가 된다. 이 경우 공동상속인은 상속회복청구가 아닌 분할무효의 확인 및 재분할청구를 할 수 있다.

(ㄴ) **협의분할의 취소** : 의사표시에 하자가 있는 경우 표의자는 그 의사표시를 취소할 수 있다.

(ㄷ) **분할협의에 대한 채권자취소**

㉠ 재산분할의 결과가 구체적 상속분에 상당하는 정도에 미달하는 과소한 경우에 그 미달하는 부분에 한정하여 채권자취소가 가능하다.[77] [16, 19, 20 변호사] [15(3), 16(2) 변모] [19(2) 변모 사례] [13, 16 사시] [15 법행] [16, 20, 21 법무사]

㉡ 협의분할의 결과가 유일한 상속재산인 부동산에 관하여 상속분을 포기하고 현금을 지급받기로 하는 내용인 때에는 특별한 사정이 없는 한 사해행위가 된다.[78] [16(1) 변모] [15 법무사]

(ㄹ) **상속재산분할협의의 합의해제** : 상속재산분할협의도 일종의 계약이므로 공동상속인들이 재산분할협의를 합의해제 할 수 있다. 그러나 제3자의 권리를 해하지 못한다(제548조 제1항 단서).[79] [20 변호사] [12 법행] [15, 21 법무사] [21 법세]

(3) 조정 또는 심판에 의한 분할

> □ **제1013조 (협의에 의한 분할)** ① 전조의 경우 외에는 공동상속인은 언제든지 그 협의에 의하여 상속재산을 분할할 수 있다.
> ② 제269조의 규정은 전항의 상속재산의 분할에 준용한다.

> □ **제269조 (분할의 방법)** ①분할의 방법에 관하여 협의가 성립되지 아니한 때에는 공유자는 법원에 그 분할을 청구할 수 있다.
> ② 현물로 분할할 수 없거나 분할로 인하여 현저히 그 가액이 감손될 염려가 있는 때에는 법원은 물건의 경매를 명할 수 있다.

---

76) 대법원 1996.03.26. 선고 95다45545 판결
77) 대법원 2001.02.09. 선고 2000다51797 판결
78) 대법원 2008.03.13. 선고 2007다73765 판결
79) 대법원 2004.07.08. 선고 2002다73203 판결

① **가사비송 마류사건** 분할방법에 관하여 협의가 성립되지 아니한 때에는 각 공동상속인은 가정법원에 상속재산분할심판을 청구할 수 있다. 이는 가사비송 마류사건으로 조정이 전치된다.
② **필수적 공동소송규정의 준용** 상속재산분할심판청구는 다른 공동상속인 모두를 상대방으로 하여야 한다. 필수적 공동소송규정이 준용된다.
③ **상속재산평가의 기준시기** 법원이 실제로 상속재산분할을 함에 있어 분할의 대상이 된 상속재산 중 특정의 재산을 1인 및 수인의 상속인의 소유로 하고 그의 상속분과 그 특정의 재산의 가액과의 차액을 현금으로 정산할 것을 명하는 방법(소위 대상분할의 방법)을 취하는 경우에는, 분할의 대상이 되는 재산을 그 분할시를 기준으로 하여 재평가하여 그 평가액에 의하여 정산을 하여야 한다.[80] [11 사시]
④ **공동상속인의 분할협의가 성립하지 아니한 경우, 개별 재산에 관한 공유물분할청구 허용여부** 공동상속인은 상속재산의 분할에 관하여 공동상속인 사이에 협의가 성립되지 아니하거나 협의할 수 없는 경우에 가사소송법이 정하는 바에 따라 가정법원에 상속재산분할심판을 청구할 수 있을 뿐이고, 상속재산에 속하는 개별 재산에 관하여 민법 제268조의 규정에 따라 공유물분할청구의 소를 제기하는 것은 허용되지 않는다.[81] [19 변호사] [18(3) 변모] [16, 21 법무사] [19 법세]

4. 상속재산분할의 효과

(1) 소급효

> 제1015조 (분할의 소급효) 상속재산의 분할은 상속개시된 때에 소급하여 그 효력이 있다. 그러나 제3자의 권리를 해하지 못한다.

① **소급효의 취지**
(ㄱ) 상속재산분할에 따라 각 공동상속인이 상속재산을 취득하는 것은 공동상속인 상호간 상속분의 이전으로 인한 것이 아니라 상속개시 당시에 분할된 재산을 피상속인으로부터 승계한 것으로 취급하기 위하여 소급효를 부여하고 있다.
(ㄴ) 공동상속인 상호간에 상속재산에 관하여 협의분할이 이루어짐으로써 공동상속인 중 일부가 고유의 상속분을 초과하는 재산을 취득하였더라도 다른 공동상속인으로부터 증여받은 것이라고 볼 수는 없다.[82]
(ㄷ) 상속재산인 부동산의 분할 귀속을 내용으로 하는 상속재산분할심판이 확정되면 민법 제187조에 의하여 상속재산분할심판에 따른 등기 없이도 해당 부동산에 관한 물권변동의 효력이 발생한다.[83]
(ㄹ) 피상속인으로부터 매수한 부동산에 관하여 그 공동상속인들의 협의분할에 의하여 그 중 1

---

80) 대법원 1997.03.21. 자 96스62 결정
81) 대법원 2015.08.13. 선고 2015다18367 판결
82) 대법원 2002.07.12. 선고 2001두441 판결
83) 대법원 2020.08.13. 선고 2019다249312 판결

인만이 단독으로 그 상속등기까지 마쳤다면 협의분할의 소급효에 의하여 나머지 공동상속인들은 이 사건 부동산을 상속한 것이 아니라 할 것이고 현재 등기부상의 등기명의자가 아니어서 등기의무자가 될 수도 없다 할 것이므로 그에 대한 지분소유권이전등기 절차를 이행할 의무가 없다.[84] [18(2) 변모] [13, 15 법무사]

② **대상(代償)을 취득하는 경우**

(ㄱ) 상속재산 자체를 취득한 것이 아니라 대상을 취득한 경우, 대상재산은 종래의 상속재산이 동일성을 유지하면서 형태가 변경된 것에 불과하므로 대상재산도 상속재산분할의 대상이 되지만[85] [21 법세] 이 경우 소급효는 인정되지 않는다. 즉 상속재산을 매각하여 그 대금을 분배한 경우나 상속재산에 속하지 않는 재산을 취득하는 경우 등에는 소급효가 생기지 않는다.

(ㄴ) 가정법원의 심판으로 경매를 명한 상속재산분할심판이 확정되면 심판의 당사자는 이 심판에 기하여 상속재산에 대하여 경매를 신청하고 경매에 따른 매각대금을 수령할 권리가 있으나 상속재산분할심판에서 정한 구체적 상속분에 따라 물권변동의 효력이 발생하는 것은 아니라고 할 것이다.[86] [16(1) 변모]

(ㄷ) 특정 상속재산을 분할받은 상속인은 민법 제1015조 본문에 따라 상속개시된 때에 소급하여 이를 단독소유한 것으로 보게 되지만, 상속재산 과실까지도 소급하여 상속인이 단독으로 차지하게 된다고 볼 수는 없다. 이러한 경우 상속재산 과실은 특별한 사정이 없는 한, 공동상속인들이 수증재산과 기여분 등을 참작하여 상속개시 당시를 기준으로 산정되는 '구체적 상속분'의 비율에 따라, 이를 취득한다고 보는 것이 타당하다.[87] [19(3) 변모]

③ **제3자의 보호** 상속재산분할의 대상이 된 상속재산에 관하여 상속재산분할 전에 새로운 이해관계를 가졌을 뿐만 아니라 등기, 인도 등으로 권리를 취득한 사람은 상속재산분할의 소급효로 인하여 그가 취득한 권리가 영향을 받지 않는다.[88] [10 사시] [21, 12 법세] 또한 상속재산분할 후 그 분할에 따른 등기 전에 상속재산분할이 있음을 알지 못하고 이해관계를 맺은 선의의 제3자도 제1015조 단서에 의하여 보호된다. 상속재산분할심판에 의하여 상속재산분할이 이루어지는 때에도 상속재산분할심판에 따른 등기가 이루어지기 전에 상속재산분할의 효력과 양립하지 않는 법률상 이해관계를 갖고 등기를 마쳤으나 상속재산분할심판이 있었음을 알지 못한 제3자에 대해서도 상속재산분할의 효력을 주장할 수 없고 이 경우 상속재산분할심판의 효력을 주장하는 자가 제3자의 악의를 주장, 증명하여야 한다.[89]

---

84) 대법원 1991.08.27. 선고 90다8237 판결: 대법원 2009.04.09. 선고 2008다87723 판결
85) 대법원 2016.05.04. 자 2014스122 결정; 대법원 2022.06.30. 자 2017스98 · 99 · 100 · 101 결정
86) 대법원 2012.12.27. 선고 2010다10108 판결
87) 대법원 2018.08.30. 선고 2015다27132 · 27149 판결
88) 대법원 2020.08.13. 선고 2019다249312 판결
89) 대법원 2020.08.13. 선고 2019다249312 판결

(2) 공동상속인의 담보책임

> ☐ 제1016조 (공동상속인의 담보책임) 공동상속인은 다른 공동상속인이 분할로 인하여 취득한 재산에 대하여 그 상속분에 응하여 매도인과 같은 담보책임이 있다. [12 법세]

> ☐ 제1017조 (상속채무자의 자력에 대한 담보책임) ① 공동상속인은 다른 상속인이 분할로 인하여 취득한 채권에 대하여 분할당시의 채무자의 자력을 담보한다.
> ② 변제기에 달하지 아니한 채권이나 정지조건 있는 채권에 대하여는 변제를 청구할 수 있는 때의 채무자의 자력을 담보한다. [11 사시] [12 법세]

> ☐ 제1018조 (무자력공동상속인의 담보책임의 분담) 담보책임 있는 공동상속인 중에 상환의 자력이 없는 자가 있는 때에는 그 부담부분은 구상권자와 자력 있는 다른 공동상속인이 그 상속분에 응하여 분담한다. 그러나 구상권자의 과실로 인하여 상환을 받지 못한 때에는 다른 공동상속인에게 분담을 청구하지 못한다.

5. 분할 후 피인지자의 가액청구권

> ☐ 제1014조 (분할 후의 피인지자 등의 청구권) 상속개시후의 인지 또는 재판의 확정에 의하여 공동상속인이 된 자가 상속재산의 분할을 청구할 경우에 다른 공동상속인이 이미 분할 기타 처분을 한 때에는 그 상속분에 상당한 가액의 지급을 청구할 권리가 있다.

① 의의
  (ㄱ) 피인지자의 재분할청구 등의 금지 : 상속개시 후의 인지 또는 재판의 확정에 의하여 공동상속인이 된 자도 인지의 소급효에 의하여 상속개시 당시부터 공동상속인의 지위를 가진다. 인지 또는 재판의 확정 전 공동상속인들의 분할 기타 처분을 무효로 하여 재분할을 하게 되면 제3자에게 불측의 손해를 줄 위험이 있으며, 인지의 소급효를 제한하는 제860조 단서의 취지에 반하므로 재분할청구는 허용되지 않는다. [22(3) 변모]
  (ㄴ) 피인지자의 상속권 보호 : 피인지자의 상속권을 보장하기 위하여 제1014조에서 가액지급청구권을 규정하고 있다.

② 가액청구권의 법적 성질
  (ㄱ) 문제점 : 피인지자의 가액청구권을 상속재산분할청구권의 일종으로 보아야 하는지 아니면 상속회복청구권의 일종으로 보아야 하는지 문제된다. 제척기간의 제한이 있는지에 관하여 실익이 있다.
  (ㄴ) 판례 : 판례는, 가액청구권을 상속회복청구권의 일종으로 보아 제척기간이 적용된다고 보고 있다.[90] [10, 12 사시] 즉, 인지판결이 확정된 날로부터 3년 내에 가액청구소송을 제기하여야 한다.[91] [14 변호사] [22 변호사 사례] [20(2) 변모] [22(1) 변모 사례] [13 사시] [15 법행] [21 법무사] 다만, 일반적인

---
[90] 대법원 1993.08.24. 선고 93다12 판결
[91] 대법원 2007.07.26. 선고 2006므2757,2764 판결

상속회복청구소송과 달리 가액청구소송은 가사소송 다류사건으로 가정법원의 전속관할에 속한다.

③ 가액청구권 행사요건

(ㄱ) **청구의 당사자**: 상속개시 후 인지 또는 재판에 의하여 공동상속인이 된 자가 다른 공동상속인을 상대로 행사하여야 한다. 후순위상속인은 가액청구의 상대방이 될 수 없다.[92] [16(2) 변모] [12 사시 사례] 후순위상속인이 상속재산을 분할하였거나 상속재산을 처분한 때에는 피인지자는 상속재산의 반환을 청구할 수 있다.

(ㄴ) **다른 공동상속인이 분할 기타 처분을 하였을 것**: 분할은 협의분할뿐만 아니라 심판에 의한 분할도 포함된다.

④ 가액청구권 행사효과

(ㄱ) **가액산정의 대상**: 이미 분할되거나 처분된 상속재산만이 가액산정의 대상이 된다. 분할되거나 처분된 재산으로부터 발생한 과실은 가액산정의 대상에 포함된다고 할 수 없다.[93]
[16 변호사] [15(2) 변모] [11 사시] [11 법행] [17 법서]

(ㄴ) **가액산정의 기준시기**: 분할 기타 처분된 상속재산을 가액청구소송의 사실심 변론종결 당시의 시가로 산정하여야 한다.[94] [22 변호사 사례] [20(2) 변모] [22(1) 변모사례] [10 사시 사례] [17, 15 법무사]

(ㄷ) **가액의 범위**: 가액의 범위에 관하여는 부당이득의 법리가 유추되지 않는다. 다른 공동상속인들이 피인지자의 존재를 알았는지에 따라 지급할 가액의 범위가 달라지는 것은 아니다.[95] [22 변호사 사례]

(ㄹ) **분할 기타 처분에 따른 조세부담의 공제여부**: 민법 제1014조에 의한 가액의 지급청구는 상속재산이 분할되지 아니한 상태를 가정하여 피인지자의 상속분에 상당하는 가액을 보장하려는 것이므로, 다른 공동상속인들의 분할 기타의 처분에 의한 조세부담을 피인지자에게 지급할 가액에서 공제할 수 없고, 다른 상속인들이 피인지자에게 그 금액의 상환을 구할 수도 없다.[96]

---

92) 대법원 1974.02.26. 선고 72다1739 판결
93) 대법원 2007.07.26. 선고 2006므2757·2764 판결
94) 대법원 1993.08.24. 선고 93다12 판결
95) 대법원 1993.08.24. 선고 93다12 판결
96) 대법원 1993.08.24. 선고 93다12 판결

제4절 상속의 승인·포기

I 총설

1. 의의

① **개념**
  (ㄱ) **상속의 승인** : 상속의 승인이란 상속인이 상속의 효과를 거부하지 않을 것을 선언하는 것을 말한다. 상속의 승인에는 권리·의무를 전면적으로 승인하는 단순승인과 승인을 하지만 피상속인의 채무와 유증에 의한 채무는 상속재산의 한도에서 변제하고 상속인의 고유재산으로는 책임을 지지 않는다는 한정승인이 있다.
  (ㄴ) **상속의 포기** : 상속의 포기란 상속개시에 의하여 발생한 권리·의무의 승계를 상속개시시에 소급하여 소멸시키는 상속인의 의사표시를 말한다.

② **취지** 상속재산에는 권리뿐만 아니라 의무도 포함되므로 상속에 의하여 상속인의 의사와 무관하게 상속인의 소극재산이 증가되는 결과가 발생할 수 있다. 상속으로 인한 권리의무의 당연승계를 인정하는 한편, 상속인이 상속을 거절할 수 있는 자유를 보장하여 상속인을 보호할 필요가 있다. 이러한 필요에 따라 인정되는 제도가 상속의 승인·포기제도이다.

2. 법적 성질

① **상대방 없는 단독행위** 상속의 승인·포기는 상속인의 일방적 의사표시이나 그 의사표시가 도달되어야 할 특정인을 상정할 수 없으므로 상대방 없는 단독행위에 속한다. 따라서 상속인의 승인·포기에는 법이 허용하는 경우가 아니라면 조건이나 기한을 부가할 수 없다.

② **승인·포기의 방법** 단순승인에는 별도의 방식이 요구되지 않는다. 그러나 한정승인이나 상속포기는 요식행위로서 가정법원에 신고를 하는 방식으로 하여야 한다. 법정의 방식에 의하지 아니한 상속의 한정승인이나 상속포기는 효력이 없다.[97]

③ **행사상 일신전속권** 상속의 승인·포기는 상속인이 스스로 결정하여야 하는 행사상 일신전속적 성질을 가진다. 따라서 채권자대위권의 객체가 될 수 없고, 상속의 포기는 채권자취소의 대상이 되지 않는다. 그러나 대리인에 의하여 상속의 승인·포기를 하는 것은 허용된다.[98]

④ **행위능력의 요부** 상속의 승인 또는 포기는 재산법상의 행위로 행위능력이 필요하다. 제한능력자가 상속의 승인·포기를 한 때에는 추인할 수 있는 날로부터 3월, 승인·포기한 날로부터 1년 내에 취소권을 행사할 수 있다(제1024조 제2항).

⑤ **승인·포기의 포괄성** 상속재산의 일부에 대한 승인·포기는 허용되지 않는다. 상속에 의하여 피상속인의 권리·의무가 포괄적으로 승계되기 때문에 그 승인 또는 포기도 포괄적으로 이루어져야 한다. 상속포기를 하면서 재산목록을 첨부한 경우 첨부된 재산목록에 포함되어

---

[97] 대법원 1988.08.25. 자 88스10·11·12·13 결정
[98] 대법원 1965.05.31. 자 64스10 결정

있지 아니한 상속재산의 경우에도 상속포기의 효력이 미친다.99)

⑥ **승인·포기의 시기**   상속의 승인·포기는 이미 발생한 상속을 승인할 것인지 여부를 결정하는 것이므로 상속이 개시된 후에만 할 수 있다. ==상속개시 전에 한 상속의 승인·포기는 효력을 가질 수 없다.==100) [17(1), 19(2) 변모] [10 사시] [12 법무사] [15, 17 법행] 한편, 상속의 승인·포기는 법정기간 내에 하여야 하고, 그 기간이 지나도록 아무런 조치를 취하지 아니한 때에는 단순승인으로 의제된다.

3. 승인·포기기간

> □ **제1019조 (승인, 포기의 기간)** ① 상속인은 상속개시있음을 안 날로부터 3월내에 단순승인이나 한정승인 또는 포기를 할 수 있다. 그러나 그 기간은 이해관계인 또는 검사의 청구에 의하여 가정법원이 이를 연장할 수 있다.
> ② 상속인은 제1항의 승인 또는 포기를 하기 전에 상속재산을 조사할 수 있다.
> ③ 제1항의 규정에 불구하고 상속인은 상속채무가 상속재산을 초과하는 사실(이하 이 조에서 "상속채무 초과사실"이라 한다)을 중대한 과실없이 제1항의 기간 내에 알지 못하고 단순승인(제1026조제1호 및 제2호의 규정에 의하여 단순승인한 것으로 보는 경우를 포함한다. 이하 이 조에서 같다)을 한 경우에는 그 사실을 안 날부터 3월내에 한정승인을 할 수 있다. 〈신설 2002.1.14.〉
> ④ 제1항에도 불구하고 미성년자인 상속인이 상속채무가 상속재산을 초과하는 상속을 성년이 되기 전에 단순승인한 경우에는 성년이 된 후 그 상속의 상속채무 초과사실을 안 날부터 3개월 내에 한정승인을 할 수 있다. 미성년자인 상속인이 제3항에 따른 한정승인을 하지 아니하였거나 할 수 없었던 경우에도 또한 같다. 〈신설 2022. 12. 13.〉

> □ **제1020조 (제한능력자의 승인·포기의 기간)** 상속인이 제한능력자인 경우에는 제1019조 제1항의 기간은 그의 친권자 또는 후견인이 상속이 개시된 것을 안 날부터 기산(起算)한다.

> □ **제1021조 (승인, 포기기간의 계산에 관한 특칙)** 상속인이 승인이나 포기를 하지 아니하고 제1019조 제1항의 기간 내에 사망한 때에는 그의 상속인이 그 자기의 상속개시 있음을 안 날로부터 제1019조 제1항의 기간을 기산한다.

> □ **부칙 ④ (한정승인에 관한 특례)** 1998년 5월 27일 전에 상속 개시가 있음을 알았으나 상속채무가 상속재산을 초과하는 사실(이하 "상속채무 초과사실"이라 한다)을 중대한 과실 없이 제1019조제1항의 기간 이내에 알지 못하다가 1998년 5월 27일 이후 상속채무 초과사실을 안 자는 다음 각 호의 구분에 따라 제1019조제3항의 규정에 의한 한정승인을 할 수 있다. 다만, 각 호의 기간 이내에 한정승인을 하지 아니한 경우에는 단순승인을 한 것으로 본다. 〈신설 2005.12.29〉
> 1. 법률 제7765호 민법 일부개정법률(이하 "개정법률"이라 한다) 시행 전에 상속채무 초과사실을 알고도 한정승인을 하지 아니한 자는 개정법률 시행일부터 3월 이내
> 2. 개정법률 시행 이후 상속채무 초과사실을 알게 된 자는 그 사실을 안 날부터 3월 이내

---

99) 대법원 1995.11.14. 선고 95다27554 판결
100) 대법원 1998.07.24. 선고 98다9021 판결

(1) 취지 및 법적 성질

① **승인·포기기간의 취지** 민법은 상속의 승인·포기기간을 상속개시가 있음을 안 날로부터 3월로 제한하고 있다. 이는 상속거절의 자유를 보장함으로써 상속인의 이익을 보호하는 한편 상속재산에 관한 법적 안정성을 확보하기 위하여 마련한 것이다. 상속의 승인·포기기간 동안 상속인은 상속을 거절할 것인지를 숙고할 수 있다는 점에서 고려기간이라고도 한다. 상속인은 승인·포기기간 동안 상속재산을 조사할 수 있다.

② **기간의 법적 성질** 상속의 승인·포기기간은 상속의 거절가능성을 언제까지나 남겨둠으로써 당사자 사이에 일어나는 법적 불안상태를 막기 위하여 마련한 기간이므로 제척기간이다. 그러나 그 기간은 불변기간이 아니어서 당사자가 책임을 질 수 없는 사유로 그 기간을 준수하지 못하였더라도 추후에 보완될 수는 없다.101) [15(3) 변모] [22 법행] [18 법세]

(2) 승인·포기기간 도과의 효과

① **단순승인 의제** 상속인의 적극적인 선택 없이 이 기간이 도과한 경우, 단순승인으로 의제된다(제1026조 제2호). 종래 단순승인으로 의제하던 제1026조 제2호는 상속인이 귀책사유 없이 상속채무가 초과하는 사실을 알지 못한 채 기간을 경과한 경우에도 적용되는 것이므로 상속인의 재산권을 침해하는 위헌적 규정으로 헌법불합치결정을 받았다.102) 이에 입법자는 단순승인 의제의 효과를 유지하면서 상속인이 특별한정승인을 할 수 있도록 함으로써 위헌성을 시정하였다.

② **특별한정승인** 고려기간이 도과한 경우에도 상속인이 상속채무가 상속재산을 초과한다는 사실을 중대한 과실 없이 알지 못한 경우, 그 사실을 안 날로부터 3월내에 한정승인을 할 수 있다. [13 사시]

(3) 승인·포기기간의 기산점

① 일반적인 경우 : 상속개시 있음을 안 날

(ㄱ) 문제점 : 상속개시 있음을 안 날이 자신이 상속인이 되었음을 안 날을 의미하는지(상속인지위인식설) 아니면 자신이 상속인이 되었음을 알았을 뿐만 아니라 상속재산상태를 인식한 날을 의미하는지(상속재산인식설) 문제된다.

(ㄴ) 판례 : 판례는, ⊙ 상속개시 있음을 안 날이란 상속개시의 원인이 되는 사실의 발생을 앎으로써 자기가 상속인이 되었음을 안 날을 의미하고 상속재산 또는 상속채무의 존재를 알아야만 승인·포기기간이 진행되는 것은 아니라고 하여 상속인지위인식설의 입장을 취하고 있다.103) [21(1) 변모] [16 법무사] [22 법행] ⓛ 피상속인의 손자녀가 상속인이 된 경우에는 상속인이 상속개시의 원인사실을 아는 것만으로는 자신이 상속인이 된 사실을 알기 어려운 특별한 사정이 있으므로 자신이 상속인이 된 사실을 알아야 승인·포기기간이 진행한다고 한다.104)

---

101) 대법원 2003.08.11. 자 2003스32 결정
102) 헌법재판소 1998.08.27. 선고 96헌가22 결정 등, 96헌바81 등 병합
103) 대법원 1991.06.11. 자 91스1 결정
104) 대법원 2006.02.10. 선고 2004다33865·33872 판결; 대법원 2012.10.11. 선고 2012다59367 판결

② **상속인이 수인인 경우** 상속인이 수인인 경우에는 각 상속인이 자유로이 승인 또는 포기를 할 수 있으므로 각 상속인마다 따로 기산하여야 한다.

③ **상속인이 제한능력자인 경우** 상속인이 제한능력자인 경우에는 법정대리인이 상속개시 있음을 안 때로부터 기산한다(제1020조). 법정대리인의 인식을 기준으로 승인포기기간이 경과되어 단순승인의 법률관계가 확정된 뒤 상속인이 성년에 이르더라도 상속인 본인 스스로의 인식을 기준으로 새롭게 특별한정승인을 할 수는 없다.[105] [22 법행] [22 법세] 그러나 이러한 판례의 태도는 제1019조 제4항의 신설로 유지될 수 없게 되었다. 미성년자인 상속인이 상속채무 초과사실을 인식한 때부터 3개월 내에 한정승인을 할 수 있다.

④ **상속인이 승인·포기기간 내에 사망한 경우** 그의 상속인이 자기의 상속개시가 있음을 안 날로부터 기산한다(제1021조).

⑤ **특별한정승인의 기산점**

 (ㄱ) 제1019조 제3항 : 상속인이 상속채무가 상속재산을 초과하는 사실을 중대한 과실 없이 고려기간 내에 알지 못하고, 단순승인을 하거나 단순승인으로 의제되는 경우에는 그 사실을 안 날로부터 3월내에 한정승인을 할 수 있다.

 (ㄴ) 특별한정승인제도 도입 전 상속이 개시된 경우

  ㉠ 1998년 5월 27일 이전에 상속개시가 있음을 알았으나 상속채무 초과사실을 중대한 과실 없이 승인·포기기간 이내에 알지 못하다가 1998년 5월 27일 이후에 상속채무초과사실을 안 자 중에서 2002. 1. 14. 개정법 시행 전에 안 자는 개정법 시행일로부터 3월, 2002. 1. 14. 개정법 시행 이후 안 자는 그 사실을 안 날부터 3월 이내에 특별한정승인을 할 수 있다.

  ㉡ 1998. 5. 27. 전에 이미 상속개시 있음과 상속채무 초과사실을 모두 알았던 상속인에게는 민법 제1019조 제3항이 적용되지 않으므로, 이러한 상속인은 특별한정승인을 할 수 없다.

 (ㄷ) **증명책임** : 상속채무가 상속재산을 초과하는 사실을 중대한 과실 없이 제1019조 제1항의 기간 내에 알지 못하였다는 점에 대한 입증책임은 상속채무를 승계한 상속인에게 있다.[106] [10 사시]

(4) 신청에 의한 기간의 연장

이해관계인 또는 검사의 청구에 의하여 가정법원은 고려기간을 연장할 수 있다. 기간연장신청도 상속개시 있음을 안 날로부터 3월내에 하여야 한다. 고려기간 중 당사자에게 책임 없는 사유로 기간연장청구를 하지 못한 경우에는 그 사유가 없어진 날로부터 2주일 내에 연장청구가 가능하다.

---

105) 대법원 2020.11.19. 선고 2019다232918 전원합의체 판결
106) 대법원 2003.09.26. 선고 2003다30517 판결; 대법원 2021.01.28. 선고 2015다59801 판결

4. 승인·포기 전 상속재산의 관리

> □ 제1022조 (상속재산의 관리) 상속인은 그 고유재산에 대하는 것과 동일한 주의로 상속재산을 관리하여야 한다. 그러나 단순승인 또는 포기한 때에는 그러하지 아니하다.

> □ 제1023조 (상속재산보존에 필요한 처분) ① 법원은 이해관계인 또는 검사의 청구에 의하여 상속재산의 보존에 필요한 처분을 명할 수 있다.
> ② 법원이 재산관리인을 선임한 경우에는 제24조 내지 제26조의 규정을 준용한다.

5. 승인·포기의 취소 등

> □ 제1024조 (승인, 포기의 취소금지) ① 상속의 승인이나 포기는 제1019조제1항의 기간내에도 이를 취소하지 못한다. [21(1) 변모]
> ② 전항의 규정은 총칙편의 규정에 의한 취소에 영향을 미치지 아니한다. 그러나 그 취소권은 추인할 수 있는 날로부터 3월, 승인 또는 포기한 날로부터 1년내에 행사하지 아니하면 시효로 인하여 소멸된다.

① **승인·포기의 취소금지**   제1024조의 취소는 철회를 의미하는 것으로 의사표시의 흠을 이유로 하는 취소를 의미하는 것은 아니다. 따라서 총칙편의 규정에 의한 취소는 가능하다(제1024조 제2항). 유효하게 행하여진 상속의 승인과 포기에 대하여 그 철회를 인정한다면 이해관계인의 신뢰를 배반하게 되어 그들의 이익을 해치므로 고려기간 내일지라도 이를 금지하고 있다.

② **총칙에 의한 승인·포기의 취소**
  (ㄱ) **취소사유** : 미성년자, 제한능력자인 피한정후견인이 법정대리인의 동의 없이 승인 또는 포기를 한 경우, 피성년후견인이 승인 또는 포기를 한 경우, 착오에 의하거나 사기나 강박에 의한 경우에는 취소권자가 취소할 수 있다.
  (ㄴ) **취소의 방식** : 한정승인 또는 포기의 취소는 한정승인 또는 포기의 신고를 수리한 가정법원에 대하여 취소의 신고를 하여야 한다.
  (ㄷ) **취소의 효과** : 승인이나 포기의 효력이 발생하지 않는다. 선의의 제3자에 대해서도 취소로 대항할 수 있다.
  (ㄹ) **취소기간** : 제1024조 제2항은 취소권은 추인할 수 있는 날로부터 3월, 승인 또는 포기한 날로부터 1년 내에 행사하지 아니하면 시효로 인하여 소멸된다고 규정하고 있다. 취소권의 행사기간이 소멸시효기간인지에 관해서는 견해의 대립이 있으나 통설은 제척기간으로 본다. 취소권은 형성권으로 소멸시효의 대상이 되지 않기 때문이다.

③ **승인·포기의 무효**   승인 또는 포기의 무효에 관한 규정은 없으나, 총칙편의 취소규정이 적용됨을 이유로 무효의 주장을 인정하지 않을 수 없다는 견해가 있다.

II 단순승인

1. 의의

> 제1025조 (단순승인의 효과) 상속인이 단순승인을 한 때에는 제한 없이 피상속인의 권리의무를 승계한다.

① **개념**   단순승인이란 피상속인의 권리·의무를 무조건적으로 승계하는 상속형태를 승인하는 것을 말한다. 단순승인에 의하여 상속의 효과가 발생하는 것이 아니라 이미 발생한 상속의 효과를 제한 없이 승인하는 것이다.

② **단순승인의 방법**   단순승인은 일정한 방식을 요하지 않는다. 또한 일정한 사유가 있으면 단순승인한 것으로 의제되기도 한다(법정단순승인).

③ **단순승인의 효과**

(ㄱ) 상속재산이 제한 없이 상속인에게 승계되는 결과 상속재산에 대한 관리의무는 소멸하고, 상속인은 상속채무에 대하여 무한책임을 진다. 단순승인의 효과가 확정되면 한정승인 또는 포기의 신고가 수리되더라도 한정승인이나 상속포기의 효력이 생기지 않는다. 그러나 단순승인 후에도 특별한정승인은 허용된다.

(ㄴ) 상속인이 단순승인을 하거나 단순승인 한 것으로 간주된 다음 한정승인신고를 수리하는 심판을 받았다면, 상속채권에 관한 청구를 심리하는 법원은 위 한정승인이 민법 제1019조 제3항에서 정한 요건을 갖춘 특별한정승인으로서 유효한지 여부를 심리, 판단하여야 한다.[107]

2. 법정단순승인

> 제1026조 (법정단순승인) 다음 각 호의 사유가 있는 경우에는 상속인이 단순승인을 한 것으로 본다.
> 1. 상속인이 상속재산에 대한 처분행위를 한 때
> 2. 상속인이 제1019조제1항의 기간 내에 한정승인 또는 포기를 하지 아니한 때 [13 변호사]
> 3. 상속인이 한정승인 또는 포기를 한 후에 상속재산을 은닉하거나 부정소비하거나 고의로 재산목록에 기입하지 아니한 때 [21(1) 변모]

> 제1027조 (법정단순승인의 예외) 상속인이 상속을 포기함으로 인하여 차순위 상속인이 상속을 승인한 때에는 전조 제3호의 사유는 상속의 승인으로 보지 아니한다.

(1) 상속인이 상속재산에 대한 처분행위를 한 때

① **처분행위**

(ㄱ) 개념 : 처분행위는 상속재산의 일부에 대한 것이든 전부에 대한 것이든 불문하며, 그 행위가 사실행위인가 법률행위인가도 불문한다. 다만, 처분행위로 되기 위해서는 관리행위의

---

107) 대법원 2021.02.25. 선고 2017다289651 판결

범위를 넘는 행위이어야 한다.
- (ㄴ) **상속인의 의사에 기한 처분행위** : 상속개시사실과 상속재산이라는 것을 알고 처분행위를 하여야 한다. 즉 상속효과를 감수하려는 의사가 추단될 수 있는 정도에 이르러야 한다. 상속인의 법정대리인이 상속인에 갈음하여 고려기간 중에 상속재산을 처분한 경우에도 단순승인의 효과가 생긴다.
- (ㄷ) **공동상속인 중 1인의 처분행위** : 단순승인의 의제효과는 처분행위를 한 공동상속인에게만 미친다.
- (ㄹ) **한정승인 또는 포기신고 전의 처분행위**
  - ㉠ 상속재산 처분행위가 법정단순승인으로 의제되는 경우는 한정승인 또는 포기 전의 처분행위에 한정된다. 한정승인 또는 포기 후의 처분행위는 그것이 부정소비에 해당하는 경우에만 법정단순승인이 된다.[108] [20 변호사] [16(3) 변모] [20(2) 변모 사례] [12 법세]
  - ㉡ 상속인이 가정법원에 상속포기의 신고를 하였더라도 이를 수리하는 가정법원의 심판이 고지되기 이전에 상속재산을 처분하였다면, 이는 상속포기의 효력 발생 전에 처분행위를 한 것이므로 민법 제1026조 제1호에 따라 상속의 단순승인을 한 것으로 보아야 한다.[109] [20, 21 변호사] [18(3), 19(2), 20(1) 변모] [19 법세]

② **처분행위인지가 문제되는 사례**
- (ㄱ) **처분행위에 해당하는 사례**
  - ㉠ 채권자에게 대물변제하기로 한 약정이 있었는데 상속인이 그 변제충당을 목적으로 부동산 등을 양도하는 것
  - ㉡ 채권의 추심,[110] [20 변호사] [14 변호사 사례] [16(2), 16(3), 18(1), 20(1) 변모] [13 사시] [12, 17 법무사] [15 법행] [18 법세] 영수행위 등
  - ㉢ 상속재산의 분할협의[111] [16(3) 변모]
  - ㉣ 상속채권의 양도행위
- (ㄴ) **처분행위에 해당하지 않는 사례**
  - ㉠ 상속재산으로부터의 상당한 장례비의 지출
  - ㉡ 상속등기의 경료
  - ㉢ 상속재산인 주권이나 공유물의 반환청구[112] [14 법세]
  - ㉣ 한정승인이나 포기 후의 상속재산처분
  - ㉤ 보험금수익자가 상속인으로 지정된 생명보험계약에서 상속인이 보험금을 지급받아 소비한 행위[113]

---

108) 대법원 2004.03.12. 선고 2003다63586 판결
109) 대법원 2016.12.29. 선고 2013다73520 판결
110) 대법원 2010.04.29. 선고 2009다84936 판결
111) 대법원 2006.01.16. 선고 2003다29562 판결
112) 대법원 1996.10.15. 선고 96다23283 판결
113) 대법원 2023.06.29. 선고 2019다300934 판결. 생명보험금청구권은 상속재산이 아니라 상속인의 고유재산이기 때문이다.

(2) 고려기간 내에 한정승인 또는 포기를 하지 않은 때

한정승인 또는 포기를 하지 않고 고려기간이 경과한 때에는 단순승인으로 의제되지만, 상속인이 상속채무 초과사실을 중대한 과실 없이 알지 못한 경우에는 그 사실을 안 날로부터 3월내에 한정승인을 할 수 있다.

(3) 한정승인·포기 후에 상속재산 은닉·부정소비·고의로 재산목록에 기입하지 아니한 때

① **은닉 등의 의미**

(ㄱ) 법정단순승인에 관한 민법 제1026조 제3호의 '상속재산의 은닉'이라 함은 상속재산의 존재를 쉽게 알 수 없게 만드는 것을 뜻하고, '상속재산의 부정소비'라 함은 정당한 사유 없이 상속재산을 써서 없앰으로써 그 재산적 가치를 상실시키는 것을 의미한다.[114] [20 변호사] [20(2) 변모 사례] 또한 법정단순승인에 관한 민법 제1026조 제3호의 '고의로 재산목록에 기입하지 아니한 때'라 함은 한정승인을 함에 있어 상속재산을 은닉하여 상속채권자를 사해할 의사로써 상속재산을 재산목록에 기입하지 않는 것을 뜻한다.[115] [16(3) 변모] [15 법행] 여기에 해당하기 위해서는 상속인이 어떠한 상속재산이 있음을 알면서 이를 재산목록에 기입하지 아니하였다는 사정만으로는 부족하고, 상속재산을 은닉하여 상속채권자를 사해할 의사, 즉 그 재산의 존재를 쉽게 할 수 없게 만들려는 의사가 있을 것을 필요로 한다. 위 사정은 이를 주장하는 측에서 증명하여야 한다.[116]

(ㄴ) 상속인이 상속재산을 처분하여 그 처분대금 전액을 우선변제권자에게 귀속시킨 것이라면, 그러한 상속인의 행위를 상속재산의 부정소비에 해당한다고 할 수 없다.[117]

② **법정단순승인의 예외** 상속포기 후 차순위 상속인이 상속을 승인한 때에는 단순승인 의제의 효과는 배제된다(제1027조).

III 한정승인

1. 의의와 방식

□ **제1028조 (한정승인의 효과)** 상속인은 상속으로 인하여 취득할 재산의 한도에서 피상속인의 채무와 유증을 변제할 것을 조건으로 상속을 승인할 수 있다.

□ **제1029조 (공동상속인의 한정승인)** 상속인이 수인인 때에는 각 상속인은 그 상속분에 응하여 취득할 재산의 한도에서 그 상속분에 의한 피상속인의 채무와 유증을 변제할 것을 조건으로 상속을 승인할 수 있다.

---

114) 대법원 2004.03.12. 선고 2003다63586 판결
115) 대법원 2010.04.29. 선고 2009다84936 판결
116) 대법원 2022.07.28. 선고 2019다29853 판결
117) 대법원 2004.03.12. 선고 2003다63586 판결

> 제1030조 (한정승인의 방식) ① 상속인이 한정승인을 함에는 제1019조제1항 또는 제3항의 기간내에 상속재산의 목록을 첨부하여 법원에 한정승인의 신고를 하여야 한다.
> ②제1019조제3항의 규정에 의하여 한정승인을 한 경우 상속재산 중 이미 처분한 재산이 있는 때에는 그 목록과 가액을 함께 제출하여야 한다.

① 의의 　한정승인이란 상속으로 인하여 얻을 재산의 한도에서 피상속인의 채무와 유증을 변제할 것을 조건으로 하는 조건부의 상속형태의 승인을 말한다.

② 방식
　(ㄱ) 한정승인의 신고 : 고려기간 내에 가정법원에 한정승인의 신고를 하여야 한다. 상속재산의 목록을 첨부하여야 하고, 특별한정승인을 하는 경우 이미 처분한 상속재산의 목록과 가액을 함께 제출하여야 한다. 목록에 재산 일부를 고의로 기재하지 아니한 경우에는 법정단순승인으로 의제된다.
　(ㄴ) 상속인이 수인인 경우 : 상속분에 응하여 취득할 재산의 한도에서 변제할 것을 조건으로 상속을 승인할 수 있다.

③ 가정법원의 한정승인 신고의 수리거부
　(ㄱ) 가정법원의 한정승인신고 수리의 심판은 일응 한정승인의 요건을 구비한 것으로 인정한다는 것일 뿐 그 효력을 확정하는 것이 아니고, 한정승인의 효력이 있는지 여부에 대한 최종적인 판단은 실체법에 따라 민사소송에서 결정될 문제이다.[118]
　(ㄴ) 한정승인의 형식적 요건을 구비한 이상 실체적 요건에 대하여는 이를 구비하지 아니하였음이 명백한 경우 외에는 이를 문제 삼아 한정승인신고를 불수리할 수 없다.[119] [22, 12 법세]

2. 한정승인의 효과

(1) 상속재산과 고유재산의 분리

> 제1031조 (한정승인과 재산상권리의무의 불소멸) 상속인이 한정승인을 한 때에는 피상속인에 대한 상속인의 재산상 권리의무는 소멸하지 아니한다. [21(1) 변모]

> 제1040조 (공동상속재산과 그 관리인의 선임) ① 상속인이 수인인 경우에는 법원은 각상속인 기타 이해관계인의 청구에 의하여 공동상속인중에서 상속재산관리인을 선임할 수 있다.
> ② 법원이 선임한 관리인은 공동상속인을 대표하여 상속재산의 관리와 채무의 변제에 관한 모든 행위를 할 권리의무가 있다.
> ③ 제1022조, 제1032조 내지 전조의 규정은 전항의 관리인에 준용한다. 그러나 제1032조의 규정에 의하여 공고할 5일의 기간은 관리인이 그 선임을 안 날로부터 기산한다.

---

[118] 대법원 2021.02.25. 선고 2017다289651 판결
[119] 대법원 2006.02.13. 자 2004스74 결정

① 물적 유한책임
  (ㄱ) **채무와 책임의 분리** : 채무와 책임이 분리되어 상속인은 상속채무 전부를 상속하게 되나, 그 책임은 상속재산의 한도에서 부담한다. 따라서 상속인은 영구적 항변권을 가진다. 상속인의 고유재산에 의한 변제는 비채변제로 되지 않는다.
  (ㄴ) **상속채권자의 한정승인자에 대한 이행청구** : 상속재산이 없거나 상속재산이 상속채무의 변제에 부족하다고 하더라도 상속채무 전부에 대한 이행판결을 선고하여야 하고 다만 집행력을 제한하기 위하여 이행판결의 주문에 상속재산의 한도에서만 집행할 수 있다는 취지를 명시하여야 한다.120) [13, 17 변호사] [18(1) 변모]
  (ㄷ) **상속채권자의 상속인 고유재산에 대한 강제집행** : 상속채권자는 특별한 사정이 없는 한 상속인의 고유재산에 대하여 강제집행을 할 수 없으며 상속재산으로부터만 채권의 만족을 받을 수 있다.121) [17 변호사] [18 법무사] [12 법세]
  (ㄹ) **한정승인자의 채권자가 상속재산에 강제집행을 할 수 있는지 여부** : 한정승인자의 고유채권자는 상속채권자가 상속재산으로부터 채권의 만족을 받지 못한 상태에서 상속재산을 고유채권에 대한 책임재산으로 삼아 이에 대하여 강제집행을 할 수 없다고 보는 것이 형평의 원칙이나 한정승인제도의 취지에 부합하며, 이는 한정승인자의 고유채무가 조세채무인 경우에도 그것이 상속재산 자체에 대하여 부과된 조세나 가산금, 즉 당해세에 관한 것이 아니라면 마찬가지이다.122) [18(2), 20(1) 변모] [20(2) 변모 사례] [20 법행] [19 법세]
  (ㅁ) **한정승인자의 청구이의** : 상속채권자가 제기한 이행청구소송에서 한정승인자가 한정승인사실을 주장하지 않아 책임의 범위에 유보 없는 판결이 확정된 경우에도 한정승인자는 한정승인사실을 내세워 청구이의의 소를 제기할 수 있다.123) [13, 15 변호사] [13 사시]
② **상속인의 피상속인에 대한 재산상의 권리·의무의 존속**   상속인은 상속재산에 대하여 제3자와 같은 지위에 선다. 피상속인에 대한 상속인의 채권은 상속채권자, 수유자와 함께 상속재산으로부터 변제배당을 받게 된다.
③ **상속재산에 대한 관리의무의 계속**   고유재산에 대한 것과 동일한 주의로 상속재산을 관리하여야 한다. 한정승인한 상속인이 수인인 경우 법원은 각 상속인 또는 이해관계인의 청구에 의하여 공동상속인 중에서 재산관리인을 선임할 수 있다.

(2) 한정승인에 의한 청산절차

> □ **제1032조 (채권자에 대한 공고, 최고)** ① 한정승인자는 한정승인을 한 날로부터 5일내에 일반상속채권자와 유증받은 자에 대하여 한정승인의 사실과 일정한 기간 내에 그 채권 또는 수증을 신고할 것을 공고하여야 한다. 그 기간은 2월 이상이어야 한다.
> ② 제88조제2항, 제3항과 제89조의 규정은 전항의 경우에 준용한다.

---

120) 대법원 2003.11.14. 선고 2003다30968 판결
121) 대법원 2016.05.24. 선고 2015다250574 판결
122) 대법원 2016.05.24. 선고 2015다250574 판결
123) 대법원 2009.05.28. 선고 2008다79876 판결

☐ **제1033조 (최고기간중의 변제거절)** 한정승인자는 전조제1항의 기간만료전에는 상속채권의 변제를 거절할 수 있다.

☐ **제1034조 (배당변제)** ① 한정승인자는 제1032조제1항의 기간만료 후에 상속재산으로서 그 기간 내에 신고한 채권자와 한정승인자가 알고 있는 채권자에 대하여 각 채권액의 비율로 변제하여야 한다. 그러나 우선권 있는 채권자의 권리를 해하지 못한다.
② 제1019조제3항의 규정에 의하여 한정승인을 한 경우에는 그 상속인은 상속재산 중에서 남아있는 상속재산과 함께 이미 처분한 재산의 가액을 합하여 제1항의 변제를 하여야 한다. 다만, 한정승인을 하기 전에 상속채권자나 유증받은 자에 대하여 변제한 가액은 이미 처분한 재산의 가액에서 제외한다.

☐ **제1035조 (변제기전의 채무등의 변제)** ① 한정승인자는 변제기에 이르지 아니한 채권에 대하여도 전조의 규정에 의하여 변제하여야 한다.
② 조건있는 채권이나 존속기간의 불확정한 채권은 법원의 선임한 감정인의 평가에 의하여 변제하여야 한다.

☐ **제1036조 (수증자에의 변제)** 한정승인자는 전2조의 규정에 의하여 상속채권자에 대한 변제를 완료한 후가 아니면 유증받은 자에게 변제하지 못한다.

☐ **제1037조 (상속재산의 경매)** 전3조의 규정에 의한 변제를 하기 위하여 상속재산의 전부나 일부를 매각할 필요가 있는 때에는 민사집행법에 의하여 경매하여야 한다.

☐ **제1039조 (신고하지 않은 채권자등)** 제1032조제1항의 기간내에 신고하지 아니한 상속채권자 및 유증받은 자로서 한정승인자가 알지 못한 자는 상속재산의 잔여가 있는 경우에 한하여 그 변제를 받을 수 있다. 그러나 상속재산에 대하여 특별담보권있는 때에는 그러하지 아니하다.

☐ **제1038조 (부당변제 등으로 인한 책임)** ① 한정승인자가 제1032조의 규정에 의한 공고나 최고를 해태하거나 제1033조 내지 제1036조의 규정에 위반하여 어느 상속채권자나 유증 받은 자에게 변제함으로 인하여 다른 상속채권자나 유증 받은 자에 대하여 변제할 수 없게 된 때에는 한정승인자는 그 손해를 배상하여야 한다. 제1019조제3항의 규정에 의하여 한정승인을 한 경우 그 이전에 상속채무가 상속재산을 초과함을 알지 못한 데 과실이 있는 상속인이 상속채권자나 유증받은 자에게 변제한 때에도 또한 같다.
② 제1항 전단의 경우에 변제를 받지 못한 상속채권자나 유증 받은 자는 그 사정을 알고 변제를 받은 상속채권자나 유증받은 자에 대하여 구상권을 행사할 수 있다. 제1019조제3항의 규정에 의하여 한정승인을 한 경우 그 이전에 상속채무가 상속재산을 초과함을 알고 변제받은 상속채권자나 유증받은 자가 있는 때에도 또한 같다.
③ 제766조의 규정은 제1항 및 제2항의 경우에 준용한다.

① **채권자에 대한 공고와 최고**   한정승인자는 한정승인을 한 날로부터 5일 내에 일반상속채권자와 유증받은 자에 대하여 한정승인의 사실과 일정한 기간 내에 그 채권 또는 수증을 신고할 것을 공고하여야 한다. 그 기간은 2월 이상이어야 한다.

② **최고기간 중 변제거절**   한정승인자는 채권신고기간 내에는 상속채권의 변제를 거절할 수 있다.

③ 배당변제
　(ㄱ) 배당변제를 받을 채권자 : 채권신고기간 내에 신고한 채권자와 한정승인자가 알고 있는 채권자가 배당변제를 받을 수 있다. 변제기에 이르지 아니한 채권이나 조건부 채권, 존속기간이 불확정한 채권도 법원이 선임한 감정인의 평가에 의하여 변제하여야 한다.
　(ㄴ) 채권액의 비율에 따른 변제 : 한정승인자는 상속재산으로 각 채권액의 비율에 따라 변제하여야 한다. 특별한정승인의 경우 상속재산 중에서 남아 있는 상속재산과 이미 처분한 재산의 가액을 합하여 변제하여야 하나, 이미 변제한 가액은 처분한 재산의 가액에서 제외한다.
　(ㄷ) 수증자에의 변제 : 수유자는 상속채권자에 대한 변제가 완료된 후가 아니면 변제를 받을 수 없다.
　(ㄹ) 상속재산의 경매 : ㉠ 변제를 하기 위하여 상속재산의 전부나 일부를 매각할 필요가 있는 때에는 민사집행법에 의하여 경매하여야 한다. ㉡ 한정승인에 따른 청산을 위한 형식적 경매에서 상속채권자가 배당요구를 하는 것은 허용되지 않는다.[124] [16 법행]
　(ㅁ) 신고하지 않은 채권자 등에 대한 변제 : 신고하지 아니한 상속채권자 및 유증받은 자로서 한정승인자가 알지 못한 자는 상속재산의 잔여가 있는 경우에 한하여 그 변제를 받을 수 있다. 그러나 상속재산에 대하여 특별담보권 있는 때에는 그러하지 아니하다.
④ 한정승인자의 채권자가 상속재산에 담보권을 취득한 경우
　(ㄱ) 문제점 : 한정승인자가 그의 채권자를 위하여 상속재산에 저당권 등 담보권을 설정한 경우, 상속채권자가 한정승인사실을 이유로 담보권을 취득한 제3자에 대하여 우선적 지위를 주장할 수 있는지 문제된다.
　(ㄴ) 판례 : 상속채권자에게 한정승인자로부터 물권을 취득한 제3자에 대하여 우선적 지위를 인정하는 규정을 두고 있지 아니하므로 민법상 일반원칙에 따라 우선적 지위를 주장할 수는 없다.[125] [12, 13, 17, 21 변호사] [18(1), 18(2), 20(1) 변모] [18(1), 20(2) 변모 사례] [18 법무사] [20 법행] [19, 18, 15, 12 법세]
　(ㄷ) 검토 : 상속재산은 한정승인의 청산절차에 따라 상속채권자에게 배당변제 되어야 할 재산이다. 한정승인자가 그의 채권자에게 저당권을 설정하여 준 때에는 한정승인자가 부정소비를 한 경우에 해당하여 단순승인으로 의제될 수는 있으나 이로 인한 상속채권자의 불이익이 제거되지 않는 문제가 있다. 그러나 한정승인 사실만으로 상속채권자에게 우선적 지위를 인정하는 규정이 없고, 상속재산분리제도와 달리 한정승인의 경우에는 이를 공시하는 방법도 없으므로 상속채권자에게 우선적 지위를 인정할 수는 없다고 본다.
⑤ 상속부동산의 임의경매에서 상속채권자의 배당요구　　상속부동산에 관하여 민사집행법 제274조 제1항에 따른 형식적 경매절차가 진행된 것이 아니라 담보권 실행을 위한 경매절차가 진행된 경우에는 비록 한정승인 절차에서 상속채권자로 신고한 자라고 하더라도 집행권원을 얻어 그 경매절차에서 배당요구를 함으로써 일반채권자로서 배당받을 수 있다.[126] [17 변호사]

---

124) 대법원 2013.09.12. 선고 2012다33709 판결
125) 대법원 2010.03.18. 선고 2007다77781 전원합의체 판결

⑥ **청산절차 종료 전 상속재산분할청구** 한정승인절차가 상속재산분할절차보다 선행해야 한다는 규정이 없고, 공동상속인들 사이에 상속재산분할대상에 관한 분쟁이 있는 경우에는 청산절차도 제대로 진행될 수 없는데 상속재산분할심판은 이를 일거에 해결하는 적절한 수단이라는 점에서 한정승인에 따른 청산절차가 종료되지 않은 경우에도 상속재산분할청구가 가능하다.127) [17, 20 변호사] [16(1) 변모, 17(2) 변모] [17, 21 법무사] [15 법세]

⑦ **부당변제로 인한 책임**
  (ㄱ) **한정승인자의 손해배상책임** : 청산절차규정에 위반하여 어느 상속채권자나 유증받은 자에게 변제함으로 인하여 다른 상속채권자나 유증받은 자에 대하여 변제할 수 없게 된 때에는 한정승인자는 손해를 배상하여야 한다.
  (ㄴ) **부당변제를 받은 자의 구상책임** : 부당변제로 변제를 받지 못한 상속채권자나 유증받은 자는 부당변제임을 알고 변제를 받은 상속채권자나 유증받은 자에 대하여 구상권을 행사할 수 있다.
  (ㄷ) **불법행위로 인한 손해청구권의 소멸시효 규정의 준용** : 부당변제로 인한 손해배상청구권과 구상권에 관해서는 불법행위로 인한 손해배상청구권의 소멸시효 규정이 준용된다.

Ⅳ 상속의 포기

1. 의의와 방식

> 제1041조 (포기의 방식) 상속인이 상속을 포기할 때에는 제1019조제1항의 기간내에 가정법원에 포기의 신고를 하여야 한다.

① **의의** 상속의 포기란 상속으로 인하여 생기는 권리·의무의 포괄적 승계를 전면적으로 거부하여 처음부터 상속인이 아닌 효과를 생기게 하는 상속인의 단독행위를 말한다.

② **방식**
  (ㄱ) **상속포기신고** : 상속을 포기하기 위해서는 승인·포기기간 내에 가정법원에 상속포기신고를 하여야 한다. 민법 소정의 방식에 따르지 아니한 상속포기는 효력이 없다.128) 상속의 포기는 포괄적·무조건적으로 하여야 하므로 재산목록을 첨부하거나 특정할 필요가 없다.129) [17(1), 19(2) 변모]
  (ㄴ) **법정단순승인 후 상속포기** : 상속인이 상속재산에 대한 처분행위를 하여 단순승인으로 의제된 경우에는 상속포기신고를 하여 수리되었더라도 상속포기의 효력이 있다고 할 수 없다.130)[18 변호사] [14, 18 변호사 사례]

---

126) 대법원 2010.06.24. 선고 2010다14599 판결
127) 대법원 2014.07.25. 자 2011스226 결정
128) 대법원 1988.08.25. 자 88스10·11·12·13 결정
129) 대법원 1995.11.14. 선고 95다27554 판결
130) 대법원 2012.04.16. 자 2011스191 결정

(ㄷ) 상속재산 분할협의로의 전환 : 공동상속인 중 1인에게 상속시킬 방편으로 다른 상속인들이 상속포기신고를 하였으나 승인·포기기간 경과 후에 신고된 것이어서 상속포기로서 효력이 없더라도 상속재산 협의분할이 이루어진 것으로 볼 수 있다.131) [12, 13, 18 변호사] [18 변호사 사례] [14(2), 17(1), 18(3) 변모] [15(1) 변모 사례] [19, 20 법무사] [16, 20 법행]

2. 상속포기의 효과

□ 제1042조 (포기의 소급효) 상속의 포기는 상속개시된 때에 소급하여 그 효력이 있다.

□ 제1043조 (포기한 상속재산의 귀속) 상속인이 수인인 경우에 어느 상속인이 상속을 포기한 때에는 그 상속분은 다른 상속인의 상속분의 비율로 그 상속인에게 귀속된다.

□ 제1044조 (포기한 상속재산의 관리계속의무) ① 상속을 포기한 자는 그 포기로 인하여 상속인이 된 자가 상속재산을 관리할 수 있을 때까지 그 재산의 관리를 계속하여야 한다.
② 제1022조(상속재산의 관리)와 제1023조(상속재산보존에 필요한 처분)의 규정은 전항의 재산관리에 준용한다.

① 포기의 소급효
  (ㄱ) 상속권의 소급소멸 : 상속포기는 상속개시된 때에 소급하여 효력이 있다. 상속포기자는 상속권을 처음부터 취득하지 못한 자가 되므로 포기자의 유류분반환청구권도 당연히 소멸한다.132) [19(2), 19(3), 20(1) 변모] 상속포기 신고 후 수리 전에 포기자를 제외한 상속재산분할협의는 후에 상속포기 신고가 적법하게 수리되어 상속포기의 효력이 발생하게 됨으로써 공동상속인의 자격을 가지는 사람들 전원이 행한 것이 되어 소급적으로 유효하게 된다.133) [16(1), 18(2), 18(3) 변모] [20 법무사]
  (ㄴ) 상속포기 전 상속채권자가 상속인을 상대로 한 가압류의 효력 : 상속인은 상속 승인, 포기 등으로 상속관계가 확정되지 않은 동안에도 피상속인의 재산을 당연 취득하고 상속재산을 관리할 의무가 있으므로(제1022조) 상속채권자는 상속인을 상대로 상속재산에 관한 가압류결정을 받아 이를 집행할 수 있다. 그 후 상속인이 상속포기로 인하여 상속인의 지위를 소급적으로 상실한다고 하더라도 이미 발생한 가압류의 효력에 영향을 미치지 않는다.134)
  (ㄷ) 상속포기자의 청구이의 : 상속채권자가 제기한 소송에서 상속포기자가 상속포기 사실을 주장하지 않아 채권자의 승소판결이 확정된 후에는 확정판결의 기판력에 의하여 상속포기를 주장할 수 없으므로 청구이의의 소를 제기할 수 없다.135) [12, 13, 15, 21 변호사] [18(1) 변모]

---

131) 대법원 1989.09.12. 선고 88누9305 판결
132) 대법원 2012.04.16. 자 2011스191 결정
133) 대법원 2011.06.09. 선고 2011다29307 판결
134) 대법원 2021.09.15. 선고 2021다224446 판결
135) 대법원 2009.05.28. 선고 2008다79876 판결

② 포기자의 상속분의 귀속
  ㈀ **다른 공동상속인에게 귀속** : 상속인이 수인인 경우에 어느 상속인이 상속을 포기한 때에는 그 상속분은 다른 상속인의 상속분의 비율로 그 상속인에게 귀속된다.
  ㈁ **공동상속인인 피상속인의 배우자와 자녀 중에서 자녀가 상속을 모두 포기한 경우** : 종래 판례는 상속을 포기한 자는 상속개시된 때부터 상속인이 아니었던 것과 같은 지위에 놓이게 되므로, 피상속인의 배우자와 자녀 중 자녀 전부가 상속을 포기한 경우에는 배우자와 피상속인의 손자녀 또는 직계존속이 공동으로 상속인이 되고, 피상속인의 손자녀와 직계존속이 존재하지 아니하면 배우자가 단독으로 상속인이 된다고 하였다.[136] [22 변호사] [17(1), 19(1), 19(2), 19(3), 21(1) 변모] [16(2) 변모 사례] [16, 17 법무사] [15 법행] [18 법세] 최근 대법원은 이러한 판례의 태도를 변경하였다. 종래 판례는 배우자상속인을 혈족상속인과 구분되는 특별한 상속인으로 파악하는 전제에서 선순위혈족상속인이 모두 상속을 포기한 경우에는 직계비속이나 직계존속인 차순위혈족상속인이 배우자상속인과 공동상속인이 된다는 것이다. 그러나 현행 민법은 배우자상속인을 혈족상속인과 구분되는 특별한 상속인으로 보지 않고 다른 혈족상속인과 법률상 지위에서 차이가 없으므로 공동상속인인 자녀가 모두 상속을 포기한 때에는 그 상속분은 다른 공동상속인인 배우자에게 귀속되어 배우자가 단독상속인으로 되고 차순위혈족상속인인 손자녀가 배우자와 공동상속인으로 되는 것은 아니라고 한다.[137]
③ **상속포기의 효력이 피상속인을 피대습자로 한 대습상속에 미치는지 여부** 상속포기의 효력은 피상속인의 사망으로 개시된 상속에만 미치고, 그 후 피상속인을 피대습자로 하여 개시된 대습상속에까지 미치지는 않는다. 대습상속은 상속과는 별개의 원인으로 발생하는 것인 데다가 대습상속이 개시되기 전에는 이를 포기하는 것이 허용되지 않기 때문이다.[138] [20 변호사] [18(3) 변모] [21 법무사]

---

136) 대법원 2015.05.14. 선고 2013다48852 판결
137) 대법원 2023.03.23. 자 2020그42 전원합의체 결정
138) 대법원 2017.01.12. 선고 2014다39824 판결

제5절 상속재산의 분리

1. 재산분리의 절차

□ **제1045조 (상속재산의 분리청구권)** ① 상속채권자나 유증받은 자 또는 상속인의 채권자는 상속개시된 날로부터 3월내에 상속재산과 상속인의 고유재산의 분리를 법원에 청구할 수 있다.
② 상속인이 상속의 승인이나 포기를 하지 아니한 동안은 전항의 기간경과 후에도 재산의 분리를 법원에 청구할 수 있다.

□ **제1046조 (분리명령과 채권자등에 관한 공고, 최고)** ① 법원이 전조의 청구에 의하여 재산의 분리를 명한 때에는 그 청구자는 5일 내에 일반상속채권자와 유증받은 자에 대하여 재산분리의 명령 있는 사실과 일정한 기간 내에 그 채권 또는 수증을 신고할 것을 공고하여야 한다. 그 기간은 2월 이상이어야 한다.
② 제88조 제2항·제3항과 제89조의 규정은 전항의 경우에 준용한다.

2. 재산분리의 효과

(1) 상속인의 고유재산과 상속재산의 분리

□ **제1047조 (분리후의 상속재산의 관리)** ① 법원이 재산의 분리를 명한 때에는 상속재산의 관리에 관하여 필요한 처분을 명할 수 있다.
② 법원이 재산관리인을 선임한 경우에는 제24조 내지 제26조의 규정을 준용한다.

□ **제1048조 (분리후의 상속인의 관리의무)** ① 상속인이 단순승인을 한 후에도 재산분리의 명령이 있는 때에는 상속재산에 대하여 자기의 고유재산과 동일한 주의로 관리하여야 한다.
② 제683조 내지 제685조 및 제688조제1항, 제2항의 규정은 전항의 재산관리에 준용한다.

□ **제1049조 (재산분리의 대항요건)** 재산의 분리는 상속재산인 부동산에 관하여는 이를 등기하지 아니하면 제3자에게 대항하지 못한다.

(2) 상속재산의 청산

□ **제1050조 (재산분리와 권리의무의 불소멸)** 재산분리의 명령이 있는 때에는 피상속인에 대한 상속인의 재산상 권리의무는 소멸하지 아니한다.

□ **제1051조 (변제의 거절과 배당변제)** ① 상속인은 제1045조 및 제1046조의 기간만료전에는 상속채권자와 유증받은 자에 대하여 변제를 거절할 수 있다.
② 전항의 기간만료후에 상속인은 상속재산으로써 재산분리의 청구 또는 그 기간내에 신고한 상속채권자, 유증받은 자와 상속인이 알고 있는 상속채권자, 유증받은 자에 대하여 각채권액 또는 수증액의 비율로 변제하여야 한다. 그러나 우선권 있는 채권자의 권리를 해하지 못한다.
③ 제1035조 내지 제1038조의 규정은 전항의 경우에 준용한다.

□ 제1052조 (고유재산으로부터의 변제) ① 전조의 규정에 의한 상속채권자와 유증 받은 자는 상속재산으로써 전액의 변제를 받을 수 없는 경우에 한하여 상속인의 고유재산으로부터 그 변제를 받을 수 있다.
② 전항의 경우에 상속인의 채권자는 상속인의 고유재산으로부터 우선변제를 받을 권리가 있다.

제6절 상속인의 부존재

1. 상속재산의 관리와 청산

□ 제1053조 (상속없는 재산의 관리인) ① 상속인의 존부가 분명하지 아니한 때에는 법원은 제777조의 규정에 의한 피상속인의 친족 기타 이해관계인 또는 검사의 청구에 의하여 상속재산관리인을 선임하고 지체없이 이를 공고하여야 한다.
② 제24조 내지 제26조의 규정은 전항의 재산관리인에 준용한다.

□ 제1054조 (재산목록제시와 상황보고) 관리인은 상속채권자나 유증받은 자의 청구가 있는 때에는 언제든지 상속재산의 목록을 제시하고 그 상황을 보고하여야 한다.

□ 제1055조 (상속인의 존재가 분명하여진 경우) ① 관리인의 임무는 그 상속인이 상속의 승인을 한 때에 종료한다.
② 전항의 경우에는 관리인은 지체없이 그 상속인에 대하여 관리의 계산을 하여야 한다.

□ 제1056조 (상속인 없는 재산의 청산) ① 제1053조제1항의 공고가 있은 날로부터 3월내에 상속인의 존부를 알 수 없는 때에는 관리인은 지체없이 일반상속채권자와 유증받은 자에 대하여 일정한 기간 내에 그 채권 또는 수증을 신고할 것을 공고하여야 한다. 그 기간은 2월 이상이어야 한다.
② 제88조제2항, 제3항, 제89조, 제1033조 내지 제1039조의 규정은 전항의 경우에 준용한다.

□ 제1057조 (상속인수색의 공고) 제1056조제1항의 기간이 경과하여도 상속인의 존부를 알 수 없는 때에는 법원은 관리인의 청구에 의하여 상속인이 있으면 일정한 기간 내에 그 권리를 주장할 것을 공고하여야 한다. 그 기간은 1년 이상이어야 한다.

2. 특별연고자에 대한 분여

□ 제1057조의2 (특별연고자에 대한 분여) ① 제1057조의 기간내에 상속권을 주장하는 자가 없는 때에는 가정법원은 피상속인과 생계를 같이 하고 있던 자, 피상속인의 요양간호를 한 자 기타 피상속인과 특별한 연고가 있던 자의 청구에 의하여 상속재산의 전부 또는 일부를 분여할 수 있다.
② 제1항의 청구는 제1057조의 기간의 만료후 2월이내에 하여야 한다.

3. 잔여재산의 관리

> 제1058조 (상속재산의 국가귀속) ① 제1057조의2의 규정에 의하여 분여(分與)되지 아니한 때에는 상속재산은 국가에 귀속한다.
> ② 제1055조제2항의 규정은 제1항의 경우에 준용한다.

> 제1059조 (국가귀속재산에 대한 변제청구의 금지) 전조제1항의 경우에는 상속재산으로 변제를 받지 못한 상속채권자나 유증을 받은 자가 있는 때에도 국가에 대하여 그 변제를 청구하지 못한다.

Chapter 02 유언

제1절 총칙

1. 유언의 의의

> 제1060조 (유언의 요식성) 유언은 본법의 정한 방식에 의하지 아니하면 효력이 생하지 아니한다.

① **개념**   유언이란 유언자가 자기의 사망과 동시에 일정한 법률효과를 발생시킬 목적으로 일정한 방식에 따라 행하는 상대방 없는 단독행위를 말한다. 유언제도는 사유재산제도에 기한 재산처분의 자유의 한 형태로서 발전해온 것이며, 유언자가 남긴 최종의 의사를 존중하고, 사후에 그 의사의 실현을 보장하기 위하여 인정되는 제도이다.

② **법적 성질**
  (ㄱ) **요식행위** : 유언은 민법이 정한 방식에 따라서만 행하여질 수 있고, 방식에 반하는 유언은 무효로 된다.
  (ㄴ) **상대방 없는 단독행위** : 유언은 일정한 방식을 갖추어 의사를 표명하면 족하고, 유증을 받는 자의 승낙 또는 그에 대한 의사표시를 요하지 않는 상대방 없는 단독행위이다. 단독행위에는 조건을 부가하지 못하는 것이 원칙이나, 유언에는 조건이나 기한을 부가할 수 있다.
  (ㄷ) **사인행위** : 유언은 유언자의 사망으로 그 효력이 발생하는 사인행위이다.
  (ㄹ) **철회자유** : 유언자는 생존 중 언제든지 아무런 이유 없이 유언을 철회할 수 있다.

2. 유언자유와 제한

① **유언의 자유**   사적자치의 한 내용인 소유권 존중의 원칙에 따라 각 개인은 자기의 재산을 자유롭게 처분할 수 있다. 재산처분의 자유는 생전처분의 자유와 사후처분의 자유가 포함되며, 재산의 사후처분의 방법이 바로 유언이다. 결국 사적자치의 한 내용으로 유언자유가 인정된다.

② **유언자유의 제한**
  (ㄱ) **유언사항의 법정** : 유언은 법정사항에 한하여 할 수 있고, 이에 위반하는 유언은 무효이다. 민법이 정하는 유언의 법정사항으로는 ㉠재단법인의 설립, ㉡친생부인, ㉢인지, ㉣후견인의 지정, ㉤상속재산의 분할방법의 지정 또는 위탁, ㉥상속재산의 분할금지, ㉦유언집행자

의 지정 또는 위탁, ⓞ유증 등이 있다. 또한 신탁법상의 신탁의 설정도 유언사항이다.
(ㄴ) **유류분** : 유류분은 피상속인의 재산처분의 자유를 제한하여 상속인을 보호하는 제도이므로 유언자유에 대한 제한이다.
(ㄷ) **방식제한** : 유언은 법정의 방식을 갖추어야 하며, 이를 위반하는 유언은 그 효력이 없다. 결국 유언의 방식은 유언자유에 대한 제한이다.

3. 유언능력

(1) 유언능력자

> ☐ 제1061조 (유언적령) 만17세에 달하지 못한 자는 유언을 하지 못한다.

> ☐ 제1062조 (제한능력자와 유언) 제5조, 제10조와 제13조의 규정은 유언에 관하여는 이를 적용하지 아니한다.

> ☐ 제1063조 (피성년후견인의 유언능력) ① 피성년후견인은 의사능력이 회복된 때에만 유언을 할 수 있다.
> ② 제1항의 경우에는 의사가 심신 회복의 상태를 유언서에 부기(附記)하고 서명날인하여야 한다.

① **유언적령**   만17세에 달하지 아니한 자의 유언은 효력이 없다. 만17세에 달한 자는 의사능력만 있다면 자유롭게 유언할 수 있다.
② **의사능력·행위능력**   유언도 법률행위의 일종이나 유언의 취지는 유언자의 진의를 존중함에 있는 것이므로 유언자에게 의사능력만 있다면 충분하다고 볼 것이다. 따라서 민법은 유언에서는 행위능력제도의 적용을 배제한다.
③ **피성년후견인의 유언능력**   피성년후견인은 의사능력이 회복된 때에만 유언을 할 수 있다. 다만 의사가 심신회복의 상태를 유언서에 부기하고 서명날인하여야 한다.

(2) 수유능력

> ☐ 제1064조 (유언과 태아, 상속결격자) 제1000조제3항, 제1004조의 규정은 수증자에 준용한다.

제2절 유언의 방식

1. 유언의 요식성

> □ **제1060조 (유언의 요식성)** 유언은 본법의 정한 방식에 의하지 아니하면 효력이 생하지 아니한다.

> □ **제1065조 (유언의 보통방식)** 유언의 방식은 자필증서, 녹음, 공정증서, 비밀증서와 구수증서의 5종으로 한다.

① **유언 요식성의 취지**   유언을 요식행위로 한 것은 유언자의 사후 그 유언자의 진정한 의사를 확보함으로써 유언의 존재 여부나 내용의 불확실성을 없애고 동시에 유언자로 하여금 신중하게 의사표시를 하도록 하고, 또 유언서의 위조나 변조를 막아 사후의 분쟁을 방지하기 위한 것이다.

② **법정방식주의**   민법은 유언방식으로 5가지를 한정하는 법정방식주의를 채택하고 있다. 다만, 구 민법 시행일 당시의 유언은 법정방식에 부합하지 않더라도 민법 시행일부터 유언의 효력발생일까지 사이에 그 의사표시를 할 수 없는 상태에 있는 경우에 그 효력을 잃지 않는다 (부칙 제26조).

③ **유언자의 진정한 의사에 부합하지만 법정방식 위반한 유언의 효력**   법정된 요건과 방식에 어긋난 유언은 그것이 유언자의 진정한 의사에 합치하더라도 무효이다.[1] [12, 14 법행] [13 법세]

2. 자필증서에 의한 유언

> □ **제1066조 (자필증서에 의한 유언)** ① 자필증서에 의한 유언은 유언자가 그 전문과 연월일, 주소, 성명을 자서하고 날인하여야 한다. [15 사시]
> ② 전항의 증서에 문자의 삽입, 삭제 또는 변경을 함에는 유언자가 이를 자서하고 날인하여야 한다.

① **전문의 자서(自書)**   자필증서에 의한 유언에 있어서 자서는 절대적 요건이다. 다만 본문의 일부가 자서가 아닌 경우 그 부분이 부수적·첨가적 부분이라면 유효한 것으로 보아야 한다. 자서이기만 하면 족하고, 그것이 외국어·약자 등으로 작성되었다고 하더라도 무방하다.

② **연월일의 자서(自書)**
   (ㄱ) **연월일의 기능** : 연월일은 유언 당시의 유언자의 유언능력유무, 유언방식의 결정, 상호 저촉되는 여러 개의 유언의 선후, 우열결정 등의 판단기준시기가 되는 유언의 중요한 요소에 해당한다. 연월일의 자서 없는 유언은 무효이다.
   (ㄴ) **연월일의 기재방법** : 연월일의 기재가 없거나 불완전하더라도, 증서의 내용 등에 의하여 확정이 가능한 경우에는 유언장이 확정된 일자에 작성된 것이라고 볼 수 있으므로 유언은 유효하다.

---
[1] 대법원 2006.03.09. 선고 2005다57899 판결

㈐ 연월만 기재하고 일의 기재가 없는 경우 : 연·월만 기재하고 일의 기재가 없는 자필유언증서는 그 작성일을 특정할 수 없으므로 효력이 없다.2) [16(1), 17(1), 21(1) 변모] [10 사시] [12, 13, 14, 17 법행]

㈑ 연월일의 기재위치 : 연월일이 유언서 본문에 기재되어야 하는 것은 아니다. 유언서를 담은 봉투에 자서하여도 상관없다.3) [10 사시] [14 법행]

③ 주소·성명의 자서(自書) 주소는 반드시 주민등록상의 주소가 아니라도 상관없고, 유언자의 생활근거지를 기재하면 된다. 유언자의 특정에 지장이 없다고 하더라도 주소를 자서하지 아니한 자필증서에 의한 유언은 효력이 없다.4) [22 변호사] [16(1), 17(1), 17(2) 변모] [19(1) 변모 사례] [15 법무사] [19 법서] 성명은 유언이 누구의 것인지를 알 수 있으면 족하다. 따라서 반드시 가족관계 등록부상의 성명을 기재하여야 하는 것은 아니며, 예명·아호 등을 기재하더라도 무방하다. [22 변호사]

④ 날인 날인은 실인에 의하여만 하는 것은 아니며, 무인(拇印)을 하는 것도 유효하고,5) [22 변호사] [14 법행] [14 법서] 타인으로 날인하게 하는 것도 유효하다. 유언자의 진정한 의사에 합치하더라도 날인이 없는 자필유언은 효력이 없다.6) [22 변호사] [17(1) 변모] [14 법행] [16 법서]

⑤ 문자의 삽입·삭제·변경 자필증서에 문자의 삽입·삭제 또는 변경을 함에는 유언자가 이를 자서하고 날인하여야 한다. 다만 증서의 기재 자체에 의하더라도 명백한 오기를 정정한 것에 지나지 않는다면 비록 정정부분에 날인을 하지 아니하였다고 하더라도 유언의 효력에는 영향을 미치지 않는다.7) [22 변호사]

3. 녹음에 의한 유언

> ☐ 제1067조 (녹음에 의한 유언) 녹음에 의한 유언은 유언자가 유언의 취지, 그 성명과 연월일을 구술하고 이에 참여한 증인이 유언의 정확함과 그 성명을 구술하여야 한다.

4. 공정증서에 의한 유언

> ☐ 제1068조 (공정증서에 의한 유언) 공정증서에 의한 유언은 유언자가 증인 2인이 참여한 공증인의 면전에서 유언의 취지를 구수하고 공증인이 이를 필기낭독하여 유언자와 증인이 그 정확함을 승인한 후 각자 서명 또는 기명날인 하여야 한다. [21(1) 변모]

① 의의 공정증서유언은 유언자 스스로 증서를 작성할 필요가 없고, 유언의 존재를 명확히 하고 내용을 확보할 수 있다는 장점이 있다. 또한 공정증서에 공정력이 있으므로 유언의 검인 절차를 거치지 않아도 된다(제1091조 제2항). [15 사시]

---

2) 대법원 2009.05.14. 선고 2009다9768 판결
3) 대법원 1998.06.12. 선고 97다38510 판결
4) 대법원 2014.09.26. 선고 2012다71688 판결
5) 대법원 1998.06.12. 선고 97다38510 판결
6) 대법원 2006.09.08. 선고 2006다25103·25110 판결
7) 대법원 1998.06.12. 선고 97다38510 판결

② 요건
- (ㄱ) **2인 이상의 증인이 참여할 것** : 증인의 참여가 없는 유언은 공정증서유언으로서 효력이 없다. 유언장에 인증을 받았으나 증인 2인의 참여가 없고 자서된 것이 아닌 경우에는 공정증서 또는 자필증서에 의한 유언으로서의 효력이 없다.[8]
- (ㄴ) **유언자가 공증인의 면전에서 유언취지를 구수할 것** : <mark>구수(口授)란 말로써 유언의 내용을 상대방에게 전달하는 것</mark>을 말한다. 유언공정증서를 작성할 당시 반혼수상태인 유언자가 유언공정증서의 취지를 듣고 고개만 끄떡인 경우에는 구수가 있었다고 볼 수 없지만,[9] [12 법행] <mark>공증인이 유언자의 의사에 따라 작성한 유언의 취지가 적혀 있는 서면으로 유언자에게 질문하여 유언자의 진의를 확인한 다음 서면을 낭독하여 준 방식은 유언취지의 구수의 요건을 갖추었다고 볼 수 있다.</mark>[10]
- (ㄷ) **공증인이 유언자의 구술을 필기하고 이를 유언자와 증인 앞에서 낭독할 것** : 필기는 보조자가 하더라도 무방하다. 필기를 공증인의 면전에서 할 필요는 없다. 공정증서는 한국어로 작성하여야 한다.
- (ㄹ) **유언자와 증인이 공증인의 필기가 정확함을 승인한 후 각자 서명 또는 기명날인할 것** : 공정증서유언시 참여할 증인은 아무런 이해관계가 없는 사람이어야 하고, 공증인사무실의 직원은 증인자격이 없다. 공증인은 그 사무실에서 직무를 행하는 것이 원칙이나, 유언의 경우에는 출장공증이 가능하다.

5. 비밀증서에 의한 유언

> □ **제1069조 (비밀증서에 의한 유언)** ① 비밀증서에 의한 유언은 유언자가 필자의 성명을 기입한 증서를 엄봉날인하고 이를 2인 이상의 증인의 면전에 제출하여 자기의 유언서임을 표시한 후 그 봉서표면에 제출 연월일을 기재하고 유언자와 증인이 각자 서명 또는 기명날인 하여야 한다.
> ② 전항의 방식에 의한 유언봉서는 그 표면에 기재된 날로부터 5일내에 공증인 또는 법원서기에게 제출하여 그 봉인상에 확정일자인을 받아야 한다.

> □ **제1071조 (비밀증서에 의한 유언의 전환)** <mark>비밀증서에 의한 유언이 그 방식에 흠결이 있는 경우에 그 증서가 자필증서의 방식에 적합한 때에는 자필증서에 의한 유언으로 본다.</mark> [12 변호사] [21(1) 변모]

① **요건** 유언자가 필자의 성명을 기입한 증서를 엄봉·날인하고 2인 이상의 증인의 면전에 제출하여 자기의 유언서임을 표시한 후 그 봉서표면에 제출연월일을 기재하고 유언자와 증인이 각자 서명 또는 기명날인하여야 하며, 5일 이내에 공증인 또는 법원서기에게 제출하여 그 봉인상에 확정일자인을 받아야 한다.

② **자필증서에 의한 유언의 전환** 비밀증서에 의한 유언이 그 방식에 흠결이 있는 경우에 그 증서가 자필증서의 방식에 적합한 때에는 자필증서에 의한 유언으로 본다.

---

8) 대법원 1994.12.22. 선고 94다13695 판결
9) 대법원 1996.04.23. 선고 95다34514 판결
10) 대법원 2008.08.11. 선고 2008다1712 판결

6. 구수증서에 의한 유언

> 제1070조 (구수증서에 의한 유언) ① 구수증서에 의한 유언은 질병 기타 급박한 사유로 인하여 전4조의 방식에 의할 수 없는 경우에 유언자가 2인이상의 증인의 참여로 그 1인에게 유언의 취지를 구수하고 그 구수를 받은 자가 이를 필기낭독하여 유언자의 증인이 그 정확함을 승인한 후 각자 서명 또는 기명날인하여야 한다. [21(1) 변모] [10 사시]
> ② 전항의 방식에 의한 유언은 그 증인 또는 이해관계인이 급박한 사유의 종료한 날로부터 7일내에 법원에 그 검인을 신청하여야 한다.
> ③ 제1063조제2항의 규정은 구수증서에 의한 유언에 적용하지 아니한다. [15 사시]

① 의의   구수증서에 의한 유언이란 질병 기타 급박한 사유로 다른 유언의 법정방식으로 유언을 할 수 없는 경우에 인정되는 유언방식을 말한다. 구수증서에 의한 유언은 민법상 유언의 보통방식의 하나로 규정되어 있으나 그 실질에 있어서는 다른 방식의 유언과는 다르므로 유언요건을 완화하여 해석하여야 한다.[11]

② 요건

(ㄱ) 급박한 사유로 다른 방식의 유언이 불가능할 것 : 구수증서에 의한 유언은 보충방식의 유언이므로 자필증서, 녹음, 공정증서 및 비밀증서의 방식에 의한 유언이 객관적으로 가능한 경우에는 구수증서에 의한 유언은 허용되지 않는다.[12] [16(1), 17(2), 21(1) 변모] [13 법행]

(ㄴ) 2인 이상의 증인이 참여한 가운데 그 1인에게 유언의 취지를 구수할 것 : 유언취지의 구수란 말로써 유언의 내용을 상대방에게 전달하는 것을 뜻하므로 증인이 제3자에 의하여 미리 작성된 유언의 취지가 적혀 있는 서면에 따라 유언자에게 질문을 하고 유언자가 동작이나 간략한 답변으로 긍정하는 방식은 유언 당시 유언자의 의사능력이나 유언에 이르게 된 경위 등에 비추어 그 서면이 유언자의 진의에 따라 작성되었음이 분명하다고 인정되는 등의 특별한 사정이 없는 한 민법 제1070조 소정의 유언취지의 구수에 해당한다고 볼 수 없다.[13] [17(1) 변모]

(ㄷ) 구수받은 자가 이를 필기낭독하여 유언자와 증인이 정확함을 승인한 후 각자 서명 또는 기명날인할 것 : 피성년후견인이 구수증서에 의한 유언을 하는 경우에는 의사가 심신회복의 상태를 부기하고 서명날인 할 필요가 없다.

(ㄹ) 증인 또는 이해관계인이 급박한 사유가 종료한 날로부터 7일 내에 법원에 검인신청을 할 것 :
  ㉠ 구수증서방식의 유언을 한 경우에는 다른 특별한 사정이 없는 한 유언이 있은 날에 급박한 사유가 종료되었다고 볼 것이므로 유언이 있은 날로부터 7일 이내에 검신신청을 하여야 한다.[14] ㉡ 구수증서방식의 유언을 한 후 법원의 검인을 받지 아니하고 합동법률사무소에서 인증을 받은 경우 유언은 효력이 없다.[15] [12 법세]

---

11) 대법원 1977.11.08. 선고 76므15 판결
12) 대법원 1999.03.09. 선고 98다17800 판결
13) 대법원 2006.03.09. 선고 2005다57899 판결
14) 대법원 1994.11.03. 자 94스16 결정
15) 대법원 1992.07.14. 선고 91다39179 판결

⊃ 각종 유언방식의 비교

구 분	증서 작성자	작성 방법	검인 절차	확정 일자	참여 증인 수	서명·기명날인
자필증서	유언자	자서	발견 후 지체없이	불요	증인 불요	날인
녹음	유언자, 증인	구술 녹음	발견 후 지체없이	불요	1인	불요
공정증서	공증인	구수 작성	불요	불요	2인	유언자, 증인, 공증인 각자 필요
비밀증서	유언자	기입 엄봉	발견 후 지체없이	제출일로부터 5일 이내	2인 이상	유언자, 증인 각자 필요
구수증서	증인 중 1인	구수를 필기	급박한 사유 종료일로부터 7일 이내(유언의 효력요건)	불요	2인 이상	유언자, 증인 각자 필요

7. 유언의 증인 : 증인결격

> ☐ 제1072조 (증인의 결격사유) ① 다음 각 호의 어느 하나에 해당하는 사람은 유언에 참여하는 증인이 되지 못한다. [15 사시]
> 1. 미성년자
> 2. 피성년후견인과 피한정후견인
> 3. 유언으로 이익을 받을 사람, 그의 배우자와 직계혈족
> ② 공정증서에 의한 유언에는 「공증인법」에 따른 결격자는 증인이 되지 못한다.

① **유언으로 이익을 받을 사람의 의미** 유언에 의하여 이익을 받을 자라 함은 유언자의 상속인으로 될 자 또는 유증을 받게 될 수증자 등을 말하는 것이므로, 유언집행자는 증인결격자에 해당한다고 볼 수 없다.[16] [16 사시] [17(1) 변모]

② **공증인법에 따른 결격자** 공정증서에 의한 유언의 경우에는 공증인법에 따라 증서작성에 참여할 수 없는 자는 증인이 되지 못한다. ㉠미성년자, ㉡시각장애인이거나 문자를 해독하지 못하는 사람, ㉢서명할 수 없는 사람, ㉣촉탁사항에 관하여 이해관계가 있는 사람, ㉤촉탁사항에 관하여 대리인 또는 보조인이거나 대리인 또는 보조인이었던 사람, ㉥공증인의 친족, 피고용인 또는 동거인, ㉦공증인의 보조자 등은 촉탁인이 이들을 참여인으로 청구한 경우를 제외하고는 참여인이 될 수 없고 공정증서에 의한 유언의 증인이 될 수도 없다.[17]

---

16) 대법원 1999.11.26. 선고 97다57733 판결
17) 대법원 2014.07.25. 자 2011스226 결정

제3절 유언의 효력

I 유언의 효력발생시기

> 제1073조 (유언의 효력발생 시기) ① 유언은 유언자가 사망한 때로부터 그 효력이 생긴다.
> ② 유언에 정지조건이 있는 경우에 그 조건이 유언자의 사망 후에 성취한 때에는 그 조건성취한 때로부터 유언의 효력이 생긴다. [13, 14 사시]

II 유증

1. 유증 일반

(1) 의의

① 개념   유증이란 유언자가 유언에 의하여 자기 재산을 타인에게 무상으로 주는 단독행위를 말한다. [16 사시]

② 사인증여와의 구별   유증은 유언에 의한 유산처분으로 단독행위인데 반하여 사인증여는 계약이다. [12 변호사] 그러나 유증과 사인증여는 모두 사인(死因)행위라는 점에서는 동일하므로 사인증여는 유증에 관한 규정을 준용한다(제562조). 유증에 관한 규정 중에서 능력, 방식, 승인과 포기, 포괄적 수증자의 지위에 관한 제1078조는 준용되지 않는다.[18] [12 변호사] [13 법행] 이는 유증이 단독행위라는 점을 기초로 규율된 조문이기 때문이다.

③ 포괄유증·특정유증

(ㄱ) 개념 : 포괄유증이란 적극재산과 소극재산을 포괄하는 상속재산 전부 또는 그 중 일정한 비율을 유증의 내용으로 하는 것을 말하고, 특정유증이란 특정의 구체적 재산을 유증의 내용으로 하는 것을 말한다.

(ㄴ) 구별 : 통상은 상속재산에 대한 비율의 의미로 유증이 된 경우는 포괄적 유증, 그렇지 않은 경우는 특정유증이라고 할 수 있지만, 유언공정증서 등에 유증한 재산이 개별적으로 표시되었다는 사실만으로는 특정유증이라고 단정할 수는 없고 상속재산이 모두 얼마나 되는지를 심리하여 다른 재산이 없다고 인정되는 경우에는 이를 포괄적 유증이라고 볼 수도 있다.[19] [16 사시]

(ㄷ) 구체적 차이

㉠ 포괄유증을 받은 자는 상속재산에 관하여 상속인과 동일한 지위를 가지지만, 특정유증을 받은 자는 유증목적물에 관하여 채권자의 지위를 가진다.[20] [16 변호사] [14(3) 변모] [16 사시]

---

[18] 대법원 1996.04.12. 선고 94다37714 판결
[19] 대법원 2003.05.27. 선고 2000다73445 판결
[20] 대법원 2003.05.27. 선고 2000다73445 판결

[17 법행]
　　ⓛ 포괄유증을 받은 자는 상속의 승인·포기규정에 따라 승인·포기를 하지만, 특정유증을 받은 자는 유증의 승인·포기규정에 따라 승인·포기를 한다.

(2) 유증의 당사자
① 수유자
　(ㄱ) 수유자가 되기 위한 요건 : ㉠ 수유자는 유언의 효력이 발생하는 시기에 권리능력을 갖추고 있어야 한다. 유증에 관하여 태아는 이미 출생한 것으로 보므로 유언의 효력이 발생하는 시기에 태아는 수유자가 될 수 있다. ㉡ 수유자는 상속결격자가 아니어야 한다. ㉢ 자연인 뿐만 아니라 법인도 수유자가 될 수 있다.
　(ㄴ) 수유자가 그 요건을 갖추지 못한 경우 : 수유자가 요건을 갖추지 못한 경우에는 유증의 효력이 발생하지 않는다. 이 경우 유증목적재산은 상속인에게 귀속하나, 유언자가 다른 의사를 표시한 때에는 그에 의한다.
② 유증의무자　유증의 목적인 재산의 양도의무는 유언자 사망 후에 집행되기 때문에 유언자는 유증의무자가 될 수 없고, 상속인, 유언집행자, 포괄적 수유자, 상속인 없는 재산의 관리인 등이 유증의무자가 된다. 한편 유증의무자인 상속인이 수인인 경우 상속분에 따라 유증의무를 부담한다.

2. 포괄유증

(1) 포괄적 수유자의 법적 지위

> □ 제1078조 (포괄적 수증자의 권리의무) 포괄적 유증을 받은 자는 상속인과 동일한 권리의무가 있다. [13, 14 사시]

① 상속인과 동일한 권리·의무　포괄적 수유자는 상속인과 마찬가지로 유증자의 권리·의무를 포괄적으로 승계한다. 따라서 유언의 효력발생과 동시에 상속재산의 전부 또는 그 비율적 부분을 당연히 승계하며 유증의무자에 의한 유증의 이행을 요하지 않는다. 포괄적 수유자가 수인이거나, 상속인이 있는 경우에는 공동상속관계가 발생한다.
② 포괄유증의 승인·포기　포괄유증의 승인과 포기에 대해서는 유증의 승인과 포기에 관한 제1074조 내지 제1077조가 적용되는 것이 아니라 상속의 승인과 포기에 관한 제1019조 내지 제1044조가 적용되어야 한다.

(2) 포괄적 수유자와 상속인의 이동(異同)
① 공통점　㉠ 상속재산이 포괄적으로 승계되고, [10 사시] ㉡ 다른 포괄적 수유자, 상속인들과 상속재산을 공유하며 [10 사시] 상속재산분할에 참여하며, ㉢ 상속의 승인·포기, 재산분리절차 및 결격사유, 상속회복청구권에 있어서 상속인과 동일하다.

② **차이점** ㉠ 상속능력 없는 법인도 포괄적 유증을 받을 수 있고, ㉡ 포괄적 수유자에게는 유류분이 인정되지 않으며, [10 사시] ㉢ 포괄적 수유자가 유증자 사망 전에 먼저 사망하거나 결격이 되더라도 포괄적 수유자의 직계비속이나 배우자가 포괄적 수유자에 갈음하여 유증을 받을 수 없고, [10, 16 사시] ㉣ 포괄적 수유자에게는 상속분의 양수권이 없으며, ㉤ 포괄유증에는 부관을 붙일 수 있다는 점에서 상속과 다르다.

3. 특정유증

(1) 특정유증의 승인·포기

> 제1074조 (유증의 승인, 포기) ① 유증을 받을 자는 유언자의 사망 후에 언제든지 유증을 승인 또는 포기할 수 있다.
> ② 전항의 승인이나 포기는 유언자의 사망한 때에 소급하여 그 효력이 있다. [13 법세]

> 제1075조 (유증의 승인, 포기의 취소금지) ① 유증의 승인이나 포기는 취소하지 못한다.
> ② 제1024조제2항의 규정은 유증의 승인과 포기에 준용한다.

> 제1076조 (수증자의 상속인의 승인, 포기) 수증자가 승인이나 포기를 하지 아니하고 사망한 때에는 그 상속인은 상속분의 한도에서 승인 또는 포기할 수 있다. 그러나 유언자가 유언으로 다른 의사를 표시한 때에는 그 의사에 의한다.

> 제1077조 (유증의무자의 최고권) ① 유증의무자나 이해관계인은 상당한 기간을 정하여 그 기간 내에 승인 또는 포기를 확답할 것을 수증자 또는 그 상속인에게 최고할 수 있다.
> ② 전항의 기간내에 수증자 또는 상속인이 유증의무자에 대하여 최고에 대한 확답을 하지 아니한 때에는 유증을 승인한 것으로 본다.

① **승인·포기의 시기** 수유자는 언제든지 유증을 승인·포기할 수 있다. 유증의 승인·포기의 효력은 유언자 사망시로 소급한다. [13 법세]

② **승인·포기의 방법** 수유자는 의사표시로써 승인과 포기를 할 수 있다. 상속의 포기와 달리 유증의 포기에 특별한 방식을 요하지 않는다. 유증을 승인하거나 포기한 때에는 이를 철회하지 못하지만, 총칙편의 규정에 의한 취소는 가능하다.

③ **수유자가 승인·포기 전 사망한 경우** 수유자가 승인이나 포기를 하지 아니하고 사망한 때에는 그 상속인은 상속분의 한도에서 승인 또는 포기를 할 수 있으나 유언자가 유언으로 다른 의사를 표시한 때에는 그 의사에 의한다.

④ **유증의무자나 이해관계인의 최고권** 유증의무자나 이해관계인은 상당기간을 정하여 최고할 수 있고, 최고기간 내에 확답이 없으면 유증을 승인한 것으로 의제한다. 최고는 수유자에게 도달함으로써 효력이 발생한다.

(2) 특정수유자의 법적 지위

① 채권적 지위

(ㄱ) 특정유증의 경우 유증의 목적물이 상속재산으로 일단 상속인에게 귀속되며, 수유자는 상속인에 대하여 유증의 이행을 청구할 권리를 취득할 뿐이며, 유증의 목적재산은 유증의 이행에 의하여 수유자에게 이전된다.

(ㄴ) 특정유증을 받은 자는 유증받은 부동산의 소유권자가 아니어서 직접 진정한 등기명의의 회복을 원인으로 한 소유권이전등기를 구할 수 없다.[21] [16, 23 변호사] [14(3) 변모] [15, 16 사시] [17 법행]

(ㄷ) 특정유증을 받은 자는 채권을 취득하는 자일 뿐이므로 특정유증을 한 유증자가 사망한 경우 그의 소송상 지위는 상속인에게 당연승계되는 것이지 특정유증을 받은 자가 이를 당연승계 할 여지는 없다.[22]

② 특정유증의 채권적 효력의 근거
물권변동에 관한 형식주의, 한정승인과 재산분리의 경우에 상속채권자가 우선 변제받는다는 제1036조가 특정유증의 채권적 효력의 근거이다.

(3) 수증자의 과실취득권

□ 제1079조 (수증자의 과실취득권) 수증자는 유증의 이행을 청구할 수 있는 때로부터 그 목적물의 과실을 취득한다. 그러나 유언자가 유언으로 다른 의사를 표시한 때에는 그 의사에 의한다. [19(3) 변모] [13 사시]

(4) 유증의무자의 비용상환청구권

□ 제1080조 (과실수취비용의 상환청구권) 유증의무자가 유언자의 사망 후에 그 목적물의 과실을 수취하기 위하여 필요비를 지출한 때에는 그 과실의 가액의 한도에서 과실을 취득한 수증자에게 상환을 청구할 수 있다.

□ 제1081조 (유증의무자의 비용상환청구권) 유증의무자가 유증자의 사망 후에 그 목적물에 대하여 비용을 지출한 때에는 제325조(유치권자의 상환청구권)의 규정을 준용한다.

(5) 유증과 담보책임

□ 제1082조 (불특정물유증의무자의 담보책임) ① 불특정물을 유증의 목적으로 한 경우에는 유증의무자는 그 목적물에 대하여 매도인과 같은 담보책임이 있다.
② 전항의 경우에 목적물에 하자가 있는 때에는 유증의무자는 하자없는 물건으로 인도하여야 한다.

---

21) 대법원 2003.05.27. 선고 2000다73445 판결
22) 대법원 2010.12.23. 선고 2007다22859 판결

(6) 유증과 물상대위

- 제1083조 (유증의 물상대위성) 유증자가 유증목적물의 멸실, 훼손 또는 점유의 침해로 인하여 제3자에게 손해배상을 청구할 권리가 있는 때에는 그 권리를 유증의 목적으로 한 것으로 본다.

- 제1084조 (채권의 유증의 물상대위성) ① 채권을 유증의 목적으로 한 경우에 유언자가 그 변제를 받은 물건이 상속재산 중에 있는 때에는 그 물건을 유증의 목적으로 한 것으로 본다.
  ② 전항의 채권이 금전을 목적으로 한 경우에는 그 변제받은 채권액에 상당한 금전이 상속재산 중에 없는 때에도 그 금액을 유증의 목적으로 한 것으로 본다. [13 사시]

- 제1086조 (유언자가 다른 의사표시를 한 경우) 전3조의 경우에 유언자가 유언으로 다른 의사를 표시한 때에는 그 의사에 의한다.

(7) 제3자의 권리의 목적인 물건 또는 권리의 유증

- 제1085조 (제3자의 권리의 목적인 물건 또는 권리의 유증) 유증의 목적인 물건이나 권리가 유언자의 사망 당시에 제3자의 권리의 목적인 경우에는 수증자는 유증의무자에 대하여 그 제3자의 권리를 소멸시킬 것을 청구하지 못한다. [16 사시]

- 제1086조 (유언자가 다른 의사표시를 한 경우) 전3조의 경우에 유언자가 유언으로 다른 의사를 표시한 때에는 그 의사에 의한다.

유증의 목적물이 유언자의 사망 당시에 제3자의 권리의 목적인 경우에는 그와 같은 제3자의 권리는 특별한 사정이 없는 한 유증의 목적물이 수증자에게 귀속된 후에도 그대로 존속하는 것으로 보아야 한다.23) [23 변호사] [19(3) 변모]

(8) 상속재산에 속하지 아니한 권리의 유증

- 제1087조 (상속재산에 속하지 아니한 권리의 유증) ① 유언의 목적이 된 권리가 유언자의 사망당시에 상속재산에 속하지 아니한 때에는 유언은 그 효력이 없다. 그러나 유언자가 자기의 사망당시에 그 목적물이 상속재산에 속하지 아니한 경우에도 유언의 효력이 있게 할 의사인 때에는 유증의무자는 그 권리를 취득하여 수증자에게 이전할 의무가 있다. [13 법시]
  ② 전항 단서의 경우에 그 권리를 취득할 수 없거나 그 취득에 과다한 비용을 요할 때에는 그 가액으로 변상할 수 있다. [19(3) 변모]

---

23) 대법원 2018.07.26. 선고 2017다289040 판결

4. 부담부 유증

> 제1088조 (부담있는 유증과 수증자의 책임) ① 부담있는 유증을 받은 자는 유증의 목적의 가액을 초과하지 아니한 한도에서 부담한 의무를 이행할 책임이 있다.
> ② 유증의 목적의 가액이 한정승인 또는 재산분리로 인하여 감소된 때에는 수증자는 그 감소된 한도에서 부담할 의무를 면한다. [19(3) 변모]

> 제1111조 (부담있는 유언의 취소) 부담있는 유증을 받은 자가 그 부담의무를 이행하지 아니한 때에는 상속인 또는 유언집행자는 상당한 기간을 정하여 이행할 것을 최고하고 그 기간 내에 이행하지 아니한 때에는 법원에 유언의 취소를 청구할 수 있다. 그러나 제3자의 이익을 해하지 못한다. [13 사시]

① 의의
  (ㄱ) **개념** : 부담 있는 유증이란 수유자에 대하여 일정한 이익을 향수하게 하는 한편, 일정한 부담의 구속을 주는 유증을 말한다. 부담부 유증은 포괄·특정유증 모두에 인정된다.
  (ㄴ) **법적 성질** : 부담부 유증도 무상행위이다. 부담의무를 불이행하더라도 유증의 효력이 당연히 소멸하는 것은 아니라는 점에서 조건부 유증과 다르다.
② **부담의 무효와 부담부 유증의 효력** 부담이 불능이거나 선량한 풍속 기타 사회질서에 반하는 사항을 목적으로 하는 경우에는 부담은 무효이다. 그 부담이 없으면 유증을 하지 않았을 것이라는 유언자의 가정적 의사가 추정되는 경우 부담부 유증도 무효로 된다.
③ **부담의 이행청구**
  (ㄱ) **이행의무자** : 수유자나 그의 상속인이 부담의무를 이행하여야 한다.
  (ㄴ) **이행청구권자** : 유언자의 상속인, 유언집행자 또는 부담의 이행청구권자로 지정된 자가 청구권자가 된다.
  (ㄷ) **부담의무 불이행의 효과** : 부담있는 유증을 받은 자가 그 부담의무를 이행하지 않은 때에는 상속인 또는 유언집행자는 상당한 기간을 정하여 이행할 것을 최고하고 그 기간 내에 이행하지 않을 때에는 가정법원에 유언의 취소를 청구할 수 있다. 그러나 제3자의 이익을 해하지 못한다.
④ **수유자의 책임범위** 수유자는 유증 목적의 가액을 초과하지 아니하는 한도에서 부담한 의무를 이행할 책임이 있고, 한정승인이나 재산분리로 유증의 목적의 가액이 감소한 때에는 그 감소된 한도에서 부담할 의무를 면한다.

5. 유증의 실효

> 제1089조 (유증효력발생 전의 수증자의 사망) ① <mark>유증은 유언자의 사망 전에 수증자가 사망한 때에는 그 효력이 생기지 아니한다</mark>. [13, 14 사시]
> ② 정지조건 있는 유증은 수증자가 그 조건 성취 전에 사망한 때에는 그 효력이 생기지 아니한다.
> [16 법세]

> 제1087조 (상속재산에 속하지 아니한 권리의 유증) ① 유언의 목적이 된 권리가 유언자의 사망당시에 상속재산에 속하지 아니한 때에는 유언은 그 효력이 없다. 그러나 유언자가 자기의 사망당시에 그 목적물이 상속재산에 속하지 아니한 경우에도 유언의 효력이 있게 할 의사인 때에는 유증의무자는 그 권리를 취득하여 수증자에게 이전할 의무가 있다.
> ② 전항 단서의 경우에 그 권리를 취득할 수 없거나 그 취득에 과다한 비용을 요할 때에는 그 가액으로 변상할 수 있다.

> 제1111조 (부담있는 유언의 취소) 부담있는 유증을 받은 자가 그 부담의무를 이행하지 아니한 때에는 상속인 또는 유언집행자는 상당한 기간을 정하여 이행할 것을 최고하고 그 기간 내에 이행하지 아니한 때에는 법원에 유언의 취소를 청구할 수 있다. 그러나 제3자의 이익을 해하지 못한다.

> 제1090조 (유증의 무효, 실효의 경우와 목적재산의 귀속) 유증이 그 효력이 생기지 아니하거나 수증자가 이를 포기한 때에는 유증의 목적인 재산은 상속인에게 귀속한다. 그러나 유언자가 유언으로 다른 의사를 표시한 때에는 그 의사에 의한다.

제4절 유언의 집행

1. 유언집행의 의의

① **개념** 유언의 집행이란 유언의 효력이 발생한 후 유언에 표시된 유언자의 의사를 실현하는 행위 또는 절차를 말한다.
② **집행이 필요한 유언** 유언내용을 실현하기 위하여 유언집행자의 집행이 필요한 유언으로는 친생부인, 인지 등이 있다. 한편 상속인 자신이 집행할 수 있는 유언으로는 특정적 유언, 재단법인의 설립, 신탁 등이 있다.
③ **집행이 필요 없는 유언** 유언의 집행이 필요 없는 경우로는 후견인지정, 후견감독인의 지정, 유언집행자의 지정, 상속재산분할방식의 지정·위탁, 상속재산분할의 금지 등이 있다.

2. 유언집행의 준비절차

> 제1091조 (유언증서, 녹음의 검인) ① 유언의 증서나 녹음을 보관한 자 또는 이를 발견한 자는 유언자의 사망 후 지체없이 법원에 제출하여 그 검인을 청구하여야 한다. [11 사시]
> ② 전항의 규정은 공정증서나 구수증서에 의한 유언에 적용하지 아니한다. [15 사시]

> 제1092조 (유언증서의 개봉) 법원이 봉인된 유언증서를 개봉할 때에는 유언자의 상속인, 그 대리인 기타 이해관계인의 참여가 있어야 한다.

① **유언증서의 검인** 유언증서에 대한 법원의 검인은 유언증서의 형식·태양 등 유언의 방식에

관한 모든 사실을 조사·확인하고 그 위조·변조를 방지하며, 또한 보존을 확실히 하기 위한 일종의 검증절차 내지는 증거보전절차로서, 유언이 유언자의 진의에 의한 것인지 여부나 적법한지 여부를 심사하는 것이 아님은 물론 직접 유언의 유효 여부를 판단하는 심판이 아니다.24) [10 사시]

② **유언증서의 개봉** 민법 제1092조에서 규정하는 유언증서의 개봉절차는 봉인된 유언증서의 검인에는 반드시 개봉이 필요하므로 그에 관한 절차를 규정한 것이다.25)

③ **검인·개봉절차를 거치지 아니한 유언증서의 효력** 적법한 유언은 이러한 검인이나 개봉절차를 거치지 않더라도 유언자의 사망에 의하여 곧바로 그 효력이 생기는 것이며, 검인이나 개봉절차의 유무에 의하여 유언의 효력이 영향을 받지 아니한다.26) [18 변호사] [11 사시] [16 법서]

3. 유언집행자

(1) 유언집행자의 결정

1) 지정유언집행자

> ☐ **제1093조 (유언집행자의 지정)** 유언자는 유언으로 유언집행자를 지정할 수 있고 그 지정을 제3자에게 위탁할 수 있다.

> ☐ **제1094조 (위탁에 의한 유언집행자의 지정)** ① 전조의 위탁을 받은 제3자는 그 위탁 있음을 안 후 지체 없이 유언집행자를 지정하여 상속인에게 통지하여야 하며 그 위탁을 사퇴할 때에는 이를 상속인에게 통지하여야 한다.
> ② 상속인 기타 이해관계인은 상당한 기간을 정하여 그 기간 내에 유언집행자를 지정할 것을 위탁 받은 자에게 최고할 수 있다. 그 기간 내에 지정의 통지를 받지 못한 때에는 그 지정의 위탁을 사퇴한 것으로 본다.

> ☐ **제1097조 (유언집행자의 승낙, 사퇴)** ① 지정에 의한 유언집행자는 유언자의 사망후 지체없이 이를 승낙하거나 사퇴할 것을 상속인에게 통지하여야 한다.
> ② 선임에 의한 유언집행자는 선임의 통지를 받은 후 지체없이 이를 승낙하거나 사퇴할 것을 법원에 통지하여야 한다.
> ③ 상속인 기타 이해관계인은 상당한 기간을 정하여 그 기간내에 승낙여부를 확답할 것을 지정 또는 선임에 의한 유언집행자에게 최고할 수 있다. 그 기간내에 최고에 대한 확답을 받지 못한 때에는 유언집행자가 그 취임을 승낙한 것으로 본다. [11 사시] [12 법서]

2) 법정유언집행자

> ☐ **제1095조 (지정유언집행자가 없는 경우)** 전2조의 규정에 의하여 지정된 유언집행자가 없는 때에는 상속인이 유언집행자가 된다.

---

24) 대법원 1998.06.12. 선고 97다38510 판결
25) 대법원 1998.06.12. 선고 97다38510 판결
26) 대법원 1998.06.12. 선고 97다38510 판결

① **제1095조의 적용범위**   상속인이 유언집행자로 되는 경우는 유언자가 유언집행자의 지정 또는 지정위탁을 하지 아니하거나 유언집행자의 지정을 위탁받은 자가 위탁을 사퇴한 때에 한한다. 지정유언집행자가 사망·결격 기타 사유로 자격을 상실한 경우에는 상속인이 당연히 유언집행자가 되는 것이 아니라 가정법원이 유언집행자를 선임하여야 한다.[27] [18 변호사] [16 사시]

② **지정유언집행자가 해임된 경우**   지정유언집행자가 해임된 경우에는 새로운 유언집행자를 선임하여야 하고, 새로운 유언집행자가 선임되지 아니하였다고 하더라도 유언집행에 필요한 한도에서 상속인의 상속재산에 대한 처분권은 여전히 제한되며 그 제한 범위 내에서 상속인의 원고적격은 인정될 수 없다.[28] [12 사시]

3) 선임유언집행자

> ☐ **제1096조 (법원에 의한 유언집행자의 선임)** ① 유언집행자가 없거나 사망, 결격 기타 사유로 인하여 없게 된 때에는 법원은 이해관계인의 청구에 의하여 유언집행자를 선임하여야 한다.
> ② 법원이 유언집행자를 선임한 경우에는 그 임무에 관하여 필요한 처분을 명할 수 있다.

> ☐ **제1097조 (유언집행자의 승낙, 사퇴)** ① 지정에 의한 유언집행자는 유언자의 사망후 지체없이 이를 승낙하거나 사퇴할 것을 상속인에게 통지하여야 한다.
> ② 선임에 의한 유언집행자는 선임의 통지를 받은 후 지체없이 이를 승낙하거나 사퇴할 것을 법원에 통지하여야 한다.
> ③ 상속인 기타 이해관계인은 상당한 기간을 정하여 그 기간내에 승낙여부를 확답할 것을 지정 또는 선임에 의한 유언집행자에게 최고할 수 있다. 그 기간내에 최고에 대한 확답을 받지 못한 때에는 유언집행자가 그 취임을 승낙한 것으로 본다.

4) 유언집행자의 결격

> ☐ **제1098조 (유언집행자의 결격사유)** 제한능력자와 파산선고를 받은 자는 유언집행자가 되지 못한다.

(2) 지정 또는 선임에 의한 유언집행자의 지위

> ☐ **제1103조 (유언집행자의 지위)** ① 지정 또는 선임에 의한 유언집행자는 상속인의 대리인으로 본다. [11 사시]
> ② 제681조 내지 제685조, 제687조, 제691조와 제692조의 규정은 유언집행자에 준용한다.

① 상속인의 대리인

　(ㄱ) **제1103조 제1항의 취지** : 제1103조 제1항은 유언집행자의 행위의 효과가 상속인에게 귀속함으로 규정한 것일 뿐이지 유언집행에 관하여 유언집행자와 별도로 상속인 본인의 소송수행권이 병존함으로 규정하고 있는 것은 아니다.[29]

---

27) 대법원 2010.10.28. 선고 2009다20840 판결
28) 대법원 2010.10.28. 선고 2009다20840 판결
29) 대법원 2001.03.27. 선고 2000다26920 판결

(ㄴ) 유언집행에 필요한 등기말소청구소송의 원고적격 : 유언집행자는 유증의 목적인 재산의 관리 기타 유언의 집행에 필요한 모든 행위를 할 권리·의무가 있으므로 유언의 집행에 방해가 되는 다른 등기의 말소를 구하는 소송에 있어서는 유언집행자가 이른바 법정소송담당으로서 원고적격을 가지고, 상속인의 상속재산에 관한 처분권은 그 범위에서 제한되므로 상속인은 원고적격이 없다.[30] [11, 16 사시] [12 법세]

② **위임규정의 준용** 유언집행자는 상속인의 대리인으로서 선량한 관리자의 주의로 임무를 수행하여야 하며, 복임권이 제한되고, 상속인에 대한 보고의무를 부담하며, 유언사무처리과정에서 취득한 물건 등을 인도·이전할 의무를 부담하고, 금전소비의 책임을 부담한다. 유언사무처리비용의 선급을 청구할 수 있다.

(3) 유언집행자의 임무

> 제1099조 (유언집행자의 임무착수) 유언집행자가 그 취임을 승낙한 때에는 지체 없이 그 임무를 이행하여야 한다.

> 제1100조 (재산목록작성) ① 유언이 재산에 관한 것인 때에는 지정 또는 선임에 의한 유언집행자는 지체 없이 그 재산목록을 작성하여 상속인에게 교부하여야 한다.
> ② 상속인의 청구가 있는 때에는 전항의 재산목록작성에 상속인을 참여하게 하여야 한다.

> 제1101조 (유언집행자의 권리의무) 유언집행자는 유증의 목적인 재산의 관리 기타 유언의 집행에 필요한 행위를 할 권리의무가 있다.

> 제1102조 (공동유언집행) 유언집행자가 수인인 경우에는 임무의 집행은 그 과반수의 찬성으로써 결정한다. 그러나 보존행위는 각자가 이를 할 수 있다. [16 사시]

> 제1104조 (유언집행자의 보수) ① 유언자가 유언으로 그 집행자의 보수를 정하지 아니한 경우에는 법원은 상속재산의 상황 기타 사정을 참작하여 지정 또는 선임에 의한 유언집행자의 보수를 정할 수 있다.
> ② 유언집행자가 보수를 받는 경우에는 제686조제2항, 제3항의 규정을 준용한다.

> 제1107조 (유언집행의 비용) 유언의 집행에 관한 비용은 상속재산 중에서 이를 지급한다.

(4) 사퇴·해임

> 제1105조 (유언집행자의 사퇴) 지정 또는 선임에 의한 유언집행자는 정당한 사유 있는 때에는 법원의 허가를 얻어 그 임무를 사퇴할 수 있다.

> 제1106조 (유언집행자의 해임) 지정 또는 선임에 의한 유언집행자에 그 임무를 해태하거나 적당하지 아니한 사유가 있는 때에는 법원은 상속인 기타 이해관계인의 청구에 의하여 유언집행자를 해임할 수 있다.

---

30) 대법원 2001.03.27. 선고 2000다26920 판결

유언집행자가 유언의 해석에 관하여 상속인과 의견을 달리한다거나 혹은 유언집행자가 유언의 집행에 방해되는 상태를 야기하고 있는 상속인을 상대로 유언의 충실한 집행을 위하여 자신의 직무권한 범위에서 가압류신청 또는 본안소송을 제기하고 이로 인해 ==일부 상속인들과 유언집행자 사이에 갈등이 초래되었다는 사정만으로는 유언집행자의 해임사유인 '적당하지 아니한 사유'가 있다고 할 수 없다.==[31] [16 사시] [14 법세]

제5절 유언의 철회

1. 의의

① **개념** 유언의 철회란 유언의 효력이 발생하기 전에 유언의 효력을 소멸시키는 유언자의 행위를 말한다. 유언의 철회는 절대적으로 보장되는 것이므로 유언자는 철회할 권리를 포기할 수 없다. 유언철회를 제한하는 유언자와 수증자 사이의 약정은 효력이 없다.[32]

② **종류** 유언철회의 방법에는 유언자의 의사에 기한 임의철회와 법정의 요건을 갖춘 경우에 철회된 것으로 의제하는 법정철회가 있다. ==유증(유언) 철회에 관한 제1108조 제1항은 사인증여의 경우에도 준용==된다.[33]

2. 임의철회

> 제1108조 (유언의 철회) ① 유언자는 언제든지 유언 또는 생전행위로써 유언의 전부나 일부를 철회할 수 있다. [13 법세]
> ② 유언자는 그 유언을 철회할 권리를 포기하지 못한다.

3. 법정철회

> 제1109조 (유언의 저촉) 전후의 유언이 저촉되거나 유언후의 생전행위가 유언과 저촉되는 경우에는 그 저촉된 부분의 전유언은 이를 철회한 것으로 본다.

> 제1110조 (파훼로 인한 유언의 철회) 유언자가 고의로 유언증서 또는 유증의 목적물을 파훼한 때에는 그 파훼한 부분에 관한 유언은 이를 철회한 것으로 본다. [15 사시]

---

31) 대법원 2011.10.27. 자 2011스108 결정
32) 대법원 2015.08.19. 선고 2012다94940 판결
33) 대법원 2022.07.28. 선고 2017다245330 판결. 사인증여는 증여자의 사망으로 인하여 효력이 발생하는 무상행위로 실제적 기능이 유증과 다르지 않으므로, 증여자의 사망 후 재산 처분에 관하여 유증과 같이 증여자의 최종적인 의사를 존중할 필요가 있다. 또한 증여자가 사망하지 않아 사인증여의 효력이 발생하기 전임에도 사인증여가 계약이라는 이유만으로 법적 성질상 철회가 인정되지 않는다고 볼 것은 아니다.

① 유언의 저촉
  (ㄱ) **저촉의 의미** : 저촉이라 함은 전의 유언을 실효시키지 않고서는 유언 후의 생전행위가 유효로 될 수 없음을 가리키되 법률상 또는 물리적인 집행불능만을 뜻하는 것이 아니라 후의 행위가 전의 유언과 양립될 수 없는 취지로 행하여졌음이 명백하면 족하다.[34]
  (ㄴ) **유언자의 행위가 있을 것** : 유언과 저촉되는 생전행위를 유언철회권을 가진 유언자가 하여야 하고, 타인이 유언자의 명의를 이용하여 임의로 유언의 목적인 특정재산을 처분하더라도 유언철회로서의 효력이 발생하지 않는다.[35]

② **파훼로 인한 철회**   유언자가 고의로 유언증서 또는 유증의 목적물을 파훼한 때에는 그 파훼한 부분에 관한 유언은 이를 철회한 것으로 본다. 가령, 유언서를 소각, 절단하는 것 등이 유언서의 파훼에 해당한다. 파훼는 유언자가 고의로 하여야 한다. 유언증서가 멸실되었거나 분실되었다는 사유만으로는 유언이 실효되는 것은 아니다.[36] [13 사세] [14, 12 법세] 이는 녹음에 의하여 유언이 성립한 후에 녹음테이프나 녹음파일이 멸실되거나 분실된 경우에도 마찬가지이다.[37]

---

34) 대법원 1998.06.12. 선고 97다38510 판결
35) 대법원 1998.06.12. 선고 97다38510 판결
36) 대법원 1996.09.20. 선고 96다21119 판결
37) 대법원 2023.06.01. 선고 2023다2175 판결

Chapter 03 유류분

I 유류분의 의의와 유류분의 산정

1. 유류분제도의 의의

① **유류분의 개념** 유류분이란 피상속인의 유언에 의한 상속재산의 처분자유를 제한하여 상속인 중 일정범위의 근친자에게 법률상 유보된 상속재산의 일부를 말한다.

② **민법상 유류분제도의 특성**
  (ㄱ) 피상속인이 자유로이 처분할 수 있는 재산과 그렇지 않은 재산이 미리 구분되어 있거나 자유로 처분할 수 있는 비율이 정해져 있지 않다.
  (ㄴ) 생전의 피상속인의 재산처분이 상속개시시에 유류분을 침해할 것이 분명한 경우에도 유류분을 가지는 추정상속인이 상속개시 전에 저지할 수 없다.
  (ㄷ) 상속이 개시되더라도 유류분을 침해한 피상속인의 처분은 당연히 무효가 되지 아니하고, 상속인이 일정한 한도에서 피상속인이 한 유증·증여를 반환시키는 권리를 가질 뿐이다.

③ **유류분의 포기**
  (ㄱ) **상속개시 전 포기** : 유류분을 포함한 상속의 포기는 상속이 개시된 후 일정한 기간 내에만 가능하고 가정법원에 신고하는 등 일정한 절차와 방식을 따라야만 그 효력이 있으므로, 상속개시 전에 한 상속포기약정은 그와 같은 절차와 방식에 따르지 아니한 것으로 효력이 없다.[1] [20(1), 21(3) 변모] [12, 16 법무사] [15 법행]
  (ㄴ) **상속개시 후 포기** : 상속개시 후에는 구체적인 재산권으로서 유류분반환청구권 뿐만 아니라 이를 포괄하는 유류분권 자체를 포기하는 것도 가능하다. 상속의 포기 없이 유류분을 포기한 경우 상속인의 지위를 상실하는 것은 아니다.

2. 유류분권리자와 유류분

> □ 제1112조 (유류분의 권리자와 유류분) 상속인의 유류분은 다음 각 호에 의한다.
>   1. 피상속인의 직계비속은 그 법정상속분의 2분의 1
>   2. 피상속인의 배우자는 그 법정상속분의 2분의 1
>   3. 피상속인의 직계존속은 그 법정상속분의 3분의 1
>   4. 삭제

---

[1] 대법원 1998.07.24. 선고 98다9021 판결

□ **제1118조 (준용규정)** 제1001조(대습상속), 제1008조(특별수익자의 상속분), 제1010조(대습상속분)의 규정은 유류분에 이를 준용한다.

3. 유류분의 산정

□ **제1113조 (유류분의 산정)** ① 유류분은 피상속인의 상속개시시에 있어서 가진 재산의 가액에 증여재산의 가액을 가산하고 채무의 전액을 공제하여 이를 산정한다.
② 조건부의 권리 또는 존속기간이 불확정한 권리는 가정법원이 선임한 감정인의 평가에 의하여 그 가격을 정한다.

□ **제1114조 (산입될 증여)** 증여는 상속개시전의 1년간에 행한 것에 한하여 제1113조의 규정에 의하여 그 가액을 산정한다. 당사자쌍방이 유류분권리자에 손해를 가할 것을 알고 증여를 한 때에는 1년 전에 한 것도 같다.

□ **제1118조 (준용규정)** 제1001조(대습상속), 제1008조(특별수익자의 상속분), 제1010조(대습상속분)의 규정은 유류분에 이를 준용한다.

(1) 서설

① **유류분 산정의 기초재산** 피상속인이 상속개시 당시에 가진 재산의 가액에 증여재산의 가액을 가산하고 채무 전액을 공제한 재산이다. 유류분 산정의 기초재산은 상속재산 그 자체는 아니다.

② **재산평가의 기준시기** 유류분산정의 기초재산은 상속개시 당시를 기준으로 평가한다.[2] [22(3) 변모 사례] 증여받은 재산이 금전일 경우에는 상속개시 당시의 화폐가치로 환산하여 이를 증여재산의 가액으로 평가하여야 한다.[3] [17 변호사] [16(1) 변모] [15(3) 변모 사례] [12, 20 법무사] [12 법행] [15 법서] 수증자가 증여받은 재산을 상속개시 전에 처분하였거나 수용되었다면 그 증여재산의 가액은 증여재산의 현실 가치인 처분 당시의 가액을 기준으로 상속개시까지 사이의 물가변동률을 반영하는 방법으로 산정하여야 한다.[4] 증여 이후 수증자가 자기 비용으로 증여재산의 성상(性狀)을 변경하여 상속개시 당시 가액이 증가한 경우에는 증여 당시의 성상을 기준으로 상속개시 당시의 가액을 산정하여야 한다.[5] [16 법무사]

(2) 상속개시 당시의 재산

① **상속재산 중 적극재산** 상속개시시에 가진 재산이란 적극재산을 의미한다. 다만, 상속재산을 구성하지 않는 재산은 제외된다. 따라서 제사용 재산은 유류분 산정의 기초가 되는 재산에 해당하지 않는다.

---

2) 대법원 1996.02.09. 선고 95다17885 판결; 대법원 2015.11.12. 선고 2010다104768 판결
3) 대법원 2009.07.23. 선고 2006다28126 판결
4) 대법원 2023.05.18. 선고 2019다222867 판결
5) 대법원 2015.11.12. 선고 2010다104768 판결

② **유증목적재산** 유증목적재산은 상속개시 당시의 재산에 포함된다. 사인증여의 목적인 재산도 유증목적재산과 마찬가지로 상속개시 당시의 재산에 포함된다.

(3) 피상속인이 증여한 재산

① **상속개시 전 1년 이내에 행하여진 증여**

(ㄱ) **산입 여부** : 유류분 산정의 기초재산에 산입하여야 한다. 다만, 상속개시 전 1년 이내에 행하여진 증여라고 하더라도 상속개시 당시까지 이행되지 아니하여 소유권이 피상속인에게 남아 있는 상태로 상속이 개시된 재산은 별도로 산입할 필요가 없다. 상속개시 당시의 재산에 포함되기 때문이다. 결국 산입되는 증여재산은 이미 증여계약이 이행되어 소유권이 수증자에게 이전된 재산을 가리킨다.[6] [19 법무사] [12 법행]

(ㄴ) **증여의 의미** : 산입되는 증여란 모든 무상처분을 의미한다. 법인설립을 위한 출연행위, 무상의 채무면제, 생명보험금 보험수익자의 변경[7] 등도 포함된다. 유상행위라도 상당하지 아니한 대가로 한 경우에는 제1114조 후문을 유추하여 실질적인 증여액을 산입하여야 한다. 공동상속인이 다른 공동상속인에게 무상으로 자신의 상속분을 양도하는 것은 특별한 사정이 없는 한 유류분에 관한 민법 제1008조의 증여에 해당하므로, 그 상속분은 양도인의 사망으로 인한 상속에서 유류분 산정을 위한 기초재산에 산입된다고 보아야 한다.[8] [23 변호사] 상속재산분할협의에 따라 무상으로 양도된 것으로 볼 수 있는 상속분도 양도인의 사망으로 인한 상속에서 유류분 산정을 위한 기초재산에 포함된다고 보아야 한다.[9]

② **상속개시 전 1년 이전의 증여** 당사자 쌍방이 유류분권리자에게 손해를 가할 것을 알고 한 증여는 기초재산에 산입한다. 손해를 가할 것을 안다는 것은 "유류분을 침해할지도 모른다" 또는 "객관적으로 손해를 입힐 가능성이 있다"는 사실을 인식하면 되고, 적극적으로 유류분을 침해하려고 한다든지 유류분권리자를 가해할 의도나 고의까지는 필요하지 않다.

③ **공동상속인에 대한 증여**

(ㄱ) **특별수익인 증여**

㉠ 특별수익으로서의 증여에는 제1114조가 적용되지 않으므로 상속개시시로부터 1년 전의 것이라고 하더라도 가해의 인식이 있었는지를 불문하고 유류분산정의 기초재산으로 산입된다.[10] [19, 21 변호사] [15(1), 17(2) 변모] [15(3), 22(3) 변모 사례] [20 법무사] [12, 17 법행] [16 법서]

㉡ 유류분반환청구권자가 유류분 제도 시행 전에 피상속인으로부터 재산을 증여받아 이행이 완료된 경우 그 재산은 유류분 산정을 위한 기초재산에 산입되지 않지만, 유류분반환청구권자의 유류분 부족액 산정 시 특별수익으로 공제되어야 한다.[11] [19(3) 변모] [19 법무사]

---

6) 대법원 1996.08.20. 선고 96다13682 판결
7) 대법원 2022.08.11. 선고 2020다247428 판결
8) 대법원 2021.07.15. 선고 2016다210498 판결
9) 대법원 2021.08.19. 선고 2017다230338 판결
10) 대법원 1996.02.09. 선고 95다17885 판결; 대법원 2021.07.15. 선고 2016다210498 판결
11) 대법원 2018.07.12. 선고 2017다278422 판결

(ㄴ) 증여받은 공동상속인이 상속을 포기한 경우
　㉠ 특별수익을 받은 상속인이 상속결격자가 되거나 상속을 포기한 경우는 처음부터 상속인이 아닌 사람이 되기 때문에 그는 제3자인 수증자, 수유자의 지위에서 유류분반환청구의 상대방이 된다. 이 경우 제1114조는 적용된다.[12]
　㉡ 피대습인이 대습원인의 발생 이전에 피상속인으로부터 생전 증여로 특별수익을 받은 이후 대습상속인이 피상속인에 대한 대습상속을 포기한 경우에도 마찬가지이므로 제1114조가 적용된다.[13]

(4) 공제될 채무
① **채무공제의 취지**　유류분 산정의 기초재산에서 채무를 공제하는 것은 상속인의 순상속의 이익을 계산하기 위한 것이다. 유류분의 침해는 순상속의 이익이 유류분에 미달하는 경우에 인정되는 것이기 때문이다. 상속으로 인하여 상속인의 부담이 되는 사법상·공법상 채무는 모두 공제되어야 한다.
② **상속재산에 관한 비용 등**　상속재산에 대한 비용, 유언집행비용, 장례비 등은 상속재산 중에서 지급되어야 하므로 유류분 산정시 공제되어야 할 것이다.
③ **기여분**
　(ㄱ) **문제점** : 협의나 심판에 의하여 기여분이 결정된 경우, 유류분 산정의 기초재산에서 기여분을 공제하여야 하는지 문제된다.
　(ㄴ) **판례** : 유류분을 산정함에 있어 기여분을 공제할 수 없다.[14] [17 변호사] [21(2) 변모] [16, 21 법무사] [19 법세]
　(ㄷ) **학설** : 통설은, 기여분은 유류분 산정의 기초재산에서 제외되어야 한다고 본다.
　(ㄹ) **검토** : 제1118조는 특별수익자의 상속분에 관한 제1008조를 준용하면서도 기여분에 관한 제1008조의2를 준용하고 있지 않다. 유류분 산정의 기초재산인 상속개시 시에 가진 재산이란 특별수익은 산입하고(제1008조의 준용), 기여분은 공제하지 아니한 재산으로 해석하여야 한다.

Ⅲ 유류분의 보전 : 유류분반환청구권

1. 의의

① **개념**　유류분반환청구권이란 유류분권리자의 상속의 이익이 피상속인의 증여나 유증으로 인하여 유류분에 부족이 생긴 경우에 부족한 한도에서 재산의 반환을 청구할 수 있는 권리를 말한다.

---

[12] 대법원 2022.07.14. 선고 2022다219465 판결
[13] 대법원 2022.03.17. 선고 2020다267620 판결
[14] 대법원 2015.10.29. 선고 2013다60753 판결

② 유류분반환청구권의 법적 성질
　(ㄱ) 문제점 : 유류분반환청구권이 유류분을 침해하는 피상속인의 증여나 유증을 그 범위에서 무효로 만드는 형성권인지 아니면 수증자에 대하여 그 부족분에 관하여 반환을 청구할 수 있는 청구권인지 문제된다.
　(ㄴ) 판례 : 유류분반환청구권의 행사에 의하여 유류분을 침해하는 증여나 유증이 소급적으로 효력을 상실한다고 함으로써 유류분반환청구권이 형성권임을 밝히고 있다.15)

③ 유류분반환청구권의 발생
　(ㄱ) 유류분권리자의 상속의 이익이 유류분에 미달하는 경우에 유류분반환청구권이 발생한다. 즉, 유류분 부족액 범위에서 유류분반환청구권이 발생한다.
　(ㄴ) 유류분 부족액은 유류분액에서 특별수익액과 순상속분액을 공제하는 방법으로 산정한다. 공제되는 순상속분액은 유류분권리자의 특별수익을 고려한 구체적인 상속분에 기초하여 산정하여야 한다.16) 유류분권리자의 구체적인 상속분보다 유류분권리자가 부담하는 상속채무가 더 많다면 그 초과분을 유류분액에 가산하여 유류분 부족액을 산정하여야 한다.17) [23 변호사] 그러나 유류분권리자가 상속을 한정승인한 경우에는 상속채무가 더 많다고 하더라도 유류분권리자의 순상속분액을 0으로 보아 유류분 부족액을 산정해야 한다.18)
　(ㄷ) 유언자가 임차권 또는 근저당권이 설정된 목적물을 특정유증하면서 유증을 받은 자가 임대차보증금반환채무 또는 피담보채무를 인수할 것으로 부담으로 정한 경우에는 유류분권리자는 그 특정유증으로 인해 얻은 순상속분액은 없다고 보아 유류분 부족액을 산정하여야 한다.19) 유언자가 임차권 또는 근저당권이 설정된 목적물을 특정유증하였다면 특별한 사정이 없는 한 유증을 받은 자가 그 임대차보증금반환채무 또는 피담보채무를 인수할 것을 부담으로 정하여 유증하였다고 볼 수 있다.20)
　(ㄹ) 유류분권리자가 부담하는 법정상속분 상당의 금전채무는 유류분 부족액을 산정할 때 고려하여야 하나, 유류분반환의무자가 유류분권리자의 상속채무 분담액을 변제한 경우 그러한 사정을 유류분권리자의 유류분 부족액 산정에서 고려할 것은 아니다.21) [17, 19 변호사] [14 사시] [19 법서]

---

15) 대법원 2013.03.14. 선고 2010다42624 판결
16) 대법원 2021.08.19. 선고 2017다235791 판결
17) 대법원 2022.01.27. 선고 2017다265884 판결. 가령, 유류분이 5천만 원인 유류분권리자가 상속채무만 2천만 원 상속받은 경우에는 그의 유류분을 7천만 원으로 보고 유류분 부족액을 산정하여야 한다.
18) 대법원 2022.08.11. 선고 2020다247428 판결
19) 대법원 2022.01.27. 선고 2017다265884 판결. 특정유증을 한 경우, 상속이 개시되면 특정유증의 목적물은 상속인에게 승계되고, 상속인은 유증의무자로서 특정유증 목적물의 소유권을 이전하여야 할 의무를 부담한다. 한편, 특정유증 목적물에 관한 임대차보증금반환채무 등도 마찬가지로 상속인에게 승계된다. 유증자가 특정유증을 하면서 수증자로 하여금 특정유증 목적물에 관한 채무를 인수하도록 한 경우, 상속인은 특정유증 목적물의 소유권이전의무와 함께 유증목적물에 관한 채무를 인수받아 갈 것을 청구할 수 있는 권리도 취득한다. 그 결과 특정유증 목적물과 관련하여 상속인이 얻는 이익은 전혀 없게 된다.
20) 대법원 2022.01.27. 선고 2017다265884 판결
21) 대법원 2013.03.14. 선고 2010다42624 판결

> [참고사례]
>
> **1. 사실관계와 문제**
> 피상속인 A는 X부동산(상속개시 당시 시가 3억 원)과 Y부동산(상속개시 당시 시가 3억 원)을 남기로 사망하였다. X부동산에는 대항력 있는 임차인이 존재하고 보증금은 2억 원이다. Y부동산에는 대항력 없는 임차인이 존재하고 보증금은 1억 원이다. 상속인으로는 자녀 甲과 乙이 있다. A가 X부동산과 Y부동산을 甲에게 특정유증 한 경우, 乙의 유류분 부족액을 계산하라.
>
> **2. 해설**
> (1) 甲에 대한 유증이 부담 없는 유증인 경우
>   (ㄱ) 乙의 유류분액 : 유류분 산정의 기초재산 가액(6억 원 - 3억 원) × 1/4 = 7천 5백만 원
>   (ㄴ) 乙의 순상속분액 : X, Y부동산은 모두 유증채무 이행의 대상이므로 乙이 상속의 이익을 얻을 재산이 아니다. 반면, X부동산의 보증금반환채무는 甲에 대한 소유권이전과 함께 면책적으로 인수되므로 乙이 부담할 채무가 아니다. 그러나 Y부동산의 보증금반환채무는 甲과 乙에게 5천만 원씩 인수된다. 乙은 상속에 의하여 5천만 원의 채무를 인수하게 된다.
>   (ㄷ) 乙의 유류분 부족액 : 유류분권리자가 소극재산만을 승계하게 되는 경우, 유류분액에 소극재산분배액을 합한 금액이 유류분 부족액이 되므로 乙의 유류분 부족액은 1억 2천 5백만 원이다(7천 5백만 원 + 5천만 원).
> (2) 甲에 대한 유증이 보증금반환채무 부담을 전제로 한 부담부 유증인 경우
>   (ㄱ) 乙의 유류분액 : 7천 5백만 원
>   (ㄴ) 乙의 순상속분액 : 0원
>   (ㄷ) 乙의 유류분부족액 : 7천 5백만 원

2. 유류분반환청구권의 행사

> ☐ **제1115조 (유류분의 보전)** ① 유류분권리자가 피상속인의 제1114조에 규정된 증여 및 유증으로 인하여 그 유류분에 부족이 생긴 때에는 부족한 한도에서 그 재산의 반환을 청구할 수 있다.
> ② 제1항의 경우에 증여 및 유증을 받은 자가 수인인 때에는 각자가 얻은 유증가액의 비례로 반환하여야 한다.

> ☐ **제1116조 (반환의 순서)** 증여에 대하여는 유증을 반환받은 후가 아니면 이것을 청구할 수 없다.

(1) 유류분반환청구의 당사자

① **유류분반환청구권자** 유류분을 침해당한 유류분권리자가 반환청구권자이다. ==유류분반환청구권은 행사상 일신전속권이므로 유류분권리자의 채권자는 유류분권리자에게 그 권리행사의 확정적 의사가 있다고 인정되는 경우가 아니라면 유류분반환청구권을 대위행사 할 수 없다.==[22] [15 변호사] [21(3) 변모] [21 법무사] [15 법세]

② **상대방** 상속개시 전 1년 이내의 증여를 받은 수증자, 상속개시 전 1년 이전의 악의의 수증자, 특별수익자, 유증받은 수증자와 그의 포괄승계인이 상대방이 된다. 또한 반환되어야 할 유증 또는 증여의 목적인 재산이 악의의 양수인에게 양도된 때에는 그 양수인도 상대방이 될 수 있다.[23] [21 변호사] [16(1), 20(1) 변모] [20, 16 법무사] [12 법행]

(2) 행사방법

유류분반환청구권은 반드시 재판상 행사되어야 하는 것은 아니며, 재판외의 의사표시로 행사가 가능하다. [17 변호사] 유류분반환청구사건은 일반민사사건으로 가정법원의 전속관할이 아니다. 유류분반환청구권은 유류분을 침해한 증여나 유증을 지정하여 반환을 청구하면 되고, 그 목적물을 구체적으로 특정하여야 하는 것은 아니다.[24] [17 변호사] [16(1), 21(3) 변모] [16, 19 법무사] [16, 17 법행] [15 법서]

(3) 반환의 순서

① **1차적 반환의무자** 유류분반환청구는 1차적으로 유증에 대하여 하여야 한다. 사인증여는 유증과 동일하게 취급된다.[25] [12 변호사] [16 사시] [12 법무사] [15 법서] 유증이 복수라면 각자가 얻은 유증가액에 비례하여 반환하여야 한다.

② **2차적 반환의무자** 증여를 받은 자는 2차적 반환의무자이다. 증여자가 수인인 경우에는 각자가 얻은 증여가액에 비례하여 반환하여야 한다.

(4) 원상회복의 방법

① **원물반환의 원칙**

(ㄱ) 유류분을 침해하는 증여 또는 유증대상 재산 그 자체를 반환하는 것이 통상적인 반환방법이다. 유류분 권리자가 원물반환의 방법에 의하여 유류분 반환을 청구하고 그와 같은 원물반환이 가능하다면 달리 특별한 사정이 없는 이상 법원은 유류분 권리자가 청구하는 방법에 따라 원물반환을 명하여야 한다.[26] [15(3) 변모] [22(3) 변모 사례] [14 사시]

(ㄴ) 원물반환이 가능함에도 유류분권리자가 가액반환을 청구하는 경우 반환의무자가 이를 다투지 않은 때에는 가액반환을 명할 수 있지만 반환의무자가 원물반환을 주장하며 가액반환에 반대하는 의사를 표시한 때에는 가액반환을 명할 수 없다.[27] [19 변호사] [15(3) 변모] [14 사시]

(ㄷ) 증여나 유증 후 그 목적물에 관하여 제3자가 저당권이나 지상권 등의 권리를 취득한 경우에는 원물반환이 불가능하거나 현저히 곤란하므로, 반환의무자가 목적물을 저당권 등의 제한이 없는 상태로 회복하여 이전해 줄 수 있다는 등의 예외적인 사정이 없는 한 유류분권리자는 반환의무자를 상대로 원물반환 대신 그 가액의 반환을 구할 수 있다. 그러나 그렇다고 해서 유류분권리자가 스스로 위험이나 불이익을 감수하면서 원물반환을 구하는 것

---

22) 대법원 2010.05.27. 선고 2009다93992 판결
23) 대법원 2002.04.26. 선고 2000다8878 판결
24) 대법원 2015.11.12. 선고 2011다55092 판결
25) 대법원 2001.11.30. 선고 2001다6947 판결
26) 대법원 2006.05.26. 선고 2005다71949 판결
27) 대법원 2013.03.14. 선고 2010다42624 판결

까지 허용되지 않는다고 볼 것은 아니므로, 그 경우에도 법원은 유류분권리자가 청구하는 방법에 따라 원물반환을 명하여야 한다.[28]

② **예외적 가액반환** 　원물반환이 불가능하거나 가능하더라도 가액으로 반환하기로 반환의무자와 합의한 경우 또는 반환의무자가 가액반환청구를 다투지 아니하는 경우에는 가액반환이 허용된다. 가액반환을 명하는 경우 가액은 사실심 변론종결시를 기준으로 산정하여야 한다.[29] [17, 21 변호사] [16(1), 20(1) 변리]

(5) 원상회복의 범위

① **처분권주의의 적용** 　유류분반환청구권을 행사하고 목적물의 인도 등을 소로서 구하는 경우에는 유류분권리자는 대상과 범위를 특정하여야 하고 법원은 처분권주의의 원칙상 특정한 대상과 범위를 넘어서 청구를 인용할 수는 없다.[30] [21 변호사] [15 법무사]

② **유류분반환의 범위를 산정하기 위한 증여재산 산정방법**

(ㄱ) 유류분반환의 범위를 산정하기 위하여 증여받은 재산의 시가를 산정할 때에는 상속개시 당시를 기준으로 산정해야 한다.[31]

(ㄴ) 어느 공동상속인 1인이 특별수익으로 여러 부동산을 증여받아 그 증여재산으로 유류분 부족액을 반환해야 하는 경우, 증여재산의 가액에 비례하여 안분하는 방법으로 정해야 하고, 증여받은 모든 부동산에 대하여 각각 일정한 지분을 반환하여야 하는데 그 지분은 모두 증여재산의 상속개시 당시 총가액에 대한 유류분 부족액의 비율이 된다.[32]

(ㄷ) 증여 이후 수증자나 수증자로부터 증여재산을 양수받은 사람이 자기의 비용으로 증여재산의 성상 등을 변경하여 상속개시 당시 그 가액이 증가되어 있는 경우에는 변경이 있기 전 증여 당시의 성상 등을 기준으로 상속개시 당시의 가액을 산정해야 한다.[33] 그러나 증여재산 별로 반환지분을 산정할 때 기준이 되는 증여재산의 총가액에 관해서는 상속개시 당시의 성상 등을 기준으로 상속개시 당시의 가액을 산정하여야 한다.[34]

---

28) 대법원 2022.02.10. 선고 2020다250783 판결
29) 대법원 2005.06.23. 선고 2004다51887 판결
30) 대법원 2013.03.14. 선고 2010다42624 판결
31) 대법원 2022.02.10. 선고 2020다250783 판결
32) 대법원 2022.02.10. 선고 2020다250783 판결
33) 대법원 2022.02.10. 선고 2020다250783 판결
34) 대법원 2022.02.10. 선고 2020다250783 판결

> [참고사례]
>
> 1. 사실관계
>   ▶ 피상속인의 상속재산 : 예금채권 1억 원
>   ▶ 상속인 : 자녀 甲, 乙
>   ▶ 甲에 대한 X토지 생전증여 : 증여 당시 X토지는 임야
>   ▶ 甲은 증여 후 개발행위 허가를 받아 대지로 전용하고, 지상에 건물을 신축함
>   ▶ 상속개시 당시 X토지가액 : 임야인 경우 6억 원, 대지인 경우 15억 원
>
> 2. 문제
>   (1) 乙의 유류분액은?
>   (2) 乙의 유류분 부족액은?
>   (3) 乙이 X토지 지분이전을 청구하는 경우 인용범위는?
>
> 3. 해설
>   (1) 문제 (1)
>   ▶ 상속개시 당시 적극재산 : 1억 원
>   ▶ 특별수익인 X토지 가액 : 성상 변경 전 상태를 기준으로 한 상속개시 당시 가액 6억 원
>   ▶ 乙의 유류분액 : 7억 × 1/4 = 1억 7천 5백만 원
>   (2) 문제 (2)
>   ▶ 乙의 유류분액 : 1억 7천 5백만 원
>   ▶ 乙의 구체적 상속분액 : 1억 원(甲은 초과특별수익자이므로 구체적 상속분 0원)
>   ▶ 乙의 유류분부족액 : 7천 5백만 원
>   (3) 문제 (3)
>   ▶ 乙의 지분비율 결정방법 : 유류분부족액/증여재산가액
>   ▶ 증여재산가액 산정 : 상속개시 당시 X토지 성상을 기준으로 함
>   ▶ 상속개시 당시 X토지 가액 : 15억 원
>   ▶ 지분비율 : 7천 5백만 원/15억 원 = 1/20

③ **반환의무의 이행지체**   유류분반환청구권의 행사로 인하여 생기는 원물반환의무 또는 가액반환의무는 이행기한의 정함이 없는 채무이므로, 반환의무자는 그 의무에 대한 이행청구를 받은 때에 비로소 지체책임을 진다.[35] [21 변호사] [15(1) 변모] [15, 20 법무사] [17 법행] [19 법서]

④ **반환의무자가 수인인 경우**

ㄱ) 반환의무자가 공동상속인인 경우

㉠ 유류분권리자는 증여 또는 유증을 받은 재산의 가액이 자기 고유의 유류분액을 초과하는 상속인을 상대로 하여 그 유류분액을 초과한 금액의 비율에 따라 반환청구를 할 수

---

[35] 대법원 2013.03.14. 선고 2010다42624 판결

있다.36) [22(3) 변모 사례] [12 법무사]

ⓛ 수인의 공동상속인이 유증받은 재산의 총 가액이 유류분권리자의 유류분 부족액을 초과하는 경우에는 유류분 부족액의 범위 내에서 각자의 수유재산(受遺財産)을 반환하면 되는 것이지 이를 놓아두고 수증재산(受贈財産)을 반환할 것은 아니다.37) [17(3) 변모] [15 법무사] [16 법행]

(ㄴ) 반환의무자가 공동상속인과 제3자인 경우 : 공동상속인은 자기 고유의 유류분액을 초과한 금액을 기준으로 하여, 제3자는 수증가액을 기준으로 하여 각 그 금액의 비율에 따라 반환청구를 할 수 있다.38) [15(1), 17(2) 변모]

⑤ **반환대상인 목적물의 사용이익의 범위**   유류분반환청구권의 행사로 유류분을 침해하는 증여 또는 유증이 소급적으로 실효된 경우 유류분권리자의 목적물에 대한 사용·수익권은 상속개시 당시에 소급하여 반환의무자에게 침해당한 것이 되지만, 반환의무자가 악의라는 사정이 증명되지 않는 한 반환의무자는 선의점유자로서 과실취득권을 가지므로 사용이익에 관한 부당이득반환의무를 부담하지 않는다. 그러나 본권에 관한 소에서 패소한 때에는 소가 제기된 때로부터 악의의 점유자로 의제되어 그때부터 목적물의 사용이익 중 유류분권리자에게 귀속되었어야 할 부분을 부당이득으로 반환할 의무가 있다.39) [15(3) 변모] [15, 19 법무사]

3. 유류분반환청구권의 소멸시효

□ **제1117조 (소멸시효)** 반환의 청구권은 유류분권리자가 상속의 개시와 반환하여야 할 증여 또는 유증을 한 사실을 안 때로부터 1년내에 하지 아니하면 시효에 의하여 소멸한다. 상속이 개시한 때로부터 10년을 경과한 때도 같다.

(1) 상속의 개시와 반환하여야 할 증여 또는 유증을 한 사실을 안 때로부터 1년

① **기간의 성질**   형성권설이든 청구권설이든 이 기간을 단기소멸시효기간이라고 보는 데에는 이견이 없다.

② **기산점**   유류분권리자가 상속의 개시와 반환하여야 할 증여 또는 유증을 한 사실을 알아야 한다. 반환하여야 할 증여 등을 한 사실을 안 때란 증여 등의 사실 및 이것이 반환하여야 할 것임을 안 때라는 의미이므로 유류분권리자가 증여 등이 무효라고 믿고 소송상 항쟁하는 때에는 증여 등을 한 사실을 알았다고 하여 반환하여야 할 증여 등을 알았다고 단정할 수 없다.40) [14 사시] 그러나 피상속인의 전재산이 증여되었고 유류분권리자가 이를 알면서 증여의 무효를 주장하고 있으나 무효를 믿고 있었기 때문에 유류분반환청구권을 행사하지 않았다는 점을 수긍할 특별한 사정이 없는 한 증여가 반환될 것임을 알고 있었다고 추정할 수 있다.41)

---

36) 대법원 1995.06.30. 선고 93다11715 판결
37) 대법원 2013.03.14. 선고 2010다42624 판결
38) 대법원 1996.02.09. 선고 95다17885 판결
39) 대법원 2013.03.14. 선고 2010다42624 판결
40) 대법원 2001.09.14. 선고 2000다66430·66447 판결
41) 대법원 2001.09.14. 선고 2000다66430·66447 판결

[12, 17 법행] 유류분권리자가 피상속인으로부터 그 소유 부동산의 등기를 이전받은 제3자를 상대로 등기의 무효사유를 주장하며 소유권이전등기의 말소를 구하는 소를 제기하고 관련 증거를 제출하였으나 오히려 증여된 것으로 인정되어 무효 주장이 배척된 판결이 선고되어 확정된 경우라면, 특별한 사정이 없는 한 그러한 판결이 확정된 때에 비로소 증여가 있었다는 사실 및 그것이 반환하여야 할 것임을 알았다고 보아야 한다.[42]

(2) 상속이 개시한 때로부터 10년

① **기간의 성질**   판례는, 1년의 기간과 마찬가지로 10년의 기간도 소멸시효기간이라고 본다.[43] [21(3) 변모] [14 사시]

② **기산점**
  (ㄱ) 상속이 개시된 때로부터 진행한다. 수증자에게 증여에 따른 소유권이전등기가 이루어지지 아니한 경우에도 10년의 소멸시효기간이 진행한다.[44] [15 법무사]
  (ㄴ) 유류분반환청구권자가 사망한 경우에도 사망시점부터 유류분반환청구권의 소멸시효가 다시 진행한다고 할 수 없다.[45] [15 사시]

(3) 기간의 준수

① **소멸시효 기간 내에 권리를 행사한 것인지의 판단**   유류분권리자가 증여나 유증의 효력을 명백히 다투지 아니하면서 수유자 또는 수증자에 대하여 재산분배나 반환을 청구하는 것은 유류분반환을 명시적으로 주장하지 않더라도 유류분반환청구권을 행사하는 의사표시가 포함되어 있다고 본다.[46]

② **유류분반환청구권을 행사함에 따라 발생하는 이전등기청구권의 행사기간**   유류분반환청구권을 행사함으로써 발생하는 목적물의 이전등기청구권 등은 유류분반환청구권과는 다른 권리이므로, 그 이전등기청구권 등에 대하여는 민법 제1117조 소정의 유류분반환청구권에 대한 소멸시효가 적용될 여지가 없고, 그 권리의 성질과 내용 등에 따라 별도로 소멸시효의 적용 여부와 기간 등을 판단하여야 한다.[47] [21 변호사] [17 법서]

---

42) 대법원 2023.06.15. 선고 2023다203894 판결
43) 대법원 1993.04.13. 선고 92다3595 판결
44) 대법원 2008.07.10. 선고 2007다9719 판결. (ㄱ) 본 판결은 유류분반환청구권의 소멸시효기간 10년이 증여에 따른 소유권이전등기가 이루어지지 아니한 경우에도 진행할 것인가를 다루고 있다. (ㄴ) 피상속인 X의 장남인 甲은 1981. X의 부동산을 증여받은 이후 위 부동산을 점유·관리하여 왔다. 그러던 중 1986. X가 사망한 후, 甲은 다른 공동상속인들에 대하여 위 부동산에 대한 소유권이전등기청구소송을 제기하였다. 다른 공동상속인들이 유류분반환청구권에 기하여 항변을 하였는데, 그 항변을 제출한 시점은 X가 사망한 때로부터 10년이 경과한 후였다. 대법원은 유류분반환청구권의 소멸시효가 완성되었다고 판단한 원심판결을 정당한 것으로 인정하였다.
45) 대법원 2008.07.10. 선고 2007다9719 판결
46) 대법원 2012.05.24. 선고 2010다50809 판결
47) 대법원 2015.11.12. 선고 2011다55092 판결

판례색인

대법원 1960.08.18. 선고 4292민상995 판결 ········· 21
대법원 1961.10.19. 선고 4293민상531 판결 ·········· 20
대법원 1963.01.31. 선고 62다812 판결 ················ 48
대법원 1963.06.13. 선고 63다228 판결 ················ 72
대법원 1965.05.31. 자 64스10 결정 ··················· 173
대법원 1965.07.06. 선고 65므12 판결 ················· 20
대법원 1966.07.19. 선고 66다863 판결 ················ 42
대법원 1968.02.27. 선고 67므34 판결 ················· 75
대법원 1969.07.08. 선고 69다427 판결 ················ 47
대법원 1970.10.30. 선고 70다1812 판결 ··············· 42
대법원 1971.11.15. 선고 71다1983 판결 ··············· 31
대법원 1974.02.26. 선고 72다1739 판결 ·············· 172
대법원 1975.01.14. 선고 74므11 판결 ················· 22
대법원 1976.03.09. 선고 75다2340 판결 ············· 110
대법원 1976.04.13. 선고 75다948 판결 ················ 76
대법원 1976.12.28. 선고 76므41 판결 ················· 23
대법원 1977.03.22. 선고 75스28 판결 ················· 70
대법원 1977.07.26. 선고 77다492 전원합의체 판결
··· 91
대법원 1977.11.08. 선고 76므15 판결 ··············· 196
대법원 1978.04.11. 선고 78다71 판결 ················· 10
대법원 1978.10.10. 선고 78므29 판결 ················· 73
대법원 1979.05.08. 선고 79므3 판결 ·················· 70
대법원 1979.10.26. 선고 76다2189 판결 ·············· 78
대법원 1980.12.23. 선고 80다2077 판결 ·············· 42
대법원 1981.01.27. 선고 79다854 전원합의체 판결
··· 141, 143
대법원 1981.06.23. 선고 80다609 판결 ··············· 42
대법원 1983.07.12. 선고 82므59 전원합의체 판결 · 73
대법원 1983.09.13. 선고 83므16 판결 ················· 98
대법원 1983.09.27. 선고 83므20·21 판결 ············· 67
대법원 1983.09.27. 선고 83므22 판결 ················· 24
대법원 1983.12.27. 선고 83므28 판결 ················· 24
대법원 1984.03.27. 선고 84므9 판결 ·················· 27
대법원 1985.06.25. 선고 83므18 판결 ················· 49
대법원 1985.09.10. 선고 85므35 판결 ················· 27
대법원 1985.10.22. 선고 84다카1165 판결 ··········· 77
대법원 1986.06.24. 선고 86므9 판결 ·················· 27

대법원 1987.01.20. 선고 86므86 판결 ················· 46
대법원 1987.05.12. 선고 86다카2443·2444 판결 · 143
대법원 1987.09.22. 선고 87다카1164 판결 ·········· 29
대법원 1987.10.13. 선고 86므129 판결 ·········· 71, 77
대법원 1988.04.25. 선고 87므28 판결 ················· 45
대법원 1988.05.31. 자 88스6 결정 ····················· 28
대법원 1988.08.25. 자 88스10·11·12·13 결정
··· 173, 185
대법원 1989.01.17. 선고 87다카2311 판결 ········· 143
대법원 1989.09.12. 선고 88누9305 판결 ··········· 186
대법원 1990.10.23. 선고 90다카5624 판결 ·········· 40
대법원 1991.02.22. 선고 90다카19470 판결 ······· 142
대법원 1991.04.12. 선고 90다17491 판결 ·········· 111
대법원 1991.05.28. 선고 90므347 판결 ··············· 84
대법원 1991.06.11. 자 91스1 결정 ···················· 175
대법원 1991.06.25. 선고 90므699 판결 ··············· 56
대법원 1991.08.13. 자 91스6 결정 ····················· 29
대법원 1991.08.27. 선고 90다8237 판결 ············ 170
대법원 1991.09.13. 선고 91므85·92 판결 ············ 49
대법원 1991.10.22. 선고 91다21671 판결 ·········· 143
대법원 1991.11.26. 선고 91다32466 판결 ·········· 111
대법원 1991.12.10. 선고 91므245 판결 ··············· 37
대법원 1991.12.10. 선고 91므344 판결 ··············· 28
대법원 1991.12.10. 선고 91므535 판결 ··············· 28
대법원 1991.12.10. 선고 91므935 판결 ··············· 27
대법원 1991.12.24. 선고 90다5740 전원합의체 판결
··· 141
대법원 1991.12.27. 선고 91므30 판결 ················· 32
대법원 1992.05.22. 선고 92다2127 판결 ··········· 150
대법원 1992.05.26. 선고 90므1135 판결 ············· 52
대법원 1992.07.14. 선고 91다39179 판결 ·········· 196
대법원 1992.07.24. 선고 91므566 판결 ··············· 74
대법원 1992.12.11. 선고 92다21982 판결 ············ 40
대법원 1992.12.30. 자 92스17·18 결정 ··············· 56
대법원 1993.02.26. 선고 92다3083 판결 ··········· 144
대법원 1993.03.04. 자 93스3 결정 ··················· 103
대법원 1993.03.12. 선고 92다48512 판결 ··········· 82
대법원 1993.04.13. 선고 92다3595 판결 ··········· 220

대법원 1993.04.19. 선고 93므430 판결 ·············· 32
대법원 1993.05.11. 자 93스6 결정 ·············· 60, 62
대법원 1993.05.27. 선고 92므143 판결 ·············· 68
대법원 1993.06.11. 선고 92므1054 판결 ·············· 49
대법원 1993.06.11. 선고 92므1054·1061 판결 ······ 60
대법원 1993.06.11. 선고 93므171 판결 ·············· 44
대법원 1993.07.27. 선고 91므306 판결 ·············· 84
대법원 1993.07.27. 선고 93누1497 판결 ·············· 47
대법원 1993.08.24. 선고 93다12 판결 ········ 171, 172
대법원 1993.11.23. 선고 93다34848 판결 ·········· 142
대법원 1994.02.08. 선고 93도2869 판결 ·············· 44
대법원 1994.03.11. 선고 93다24490 판결 ·········· 143
대법원 1994.05.13. 자 92스21 전원합의체 결정
·· 55, 81
대법원 1994.06.02. 자 93스11 결정 ················ 135
대법원 1994.09.09. 선고 94다17536 판결 ············ 65
대법원 1994.10.14. 선고 94누4509 판결 ············ 156
대법원 1994.10.14. 선고 94다8334 판결 ············ 163
대법원 1994.10.28. 선고 94므246·253 판결 ···· 52, 66
대법원 1994.11.03. 자 94스16 결정 ················ 196
대법원 1994.11.18. 선고 92다33701 판결 ·········· 144
대법원 1994.12.22. 선고 93다52068·52075 판결 ··· 41
대법원 1994.12.22. 선고 94다13695 판결 ·········· 195
대법원 1995.01.24. 선고 93다32200 판결 ············ 82
대법원 1995.01.24. 선고 93므1242 판결 ············ 91
대법원 1995.02.03. 선고 94다42778 판결 ············ 40
대법원 1995.03.10. 선고 94다16571 판결 ·········· 160
대법원 1995.03.10. 선고 94므1379 판결 ············ 62
대법원 1995.03.28. 선고 94므1447 판결 ············ 70
대법원 1995.04.07. 선고 93다54736 판결 ··· 165, 167
대법원 1995.04.07. 선고 94다11835 판결 ·········· 149
대법원 1995.06.30. 선고 93다11715 판결 ·········· 219
대법원 1995.09.29. 선고 94므1553·1560 판결 ······ 86
대법원 1995.10.12. 선고 95다25695 판결 ············ 40
대법원 1995.11.14. 선고 95다27554 판결 ··· 174, 185
대법원 1995.11.14. 선고 95므694 판결 ········ 29, 70
대법원 1995.11.21. 선고 95므731 판결 ············ 32
대법원 1995.12.08. 선고 94므1676·1683 판결 ······ 21
대법원 1995.12.22. 선고 94다45098 판결 ············ 42
대법원 1996.02.09. 선고 95다17885 판결
···································· 211, 212, 219
대법원 1996.03.26. 선고 95다45545 판결 ·········· 168
대법원 1996.04.09. 선고 96다1139 판결 ············ 111
대법원 1996.04.12. 선고 94다37714 판결 ·········· 198
대법원 1996.04.23. 선고 95다34514 판결 ·········· 195
대법원 1996.04.26. 선고 96므226 판결 ············ 46

대법원 1996.05.14. 선고 96다5506 판결 ·············· 23
대법원 1996.06.28. 선고 94므1089 판결 ·············· 24
대법원 1996.08.20. 선고 96다13682 판결 ·········· 212
대법원 1996.09.20. 선고 96다21119 판결 ·········· 209
대법원 1996.09.20. 선고 96므530 판결 ········ 62, 69
대법원 1996.10.15. 선고 96다23283 판결 ·········· 179
대법원 1996.11.08. 선고 96므1243 판결 ············ 50
대법원 1996.11.22. 선고 96다10270 판결 ·········· 111
대법원 1996.11.22. 선고 96도2049 판결 ············ 24
대법원 1996.12.23. 선고 95다48308 판결 ···· 28, 148
대법원 1996.12.23. 선고 95다48380 판결 ············ 35
대법원 1996.12.23. 선고 95므1192 판결 ············ 63
대법원 1997.02.14. 선고 96므738 판결 ············ 84
대법원 1997.02.25. 선고 95도2819 판결 ············ 49
대법원 1997.03.21. 자 96스62 결정 ·········· 160, 169
대법원 1997.04.25. 선고 97다3996 판결 ·········· 140
대법원 1997.06.24. 선고 97다8809 판결 ·········· 154
대법원 1997.08.22. 선고 96므912 판결 ············ 61
대법원 1997.11.28. 선고 96다5421 판결 ·········· 147
대법원 1997.11.28. 선고 97다31229 판결 ············ 42
대법원 1998.03.27. 선고 96다37398 판결 ··· 142, 145
대법원 1998.04.10. 선고 96므1434 판결 ······ 49, 61
대법원 1998.04.10. 선고 97다4005 판결 ·········· 111
대법원 1998.06.12. 선고 97다38510 판결
························ 151, 194, 205, 209
대법원 1998.07.24. 선고 98다9021 판결 ······ 174, 210
대법원 1998.12.08. 선고 97므513·520 판결
·· 157, 163
대법원 1998.12.08. 선고 98므961 판결 ············ 69
대법원 1999.02.12. 선고 97므612 판결 ············ 36
대법원 1999.03.09. 선고 98다17800 판결 ·········· 196
대법원 1999.03.09. 선고 98다46877 판결 ············ 42
대법원 1999.06.11. 선고 96므1397 판결 ············ 61
대법원 1999.07.09. 선고 98다64318·64325 판결 · 148
대법원 1999.08.24. 자 99스28 결정 ················ 163
대법원 1999.10.08. 선고 98므1698 판결 ······· 11, 79
대법원 1999.11.26. 선고 97다57733 판결 ·········· 197
대법원 2000.01.28. 선고 99므1817 판결 ······· 73, 74
대법원 2000.04.11. 선고 99므1329 판결 ············ 24
대법원 2000.04.25. 선고 2000다8267 판결 ·········· 41
대법원 2000.06.09. 선고 99므1633·1640 판결 ······ 91
대법원 2000.08.22. 선고 2000므292 판결 ············ 73
대법원 2000.09.05. 선고 99므1886 판결 ············ 48
대법원 2000.09.22. 선고 99므906 판결 ············ 63
대법원 2000.12.08. 선고 99다37865 판결 ············ 42
대법원 2001.02.09. 선고 2000다51797 판결 ········ 168

대법원 2001.02.09. 선고 2000다63516 판결 ········· 64
대법원 2001.03.09. 선고 99다13157 판결 ··· 146, 149
대법원 2001.03.27. 선고 2000다26920 판결
··· 206, 207
대법원 2001.05.24. 선고 2000므1493 전원합의체 판결
·· 84, 92
대법원 2001.06.15. 선고 2001므626·633 판결 ······· 63
대법원 2001.06.29. 선고 2001다28299 판결
··· 110, 111, 166, 167
대법원 2001.08.21. 선고 99므2230 판결 ·········· 97
대법원 2001.09.14. 선고 2000다66430·66447 판결
··· 219
대법원 2001.09.25. 선고 2001므725·732 판결 ······· 63
대법원 2001.10.12. 선고 2000다22942 판결 ········ 142
대법원 2001.11.07. 선고 2001므1353 판결 ·········· 80
대법원 2001.11.30. 선고 2001다6947 판결 ········ 216
대법원 2002.01.11. 선고 2001다65960 판결 ······ 110
대법원 2002.03.29. 선고 2002므74 판결 ·········· 50
대법원 2002.04.26. 선고 2000다8878 판결 ······· 216
대법원 2002.07.12. 선고 2001두441 판결 ········ 169
대법원 2002.08.28. 자 2002스36 결정 ············ 60
대법원 2002.09.04. 선고 2001므718 판결 ·········· 63
대법원 2003.02.28. 선고 2000므582 판결 ·········· 65
대법원 2003.05.27. 선고 2000다73445 판결
··· 198, 201
대법원 2003.08.11. 자 2003스32 결정 ·········· 175
대법원 2003.08.19. 선고 2001다14061 판결 ········ 62
대법원 2003.08.19. 선고 2003므941 판결 ·········· 63
대법원 2003.09.26. 선고 2003다30517 판결 ······ 176
대법원 2003.11.14. 선고 2000므1257 판결 ········ 22
대법원 2003.11.14. 선고 2003다30968 판결
··· 140, 182
대법원 2004.02.27. 선고 2003므1890 판결 ····· 49, 50
대법원 2004.03.12. 선고 2003다63586 판결 179, 180
대법원 2004.07.08. 선고 2002다73203 판결 ······ 168
대법원 2004.10.28. 선고 2003다65438·65445 판결
··· 167
대법원 2005.01.28. 선고 2004다58963 판결 ········ 59
대법원 2005.05.13. 선고 2004다1899 판결 ········· 67
대법원 2005.06.23. 선고 2004다51887 판결 ······ 217
대법원 2005.11.16. 자 2005스26 결정 ············· 9
대법원 2006.01.13. 선고 2004므1378 판결 ·········· 10
대법원 2006.01.16. 선고 2003다29562 판결 ······ 179
대법원 2006.02.10. 선고 2004다33865·33872 판결
··· 175
대법원 2006.02.13. 자 2004스74 결정 ·········· 181

대법원 2006.03.09. 선고 2005다57899 판결
··· 193, 196
대법원 2006.03.24. 선고 2005두15595 판결 ········ 70
대법원 2006.03.24. 선고 2006다2179 판결 ······· 164
대법원 2006.04.17. 자 2005스18·19 결정 ········· 57
대법원 2006.05.26. 선고 2005다71949 판결 ······ 216
대법원 2006.06.22. 자 2004스42 전원합의체 결정 ··· 9
대법원 2006.07.04. 선고 2005다45452 판결 ······ 155
대법원 2006.07.04. 선고 2006므751 판결 ········ 56
대법원 2006.09.08. 선고 2006다25103·25110 판결
··· 194
대법원 2006.09.08. 선고 2006다26694 판결 ······ 145
대법원 2006.09.14. 선고 2005다74900 판결 ······· 59
대법원 2007.04.26. 선고 2004다5570 판결 ······· 141
대법원 2007.07.26. 선고 2006다83796 판결 ········ 82
대법원 2007.07.26. 선고 2006므2757,2764 판결
··· 171, 172
대법원 2007.08.28. 자 2006스3·4 결정 ······· 158
대법원 2007.09.06. 선고 2007다30447 판결 ······ 167
대법원 2007.10.25. 선고 2007다36223 판결 ······ 144
대법원 2007.11.29. 선고 2007도7062 판결 ········ 15
대법원 2007.12.14. 선고 2007므1690 판결 ······· 50
대법원 2008.03.13. 선고 2007다73765 판결 ······ 168
대법원 2008.05.07. 선고 2008즈기1 판결 ········ 163
대법원 2008.06.12. 자 2005스50 결정 ·········· 38
대법원 2008.06.26. 선고 2007다7898 판결 ······· 144
대법원 2008.07.10. 선고 2007다9719 판결 ······· 220
대법원 2008.07.10. 선고 2008다17762 판결 ··· 67, 68
대법원 2008.08.11. 선고 2008다1712 판결 ······· 195
대법원 2008.11.20. 선고 2007다27670 전원합의체 판결
··· 155, 156
대법원 2009.02.09. 자 2008스105 결정 ·········· 66
대법원 2009.04.09. 선고 2008다87723 판결 ······ 170
대법원 2009.05.14. 선고 2009다9768 판결 ······· 194
대법원 2009.05.28. 선고 2008다79876 판결
··· 182, 186
대법원 2009.07.23. 선고 2006다28126 판결 ······ 211
대법원 2009.07.23. 선고 2009다32454 판결 ··· 36, 37
대법원 2009.10.08. 자 2009스64 결정 ······· 8, 9, 31
대법원 2009.10.15. 선고 2009다42321 판결 144, 145
대법원 2009.10.16. 자 2009스90 결정 ············ 9
대법원 2009.11.12. 선고 2009므2840·2857 판결 ··· 62
대법원 2009.12.24. 선고 2009다64161 판결 ······· 69
대법원 2010.01.14. 선고 2009다41199 판결 ······ 143
대법원 2010.02.11. 선고 2008다16899 판결 ······ 143
대법원 2010.02.25. 자 2009스113 결정 ·········· 55

대법원 2010.03.03. 자 2009스133 결정 ·············· 18
대법원 2010.03.18. 선고 2007다77781 전원합의체 판결
·· 184
대법원 2010.04.08. 선고 2009므3652 판결 ·········· 51
대법원 2010.04.15. 선고 2009므4297 판결 ·········· 61
대법원 2010.04.29. 선고 2009다84936 판결 179, 180
대법원 2010.04.29. 선고 2009므639 판결 ············ 51
대법원 2010.05.27. 선고 2009다93992 판결 ······ 216
대법원 2010.06.10. 선고 2010므574 판결 ············ 24
대법원 2010.06.24. 선고 2010다14599 판결 ····· 185
대법원 2010.10.28. 선고 2009다20840 판결 ······ 206
대법원 2010.12.23. 선고 2007다22859 판결 ······ 201
대법원 2011.03.10. 선고 2007다17482 판결
··· 110, 142
대법원 2011.03.10. 선고 2010므4699,4705,4712 판결
·· 62
대법원 2011.06.09. 선고 2011다29307 판결
··· 167, 186
대법원 2011.07.14. 선고 2009므2628,2635 판결 ··· 61
대법원 2011.07.14. 선고 2010다107064 판결 ···· 144
대법원 2011.07.29. 자 2008스67 결정 ················· 55
대법원 2011.09.02. 자 2009스117 전원합의체 결정 · 9
대법원 2011.10.27. 자 2011스108 결정 ·············· 208
대법원 2011.12.08. 선고 2010다66644 판결 ······ 159
대법원 2012.04.13. 선고 2011므4719 판결 ·········· 53
대법원 2012.04.13. 자 2011스160 결정 ················ 8
대법원 2012.04.16. 자 2011스191 결정 ······· 185, 186
대법원 2012.05.24. 선고 2010다33392 판결 ······ 143
대법원 2012.05.24. 선고 2010다50809 판결 ······ 220
대법원 2012.10.11. 선고 2012다59367 판결 ······ 175
대법원 2012.12.16. 자 2017스628 결정 ··············· 58
대법원 2012.12.27. 선고 2010다10108 판결 ······ 170
대법원 2012.12.27. 선고 2011다96932 판결
··· 133, 134
대법원 2013.03.14. 선고 2010다42624 판결
·· 214, 216, 217, 218, 219
대법원 2013.06.20. 선고 2010므4071,4088 전원합의체
판결 ·· 61
대법원 2013.07.11. 선고 2013다201233 판결 ····· 41
대법원 2013.08.30. 자 2013스96 결정 ·············· 134
대법원 2013.09.12. 선고 2012다33709 판결 ······ 184
대법원 2013.10.11. 선고 2013다7936 판결 ········· 64
대법원 2013.10.31. 선고 2013다49572 판결 ······· 40
대법원 2013.11.28. 선고 2013므1455 판결 ········· 59
대법원 2013.12.26. 선고 2013므3383 판결 ········· 54
대법원 2014.05.29. 선고 2012다31802 판결 ····· 158

대법원 2014.07.16. 선고 2012므2888 전원합의체 판결
·· 60
대법원 2014.07.16. 선고 2013므2250 전원합의체 판결
·· 60
대법원 2014.07.25. 자 2011스226 결정 ······ 185, 197
대법원 2014.09.04. 선고 2012므1656 판결 ···· 56, 64
대법원 2014.09.04. 선고 2013므4201 판결 ········· 85
대법원 2014.09.26. 선고 2012다71688 판결 ····· 194
대법원 2014.11.20. 선고 2011므2997 전원합의체 판결
·· 67
대법원 2014.11.25. 자 2012스156 결정 ············ 157
대법원 2014.12.11. 선고 2013므4591 판결 ········· 75
대법원 2015.01.29. 선고 2013다79870 판결 ····· 132
대법원 2015.02.12. 선고 2014므4871 판결 ···· 81, 85
대법원 2015.02.26. 선고 2014므4734 판결 ········· 33
대법원 2015.05.14. 선고 2013다48852 판결 ····· 187
대법원 2015.05.29. 선고 2013므2441 판결 ···· 67, 68
대법원 2015.06.11. 선고 2014므8217 판결 ········· 80
대법원 2015.06.23. 선고 2013므2397 판결 ········· 53
대법원 2015.07.17. 자 2014스206 결정 ············ 158
대법원 2015.08.13. 선고 2015다18367 판결 ····· 169
대법원 2015.08.19. 선고 2012다94940 판결 ····· 208
대법원 2015.09.15. 선고 2013므568 전원합의체 판결
··· 50, 51
대법원 2015.10.29. 선고 2013다60753 판결
··· 162, 213
대법원 2015.11.12. 선고 2010다104768 판결 ···· 211
대법원 2015.11.12. 선고 2011다55092 판결
··· 216, 220
대법원 2016.01.25. 자 2015스451 결정 ········ 65, 66
대법원 2016.02.18. 선고 2015므654 판결 ··········· 34
대법원 2016.05.04. 자 2014스122 결정 ······ 154, 170
대법원 2016.05.24. 선고 2015다250574 판결 ···· 182
대법원 2016.06.09. 선고 2014다58139 판결 ······· 41
대법원 2016.10.19. 선고 2014다46648 전원합의체 판결
·· 145
대법원 2016.12.29. 선고 2013다73520 판결 ····· 179
대법원 2017.01.12. 선고 2014다39824 판결 ····· 187
대법원 2017.06.01. 자 2017스515 결정 ············ 130
대법원 2017.08.25. 자 2014스26 결정 ···· 38, 43, 135
대법원 2017.08.25. 자 2017스5 결정 ················ 133
대법원 2017.09.21. 선고 2015다61286 판결 ······· 65
대법원 2018.05.15. 선고 2014므4963 판결 ···· 85, 91
대법원 2018.05.25. 자 2018스520 결정 ············ 114
대법원 2018.06.19. 선고 2018다1049 판결 ········· 81
대법원 2018.06.22. 자 2018스18 결정 ················ 65

대법원 2018.07.12. 선고 2017다278422 판결 ······ 212
대법원 2018.07.26. 선고 2017다289040 판결 ······ 202
대법원 2018.08.30. 선고 2015다27132·27149 판결
·· 170
대법원 2019.09.25. 선고 2017므11917 판결 ········ 60
대법원 2019.10.23. 선고 2016므2510 전원합의체 판결
·· 73
대법원 2019.10.31. 선고 2019므12549·12556 판결
·· 59
대법원 2019.11.21. 자 2014스44·45 전원합의체 결정
·· 163
대법원 2020.05.14. 선고 2018므15534 판결 ······ 54
대법원 2020.05.14. 선고 2019므15302 판결 ······ 56
대법원 2020.06.18. 선고 2015므8351 전원합의체 판결
··· 84, 85
대법원 2020.08.13. 선고 2019다249312 판결
··· 169, 170
대법원 2020.11.12. 선고 2020므11818 판결 ······ 51
대법원 2020.11.19. 선고 2019다232918 전원합의체 판결
·· 176
대법원 2021.01.28. 선고 2015다59801 판결 ···· 176
대법원 2021.02.04. 자 2020스647 결정 ············· 119
대법원 2021.02.25. 선고 2017다289651 판결
··· 178, 181
대법원 2021.03.25. 선고 2020므14763 판결 ··· 49, 50
대법원 2021.05.27. 선고 2020므15841 판결 ··· 61, 62
대법원 2021.05.27. 자 2019스621 결정 ·············· 55
대법원 2021.06.10. 선고 2021므10898 판결 ······ 63
대법원 2021.07.15. 선고 2016다210498 판결 ···· 212
대법원 2021.07.15. 자 2020으547 결정 ············· 130
대법원 2021.07.21. 자 2020으547 결정 ············· 130
대법원 2021.08.19. 선고 2017다230338 판결 ···· 212
대법원 2021.08.19. 선고 2017다235791 판결 ···· 214
대법원 2021.09.09. 선고 2021므13293 판결 ······ 73
대법원 2021.09.15. 선고 2021다224446 판결 ···· 186
대법원 2021.09.30. 선고 2021므12320·12337 판결
·· 55
대법원 2021.11.25. 선고 2021다253154·253161 판결
·· 68
대법원 2021.12.23. 자 2018스5 전원합의체 결정
··· 87, 90
대법원 2021.12.30. 선고 2017므14817 판결 ······ 84
대법원 2022.01.27. 선고 2017다265884 판결 ···· 214

대법원 2022.02.10. 선고 2020다250783 판결 ···· 217
대법원 2022.03.17. 선고 2020다267620 판결
··· 158, 213
대법원 2022.03.17. 선고 2021다230083·230090 판결
·· 159
대법원 2022.03.31. 자 2021스3 결정 ·················· 18
대법원 2022.04.14. 선고 2021므15398 판결 ······ 50
대법원 2022.06.01. 선고 2022므10109 판결 ······ 51
대법원 2022.06.30. 자 2017스98·99·100·101 결정
··· 160, 170
대법원 2022.07.14. 선고 2022다219465 판결 ···· 213
대법원 2022.07.28. 선고 2017다245330 판결 ···· 208
대법원 2022.07.28. 선고 2019다29853 판결 ···· 180
대법원 2022.07.28. 자 2022스623 결정 ·············· 65
대법원 2022.08.11. 선고 2020다247428 판결
··· 212, 214
대법원 2022.08.25. 자 2018스542 결정 ············· 135
대법원 2022.11.10. 자 2021스766 결정 ········· 55, 65
대법원 2022.11.24. 자 2020스616 전원합의체 결정 · 9
대법원 2023.03.23. 자 2020그42 전원합의체 결정
·· 187
대법원 2023.04.27. 선고 2020다292626 판결 ···· 153
대법원 2023.05.11. 선고 2018다248626 전원합의체 판결
·· 156
대법원 2023.05.18. 선고 2019다222867 판결 ···· 211
대법원 2023.06.01. 선고 2023다2175 판결 ········ 209
대법원 2023.06.15. 선고 2023다203894 판결 ···· 220
대법원 2023.06.15. 자 2022마7057 결정 ··········· 156
대법원 2023.06.29. 선고 2019다300934 판결
··· 153, 179
대법원 2023.07.13. 선고 2017므11856 판결 ······ 63
대법원 2023.08.18. 자 2023스574 결정 ·············· 56
대법원 2023.09.21. 선고 2023므10861 판결 ······ 65
대법원 2023.10.31. 자 2023스643 결정 ·············· 81
대법원 2023.12.21. 선고 2023다265731 판결 ······ 67
대법원 2023.12.21. 선고 2023므11819 판결 ······ 65
대법원 2024.01.04. 선고 2022므1102 판결 ······· 63
대법원 2024.02.08. 선고 2021므13279 판결 ······ 85
대법원 2024.05.23. 선고 2020므15896 전원합의체 판결
·· 31
대법원 2024.05.30. 선고 2024므10370 판결 ······ 63
대법원 2024.06.27. 선고 2022므13504 판결 ······ 68

지은이 **박수곤**

[약 력]
- 한양대학교 대학원 법학과 졸업
- 연세대학교 대학원 법학과 박사과정 수료
- 파리 제10대학 D.E.A과정 졸업
- 파리 제10대학 박사과정 졸업(법학박사)
- 파리 제13대학 초빙교수
- 대법원재판연구관, 민법개정위원 역임
- 서울 중앙지방법원 조정위원 역임
- 현 경희대학교 법학전문대학원 교수
- 현 (사)한국민사법학회 회장

[주요연구업적 및 저서]
- 건축책임론(법원사, 2020)
- "자율적 지능 로봇과 민사책임법상 법정책적 과제-프랑스법에서의 논의를 중심으로-", 「민사법학」, 제100호, (2022).
- "중국특허법에서의 징벌적 손해배상", 「경희법학」, 제57권 제3호, (2022).
- "여행주최자의 안전배려의무의 내용과 한계-프랑스법에서의 논의를 중심으로-", 「법과 정책연구」, 제22권 제2호, (2022).
- "프랑스법상 건축하수급인의 책임", 「건설법무」, 제8권, (2022).
- "프랑스민법상 사실혼 해소시의 재산적 법률관계", 「아주법학」, 제15권 제4호, (2022).
- "프랑스민법상 환매", 「민사법학」, 제95호, (2021).
- "금지청구권에 대한 소고", 「민사법학」, 제93호, (2020).
- "중국법에서의 선의취득제도", 「재산법연구」, 제37권 제3호, (2020).
- "프랑스민법상 제조물책임", 「경희법학」, 제55권 제3호, (2020).
- "증강현실과 제조물책임", 「재산법연구」, 제36권 제2호, (2019).
- "프랑스 민법상의 실종제도와 동시사망", 「재산법연구」, 제36권 제1호, (2019).

지은이 **이태섭**

[약 력]
- 한양대학교 법학과 졸업
- 한양대학교 민법 박사과정 수료
- 현 베리타스 민법 전임
- 현 메가스터디 공무원학원 민법 전임
- '이태섭 법학연구소' 운영

[주요저서]
- Rainbow 핵심 OX 민법(학연, 2021)
- 세무사 민법총칙 정론(학연, 2022)
- 세무사 민법총칙 객관식(학연, 2022)
- 민법정론(民法整論)(학연, 2023)
- Rainbow 변시 기출해설 민사법 선택형(학연, 2024)
- Rainbow 변시 모의해설 민사법 선택형(학연, 2024)
- Rainbow 변시 기출모의해설 민법 선택형[기출편](학연, 2024)
- Rainbow 변시 기출모의해설 민법 선택형[모의편](학연, 2024)
- Rainbow 변시 기출해설 민사법 사례형(학연, 2024)
- Rainbow 변시 모의해설 민사법 사례형(학연, 2024)
- 진도별 변시·사시기출 민법 사례연습(학연, 2024)

가족법정론

발 행 일 : 2025년 02월 25일(2025년판)
저　　자 : 박수곤, 이태섭
발 행 인 : 이 인 규
발 행 처 : 도서출판 (주)학연
주　　소 : 충청북도 진천군 백곡면 명암길 341
출판등록 : 2012.02.06. 제445-251002012000013호
www.baracademy.co.kr / e-mail: baracademy@naver.com / Fax: 02-6008-1800

저자와 협의하여
인지를 생략함

정가: 22,000 원　　　　　　ISBN: 979-11-94323-56-3(93360)

* 파본은 구입하신 서점에서 바꿔드립니다
* 본 서는 저작권법에 의하여 보호를 받는 저작물이므로 무단 전재와 복제를 금합니다.